BÜCHER DES BETRIEBS-BERATERS

Die Firmengründung

von
Dr. Hanns Heinz Wessel

Stuttgart

4., neubearbeitete und erweiterte Auflage 1981

Verlagsgesellschaft Recht und Wirtschaft mbH
Heidelberg

1. Auflage 1963
2. Auflage 1971
3. Auflage 1978
4. Auflage 1981

CIP-Kurztitelaufnahme der Deutschen Bibliothek

Wessel, Hanns Heinz:
Die Firmengründung / von Hanns Heinz Wessel. – 4., neubearb. u. erw.. Aufl. – Heidelberg : Verlagsgesellschaft Recht u. Wirtschaft, 1981.
 (Bücher des Betriebs-Beraters)
 ISBN 3-8005-6928-0
NE: GT

ISBN 3-8005-6928-0

© 1981 Verlagsgesellschaft Recht und Wirtschaft mbH, Heidelberg

Alle Rechte, insbesondere das Recht der Vervielfältigung und Verbreitung sowie der Übersetzung, vorbehalten. Kein Teil des Werkes darf in irgendeiner Form (Druck, Fotokopie, Mikrofilm oder ein anderes Verfahren) ohne schriftliche Genehmigung des Verlages reproduziert oder unter Verwendung elektronischer Systeme verarbeitet, gespeichert, vervielfältigt oder verbreitet werden.

Fotosatz und Druck: Heidelberger Verlagsanstalt und Druckerei GmbH, 6900 Heidelberg
Buchbinderische Verarbeitung: W. Fischer, 6900 Heidelberg

Printed in Germany

Vorwort zur 2. Auflage

Im Jahre 1963 ist die erste Auflage dieser Schrift unter dem Titel „Die Gründung eines Unternehmens" erschienen. Seitdem sind nicht nur manche gesetzliche Vorschriften geändert worden, sondern auch die Rechtsprechung auf firmenrechtlichem Gebiet hat sich weiterentwickelt. Geblieben ist die Feststellung, daß häufig wertvolle Zeit verloren geht oder unnötige Kosten entstehen, weil gesetzliche Vorschriften nicht bekannt sind, über den Gang des Verfahrens Unklarheit besteht und notwendige Anmeldungen unterlassen oder unrichtig oder unvollständig vorgenommen werden. Das führt zu Verärgerung, unter Umständen sogar zu rechtlichen Nachteilen. Solche unerfreuliche Folgen zu vermeiden, ist der Zweck dieser Abhandlung. Sie soll eine Anleitung und Hilfestellung für die Praxis geben. Je nach den Umständen wird es jedoch unumgänglich sein, im Einzelfall bei der Firmengründung eine rechtskundige Person zu Rate zu ziehen; deren Mitwirkung ist in bestimmten Fällen vom Gesetz sogar vorgeschrieben.

Zur Vermeidung von Mißverständnissen sei darauf hingewiesen, daß strenggenommen die Bezeichnung „Firmengründung" unrichtig ist, denn – wie ausgeführt wird – ist unter der „Firma" rechtlich lediglich der Name des vollkaufmännischen Unternehmens, nicht aber das Unternehmen selbst zu verstehen. Da jedoch die Auffassung, Firma und Unternehmen seien identisch, sich so eingebürgert hat, daß selbst Juristen sich dieser einheitlichen Ausdrucksweise zu bedienen pflegen, wird um Nachsicht und Verständnis für die Wahl der Formulierung – sogar als Titel dieser Schrift – gebeten.

Da der Weg zum vollkaufmännischen Unternehmen in vielen Fällen über den Kleingewerbebetrieb führt, ist auch dessen Entstehung ein breiter Raum gewidmet.

Häufig beginnt eine gewerbliche Tätigkeit auch durch den Erwerb eines bereits bestehenden Unternehmens oder durch den Eintritt in ein solches Unternehmen; deshalb befaßt sich ein Abschnitt mit der sogenannten „abgeleiteten" Firma. Darunter versteht man das Recht der Beibehaltung einer Firmenbezeichnung – trotz ganzem oder teilweisem Wechsel der Inhaberschaft. Diesem Thema kommt in der Praxis eine erhebliche Bedeutung zu, und zwar – je nach der Warte, von der man es betrachtet – nicht nur am Ende einer geschäftlichen Laufbahn oder Zusammenarbeit, sondern an deren Anfang.

Vorwort

Nicht berücksichtigt werden dagegen die besonderen Fragen der Gründung einer Aktiengesellschaft, einer Kommanditgesellschaft auf Aktien, einer Genossenschaft und eines Versicherungsvereins auf Gegenseitigkeit. Unternehmen in diesen Rechtsformen werden grundsätzlich unter Hinzuziehung von Rechtskundigen gegründet. Auch ein Rechtsanwalt, Notar oder Justitiar wird sich in einzelnen Rechtsfragen bei der Gründung solcher Unternehmen in Spezialkommentaren Rat holen, sich dagegen für die Gründung der Unternehmen anderer Rechtsformen vielleicht dieser Abhandlung als Hilfsmittel bedienen.

Die Schrift wendet sich auch an Nicht-Juristen, vor allem an Kaufleute, die sich mit der Gründung eines Unternehmens zu befassen haben; sie behandelt eingehend die Gründung eines Unternehmens in denjenigen Rechtsformen, die am häufigsten vorkommen: die Gründung eines Einzelunternehmens, einer offenen Handelsgesellschaft, einer Kommanditgesellschaft und einer GmbH. Dagegen soll keine Stellung genommen werden zur Frage der Zweckmäßigkeit dieser oder jener Rechtsform – etwa im Hinblick auf haftungs-, steuer- oder erbrechtliche Probleme.

Für Anregungen und Kritik bin ich stets dankbar.

Stuttgart, im August 1971

Der Verfasser

Vorwort zur 4. Auflage

Anfang 1978 ist die 3. Auflage dieses Buches erschienen. Eine Vielzahl von Gesetzesänderungen, vor allem aber die Weiterentwicklung des Firmenrechts durch die Rechtsprechung machten damals eine umfassende Überarbeitung notwendig.

Der zeitliche Abstand der Auflagenfolgen spiegelt die Bedeutung des Firmenrechts für die Praxis, aber auch die Unstetigkeit dieses Rechtsgebietes wider. Der verständliche Wunsch vieler Anmelder, rasch ins Handelsregister eingetragen zu werden, verhindert in vielen Fällen die höchstrichterliche Entscheidung mancher firmenrechtlichen Problems. Zahlreiche, teils sich widersprechende Einzelfallentscheidungen stehen somit einer kontinuierlichen Rechtsentwicklung entgegen. Dadurch ist das Firmenrecht unübersichtlicher, aber deswegen nicht uninteressanter geworden.

Rechtsprechung und Literatur wurden bis November 1980 berücksichtigt, ebenso das am 1. 1. 1981 in Kraft getretene GmbH-Gesetz.

Möge diese 4. Auflage dem Leser nützliche Informationen und Anregungen geben. Für Hinweise und Kritik bin ich stets dankbar.

Stuttgart, im November 1980

Der Verfasser

Inhaltsverzeichnis

	Seite
Abkürzungsverzeichnis	16
A. Was ist die Firma (Randnrn. 1—2)	19
B. Wer führt eine Firma? (Randnrn. 3—26)	21
C. Die kaufmännische Einrichtung (Randnrn. 27—30)	33
D. Wann ist die kaufmännische Einrichtung erforderlich? (Randnrn. 31—38)	37
E. Die wesentlichen Grundsätze des Firmenrechts (Randnrn. 39-45)	41
F. Vor- und Nachteile der Vollkaufmannseigenschaft bzw. der Führung einer Firma (Randnrn. 46—66)	45
G. Was ist das Handelsregister? (Randnrn. 67—70)	50
H. Was muß man zur Gründung einer Firma tun? (Randnrn. 71—344)	54
I. Die Gründung des Einzelunternehmens (Randnrn. 77—179)	56
1. Die gewerbepolizeiliche Anzeige (Randnrn. 83—115)	58
2. Die Anmeldung bei der Steuerbehörde (Randnr. 116)	76
3. Die Anmeldung zur Eintragung in das Handelsregister (Randnrn. 117—179)	77
a) Die Form der Anmeldung (Randnrn. 117—123)	77

Inhaltsverzeichnis

    b) Wie muß die Firma lauten? 79
       (Randnrn. 124—133)
    c) Firmenzusätze 83
       (Randnrn. 134—144)
    d) Deutliche Unterscheidbarkeit der Firma 90
       (Randnrn. 145—148)
    e) Die Aufgabe des Registergerichtes 92
       (Randnrn. 149—158)
    f) Die Mitwirkung der Organe des Handelsstandes, des Handwerksstandes und des land- und forstwirtschaftlichen Berufsstandes bei der Handelsregistereintragung 97
       (Randnrn. 159—175)
    g) Das Auftreten im Geschäftsverkehr 104
       (Randnrn. 176—179)

II. Die Gründung der offenen Handelsgesellschaft 105
  (Randnrn. 180—213)
  1. Die gewerbepolizeiliche Anzeige 108
     (Randnrn. 189—195)
  2. Die Anmeldung bei der Steuerbehörde 110
     (Randnr. 196)
  3. Die Anmeldung zur Eintragung in das Handelsregister 110
     (Randnrn. 197—213)
    a) Die Form der Anmeldung 110
       (Randnrn. 197—204)
    b) Wie muß die Firma lauten? 112
       (Randnrn. 205—208)
    c) Firmenzusätze 116
       (Randnr. 209)
    d) Deutliche Unterscheidbarkeit der Firma 116
       (Randnr. 210)
    e) Die Aufgabe des Registergerichtes 116
       (Randnr. 211)
    f) Die Mitwirkung der Organe des Handelsstandes, des Handwerksstandes und des land- und forstwirtschaftlichen Berufsstandes bei der Handelsregistereintragung 116
       (Randnr. 212)

Inhaltsverzeichnis

g) Das Auftreten im Geschäftsverkehr 116
(Randnr. 213)

III. Die Gründung der Kommanditgesellschaft 117
(Randnrn. 214—263)
1. Die gewerbepolizeiliche Anzeige 118
(Randnrn. 218—219)
2. Die Anmeldung bei der Steuerbehörde 119
(Randnr. 220)
3. Die Anmeldung zur Eintragung in das Handelsregister 119
(Randnrn. 221—232)
  a) Die Form der Anmeldung 119
  (Randnrn. 221—222)
  b) Wie muß die Firma lauten? 120
  (Randnrn. 223—225)
  c) Firmenzusätze 122
  (Randnr. 226)
  d) Deutliche Unterscheidbarkeit der Firma 122
  (Randnr. 227)
  e) Die Aufgabe des Registergerichtes 122
  (Randnr. 228)
  f) Die Mitwirkung der Organe des Handelsstandes, des Handwerksstandes und des land- und forstwirtschaftlichen Berufsstandes bei der Handelsregistereintragung 122
  (Randnr. 229)
  g) Das Auftreten im Geschäftsverkehr 123
  (Randnrn. 230—232)
4. Die GmbH & Co. 123
(Randnrn. 233—263)

IV. Die Gründung der Gesellschaft mit beschränkter Haftung
(Randnrn. 264—326) 148
1. Die gewerbepolizeiliche Anzeige 159
(Randnrn. 286—289)
2. Die Anmeldung bei der Steuerbehörde 160
(Randnrn. 290—292)

Inhaltsverzeichnis

    3. Die Anmeldung zur Eintragung in das Handelsregister 161
    (Randnrn. 293—326)
    a) Die Form der Anmeldung 161
    (Randnrn. 293—298)
    b) Wie muß die Firma lauten? 166
    (Randnrn. 299—317)
    c) Firmenzusätze 184
    (Randnr. 318)
    d) Deutliche Unterscheidbarkeit der Firma 184
    (Randnr. 319)
    e) Die Aufgabe des Registergerichtes 184
    (Randnrn. 320—323)
    f) Die Mitwirkung der Organe des Handelsstandes, des Handwerksstandes und des land- und forstwirtschaftlichen Berufsstandes bei der Handelsregistereintragung 186
    (Randnr. 324)
    g) Das Auftreten im Geschäftsverkehr 187
    (Randnrn. 325—326)

 V. Die stille Gesellschaft 188
    (Randnrn. 327—329)

VI. Die Gründung der Zweigniederlassung 190
    (Randnrn. 330—344)

J. Unzulässige Firmenzusätze 198
(Randnrn. 345—420)

    I. Vortäuschung eines Gesellschaftsverhältnisses 199
    (Randnr. 346)

   II. Vortäuschung der besonderen Art eines Zusammenschlusses 199
    (Randnr. 347)

  III. Auf „-ag" endende Phantasiebezeichnungen 200
    (Randnr. 349)

  IV. Vortäuschung bestimmter sachlicher, örtlicher, historischer Beziehungen 201
    (Randnr. 349)

Inhaltsverzeichnis

    V. Vortäuschung einer abgeleiteten Firma 202
       (Randnr. 350)

   VI. Vortäuschung eines amtlichen Charakters 204
       (Randnr. 351)

  VII. Irreführung über Gegenstand und sachlichen Umfang der Tätigkeit 206
       (Randnrn. 352—386)

 VIII. Irreführung über Größe, Bedeutung, Leistungsfähigkeit 217
       (Randnrn. 387-405)

   IX. Vortäuschung einer besonderen fachlichen Ausbildung, Qualifikation 227
       (Randnr. 406)

    X. Zusätze wie „Erste", „Älteste" 229
       (Randnr. 407)

   XI. Vortäuschung einer besonderen Qualität, Preiswürdigkeit 229
       (Randnrn. 408—418)

  XII. Werbesprüche 231
       (Randnr. 419)

 XIII. Fremdsprachliche Zusätze 232
       (Randnr. 420)

K. Die abgeleitete Firma 233
   (Randnrn. 421—481)

    I. Allgemeines 233
       (Randnrn. 421—457)

      1. Die gesetzliche Regelung 233
         (Randnrn. 421—426)

      2. Eine Firma muß bestehen 240
         (Randnrn. 427—431)

      3. Die unveränderte Beibehaltung der bisherigen Firma
         (Randnrn. 432—445)

13

Inhaltsverzeichnis

    4. Fortführung des Handelsgeschäftes als Ganzes 250
       (Randnrn. 446—450)

    5. Der Nachfolgezusatz 253
       (Randnrn. 451—454)

    6. Das Recht und der Zeitpunkt der Firmenfortführung   254
       (Randnrn. 455—456)

    7. Übernahme eines Handelsgeschäftes aufgrund Nießbrauchs oder Pacht 255
       (Randnr. 457)

II. Einzelfälle 255
   (Randnrn. 458—481)

    1. Fortführung einer Einzelfirma durch einen Einzelkaufmann 255
       (Randnr. 459)

    2. Fortführung der Firma einer Personengesellschaft durch einen Einzelkaufmann 256
       (Randnrn. 460—463)

    3. Fortführung der Firma einer GmbH durch einen Einzelkaufmann 258
       (Randnrn. 464—465)

    4. Fortführung einer Einzelfirma durch eine Personengesellschaft 259
       (Randnrn. 466—467)

    5. Fortführung der Firma einer Personengesellschaft durch eine andere Personengesellschaft 261
       (Randnrn. 468—471)

    6. Fortführung der Firma einer GmbH durch eine Personengesellschaft 263
       (Randnrn. 472—474)

    7. Fortführung einer Einzelfirma durch eine GmbH ... 263
       (Randnr. 475)

    8. Fortführung der Firma einer Personengesellschaft durch eine GmbH 264
       (Randnrn. 476—479)

Inhaltsverzeichnis

    9. Fortführung der Firma einer GmbH durch eine andere GmbH 265
    (Randnrn. 480—481)

L. **Die Kosten der Unternehmensgründung** 266
(Randnrn. 482—491)

M. **Das Zwangs- und Beschwerdeverfahren** 270
(Randnrn. 492—512)

    I. Das Zwangsverfahren zur Durchsetzung der Eintragung der Firma in das Handelsregister 270
    (Randnrn. 492—501)

    II. Das Zwangsverfahren zur Durchsetzung der Unterlassung eines unzulässigen Firmengebrauchs 274
    (Randnrn. 502—504)

    III. Das Beschwerdeverfahren in Zusammenhang mit der Anmeldung einer Firma zur Eintragung in das Handelsregister 275
    (Randnrn. 505—508)

    IV. Die Verfahrenskosten 277
    (Randnrn. 509—512)

Anhang

    I. Formulare für die Gewerbeanzeige und die Handelsregistereintragung 279

    II. Gerichtsentscheidungen zur Eintragungspflicht von Unternehmen aufgrund der Art und des Umfanges des Geschäftsbetriebes 287

    III. Leitsätze des Deutschen Industrie- und Handelstags in Firmenbezeichnungsfragen 296

    IV. Wichtige höchstrichterliche Entscheidungen zum Firmenrecht 308

    V. Gebührenübersicht 324

Schrifttumsverzeichnis 327

Sachwortverzeichnis 329

Abkürzungsverzeichnis

A. A., a. A.	Andere Ansicht
Abs.	Absatz
AG	Aktiengesellschaft
	Amtsgericht
AktG	Aktiengesetz
Anm.	Anmerkung
AO	Abgabenordnung (AO 1977)
BAG	Bundesarbeitsgericht
BAnz.	Bundesanzeiger
BayObLG	Bayerisches Oberstes Landesgericht
BB	Betriebs-Berater, Heidelberg
BFH	Bundesfinanzhof
BGB	Bürgerliches Gesetzbuch
BGBl.	Bundesgesetzblatt
BGH	Bundesgerichtshof
BGHZ	Entscheidungen des Bundesgerichtshofes in Zivilsachen
BStBl.	Bundessteuerblatt
BVerwG	Bundesverwaltungsgericht
DB	Der Betrieb, Düsseldorf
DIHT	Deutscher Industrie- und Handelstag
DNotZ	Deutsche Notar-Zeitschrift, München
DStR	Deutsches Steurrecht, München
EG	Europäische Wirtschaftsgemeinschaft
EGAktG	Einführungsgesetz zum Aktiengesetz
EGHGB	Einführungsgesetz zum Handelsgesetzbuch
EStG	Einkommensteuergesetz
ff.	folgende
FGG	Gesetz über die Angelegenheiten der freiwilligen Gerichtsbarkeit
GenG	Genossenschaftsgesetz
GewArch.	Gewerbearchiv, Alfeld
GewO	Gewerbeordnung
GG	Grundgesetz
GmbH	Gesellschaft mit beschränkter Haftung
GmbHG	Gesetz, betreffend die Gesellschaften mit beschränkter Haftung (GmbH-Gesetz)
GmbHR	GmbH-Rundschau, Köln
GMBl.	Gemeinsames Ministerialblatt, herausgegeben vom Bundesministerium des Innern

Abkürzungsverzeichnis

GRUR	Gewerblicher Rechtsschutz und Urheberrecht, Weinheim
HGB	Handelsgesetzbuch
HRA	Handelsregisterabteilung A
HRB	Handelsregisterabteilung B
HRV	Handelsregisterverfügung
HwO	Gesetz zur Ordnung des Handwerks (Handwerksordnung)
IHKG	Gesetz zur vorläufigen Regelung des Rechts der Industrie- und Handelskammern
i. V.	in Verbindung
JR	Juristische Rundschau, Berlin
JW	Juristische Wochenschrift
KAGG	Gesetz über Kapitalanlagegesellschaften
Katalog E	Begriffsdefinitionen aus der Handels- und Absatzwirtschaft Veröffentlichungen der Kommission zur Förderung der handels- und absatzwirtschaftlichen Forschung, Oktober 1975
KfH	Kammer für Handelssachen
KG	Kommanditgesellschaft
KGaA	Kommanditgesellschaft auf Aktien
KO	Konkursordnung
KostO	Kostenordnung
KStG	Körperschaftsteuergesetz
KVStDV	Kapitalverkehrsteuer-Durchführungsverordnung
KVStG	Kapitalverkehrsteuergesetz
KWG	Gesetz über das Kreditwesen (Kreditwesengesetz)
LG	Landgericht
LM	Lindenmaier/Möhring
MDR	Monatsschrift für Deutsches Recht, Köln
NJW	Neue Juristische Wochenschrift, München/Berlin
OHG	Offene Handelsgesellschaft
OLG	Oberlandesgericht
OVG	Oberverwaltungsgericht
OwiG	Gesetz über Ordnungswidrigkeiten
Randnr.	Randnummer
RBerG	Rechtsberatungsgesetz
RGBl.	Reichsgesetzblatt
RGZ	Entscheidungen des Reichsgerichts in Zivilsachen
Rpfleger	Der Rechtspfleger

Abkürzungsverzeichnis

RpflG	Rechtspflegergesetz
S.	Seite
StBerG	Steuerberatungsgesetz
StGB	Strafgesetzbuch
u. a.	unter anderem
u. ä.	und ähnlich
UmwG	(handelsrechtliches) Umwandlungsgesetz
u. U.	unter Umständen
UWG	Gesetz gegen den unlauteren Wettbewerb
VerglO	Vergleichsordnung
VG	Verwaltungsgericht
VGH	Verwaltungsgerichtshof
vgl.	vergleiche
WM	Wertpapier-Mitteilungen, Frankfurt a. M.
WPO	Gesetz über eine Berufsordnung der Wirtschaftsprüfer (Wirtschaftsprüferordnung)
WRP	Wettbewerb in Recht und Praxis, Frankfurt a. M.
WZG	Warenzeichengesetz
z. B.	zum Beispiel

A. Was ist die Firma?

Die Firma ist der Name, unter dem der Kaufmann im Handel seine **1**
Geschäfte betreibt und seine Unterschrift abgibt (§ 17 Abs. 1 HGB).
Nicht nur im allgemeinen, sondern auch im kaufmännischen und selbst
im juristischen Sprachgebrauch wird der Begriff „Firma" als Bezeichnung des „Unternehmens" schlechthin verwendet. Man muß sich jedoch darüber im klaren sein, daß entgegen dieser umfassenden Anwendung des Begriffes in der Praxis die „Firma" in der juristischen Fachsprache lediglich ein Name ist, dessen Verwendung auf den Vollkaufmann (vgl. dazu Randnr. 3) einerseits und auf den geschäftlichen Verkehr andererseits beschränkt ist.

Das bedeutet, daß nicht jeder Gewerbetreibende eine „Firma" im Rechtssinne führen kann, denn nicht jeder Gewerbetreibende ist Vollkaufmann, nicht einmal Kaufmann (vgl. Randnrn. 13, 26). Aber auch der Vollkaufmann, der also eine Firma führt, ist nicht verpflichtet, für jede seiner Tätigkeiten die Firma zu verwenden. Ausgenommen ist schon kraft Gesetzes der gesamte private Bereich; das ergibt sich gleichfalls aus § 17 Abs. 1 HGB, der die Firma lediglich auf den Geschäftsbetrieb beschränkt; aber auch im Rahmen der geschäftlichen Tätigkeit ist es als zulässig anzusehen, daß z. B. in der Werbung nicht der volle Firmenwortlaut, sondern nur eine abgekürzte Form verwendet wird[1]. Mitunter mag die Abgrenzung zwischen Geschäftsverkehr und werbemäßigem Gebrauch zweifelhaft sein; die Anlegung eines engen Maßstabes empfiehlt sich. Auch darf die werbemäßige Verwendung von Firmenbestandteilen nicht zu Täuschungen führen (vgl. § 3 UWG).

Beispiel: Das unter der Firma „Fritz Wagner Schuhfabrikation" betriebene mittelständische Unternehmen kann in der Werbung lediglich unter „Wagner" auftreten, also etwa in Zeitungsanzeigen formulieren „Wagner bietet an .." oder „Wagner stellt ein ..''; es muß also nicht den gesamten Firmenwortlaut verwenden. Dagegen wäre die Bezeichnung „Schuhwerk Fritz Wagner" sowohl wettbewerbs- als auch firmenrechtlich unzulässig: Wettbewerbsrechtlich, weil durch den Bestandteil „-werk" über die Größe des Unternehmens getäuscht würde (§ 3 UWG), firmenrechtlich, weil über diese auch firmenrechtlich relevan-

---
[1] Vgl. *OLG Düsseldorf*, 21. 4. 1970, DB 1970 S. 923.

A. *Was ist die Firma?*

te Täuschung (§ 18 Abs. 2 HGB) hinaus der irrige Eindruck entstehen kann, der Begriff „Schuhwerk" sei auch Firmenbestandteil (§ 37 Abs. 1 HGB).

2 Keine „Firma" sind die sogenannten Etablissementsbezeichnungen; das sind die vorwiegend für Gaststätten und Hotels üblichen, aber auch in anderen Branchen vorkommenden Bezeichnungen wie „Zum grünen Baum", „Hotel Zeppelin", „Schloßapotheke". Solche Etablissementsbezeichnungen unterscheiden sich von der Firma durch den verschiedenen Zweck. Während die Firma als Handelsname wie der bürgerliche Name eine Personenbezeichnung ist, also der Individualisierung des Firmenträgers – sei es als einer natürlichen, sei es als einer juristischen Person – dient, soll die Etablissementsbezeichnung das Geschäftslokal als solches spezifizieren – man spricht daher auch von Geschäftsbezeichnungen – und aus der Menge gleichartiger Unternehmungen herausheben, ohne den Inhaber oder die Rechtsform kenntlich zu machen. Die Firma ist also subjektbezogen, die Etablissementsbezeichnung objektbezogen. Während die Firma dem Vollkaufmann vorbehalten ist, kann eine Etablissements- oder Geschäftsbezeichnung auch von einem Kleingewerbetreibenden, ja auch von einem Nichtkaufmann verwendet werden, beispielsweise für die Kennzeichnung eines Kinos, eines Ingenieurbüros oder einer Detektei. Entscheidend ist, daß die Etablissements- bzw. Geschäftsbezeichnung nicht firmenähnlich wirken darf, was mitunter schwierig sein mag zu verhindern. Gelingt das nicht, so wäre die betreffende Bezeichnung (firmen-)mißbräuchlich und damit zu unterlassen[2].

Das hat beispielsweise das OLG Zweibrücken bei den Zusätzen „Ludwigshafener Orgelschule" und „Frankenthaler Orgelschule" bejaht[3].

---

2 *Droste*, DB 1967 S. 539 mit weiteren Fundstellen, *Bokelmann*, S. 15 ff.; *BayObLG*, 12. 8. 1960, BB 1960 S. 996; *OLG Karlsruhe*, 23. 12. 1966, BB 1968 S. 308; *LG Mainz*, 9. 12. 1966, BB 1968 S. 309; *OLG Hamm*, 20. 12. 1967, BB-Beilage 10 zu Heft 34, II mit Anmerkung von *Wessel*; *OLG Bamberg*, 21. 4. 1971, DB 1973 S. 1989; *OLG Saarbrücken*, 30. 5. 1973, BB-Beilage 12 zu Heft 29/1975, II 1; *LG Lüneburg*, 19. 7. 1973, BB-Beilage 12 zu Heft 29/1975, II 2, *OLG Zweibrücken*, 25. 7. 1979 – 3 W 103/79; vgl. auch in diesem Zusammenhang *OLG Karlsruhe*, 30. 11. 1977, BB 1978 S. 519 mit Anmerkung von *Wessel*, BB 1978 S. 1084; vgl. auch *OLG Frankfurt*, 13. 9. 1974, DB 1974 S. 2100.

3 25. 7. 1979, siehe in Fußnote 2.

B. Wer führt eine Firma?

Eine Firma führt der Vollkaufmann. **3**
Folgte man dem Wortlaut des § 17 HGB, so müßte die Antwort lauten: der Kaufmann. Das trifft aber in dieser allgemeinen Form nicht zu, da § 17 HGB sich nicht auf Kaufleute schlechthin bezieht – schließlich ist auch der mit kaufmännischen Aufgaben betraute Angestellte „Kaufmann". Die Vorschrift meint vielmehr nur den sogenannten Vollkaufmann, das ist der Kaufmann, für den die kaufmännischen Vorschriften – solche befinden sich in erster Linie im Handelsgesetzbuch und in den handelsrechtlichen Sondergesetzen (GmbH-Gesetz und Aktiengesetz), aber auch zum Beispiel in § 196 des Bürgerlichen Gesetzbuches, § 8 des Abzahlungsgesetzes, § 38 Abs. 1 der Zivilprozeßordnung und des § 1 des Depotgesetzes – „voll" zur Anwendung kommen.

Als Handelsgewerbe[4] gelten nur bestimmte Arten von Gewerbebetrieben (§ 1 Abs. 2 HGB). **4**

Eine gesetzliche Definition des Gewerbebetriebes bzw. des Gewerbes und damit auch des Handelsgewerbes gibt es nicht. Man muß sogar – unabhängig vom Handelsgewerbe – Gewerbe im handelsrechtlichen, im gewerberechtlichen und im steuerrechtlichen Sinne unterscheiden, wenngleich insoweit weitgehend, aber eben nicht völlige Übereinstimmung besteht. So ist zum Beispiel die Urproduktion (Gewinnung von Bodenschätzen) – von gewissen Ausnahmen abgesehen – nach der Auffassung der Gewerbeordnung kein Gewerbe, anders jedoch nach § 2 HGB und steuerrechtlich nach § 15 des Einkommensteuergesetzes. Auch schließt eine unerlaubte und „sozial unwertige" Tätigkeit gewerberechtlich ein Gewerbe aus[5], nicht aber steuerrechtlich; würde doch sonst derjenige, der einer solchen von der Rechtsordnung nicht gebilligten Tätigkeit nachgeht, obendrein noch steuerlich begünstigt. Auch im handelsrechtlichen Sinne ist der gewerbliche Charakter – wie bei der gewerberechtlichen Beurteilung – einer unerlaubten oder „sozial unwertigen" Tätigkeit grundsätzlich zu verneinen. Das folgt einmal aus der Rechtsprechung, wonach die Rechtsverbindlichkeit der mit einem Geschäftsinhaber abgeschlossenen Verträge zum Wesen ei-

---
4 Vgl. dazu *Wessel*, Das Handelsgewerbe, BB 1970 S. 10.
5 Vgl. *Fröhler/Kormann*, § 1 Randnrn. 2, 7, 8; *Landmann/Rohmer*, § 1 Randnrn. 3, 35 und § 14 Randnrn. 12 ff.

B. Wer führt eine Firma?

noch 4

nes Gewerbes im handelsrechtlichen Sinne gehört. Wenn mit dieser Begründung der gewerbliche Charakter im handelsrechtlichen Sinne des Ehevermittlers, der sicherlich keine unerlaubte oder „sozial unwertige" Tätigkeit ausübt, verneint wurde[6], weil die von ihm betriebenen Geschäfte gemäß § 656 BGB nicht rechtsverbindlich abgeschlossen werden können, dann muß das wohl erst recht für unerlaubte Tätigkeiten gelten, da darauf begründete Rechtsgeschäfte in aller Regel gemäß den §§ 134 oder 138 BGB rechtlich ungültig sind. Gegen den handelsrechtlichen Gewerbecharakter in diesen Fällen sprechen auch die mit dem Status des Kaufmanns verbundenen besonderen Rechte und Pflichten; es wäre mit den Vorstellungen von dem nach wie vor anerkannten „ehrbaren Kaufmann" kaum vereinbar, daß einem „gewerbsmäßig" verbotswidrig Handelnden das Recht, eine Firma zu führen oder die Befähigung als Handelsrichter ernannt zu werden, kraft Gesetzes zugestanden würde[7]. Auch wenn sich die Begriffe nicht völlig decken, so stellt ein Gewerbe im handelsrechtlichen Sinne doch immer zugleich einen Gewerbebetrieb im Sinne des Steuerrechts dar[8].

Daß gewerberechtlich die Ehevermittlung eindeutig ein Gewerbe ist, ergibt sich unmittelbar aus dem Gesetz (§ 38 Abs. 1 Nr. 6 GewO); auch steuerrechtlich wird die Ehevermittlung als typische gewerbliche Tätigkeit angesehen[9].

Uneinheitlich ist mitunter die Beurteilung der Verwaltung von Grundvermögen. Als Grundsatz wird man feststellen können, daß die Errichtung, Vermietung und Verpachtung privaten Grundeigentums in aller Regel – auch im steuer- und handelsrechtlichen Sinne – keine ge-

---

6 *OLG Frankfurt*, 23. 12. 1954, NJW 1955 S. 716; *BayObLG*, 16. 3. 1972, DB 1972 S. 2055 = NJW 1972 S. 1327 mit weiteren Fundstellen; a. A. *AG Bremen*, 28. 10. 1969, BB-Beilage 9 zu Heft 30/1971, I 4.
Daß jedoch gewerberechtlich die Ehevermittlung eindeutig ein Gewerbe ist, ergibt sich unmittelbar aus dem Gesetz (§ 38 Abs. 1 Nr. 6 GewO); auch steuerrechtlich wird die Ehevermittlung als typische gewerbliche Tätigkeit angesehen (vgl. dazu *BFH*, 28. 8. 1968, BStBl. 1969 S. 145). Nach dem Entwurf eines Gesetzes über finanzierte Rechtsgeschäfte und über Maklerverträge (Bundesrats-Drucksache 220/79 vom 11. 5. 1979), soll allerdings die bisherige Nichteinklagbarkeit des Ehemäklerlohnes beseitigt werden, da – so die Entwurfsbegründung – „die entgeltliche Ehevermittlung und -anbahnung einem echten sozialen Bedürfnis" entsprechen. Damit wäre dann auch der Gewerbecharakter der Ehevermittlungstätigkeit im handelsrechtlichen Sinne eindeutig zu bejahen.
7 So *Brüggemann/Würdinger*, § 1 Anm. 12; vgl. auch *Baumbach/Duden*, § 1 Anm. 1 E; a. A. *Schlegelberger*, § 1 Anm. 26.
8 *BFH*, 8. 12. 1972, DStR 1973 S. 283.
9 Vgl. dazu *BFH*, 28. 8. 1968, BStBl. 1969 S. 145.

B. *Wer führt eine Firma?*

werbliche Tätigkeit darstellt. Vielmehr handelt es sich dabei um eine Art der Nutzung des Eigentums, in deren Vordergrund die Kapitalanlage steht. Anders jedoch, wenn die Verwaltung eines Bauwerks eine besonders umfangreiche berufsmäßige Tätigkeit erfordert, oder wenn die Vermietung oder Verpachtung zur dauernden, auf Gewinnerzielung gerichteten berufsmäßigen Erwerbsquelle wird[10]. Das ist insbesondere bei der sogenannten Betriebsaufspaltung der Fall, also bei der Aufteilung eines bis dahin einheitlichen Betriebes in zwei rechtlich selbständige Unternehmen – in ein Besitz- und in ein Betriebsunternehmen. Das Besitzunternehmen wird Eigentümerin des Anlagevermögens (Betriebsgrundstücke); seine Tätigkeit besteht in erster Linie aus der Vermietung oder Verpachtung dieses Anlagevermögens an das Betriebsunternehmen. Motiv für die Betriebsaufspaltung sind vorwiegend steuerliche und haftungsrechtliche Überlegungen[11].

Auch Betriebe der Land- und Forstwirtschaft können unter den handelsrechtlichen Gewerbebegriff fallen. Das hängt davon ab, ob sie im Handelsregister eingetragen sind oder nicht. Diese Möglichkeit – nicht Pflicht – eröffnet die neue Fassung des § 3 HGB[12]. Danach kann der Inhaber eines land- oder forstwirtschaftlichen Betriebes die Eintragung in das Handelsregister gemäß § 2 HGB herbeiführen – also dann, wenn Art und Umfang des Betriebes eine vollkaufmännische Einrichtung erfordern. Ist die Handelsregistereintragung solcher land- und forstwirtschaftlicher Betriebe erfolgt, so ist ihr handelsrechtlicher Gewerbecharakter zu bejahen, wenngleich sie nach der Gewerbeordnung kein Gewerbe sind.

5

---

10 So einfach diese Unterscheidung klingt, so schwierig ist ihre Anwendung auf den Einzelfall. Vgl. dazu u. a. *Fröhler/Kormann,* § 1 Randnr. 13; *Landmann/Rohmer,* § 1 Randnr. 3 und § 14 Randnr. 20; *Brandmüller,* BB 1976 S. 641 mit zahlreichen Rechtsprechungs- und Schrifttumshinweisen; *LG Berlin,* 10. 10. 1972, BB-Beilage 12 zu Heft 29/1975, I 2 mit Anmerkung von *George; BFH,* 17. 1. 1973, DB 1973 S. 753; *BFH,* 14. 2. 1973, DB 1973 S. 1217, ebenso mit weiteren Hinweisen; *BVerwG,* 24. 6. 1976, Gew. Arch. 1976 S. 293; *BGH,* 10. 5. 1979, Gew. Arch. 1979 S. 303 mit weiteren Rechtsprechungshinweisen; zuletzt *LG Nürnberg-Fürth,* 30. 9. 1980, BB 1980 S. 1549.

11 Vgl. dazu beispielsweise *Brandmüller* „Die Betriebsaufspaltung nach Handels- und Steuerrecht"; Verlagsgesellschaft Recht und Wirtschaft mbH, Heidelberg, 3. Aufl., 1978, oder *Böttcher/Beinert/Hennerkes/Binz,* „GmbH & Co.", Forkel-Verlag Stuttgart, 6. Aufl., 1979, beide mit zahlreichen Rechtsprechungs- und Schrifttumshinweisen. – Zur Eintragungsfähigkeit im Handelsregister siehe unter Randnrn. 34 ff.

12 Artikel 1 des Gesetzes über die Kaufmannseigenschaft von Land- und Forstwirten und den Ausgleichsanspruch des Handelsvertreters vom 13. 5. 1976, BGBl. I S. 1197, in Kraft getreten am 1. 7. 1976; dazu *Hofmann,* NJW 1976 S. 1297.

B. Wer führt eine Firma?

Entsprechendes gilt für ein mit dem Betrieb der Land- oder Forstwirtschaft verbundenes Nebengewerbe. Zu denken ist dabei an Betriebe, die nur oder zumindest in nennenswertem Umfang e i g e n e Erzeugnisse verarbeiten, z. B. Molkereien, Brauereien, Weinbrennereien, Mühlen u. ä. Ein solches Nebengewerbe kann – es muß nicht – auf Antrag des Inhabers ebenfalls in das Handelsregister eingetragen werden, wenn Art und Umfang eine vollkaufmännische Einrichtung notwendig machen (§ 3 Abs. 3 HGB).

6   Will man nun den handelsrechtlichen Gewerbebegriff – als Ausgangspunkt für die Erläuterung des Begriffes „Handelsgewerbe" – definieren, so läßt sich sagen:

Nach übereinstimmender Auffassung von Rechtsprechung und Schrifttum ist unter einem Gewerbe im handelsrechtlichen Sinne jede selbständige, planmäßige, auf Dauer und Gewinnerzielung angelegte Tätigkeit zu verstehen mit Ausnahme derjenigen Tätigkeiten, die nicht erlaubt sind oder nach der Verkehrsanschauung oder kraft Gesetzes nicht als Gewerbe gelten[13]; das trifft für freiberufliche, nämlich wissenschaftliche, künstlerische, lehrende, heilende, rechts- und steuerberatende Tätigkeiten zu[14]. Eine gewisse Willkür oder Inkonsequenz mag dabei der Verkehrsanschauung durchaus innewohnen, denn auch der freiberuflichen Tätigkeit fehlen in der Regel weder die Erwerbsabsicht noch die sonstigen Merkmale der Gewerbsmäßigkeit. Das entscheidende Kriterium ist vielmehr die geistige, schöpferische Arbeit, die bei einer freiberuflichen Tätigkeit im Vordergrund steht.

Mit einem Gewerbe im handelsrechtlichen Sinne ist aber das „H a n d e l s gewerbe", von dem § 1 Abs. 1 HGB spricht, nicht identisch[15].

Das Handelsgesetzbuch bezeichnet folgende Gewerbearten als H a n d e l s g e w e r b e :

7   1. Die sogenannten Grundhandelsgewerbe (§ 1 Abs. 2 HGB); das sind Unternehmen, die zum Gegenstand haben

---

13 Vgl. dazu *Brüggemann/Würdinger,* § 1 Anm. 5 mit weiteren Fundstellen; *Schlegelberger,* § 1 Anm. 27; zum Gewerbebegriff auch *v. Ebner,* GewArch. 1977 S. 281.
14 § 32 Abs. 2 Satz 2 des Steuerberatungsgesetzes vom 4. 11. 1975 (BGBl. I S. 2735) und § 1 Abs. 2 Satz 2 der Wirtschaftsprüferordnung vom 5. 11. 1975 (BGBl. I S. 2803) bestimmen ausdrücklich, daß die Tätigkeit des Steuerberaters und des Wirtschaftsprüfers kein Gewerbe ist (aber zur Gewerbebesteuerung der Wirtschaftsprüfungs- und Steuerberatungs-Kapitalgesellschaften *Finanzgericht Hamburg,* 1. 6. 1976, Die Wirtschaftsprüfung 1976 S. 641).
15 Vgl. Randnr. 4 und Fußnote 7.

B. Wer führt eine Firma?

a) die Anschaffung und Weiterveräußerung von beweglichen Sachen (Waren) oder Wertpapieren, ohne Unterschied, ob die Waren unverändert oder nach einer Bearbeitung oder Verarbeitung weiterveräußert werden;

(unter „Anschaffung" und „Weiterveräußerung" ist hier nur der a b g e l e i t e t e Eigentumserwerb zu verstehen. Daher fällt weder die Urproduktion noch das Miet- und Leih-Geschäft darunter)

b) die Übernahme der Bearbeitung oder Verarbeitung von Waren für andere, sofern das Gewerbe nicht handwerksmäßig betrieben wird;

c) die Übernahme von Versicherungen gegen Prämien;

d) die Bankier- und Geldwechslergeschäfte;

e) die Übernahme der Beförderung von Gütern oder Reisenden zur See, die Geschäfte der Frachtführer oder der zur Beförderung von Personen zu Lande oder auf Binnengewässern bestimmten Anstalten sowie die Geschäfte der Schleppschiffahrtsunternehmer;

(aus dem Wort „Anstalten" ist nach herrschender Ansicht zu schließen, daß nur Großbetriebe gemeint sind; selbständige Taxifahrer, Autobusbesitzer u. ä., die selbst fahren und nur einen oder zwei Wagen besitzen, betreiben kein Handelsgewerbe nach dieser Vorschrift; vgl. auch § 2 HGB)

f) die Geschäfte der Kommissionäre, der Spediteure oder der Lagerhalter;

g) die Geschäfte der Handelsvertreter oder der Handelsmakler;

h) die Verlagsgeschäfte sowie die sonstigen Geschäfte des Buch- oder Kunsthandels;

i) die Geschäfte der Druckereien, sofern das Gewerbe nicht handwerksmäßig betrieben wird.

2. Handwerkliche oder sonstige gewerbliche Unternehmen, deren Betrieb nicht schon nach § 1 Abs. 2 HGB (Grundhandelsgewerbe; vgl. Randnr. 7) als Handelsgewerbe gilt, die jedoch nach Art und Umfang einen in kaufmännischer Weise eingerichteten Geschäftsbetrieb erfordern, sofern sie im Handelsregister eingetragen worden sind (§ 2 Satz 1 HGB). **8**

(Als nicht unter § 1 Abs. 2 HGB fallende Gewerbebetriebe kommen zum Beispiel in Betracht: Kinos; Auskunfteien; Autovermietungen; Grundstücksmakler; Wohnbaugesellschaften; Besitzunternehmen, die

B. Wer führt eine Firma?

das ihnen gehörende Anlagevermögen im Rahmen einer Betriebsaufspaltung an das Betriebsunternehmen vermieten oder verpachten[16].)

9 3. Land- und forstwirtschaftliche Unternehmen, sofern sie nach Art und Umfang einen in kaufmännischer Weise eingerichteten Geschäftsbetrieb erfordern u n d – nach der freien Entscheidung des Inhabers – im Handelsregister eingetragen sind (§ 3 Abs. 2 HGB).

10 4. Nebengewerbe, die mit einem Betrieb der Land- oder Forstwirtschaft verbunden sind, sofern sie nach Art und Umfang einen in kaufmännischer Weise eingerichteten Geschäftsbetrieb erfordern u n d – nach der freien Entscheidung des Inhabers – im Handelsregister eingetragen sind (§ 3 Abs. 3 HGB).

11 Der Inhaber eines Unternehmens nach den §§ 2 und 3 HGB betreibt zwar ein G e w e r b e im handelsrechtlichen Sinne, aber ein H a n d e l s g e w e r b e erst dann, wenn er aufgrund der Art und des Umfanges – sowie bezüglich § 3 HGB nach dem Willen des Inhabers – im Handelsregister eingetragen ist.

„Gewerbe" bzw. „Gewerbebetrieb" ist also der umfassendere, allgemeinere, „Handelsgewerbe" dagegen der engere, speziellere Begriff. Ein Gewerbe wird vom „Gewerbetreibenden", ein Handelsgewerbe vom „Kaufmann" ausgeübt (§ 1 Abs. 1 HGB). Das bedeutet, daß ein- und dieselben Geschäfte eines unter § 2 oder § 3 HGB fallenden Gewerbetreibenden, der also erst durch die Handelsregistereintragung überhaupt Kaufmann (und zwar Vollkaufmann) wird, v o r seiner Eintragung keine, n a c h der Eintragung aber Handelsgeschäfte sind – mit allen sich aus den §§ 343 ff. HGB ergebenden Konsequenzen (vgl. dazu Randnrn. 62 ff.).

12 Wenn also § 1 Abs. 1 HGB denjenigen als „Kaufmann" bezeichnet, der ein Handelsgewerbe betreibt, so ist damit klargestellt, daß der mit kaufmännischen Aufgaben betraute Angestellte nicht Kaufmann im Rechtssinne ist (die Berufsbezeichnung „Kaufmann" ist umfassender als der Rechtsbegriff „Kaufmann").

13 Da für das Recht zur Firmenführung allein der Vollkaufmannsbegriff maßgebend ist, müssen die sogenannten Minderkaufleute ausscheiden. Dabei handelt es sich um Personen, die ein Grundhandelsgewerbe betreiben, deren Unternehmen aber nach Art oder Umfang einen in kaufmännischer Weise eingerichteten Geschäftsbetrieb nicht erfordert (§ 4 HGB); sie sind zwar Kaufleute, aber nicht V o l l kaufleute. Häufig wird

---

16 Vgl. unter Randnr. 4.

B. Wer führt eine Firma?

für diesen Personenkreis auch die an sich neutraler oder gefälliger klingende Bezeichnung „Kleingewerbetreibende" verwendet. Tatsächlich sind aber die Begriffe „Minderkaufmann" und „Kleingewerbetreibender" nicht inhaltsgleich. Zwar sind alle Minderkaufleute zugleich Kleingewerbetreibende, nicht aber umgekehrt alle Kleingewerbetreibende auch Minderkaufleute. Denn – wie oben erwähnt – üben Minderkaufleute immer ein Grundhandelsgewerbe nach § 1 Abs. 2 HGB aus, wenn auch in nicht vollkaufmännischem, sondern in kleinerem, also in „kleingewerblichem" Umfang. Diejenigen Gewerbetreibenden aber, die kein Grundhandelsgewerbe betreiben, sondern unter die §§ 2 und 3 HGB fallen, deren Gewerbe aber ebenfalls einen in kaufmännischer Weise eingerichteten Geschäftsbetrieb nicht erfordert, sind zwar auch Kleingewerbetreibende, aber nicht Minderkaufleute. Der Begriff „Kleingewerbetreibender" ist also umfassender als der Begriff „Minderkaufmann".

Unter dem „in kaufmännischer Weise eingerichteten Geschäftsbetrieb" ist ein v o l l kaufmännischer Geschäftsbetrieb zu verstehen. Seine Kennzeichen sind im wesentlichen die zur Gewährleistung einer ordnungsgemäßen, zuverlässigen Geschäftsabwicklung sowie klaren finanziellen Übersicht notwendige doppelte Buchführung, jährliche Inventarerrichtung, Bilanzierung und Erstellung einer Gewinn- und Verlustrechnung. Der nicht vollkaufmännische Geschäftsbetrieb dagegen benötigt lediglich eine einfache Buchführung, also die Gegenüberstellung der Einnahmen und Ausgaben. **14**

Andererseits gehören zu dem Kreis der Vollkaufleute diejenigen Personen, die ausdrücklich nach dem Gesetz als Kaufleute gelten, o h n e daß sie ein Handelsgewerbe betreiben müssen (vgl. dazu Randnrn. 22 bis 24). **15**

V o l l k a u f l e u t e sind demnach:

1. Diejenigen, die ein Handelsgewerbe der in § 1 Abs. 2 HGB bezeichneten Art (Grundhandelsgewerbe, vgl. oben Randnr. 7) betreiben, sofern dasselbe nach seiner Art und nach seinem Umfang eine kaufmännische Einrichtung erfordert (es kommt auf die objektive Notwendigkeit der kaufmännischen Einrichtung, nicht auf deren tatsächliches Vorhandensein an). **16**

Die Vollkaufmannseigenschaft und damit das Recht zur Firmenführung besteht hier unabhängig von der Eintragung in das Handelsregister; die Eintragung hat nur deklaratorische, das heißt bestätigende Wir-

B. Wer führt eine Firma?

kung. Allerdings ist der Kaufmann verpflichtet, sein Gewerbe zur Eintragung in das Handelsregister beim zuständigen Amtsgericht anzumelden (§ 29 HGB).

17 2. Diejenigen, die ein handwerkliches Unternehmen oder ein in § 1 Abs. 2 HGB nicht aufgeführtes Gewerbe betreiben **und** gemäß § 2 HGB im Handelsregister eingetragen **sind** (vgl. Randnr. 8).

Dazu ist die Voraussetzung, daß Art und Umfang des Unternehmens einen in kaufmännischer Weise eingerichteten Geschäftsbetrieb **erfordern** (§ 2 Satz 1 HGB). Ist das der Fall, so besteht die Pflicht, sich zur Eintragung in das Handelsregister anzumelden (§ 2 Satz 2 HGB). Die Vollkaufmannseigenschaft und damit das Recht zur Führung einer Firma entsteht hier aber erst durch die Eintragung in das Handelsregister; die Eintragung hat hier **konstitutive**, das heißt die Vollkaufmannseigenschaft erst begründende Wirkung.

18 3. Diejenigen, die ein land- und forstwirtschaftliches Unternehmen betreiben, sofern ihr Unternehmen nach Art und Umfang einen in kaufmännischer Weise eingerichteten Geschäftsbetrieb erfordert (vgl. § 3 Abs. 2 HGB, Randnr. 9). Solche Unternehmer sind zur Eintragung in das Handelsregister nicht verpflichtet; lassen sie sich aber eintragen, so werden sie damit Vollkaufleute (konstitutive Wirkung der Eintragung); machen sie dagegen von dieser Möglichkeit keinen Gebrauch, so sind sie Nichtkaufleute, also auch nicht einmal Minderkaufleute nach § 4 HGB.

19 4. Diejenigen, die ein Nebengewerbe betreiben, das mit einem Betrieb der Land- oder Forstwirtschaft verbunden ist, sofern das Nebengewerbe nach Art und Umfang einen in kaufmännischer Weise eingerichteten Geschäftsbetrieb erfordert (vgl. § 3 Abs. 3 HGB, Randnummer 10).

Solche Unternehmer sind zur Eintragung in das Handelsregister nicht verpflichtet; lassen sie sich aber eintragen, so werden sie damit Vollkaufleute (konstitutive Wirkung der Eintragung), jedoch **nur** bezüglich des Nebengewerbes. Machen sie dagegen von dieser Möglichkeit keinen Gebrauch, so sind sie auch bezüglich des Nebengewerbes **Nicht**kaufleute, also auch nicht einmal Minderkaufleute nach § 4 HGB.

20 Dem Unterschied zwischen der deklaratorischen und der konstitutiven Wirkung der Handelsregistereintragung[17] kommt eine erhebliche prak-

---

17 Zur Kritik an dieser gesetzlichen Regelung und über einen Reformvorschlag vgl. *Wessel,* BB 1977 S. 1226; BB 1969 S. 885 ff. unter A; vgl. auch unter Randnummern 328 ff.

B. Wer führt eine Firma?

tische Bedeutung zu, wie die beiden folgenden Beispiele zeigen:

a) Hermann Müller betreibt einen Verlag, also ein Grundhandelsgewerbe nach § 1 Abs. 2 Nr. 8 HGB, hat es aber bislang versäumt, sein Unternehmen zur Eintragung in das Handelsregister beim zuständigen Amtsgericht anzumelden, obwohl er die Voraussetzungen dazu schon seit langem erfüllt. Hermann Müller stirbt; seine Tochter Emma, jetzt verheiratete Schulze, die einzige Erbin, möchte den Verlag weiterführen. Da ihr Vater zu Lebzeiten bereits Vollkaufmann war und daher – auch ohne Eintragung in das Handelsregister – eine Firma führte (§§ 17, 18 HGB), kann Emma Schulze diese unter dem Namen Hermann Müller weiterführen, denn das Gesetz läßt bei der Übernahme eines Handelsgeschäftes unter Lebenden oder von Todes wegen die unveränderte Beibehaltung des Firmennamens zu (§ 22 HGB). Allerdings wäre Hermann Müller verpflichtet gewesen, seine Firma zur Eintragung ins Handelsregister beim zuständigen Amtsgericht anzumelden (§ 29 HGB); dieselbe Pflicht trifft nunmehr seine Tochter. Die Anmeldung kann durch Zwangsgeld erzwungen werden (§ 14 HGB). Trotzdem ist aber die Firmenbezeichnung „Hermann Müller" – auch n a c h dem Tode des Namensträgers – rechtmäßig (vgl. auch Randnrn. 421 ff).

b) Heinrich Maier unterhält eine Auskunftei, also ein Gewerbe, das unter § 2 HGB fällt; der Betrieb ist so umfangreich, daß eine kaufmännische Einrichtung erforderlich ist. Eine Anmeldung zur Eintragung in das Handelsregister ist jedoch noch nicht erfolgt. Heinrich Maier stirbt. Seine Tochter Gerda, verheiratete Schmitt, die einzige Erbin, möchte die Auskunftei unter deren eingeführtem Namen „Heinrich Maier" weiterbetreiben. Dies ist jedoch n i c h t möglich, da der Inhaber eines unter § 2 HGB fallenden Unternehmens erst mit dem Zeitpunkt der Eintragung in das Handelsregister überhaupt Vollkaufmann und damit zur Führung einer Firma berechtigt wird. Heinrich Maier konnte also, solange er nicht in das Handelsregister eingetragen war, keine Firma führen; folglich konnte eine solche von seiner Tochter auch nicht übernommen und weitergeführt werden; § 22 HGB findet keine Anwendung. Gerda Schmitt ist zwar verpflichtet, das Unternehmen aufgrund seines Umfanges in das Handelsregister eintragen zu lassen; sie kann dies aber nur unter i h r e m Namen tun (§ 18 HGB).

4. Die H a n d e l s g e s e l l s c h a f t e n (§ 6 Abs. 1 HGB). **21**

Handelsgesellschaften sind:

B. Wer führt eine Firma?

a) Personengesellschaften, nämlich
die offene Handelsgesellschaft (§§ 105 ff. HGB) und
die Kommanditgesellschaft (§§ 161 ff. HGB).

b) Kapitalgesellschaften, nämlich
die Aktiengesellschaft (§ 3 AktG),
die Kommanditgesellschaft auf Aktien (§ 219 Abs. 3 AktG) und
die GmbH (§ 13 Abs. 3 GmbHG).

Bei den Personengesellschaften gelten die Ausführungen unter 1. bis 3. (Randnrn. 16 bis 19). Fehlt es nämlich nach Art und Umfang der Gesellschaft an dem Erfordernis der kaufmännischen Einrichtung, so liegt keine offene Handelsgesellschaft oder Kommanditgesellschaft vor (§ 4 Abs. 2 HGB), sondern eine Gesellschaft des bürgerlichen Rechtes; diese ist in den §§ 705 ff. BGB geregelt.

Auch sie kommt im Wirtschaftsleben häufig vor, besonders als Vereinigung von Kleingewerbetreibenden zur gemeinsamen Führung eines Gewerbebetriebes, für Kartellvereinbarungen, Arbeitsgemeinschaften (diese sind besonders im Baugewerbe häufig zu beobachten). Die BGB-Gesellschaft ist aber nicht auf den gewerblichen Bereich beschränkt; so werden auch Sozietäten etwa von Rechtsanwälten, Wirtschaftsprüfern, Steuerberatern oder Zusammenschlüsse sonstiger freier Berufe, wie z. B. gemeinsame Ingenieur- oder Architekturbüros, oft in der Form der BGB-Gesellschaft betrieben.

22 Die Kapitalgesellschaften dagegen gelten immer als Handelsgesellschaften und besitzen daher die Vollkaufmannseigenschaft auch dann, wenn Art und Umfang des Unternehmens gar keine kaufmännische Einrichtung erfordern, ja selbst dann, wenn der Gegenstand ihres Unternehmens überhaupt nicht auf den Betrieb eines Gewerbes gerichtet ist; eine Aktiengesellschaft, Kommanditgesellschaft auf Aktien oder eine GmbH, die z. B. einen karitativen Zweck verfolgt, gilt handelsrechtlich trotzdem als Handelsgesellschaft und ist damit Vollkaufmann (vgl. §§ 3, 278 Abs. 3 AktG, § 13 Abs. 3 GmbHG, sowie § 6 Abs. 2 HGB).

23 5. Die Genossenschaften sind zwar keine Handelsgesellschaften, gelten aber auch als Vollkaufleute (§ 17 Abs. 2 des Genossenschaftsgesetzes in Verbindung mit § 6 Abs. 2 HGB).

24 6. Dasselbe gilt für die Versicherungsvereine auf Gegenseitigkeit (§ 16 des Gesetzes über die Beaufsichtigung der privaten Versicherungsunternehmen und Bausparkassen in Verbindung mit § 6 Abs. 2 HGB).

B. Wer führt eine Firma?

Damit ist der Kreis der Vollkaufleute geschlossen. Nur diese führen eine Firma nach § 17 Abs. 1 HGB. Alle anderen Kaufleute – es bleiben also nur diejenigen Einzelkaufleute oder Personengesellschaften (Gesellschaften des bürgerlichen Rechtes) übrig, deren Geschäftsbetrieb nach Art oder Umfang keiner kaufmännischen Einrichtung bedarf – sind sogenannte Minderkaufleute, die nicht in das Handelsregister eingetragen werden und folglich auch keine Firma führen können (§ 4 HGB)[18].

So einfach die geschilderte Abgrenzung erscheint, so schwierig ist es, sie in der Praxis anzuwenden, da das Gesetz nicht erläutert, welcher Art ein Unternehmen sein und welchen Umfang es aufweisen muß, um den Erfordernissen der kaufmännischen Einrichtung zu genügen (vgl. Randnrn. 31 ff.).

25

---

18 Das *LG Baden-Baden* hat dazu in einer nicht veröffentlichten Entscheidung vom 27. 8. 1955 (1 T 92/55) ausgeführt: „Den typischen Fall des § 4 HGB bildet das kleine Ladengeschäft oder die Werkstatt, wo Betriebsinhaber und Familienangehörige, vielleicht noch ein oder zwei Hilfskräfte eine leicht überschaubare Tätigkeit ausüben."

B. *Wer führt eine Firma?*

Übersicht
Gewerbetreibende
(nach Handelsrecht)

A. Gewerbe nach § 1 Abs. 2 HGB
(Grundhandelsgewerbe)

Nach Art und Umfang Erfordernis kaufmännischer Einrichtung + (obligatorische) Eintragung im Handelsregister: Vollkaufmann	Nach Art oder Umfang kein Erfordernis kaufmännischer Einrichtung, Eintragung im Handelsregister nicht möglich: Minderkaufmann (Kleingewerbetreibender)
Nach Art und Umfang Erfordernis kaufmännischer Einrichtung + unterbliebene (aber obligatorische) Eintragung im Handelsregister: Vollkaufmann	

B. Gewerbe nach den §§ 2 und 3 HGB

Nach Art und Umfang Erfordernis kaufmännischer Einrichtung + (obligatorische) Eintragung im Handelsregister: Vollkaufmann	Nach Art oder Umfang kein Erfordernis kaufmännischer Einrichtung, Eintragung im Handelsregister nicht möglich: Nichtkaufmann (Kleingewerbetreibender)
Nach Art und Umfang Erfordernis kaufmännischer Einrichtung + unterbliebene (aber obligatorische) Eintragung im Handelsregister: Nichtkaufmann	

C. Die kaufmännische Einrichtung

Jeder Kaufmann ist im öffentlichen Interesse verpflichtet, Bücher zu führen und in diesen seine Handelsgeschäfte und die Lage seines Vermögens nach den Grundsätzen ordnungsmäßiger Buchführung ersichtlich zu machen (§ 38 Abs. 1 HGB).

27

Daß diese handelsrechtlichen Verpflichtungen nur für den Vollkaufmann gelten, ergibt sich aus § 4 Abs. 1 HGB, wonach die Vorschriften über die Firmen, Handelsbücher und die Prokura auf die Minderkaufleute keine Anwendung finden. Nach dem Wortlaut des § 2 HGB sind von diesen handelsrechtlichen Verpflichtungen auch sämtliche Nichtkaufleute befreit, also diejenigen Gewerbetreibenden, die ein anderes als ein Grundhandelsgewerbe gemäß § 1 Abs. 2 HGB betreiben und ohne Rücksicht auf Art oder Umfang dieses Gewerbes (noch) nicht im Handelsregister eingetragen sind – ein mit Rücksicht auf das Vertrauen der Allgemeinheit in die ordnungsgemäße Geschäftsabwicklung unbefriedigendes Ergebnis. Der durch das Erste Gesetz zur Bekämpfung der Wirtschaftskriminalität vom 29. 7. 1976[19] eingefügte § 47 b HGB hat diese Lücke geschlossen und nicht nur die handelsrechtliche Buchführungspflicht, sondern auch die sonstigen, sich aus den §§ 38 bis 47 a HGB ergebenden Verpflichtungen den Gewerbetreibenden des § 2 HGB von dem Zeitpunkt an auferlegt, in dem das Erfordernis vollkaufmännischer Einrichtung entstanden ist und nicht etwa mit der Handelsregistereintragung selbst, obwohl diese erst die Kaufmanns-, und zwar die Vollkaufmannseigenschaft begründet (vgl. Randnr. 17).

Lediglich für land- und forstwirtschaftliche Unternehmen, deren Inhaber sich gemäß § 3 Abs. 2 oder 3 HGB für die Eintragung im Handelsregister entschieden haben, setzen die in den §§ 38 ff. HGB geregelten Pflichten erst mit der erfolgten Handelsregistereintragung ein. Auch bei Aktiengesellschaften, Kommanditgesellschaften auf Aktien und Gesellschaften mit beschränkter Haftung wird die Buchführungspflicht erst mit der Eintragung im Handelsregister begründet, weil bei ihnen die Gesellschaft dadurch überhaupt erst entsteht, und zwar ohne Rück-

---

19 BGBl. I S. 2034, in Kraft getreten am 1. 9. 1976; vgl. dazu *Offerhaus*, BB 1976 S. 1622; *Müller/Emmert/Maier*, NJW 1976 S. 1657.

C. Die kaufmännische Einrichtung

sicht darauf, ob der Gegenstand des Unternehmens in dem Betrieb eines Handelsgewerbes besteht oder nicht[20].

Die §§ 39 bis 43 HGB enthalten allgemeine Richtlinien über die Inventarerrichtung, die Bilanzierung und die Führung der Handelsbücher; ins einzelne gehende Vorschriften fehlen jedoch, aus denen die „Grundsätze ordnungsmäßiger Buchführung" (§ 38 Abs. 1 HGB) zu entnehmen wären. Man wird darunter diejenigen Regeln verstehen müssen, nach denen ein auf fachgerechte, ordnungsgemäße Rechnungslegung bedachter Kaufmann zu verfahren pflegt, verfahren kann und verfahren darf, um eine jederzeitige Übersicht über seine Handelsgeschäfte und die Lage seines Vermögens zu behalten und ihre Gewinnung einem sachkundigen Außenstehenden ohne Schwierigkeiten zu ermöglichen[21].

Für die ordnungsgemäße Führung der Bücher ist beim Einzelunternehmen der Inhaber verantwortlich, bei der offenen Handelsgesellschaft trifft die Verantwortung sämtliche, bei der Kommanditgesellschaft die persönlich haftenden Gesellschafter, bei der Gesellschaft mit beschränkter Haftung die Geschäftsführer und ihre Stellvertreter (§§ 41, 44 GmbHG) und bei der Aktiengesellschaft alle Vorstandsmitglieder (§ 91 AktG).

28 Unmittelbare Sanktionen, um die Buchführung zu erzwingen, sieht das Handelsgesetzbuch nicht vor. Der Vollkaufmann, der seiner Buchführungspflicht nicht nachkommt, setzt sich aber unter Umständen erheblichen Nachteilen aus. So können in einem Rechtsstreit, in dem vor Gericht die Vorlage der Handelsbücher zu Beweiszwecken angeordnet und dieser Auflage nicht nachgekommen wird, die gegnerischen Behauptungen über Beschaffenheit und Inhalt der Bücher als bewiesen angesehen werden. Umgekehrt begründen ordnungsgemäß geführte Bücher eine erhebliche Wahrscheinlichkeit für die Richtigkeit und Vollständigkeit ihres Inhalts[22].

Ferner läuft der Kaufmann, der keine Handelsbücher oder seine Handelsbücher nicht ordnungsgemäß führt, im Falle der Zahlungseinstel-

---

20 Das schließt aber nicht aus, daß für die Vorgesellschaften, die möglicherweise vor der Handelsregistereintragung bestanden haben und schon tätig geworden sind, Buchführungspflicht nach § 141 AO zu bejahen ist.
21 Vgl. *Brüggemann/Würdinger*, § 38 Anm. 2; ferner *Crone/Erdmann*, DB 1976 S. 1341; zur Bilanzierung der Aktiengesellschaften siehe jedoch die §§ 148 ff. AktG.
22 Vgl. *Brüggemann/Würdinger*, § 45 Anm. 5 u. 6; siehe auch die §§ 46 und 47 HGB; *Schlegelberger*, § 45 Anm. 3.

C. Die kaufmännische Einrichtung

lung, der Konkurseröffnung oder der Abweisung des Eröffnungsantrages mangels Masse Gefahr, nach den §§ 283 bis 283 b StGB wegen Bankrotts oder Verletzung der Buchführungspflicht strafrechtlich belangt zu werden[23]; nicht ordentlich geführte Handelsbücher können schließlich den Tatbestand des § 17 Nr. 8 VerglO erfüllen und damit zur Ablehnung des Vergleichsverfahrens und zur Eröffnung des Anschlußkonkurses führen[24].

Endlich unterliegt der Vollkaufmann aufgrund des § 140 AO, der ausdrücklich auf die Buchführungspflicht „nach anderen Gesetzen als den Steuergesetzen" – dazu gehören zum Beispiel die §§ 38 ff. HGB – Bezug nimmt, den Sanktionen der steuerrechtlichen Vorschriften: So können die Finanzämter aufgrund mangelhafter oder unterlassener Buchführung getroffene Anordnungen nach § 328 AO durch die Auferlegung von Zwangsgeld durchsetzen; wer in tatsächlicher Hinsicht unrichtige Belege ausstellt oder buchungs- oder aufzeichnungspflichtige Geschäftsvorfälle oder Betriebsvorgänge nicht oder in tatsächlicher Hinsicht unrichtig verbucht oder verbuchen läßt und dadurch Steuerverkürzungen ermöglicht oder nicht gerechtfertigte Steuervorteile erlangt, handelt ordnungswidrig (§ 379 AO); ferner kann die unterlassene Buchführung zur Schätzung der Besteuerungsgrundlage durch das Finanzamt und damit möglicherweise zu einer höheren Veranlagung führen (§ 162 AO); schließlich setzt die Geltendmachung von Werbungskosten, Sonderausgaben und sonstiger Steuervergünstigungen ordnungsgemäß geführte Bücher voraus (vgl. die §§ 5 ff. EStG).

Die steuerrechtliche Verpflichtung zur ordnungsgemäßen Führung von Büchern geht insofern über die handelsrechtliche Buchführungspflicht hinaus, als sie auch die Kleingewerbetreibenden, ferner die Land- und Forstwirte schlechthin sowie alle Gewerbetreibenden, die gar keine Handelsgewerbe betreiben (vgl. Randnummer 11) und damit überhaupt nicht Kaufleute sind, von einem bestimmten Umsatz, Betriebsvermögen oder Gewinn an einschließt (§ 141 AO).

29

---

23 Diese Vorschriften wurden durch das Erste Gesetz zur Bekämpfung der Wirtschaftskriminalität – vgl. Randnr. 27 – in das Strafgesetzbuch aufgenommen; sie sind an die Stelle der früheren Konkursstrafvorschriften der Konkursordnung getreten, die aufgehoben wurden. Durch § 283 b StGB wird erstmals die Verletzung der Buchführungspflicht unter Strafe gestellt, aber nur unter der Voraussetzung der Zahlungseinstellung, der Eröffnung des Konkursverfahrens oder der Ablehnung desselben mangels Masse; diese drei Kriterien sind also objektive Bedingung der Strafbarkeit.
24 Allerdings wird durch § 17 Nr. 8 VerglO jeder Vergleichsschuldner erfaßt, also nicht nur der Vollkaufmann (vgl. *Bley*, § 17 Anm. 23 a).

C. Die kaufmännische Einrichtung

30 Der zur Buchführung verpflichtete Kaufmann hat seine Handelsbücher, Inventare und Bilanzen 10 Jahre, empfangene Handelsbriefe, Wiedergaben der abgesandten Handelsbriefe und Buchungsbelege 6 Jahre aufzubewahren (§ 44 HGB[25]).

Eine entsprechende Vorschrift enthält § 147 AO; die Aufbewahrungsfrist kann jedoch nicht vor der steuerlichen Festsetzungsfrist ablaufen.

---

[25] In der Fassung des Artikels 56 des Einführungsgesetzes zur Abgabenordnung (EGAO 1977), BGBl. 1976 I S. 3341 (3371). Vgl. dazu *Martens*, NJW 1977 S. 17; *Biener*, DB 1977 S. 527; *Hauber*, DB 1977 S. 698.

D. Wann ist die kaufmännische Einrichtung erforderlich?

Kapitalgesellschaften können **ohne Rücksicht** auf die Art und den Umfang ihres Unternehmens **errichtet** werden; die Errichtung erfordert den Abschluß des Gesellschaftsvertrages. Als juristische Person **entstehen** die Kapitalgesellschaften erst mit der Eintragung im Handelsregister. Aber auch dafür kommt es auf die Art oder den Umfang der Tätigkeit der Gesellschaft nicht an. Vielmehr wird die Vollkaufmannseigenschaft – rein formal – durch die Eintragung im Handelsregister, also mit der Entstehung der Gesellschaft begründet. Damit entsteht zugleich – und zwar aufgrund des § 38 Abs. 1 HGB, der den Vollkaufmann verpflichtet, Bücher zu führen – das Erfordernis der kaufmännischen Einrichtung (siehe dazu Randnrn. 22 und 27), also ohne Rücksicht auf Art oder Umfang des Unternehmens der Kapitalgesellschaft. Anders bei den Gewerbebetrieben der Einzelkaufleute und der Personengesellschaften; da bei ihnen die Vollkaufmannseigenschaft bzw. das Erfordernis der kaufmännischen Einrichtung von der „Art" und dem „Umfang" des Unternehmens abhängt, gilt es, diese recht allgemeinen Begriffe – einen konkreteren Anhaltspunkt für die Vollkaufmannseigenschaft gibt das Gesetz nicht – auszufüllen, was aufgrund langjähriger Praxis der Registergerichte und der Industrie- und Handelskammern sowie der umfangreichen Rechtsprechung weitgehend möglich ist; alle Zweifel des Einzelfalles können damit jedoch nicht ausgeschlossen werden.

31

Unter der Art eines Unternehmens ist begrifflich zweierlei zu verstehen. Einmal kann dieses qualitative Merkmal auf den „Gegenstand" des Unternehmens bezogen werden, zum anderen kann man dabei – ohne daß es auf den Gegenstand ankäme – an die Betriebsweise, an die „Art und Weise, in der das Unternehmen betrieben wird", denken[26].

32

Es kommt also sowohl auf die Natur, auf den Inhalt der im Betrieb vorkommenden Geschäfte, als auch auf den Schwierigkeitsgrad, auf die Form ihrer Abwicklung an.

Auch verbotene oder „sozial unwertige" Gewerbe sind von ihrer Art her als nicht kaufmännisch und damit auch nicht als handelsregisterfähig anzusehen, wenngleich im Schrifttum auch die gegenteilige Auffas-

---

26 Vgl. *Schlegelberger*, § 2 Anm. 3.

D. Wann ist die kaufmännische Einrichtung erforderlich?

sung vertreten wird[27]. Der strengeren, d. h. den Kaufmannscharakter und damit die Registerfähigkeit verneinenden Meinung ist jedoch der Vorzug zu geben, denn mit dem Ansehen, das der Kaufmannsstand nach wie vor genießt, lassen sich fragwürdige oder gar verbotene gewerbsmäßig ausgeübte Tätigkeiten nicht in Einklang bringen.

Für die Beurteilung, ob die Art eines Gewerbebetriebes im Sinne der zweiten Alternative („Betriebsweise") eine kaufmännische Einrichtung erfordert – in der Praxis die weitaus häufigsten Fälle –, sind die folgenden Kriterien von Bedeutung:

Vielfalt der hergestellten oder vertriebenen Erzeugnisse oder der erbrachten Leistungen, Zusammenfassung verschiedener Unternehmensarten (z. B. Handwerk und Handel, Handel und Vertretungen), Art der Geschäftsabwicklung (Inanspruchnahme von Kredit, Gewährung von Kredit, Wechselgeschäfte, bargeldloser Geschäftsverkehr, Bargeschäfte), Arbeit im Schichtbetrieb, Erfordernis langfristiger Dispositionen, Übernahme von Gewährleistungsverpflichtungen, Schwierigkeit der Kalkulation.

33 Für den Umfang eines Unternehmens kommt es entscheidend auf den Umsatz, die Vielfalt der Geschäftsbeziehungen (Anzahl der Lieferanten und Abnehmer), die Anzahl der Geschäftsvorfälle, die Zahl der Betriebsstätten und der Beschäftigten sowie die Höhe des Anlage- und Betriebsvermögens an.

Nicht jedes Kriterium für sich allein muß das Erfordernis kaufmännischer Einrichtung begründen, vielmehr kommt es auf die Gesamtwürdigung der Verhältnisse des einzelnen Unternehmens an[28].

---
27 Vgl. dazu Randnr. 4 und die in Fußnote 6 erwähnten Fundstellen.
28 Vgl. *BGH,* 28. 4. 1960, BB 1960 S. 917 unter 1: „ Die Beantwortung der Frage, ob ein Betrieb nach Art oder Umfang kaufmännische Einrichtungen erfordert, setzt eine Gesamtwürdigung der Verhältnisse des einzelnen Betriebes voraus.... Entscheidend ist... das aus einer umfassenden Würdigung derartiger Merkmale sich ergebende Gesamtbild im maßgeblichen Zeitpunkt." Vgl. auch *KG,* 14. 5. 1959, BB 1959 S. 1007: „Ob eine Firmenpflicht besteht, läßt sich ... nur aus einer Gesamtbetrachtung des Umfangs und der Art und Weise des Geschäftsbetriebs entscheiden." Vgl. ferner: *OLG Hamm,* 28. 7. 1960, BB 1960 S. 917 unter 2; *LG Oldenburg i. O.,* 20. 12. 1961, BB 1962 S. 386 unter 1 a; *LG Kassel,* 6. 3. 1964, BB 1964 S. 1192; *OLG Stuttgart,* 27. 11. 1964, BB 1965 S. 517; *AG Jever,* 17. 2. 1972, BB-Beilage 12 zu Heft 29/1975, I 6; *LG Hechingen,* 8. 5. 1973 (sehr anschaulich und ausführlich), BB-Beilage 12 zu Heft 29/1975, I 8; *Baumbach/Duden,* § 4 Anm. 1, § 2 Anm. 2 Über die Kriterien für die Erforderlichkeit der kaufmännischen Einrichtung vgl. auch *George,* BB 1959 S. 255 f.; *Lemke/George,* BB 1959 S. 692; *Schönle,* BB 1960 S. 1230 f. Siehe auch Anhang II.

D. Wann ist die kaufmännische Einrichtung erforderlich?

Weil dabei das Ermessen des Registergerichts im Vordergrund steht, lassen sich keine starren Regeln aufstellen; immerhin können der vielfältigen, keineswegs einheitlichen Rechtsprechung doch gewisse Anhaltspunkte für Zweifelsfälle entnommen werden; im Anhang II findet sich daher eine Aufstellung einschlägiger Gerichtsentscheidungen.

Für die Frage der Vollkaufmannseigenschaft und damit der Eintragung 34 in das Handelsregister lassen sich drei Gruppen unterscheiden:

a) die aufgrund der Art und des Umfanges eindeutig eintragungspflichtigen Gewerbetreibenden;

b) die aufgrund der Art o d e r des Umfangs eindeutig nicht eintragungsfähigen Gewerbetreibenden;

hier ist das Wörtchen „oder" statt „und" zu wählen, denn sowohl die Art als auch der Umfang des Unternehmens, also b e i d e Merkmale müssen einen kaufmännisch eingerichteten Geschäftsbetrieb erfordern. Ist dagegen eine der beiden Voraussetzungen zu verneinen, so liegt ein Kleingewerbebetrieb nach § 4 HGB vor[29];

c) die nicht eindeutig unter a) oder b) einzuordnenden Gewerbetreibenden. Es handelt sich um Grenzfälle, die im Rahmen des pflichtgemäßen Ermessens der Registergerichte behandelt werden müssen; hier mag bei der Entscheidung auch der Wille des Unternehmers, sein Unternehmen auf einen vollkaufmännischen Umfang anzulegen oder – umgekehrt – den kleingewerblichen Charakter zu erhalten, Berücksichtigung finden. Da sich – wegen des Ermessensspielraums – dann gar nicht selten sowohl die Eintragung als auch die Nichteintragung im Handelsregister begründen läßt, kann man diese dritte Gruppe – etwas vereinfacht – als die der „eintragungsfähigen" Gewerbetreibenden bezeichnen: Streben sie die Eintragung an, so wird das Registergericht diesem Antrag – und zwar aufgrund der objektiven Kriterien – stattgeben können; legen sie keinen Wert auf die Eintragung, so wird das Registergericht sie – ebenfalls aufgrund des objektiven Tatbestands – kaum erzwingen.

Maßgebend für die Beurteilung des Erfordernisses kaufmännischer 35 Einrichtung sind die Verhältnisse im Z e i t p u n k t der Entscheidung über die Eintragung; bloße Zukunftserwartungen hinsichtlich der Art und des Umfangs des Unternehmens sind nicht zu berücksichtigen, es

---

29 Vgl. dazu *Brüggemann/Würdinger*, § 2 Anm. 9 bis 12; *Schlegelberger*, § 4 Anm. 3, § 3 Anm. 3 ff.

D. Wann ist die kaufmännische Einrichtung erforderlich?

sei denn, ihre Verwirklichung könnte anhand konkreter Tatsachen glaubhaft gemacht werden[30]; so lassen sich Art und Umfang und damit die Eintragungspflicht oder „-fähigkeit" eines Unternehmens etwa durch die Vorlage eines Vertrages dartun, wonach ein anderer vollkaufmännischer Betrieb übernommen und weitergeführt wird, auch wenn diese Vereinbarung im Zeitpunkt der Handelsregisteranmeldung noch nicht vollzogen ist; oder anhand bereits in Auftrag gegebener Maschinen und erhaltener Warenbestellungen kann der vollkaufmännische Charakter eines Unternehmens dokumentiert werden, auch wenn die Produktion im Augenblick der Handelsregisteranmeldung noch nicht aufgenommen ist.

36 Bei Saisonbetrieben kommt es auf die Verhältnisse während der Saison an[31]. Ist in dieser Zeit eine kaufmännische Einrichtung notwendig, so besteht Eintragungspflicht; diese geht nicht durch die vorübergehende Beschränkung der Geschäftstätigkeit verloren. Ein ständiger Wechsel zwischen Vollkaufmannseigenschaft und kleingewerblichem Charakter wäre völlig unpraktikabel und würde eine untragbare Rechtsunsicherheit begründen.

37 Bei **gemischten** Betrieben (Handwerksbetriebe, denen ein Handelsbetrieb angeschlossen ist, der fremde, also nicht selbst hergestellte Waren verkauft) sind die Eintragungsvoraussetzungen nicht getrennt für jeden Betriebsteil zu beurteilen, vielmehr ist ein solches Unternehmen als **Einheit** zu betrachten[32].

38 Die mangelnde Eintragungsfähigkeit und damit die Verneinung der (Voll)kaufmannseigenschaft bedeutet aber nicht, daß der betreffende Gewerbetreibende keinen Buchführungspflichten unterliegt; diese ergeben sich insoweit aus § 141 AO, der nicht nur eindeutige Größenmerkmale als Voraussetzung aufführt, sondern auch ausdrücklich auf die entsprechende Anwendung der §§ 38 bis 41 HGB verweist. Die §§ 142 ff. AO enthalten ergänzende Vorschriften (vgl. auch Randnr. 29).

---

30 Vgl. *Brüggemann/Würdinger, § 4 Anm. 10; LG München I*, 7. 3. 1967, BB-Beilage 10 zu Heft 34/1969, I 2.

31 Vgl. *Brüggemann*, § 4 Anm. 12 mit Rechtsprechungshinweisen; *OLG Schleswig*, 6. 10. 1964, BB 1965 S. 517.

32 Vgl. *George*, Zur Eintragung gemischter Betriebe (Handwerk und Handel) in das Handelsregister, BB 1965 S. 110 mit Rechtsprechungshinweisen; ferner *AG Aschaffenburg*, 9. 7. 1964, BB-Beilage 10 zu Heft 34/1969, I 6 b; *BayObLG*, 29. 10. 1964, BB 1965 S. 517; *OLG Stuttgart*, 13. 12. 1966, BB-Beilage 10 zu Heft 34/1969, I 4; *LG Oldenburg i. O.*, 23. 4. 1969, BB-Beilage 10 zu Heft 34/1969, I 5 mit Anmerkung von *Frey*.

E. Die wesentlichen Grundsätze des Firmenrechts

Unser Firmenrecht ist beherrscht von den Grundsätzen **39**
der Firmenwahrheit,
der Firmenklarheit,
der Firmenausschließlichkeit und
der Firmeneinheit.

Nur in begrenztem Rahmen läßt das Gesetz Ausnahmen zu; die Rechtsprechung hat diese Grenzen noch enger gezogen.

1. Die Firmenwahrheit

Was dieser Grundsatz beinhaltet, ist offensichtlich: **40**
Der Firmenname muß der Wahrheit entsprechen; ihm darf kein Zusatz beigefügt werden, der geeignet ist, eine Täuschung über die Art oder den Umfang des Geschäftes oder die Verhältnisse des Geschäftsinhabers herbeizuführen (§ 18 Abs. 2 HGB)[33].

2. Die Firmenklarheit

Der Firmenname muß aus sich heraus verständlich sein. Er darf nicht zu **41**
Zweifeln oder falschen Schlußfolgerungen führen, vielmehr muß er eine eindeutige Aussage enthalten.

Die Firmenklarheit hängt eng mit der Firmenwahrheit zusammen; beide Grundsätze ergänzen sich. Dennoch ist es denkbar, daß eine ,,wahre" Firma unklar ist.

Die folgenden Beispiele verdeutlichen das:

a) Zwei Gesellschafter namens Müller und Schulte gründen eine offene Handelsgesellschaft und wählen als Firma ,,Müller-Schulte oHG". Sie entspricht damit formal der Vorschrift des § 19 Abs. 2 HGB, wonach – von anderen Möglichkeiten abgesehen – die Bildung der Firma auch aus den Namen aller Gesellschafter zulässig ist. Dennoch ist die Firma im vorliegenden Fall unklar, da die Verknüpfung der beiden Namen durch einen Bindestrich auch die Vorstellung hervorzurufen vermag, es handle sich um den Namen – und zwar einen Doppelnamen – nur e i n e s Gesellschafters. Will man die Namen beider Gesellschafter in die Firma aufnehmen, so muß daher der Binde-

---
[33] Vgl. *Hofmann*, Juristische Schulung, Zeitschrift für Studium und Ausbildung 1972 S. 233.

E. Die wesentlichen Grundsätze des Firmenrechts

strich entfallen, oder er muß etwa durch ein „&" oder „+" ersetzt werden.

b) Eine Gesellschaft mit beschränkter Haftung mit dem Namen „Müller GmbH" in X wird – neben einer natürlichen Person – persönlich haftende Gesellschafterin einer Kommanditgesellschaft in Y; diese soll die Firma „Müller GmbH KG" führen. Diese Firmierung ist wahr, sie entspricht der Vorschrift des § 19 Abs. 2 HGB, wonach die Kommanditgesellschaft aus den Namen mindestens eines persönlich haftenden Gesellschafters – das ist hier die GmbH – mit einem ein Gesellschaftsverhältnis andeutenden Zusatz – das ist hier der Rechtsformhinweis „KG" – gebildet werden muß. Dennoch ist die Firmierung „Müller GmbH KG" wegen der unmittelbaren Aufeinanderfolge der beiden Gesellschaftszusätze unklar; eine Änderung wäre daher erforderlich (etwa „Müller GmbH & Co. KG")[34].

c) Eine GmbH, die den Großhandel mit Baugeräten und Baumaschinen aller Art, deren Vermietung und Instandsetzung betreiben will, hat als Firma die Bezeichnung „Bauhelf GmbH" gewählt. Diese Firmierung deutet zwar die Branche an, in der die Gesellschaft tätig ist, erfordert aber zur Ermittlung des tatsächlichen Unternehmensgegenstandes „Rückschlüsse und Denkübungen"; die Firma ist also unklar[35].

d) Eine Beteiligungsgesellschaft in der Rechtsform der GmbH, an der ein Gesellschafter namens „Ulmer" beteiligt ist, führt die Firma „Ulmer Beteiligungsgesellschaft mbH". Die Firma ist also formal zutreffend gebildet. Dennoch ist nicht auszuschließen, daß ein Leser oder Hörer dieses Firmennamens eine Bezugnahme zu der Stadt Ulm annimmt, so daß es an der erforderlichen Firmenklarheit fehlt (s. auch Randnr. 315).

3. Die Firmenausschließlichkeit

42 Der Grundsatz der Firmenausschließlichkeit bedeutet, daß sich Firmennamen, auch wenn sie – jeder für sich betrachtet – wahr und klar sind, deutlich voneinander unterscheiden müssen, damit möglichst keine Verwechslungen auftreten. Um unzumutbare Anforderungen an die Unterscheidbarkeit zu vermeiden, ist dieses Erfordernis räumlich beschränkt, und zwar auf denselben Ort oder dieselbe Gemeinde (§ 30 HGB).

---

34 Vgl. dazu die in Fußnote 205 erwähnten Entscheidungen.
35 So *OLG Neustadt*, 15. 10. 1962, NJW 1962 S. 2208; siehe auch Fußnote 292.

E. *Die wesentlichen Grundsätze des Firmenrechts*

Identische oder ähnliche Firmen **außerhalb** desselben Ortes oder derselben Gemeinde stehen dagegen **firmenrechtlich** der Eintragung im Handelsregister nicht entgegen; insoweit kann jedoch aus **wettbewerbsrechtlicher** Sicht gemäß § 16 UWG ein Unterlassungsanspruch begründet sein (siehe Randnrn. 51 und 172).

4. Die Firmeneinheit

Der Grundsatz der Firmeneinheit besagt, daß ein und derselbe Gewerbebetrieb nur **e i n e** Firma führen kann. Die entgegenstehende Auffassung des Oberlandesgerichtes Düsseldorf[36], wonach der Gebrauch der Firma eines übernommenen, mit dem eigenen Unternehmen verschmolzenen Handelsgeschäftes noch gegenüber dessen Kundschaft zulässig sein soll, kann nicht geteilt werden.

43

Durch derartige mehrfache Firmennamen würde das notwendige Vertrauen in die Ordnung und Klarheit des Handelsverkehrs empfindlich gestört werden.

5. Ausnahmen

Die Grundsätze der Firmenausschließlichkeit und der Firmeneinheit gelten ausnahmslos; die Prinzipien der Firmenwahrheit und der Firmenklarheit dagegen müssen sich gewisse Durchbrechungen gefallen lassen. So nimmt es der Gesetzgeber in Kauf, daß die Firma einer Personengesellschaft nicht unbedingt erkennen lassen muß, ob es sich um eine offene Handelsgesellschaft oder um eine Kommanditgesellschaft handelt, da § 19 Abs. 1 und 2 HGB für beide Rechtsformen lediglich einen ein Gesellschaftsverhältnis andeutenden Zusatz verlangen. Dieser muß also nicht ausdrücklich „oHG" oder „KG", er kann auch beispielsweise „& Co." lauten. Damit bleibt aber die tatsächliche Rechtsform offen.

44

Während – von dieser nur auf die offene Handelsgesellschaft und die Kommanditgesellschaft bezogenen Ausnahme abgesehen – bei **Neugründungen** von Unternehmen **alle** Firmengrundsätze anzuwenden sind, wird vom Gesetzgeber im Falle der **Weiterführung** eines bereits bestehenden Unternehmens das mögliche Interesse des oder der Übernehmer oder bei einem Gesellschafterwechsel das mögliche Interesse des oder der gegenwärtigen Inhaber an der Beibehaltung

45

---

36 Beschluß vom 25. 6. 1953, NJW 1954 S. 151 mit Anmerkung von *Droste*; *Nipperdey* in Festschrift für Alfred Hueck, 1959, S. 195 ff. Zur Unzulässigkeit der Führung mehrerer Firmen durch eine Personengesellschaft oder GmbH für mehrere Handelsgeschäfte vgl. Randnrn. 467 und 475.

E. Die wesentlichen Grundsätze des Firmenrechts

noch 45 des bisherigen Firmennamens respektiert, so daß dahinter die Firmenwahrheit und -klarheit unter bestimmten Voraussetzungen zurücktreten können; Gesetzgebung und Rechtsprechung setzen allerdings gewisse Grenzen (vgl. dazu Randnrn. 421 ff.).

F. Vor- und Nachteile der Vollkaufmannseigenschaft bzw. der Führung einer Firma

Da das Firmenrecht nicht nur dem Interesse des einzelnen Kaufmanns dient, sondern zugleich eine Schutzfunktion gegenüber den Geschäftspartnern und auch der Allgemeinheit gegenüber hat, bringt die Führung einer Firma für den Kaufmann nicht nur Vorteile mit sich, sondern sie stellt – im Vergleich zum Minderkaufmann und zum Nichtkaufmann – teilweise auch strengere Anforderungen an das Verhalten im Geschäftsverkehr. Da das Recht zur Firmenführung nur einem Vollkaufmann zusteht, kennzeichnen folgende Merkmale zugleich die Firmenführung und die Stellung des Vollkaufmannes: **46**

1. Die Vorschriften über die Firma sollen der Sicherheit und Schnelligkeit des Geschäftsverkehrs dienen; an ihrer Einhaltung besteht ein allgemeines Interesse. Daher genießt die Firma einen besonderen Schutz: **47**

a) Wer eine ihm nach dem Handelsgesetzbuch nicht zustehende Firma gebraucht, wird vom Registergericht durch Ordnungsgeld zur Unterlassung angehalten (§ 37 Abs. 1 HGB; vgl. dazu Randnrn. 502 ff.). **48**

b) Wer in seinen Rechten dadurch verletzt wird, daß ein anderer eine ihm nach dem Handelsgesetzbuch nicht zustehende Firma gebraucht, kann vom Verletzer Unterlassung des Firmengebrauches verlangen (§ 37 Abs. 2 HGB)[37]. **49**

Aus der Formulierung dieser Vorschrift wurde vielfach gefolgert, daß die Voraussetzung von Unterlassungsansprüchen Dritter die Verletzung absoluter, also bestimmter Rechte sei[38]; nach einer Entscheidung des Bundesgerichtshofes vom 10. 11. 1969 ist eine solche Auslegung jedoch zu eng; nach ihr genügt eine Verletzung rechtlicher Interessen wirtschaftlicher Art[39].

c) Die Firma gilt als Name im Sinne des § 12 BGB. Dadurch wird der Schutz der Firma erweitert. Während nämlich nach § 37 HGB nur **50**

---

[37] Vgl. *Lindenmaier*, Namens- und Firmenschutz im Geschäftsverkehr, BB 1953 S. 629 ff.; *Siebert*, Das Namensrecht im Verhältnis zum Firmen-, Warenzeichen- und Wettbewerbsrecht, BB 1959 S. 641 ff. mit weiteren Schrifttums- und Rechtsprechungshinweisen.
[38] Vgl. *Brüggemann/Würdinger*, § 37 Anm. 17 bis 25.
[39] BB 1970 S. 318 mit Anmerkung von *Wessel*.

F. Vor- und Nachteile der Führung einer Firma

eingeschritten werden kann, um eine nach den §§ 18 ff. HGB unzulässige Firmenführung zu verhindern, gewährt § 12 BGB auch dann einen Unterlassungsanspruch, wenn durch eine formal zulässige Bezeichnung die Interessen des Berechtigten verletzt werden.

Beispiel:
Neben den die Bildung einer Firma regelnden Bestimmungen der §§ 18, 19 HGB, 4 GmbHG und 4 AktG ist § 30 HGB zu beachten, der eine deutliche Unterscheidbarkeit der an demselben Ort oder in derselben Gemeinde bestehenden Firmen verlangt. Führen daher zwei in verschiedenen Gemeinden gelegene Unternehmen eine verwechselbare Bezeichnung, so entfällt ein Anspruch aus § 37 HGB, da die handelsrechtlichen Vorschriften über die Firmierung beachtet sind. Dagegen kann ein Unterlassungsanspruch in diesem Fall auf § 12 BGB gestützt werden. Der Namensschutz des § 12 BGB gilt auch für Firmenbestandteile und schlagwortähnliche Abkürzungen, sofern sie unterscheidungskräftig und geeignet sind, im Verkehr als Name zu wirken[40]. § 12 BGB gibt dem Verletzten das Recht, Beseitigung der Beeinträchtigung und Unterlassung zu verlangen. Liegt schuldhaftes Verhalten vor, so ist der Verletzer gemäß § 823 Abs. 1 BGB zum Schadensersatz verpflichtet.

51 d) Dem Schutz vor Verwechslungen der Firma – und darüber hinaus der besonderen Bezeichnung eines Erwerbsgeschäftes – im geschäftlichen Verkehr dient § 16 des Gesetzes gegen den unlauteren Wettbewerb (UWG), der einen Unterlassungsanspruch gewährt und außerdem noch einen Schadensersatzanspruch für den Fall, daß der Verletzer die Verwechselbarkeit der mißbräuchlichen Art der Firmen- oder Bezeichnungsbenutzung kannte oder hätte kennen müssen[41].

52 e) Schließlich ist § 24 des Warenzeichengesetzes (WZG) zu erwähnen, der einen Unterlassungsanspruch und bei schuldhaftem Verhalten einen Schadensersatzanspruch gewährt, wenn im geschäftlichen Verkehr ein Dritter widerrechtlich Waren oder ihre Verpackung, Preislisten, Geschäftsbriefe, Rechnungen und dergleichen mit dem Firmennamen eines anderen versieht. Dieser Tatbestand wird jedoch von § 12 BGB mitumfaßt aufgrund der Ausdehnung, die diese Bestimmung durch Rechtsprechung und Rechtslehre erfahren hat[42].

---

40 Vgl. Fußnote 37.
41 Vgl. Fußnote 37.
42 Vgl. Fußnote 37.

F. *Vor- und Nachteile der Führung einer Firma*

2. Das Recht der Firma bietet die Möglichkeit, für Personengesellschaften kurze, griffige Firmennamen zu bilden, da – im Gegensatz zur BGB-Gesellschaft – nur mindestens ein Gesellschaftername (ohne Vornamen), bei Kapitalgesellschaften überhaupt kein Gesellschaftername in die Firma aufgenommen werden muß. Der Vollkaufmann kann unter seiner Firma klagen und verklagt werden (§ 17 Abs. 2 HGB). Diese Bestimmung will eine prozessuale Erleichterung in der Parteibezeichnung gewähren, vor allem klagenden Gläubigern die Möglichkeit geben, ohne zeitraubende Ermittlungen gegen einen Firmeninhaber vorzugehen. Zu beachten ist, daß durch diese Regelung nicht die Firma zur Prozeßpartei erhoben wird; Partei ist vielmehr der mit der Firma bezeichnete Kaufmann.

53

Da nur der Einzelkaufmann n e b e n seinem bürgerlichen Namen den handelsrechtlichen Namen (seine Firma) nach § 17 Abs. 1 HGB führt, ist die Vorschrift des Abs. 2 nur für ihn von Bedeutung; er kann also im Rahmen von Handelsgeschäften – nicht etwa in familienrechtlichen Auseinandersetzungen – s o w o h l unter seinem bürgerlichen Namen a l s a u c h unter seinem u. U. davon abweichenden Firmennamen z. B. Geschäftsforderungen einklagen oder zur Zahlung von Lieferantenschulden verklagt werden.

Juristische Personen und Personengesellschaften führen dagegen nur e i n e n Namen, ihre Firma. Infolgedessen k ö n n e n sie nur unter dieser klagen und verklagt werden.

3. Die Firma ist unabhängig sowohl vom N a m e n s w e c h s e l des Inhabers als auch vom I n h a b e r w e c h s e l (§§ 21, 22 und 24 HGB).

54

Beispiele:

a) Fräulein Lore Schmidt ist Inhaberin eines im Handelsregister eingetragenen Unternehmens gleichen Namens. Sie hat einen Herrn Müller geheiratet und zusammen mit ihrem Ehemann dessen Geburtsnamen zum Ehenamen bestimmt[43]. Gleichwohl kann die nunmehr Frau Müller heißende Inhaberin für das Unternehmen die Firma Lore Schmidt beibehalten (§ 21 HGB).

b) Heinrich Müller ist Vollkaufmann. Er verkauft sein gleichlautendes Unternehmen an die Herren Julius Schulze und Karl Maier. Diese können die Firma „Heinrich Müller" beibehalten, sofern der Verkäufer damit einverstanden ist (§ 22 HGB).

---

43 Vgl. § 1355 Abs. 1 und 2 BGB in der am 1. 7. 1976 in Kraft getretenen Fassung des Ersten Gesetzes zur Reform des Ehe- und Familienrechts vom 14. 6. 1976, BGBl. I S. 1421; vgl. auch Randnrn. 126 ff.

F. Vor- und Nachteile der Führung einer Firma

c) Heinrich Müller stirbt. Sein unter dem gleichen Namen betriebenes vollkaufmännisches Unternehmen erben die Töchter Anna Maier und Lore Schmidt; sie können die Firma unverändert beibehalten (§ 22 HGB).

d) Julius Schulze und Karl Maier betreiben eine offene Handelsgesellschaft. Julius Schulze scheidet aus, dafür tritt Heinrich Müller in die Gesellschaft ein. Die bisherige Firma kann unverändert beibehalten werden (§ 24 HGB).

Diese Verselbständigung der Firma ist eine der wichtigsten Regelungen zugunsten des Vollkaufmannes. Sie ermöglicht die Begründung beziehungsweise die Erhaltung und Steigerung des Firmenwertes, das heißt des Wertes, der in dem Ansehen liegt, das ein Unternehmen aufgrund seines eingeführten Namens im Verkehr genießt (good will).

55   4. Nur Vollkaufleute untereinander können einen vom gesetzlichen abweichenden Gerichtsstand vereinbaren (§ 38 Abs. 1 ZPO; gewisse Ausnahmen ergeben sich aus den Absätzen 2 und 3).

56   5. Nur der Vollkaufmann kann im Rechtsstreit vor der Zivilkammer eines Landgerichts einen Antrag auf Verweisung an eine Kammer für Handelssachen stellen (§ 98 GVG)[44].

57   6. Nur derjenige, der als Kaufmann (Vollkaufmann), als Vorstand einer Aktiengesellschaft, als Geschäftsführer einer GmbH oder als Vorstand einer sonstigen juristischen Person im Handelsregister eingetragen ist oder eingetragen war und das 30. Lebensjahr vollendet hat, kann das Ehrenamt eines Handelsrichters bei einer an einem Landgericht gebildeten Kammer für Handelssachen ausüben (§ 109 des Gerichtsverfassungsgesetzes).

58   7. Nur der Vollkaufmann ist berechtigt, eine oder mehrere selbständige Zweigniederlassungen im Sinne der §§ 13 ff. HGB zu gründen (vgl. dazu Randnrn. 330 ff.).

59   8. Nur der Vollkaufmann kann Prokura erteilen (Umkehrschluß aus § 4 HGB).

Prokura ist eine handelsrechtliche Vollmacht, ihr Umfang ist gesetzlich festgelegt (§§ 48 ff. HGB).

---

44 Maßgebend ist die tatsächlich erfolgte Eintragung im Handelsregister.

F. Vor- und Nachteile der Führung einer Firma

9. Nur der Vollkaufmann ist handelsrechtlich verpflichtet, **Handels-** **60**
bücher zu führen, sowie **Inventuren** und **Bilanzen** aufzustellen
(§§ 38 ff. HGB).
Von der handelsrechtlichen Buchführungspflicht ist jedoch die steuerrechtliche zu unterscheiden, die unabhängig von der Vollkaufmannseigenschaft des Steuerpflichtigen besteht (§§ 140 ff. AO).

10. Nur der Vollkaufmann wird in das **Handelsregister** eingetragen **61**
(§ 29 HGB; vgl. dazu Randnrn. 67 ff.).

11. Eine **Vertragsstrafe**, die von einem Vollkaufmann im Betrieb **62**
seines Handelsgewerbes versprochen ist, kann nicht wegen unverhältnismäßiger Höhe kraft Urteils herabgesetzt werden (§§ 348, 351 HGB
in Verbindung mit § 343 BGB).

12. Hat ein Vollkaufmann eine **Bürgschaft** übernommen, so kann er **63**
die **Einrede der Vorausklage** nicht geltend machen, das heißt, er
kann sich nicht darauf berufen, daß der Gläubiger zuerst die Zwangsvollstreckung gegen den Hauptschuldner versuchen muß, ehe er sich an
den Bürgen hält (§§ 349, 351 HGB in Verbindung mit § 771 BGB).

13. Übernimmt ein Vollkaufmann eine **Bürgschaft**, gibt er ein **64**
Schuldversprechen oder ein **Schuldanerkenntnis** ab, so sind
die entsprechenden Erklärungen **auch formlos gültig**, müssen also
nicht in der sonst notwendigen Schriftform abgegeben werden (§§ 350,
351 HGB in Verbindung mit den §§ 766, 780 und 781 BGB).

14. Das dem Schutz des Käufers dienende Abzahlungsgesetz gilt nicht, **65**
wenn der Empfänger der Ware Vollkaufmann ist (§ 8 AbzG)[45].

15. Viele Banken und Handelsunternehmen machen die **Aufnahme** **66**
einer Geschäftsverbindung von der Vollkaufmannseigenschaft
abhängig. Auch die **Mitgliedschaft in Fachverbänden** hat häufig die Vollkaufmannseigenschaft zur Voraussetzung.

---

45 Diese Bestimmung macht die Eintragung in das Handelsregister zur Voraussetzung, wodurch die Nachprüfung der Vollkaufmannseigenschaft wesentlich erleichtert wird; vgl. *Wessel*, BB 1974 S. 1045.

G. Was ist das Handelsregister?

67 Das Handelsgesetzbuch bestimmt in § 29, daß jeder Kaufmann seine Firma und den Ort seiner Handelsniederlassung bei dem Gericht (Registergericht), in dessen Bezirk sich die Niederlassung befindet, zur Eintragung in das Handelsregister anzumelden und seine Firma zur Aufbewahrung beim Gericht zu zeichnen hat. Daß damit nur der Vollkaufmann, der ein Grundhandelsgewerbe nach § 1 Abs. 2 HGB betreibt, gemeint ist, ergibt sich einmal aus § 4 HGB, wonach die Vorschriften über Firmen und damit auch über deren Anmeldung zur Eintragung in das Handelsregister für Kleingewerbetreibende gerade nicht gelten. Und da die Gewerbetreibenden des § 2 HGB – wie auch die juristischen Personen – erst durch die Eintragung in das Handelsregister Kaufleute, wenn auch sofort Vollkaufleute w e r d e n (vgl. Randnummer 16), findet auf sie § 29 HGB gleichfalls keine Anwendung, da diese Bestimmung die bereits bestehende Kaufmannseigenschaft gerade voraussetzt.

Daraus erklärt sich, daß § 2 HGB wie auch die §§ 36 AktG und 7 GmbHG eine ausdrückliche Anmeldevorschrift enthalten.

Welchen Zweck verfolgt der Gesetzgeber mit der Einrichtung des Handelsregisters? Es soll vor allem der Sicherheit des Geschäftsverkehrs dienen, indem darin gewisse tatsächliche und rechtliche Verhältnisse eingetragen werden[46], allerdings wesentlich mehr, als der Wortlaut des § 29 HGB vermuten läßt.

68 Man unterscheidet das Handelsregister, Abteilung A (HRA) und das Handelsregister, Abteilung B (HRB); je ein Muster befindet sich im Anhang unter I.

In die Abteilung A werden die Einzelkaufleute, die offenen Handelsgesellschaften und die Kommanditgesellschaften eingetragen. Dieser Abteilung sind vor allem zu entnehmen: Sitz und Rechtsform des Unternehmens, sein Inhaber beziehungsweise seine Gesellschafter, bei Kommanditgesellschaften die Höhe der Kommanditeinlage (eine Einlage kann bei Einzelkaufleuten, bei Gesellschaftern einer offenen Handelsgesellschaft und den Komplementären einer Kommanditgesell-

---

46 Vgl. u. a. *Baumbach/Duden*, § 8 Anm. 1 ff.; *BayObLG*, 4. 4. 1978, DB 1978 S. 1832. Mit der Frage der Zweckmäßigkeit eines zentralen Handelsregisters befaßt sich *Gustavus*, BB 1979 S. 1175.

G. Was ist das Handelsregister?

schaft nicht erscheinen, da diese mit ihrem gesamten Vermögen haften), die Bestellung oder Abbestellung von Prokuristen, ein möglicher Haftungsausschluß bei Geschäftsübernahme, die Eröffnung, Einstellung oder Aufhebung eines Vergleichs- oder Konkursverfahrens, sowie die Auflösung einer Gesellschaft und das Erlöschen der Firma.

In die Abteilung B werden die Aktiengesellschaften, die Kommanditgesellschaften auf Aktien, die Gesellschaften mit beschränkter Haftung sowie die Versicherungsvereine auf Gegenseitigkeit eingetragen. Diese Abteilung gibt vor allem Aufschluß über Sitz, Rechtsform und Gegenstand des Unternehmens; bei der Aktiengesellschaft ergeben sich aus der Eintragung die Höhe des Grundkapitals und die Mitglieder des Vorstandes, bei der Kommanditgesellschaft auf Aktien die Höhe des Grundkapitals und die persönlich haftenden Gesellschafter, bei der GmbH die Höhe des Stammkapitals, der oder die Geschäftsführer, ferner bei allen Rechtsformen die Bestellung und Abberufung von Prokuristen, die Eröffnung, Einstellung oder Aufhebung des Vergleichs- oder Konkursverfahrens sowie die Auflösung der Gesellschaft und das Erlöschen der Firma[47].

Aus dem Zweck des Handelsregisters – nämlich zur Sicherung des geschäftlichen Verkehrs beizutragen – folgt:

1. Das Register sowie die zum Handelsregister eingereichten Schriftstücke können von jedermann eingesehen werden (§ 9 HGB); eine Gebühr wird dafür nicht erhoben (§ 90 KostO). Auch kann von den Eintragungen und den zum Handelsregister eingereichten Schriftstücken eine Abschrift gefordert werden (§ 9 Abs. 2 HGB). Die Eintragungen werden – mit geringen Ausnahmen[48] – durch die Veröffentlichung im Bundesanzeiger und mindestens in einem anderen Blatt bekanntge-

---

47 Vgl. im einzelnen über die Einrichtung des Handelsregisters die §§ 3 und 39 ff. der Handelsregisterverfügung (HRV) vom 12. 8. 1937 (Deutsche Justiz S. 1251), geändert durch Verordnung vom 12. 11. 1958 (Bundesanzeiger Nr. 224), vom 30. 12. 1960 (Bundesanzeiger Nr. 253) vom 23. 5. 1967 (Bundesanzeiger Nr. 111) und vom 25. 6. 1976 (BGBl. I S. 1685). § 24 Abs. 1 HRV ist gemäß § 55 Nr. 8 des Beurkundungsgesetzes vom 28. 8. 1969 (BGBl. I S. 1513) außer Kraft getreten. Eine Erweiterung der Eintragungen in Abteilung B des Handelsregisters wird angestrebt; so wird es als wünschenswert angesehen, auch die Namen der Gesellschafter einer GmbH dem Handelsregister entnehmen zu können.
48 Bei Kommanditgesellschaften wird nur die Zahl der Kommanditisten, nicht aber deren Name, Stand, Wohnort und der Betrag ihrer Einlage oder der Betrag einer erfolgten Erhöhung oder Herabsetzung der Einlage bekanntgemacht (§§ 162 Abs. 2, 175 HGB).

G. Was ist das Handelsregister?

macht (§ 10 HGB). Die beim Gericht aufbewahrte Zeichnung der Firma ermöglicht die Feststellung der Echtheit der im Geschäftsverkehr abgegebenen Unterschriften[49].

70 2. Die Eintragungen genießen öffentlichen Glauben[50]; das bedeutet, daß derjenige, in dessen Angelegenheiten eine Tatsache einzutragen war, sich einem Dritten gegenüber nicht auf diese Tatsache berufen kann, solange sie nicht tatsächlich eingetragen und bekanntgemacht ist, es sei denn, der Dritte hätte diese Tatsache ohnehin gekannt (§ 15 Abs. 1 HGB).

Beispiel:
Der Unternehmer hat sein Handelsgeschäft unter der bisherigen Firma veräußert, den Übergang des Geschäftes aber nicht eintragen lassen; er haftet daher für alle Geschäftsverbindlichkeiten seines Nachfolgers, falls er nicht nachweisen kann, daß den Gläubigern der Inhaberwechsel auch ohne Eintragung und Veröffentlichung bekannt war.

Der öffentliche Glaube des Handelsregisters bedeutet umgekehrt, daß ein Dritter eingetragene und bekanntgemachte Tatsachen gegen sich gelten lassen muß; das gilt jedoch nicht bei solchen Rechtshandlungen, die innerhalb von 15 Tagen nach der Bekanntmachung vorgenommen werden, sofern der Dritte beweist, daß er die eingetragene und bekanntgemachte Tatsache weder kannte noch kennen mußte. Dieser Nachweis ist jedoch unbeachtlich, wenn ein Zeitraum von mehr als 15 Tagen seit der Bekanntmachung verstrichen ist (§ 15 Abs. 2 HGB). Im übrigen ist diese „Entlastungsmöglichkeit" ohnehin nicht von großer praktischer Bedeutung, denn demjenigen, der mit Kaufleuten geschäftlich verkehrt, ist zuzumuten, sich über Handelsregistereintragungen zu informieren.

Beispiel:
Nimmt ein abberufener Prokurist, dessen Abberufung im Handelsregister eingetragen und bekanntgemacht ist, innerhalb von 15 Tagen nach der Bekanntmachung seiner Abberufung im Namen der Firma ein Darlehen auf, so kann sich der Darlehensgeber nicht an den Geschäftsinhaber halten, auch wenn er die Zeitung, in der das Erlöschen der Prokura veröffentlicht wurde, nicht gelesen hat, denn das Nichtlesen von Zeitungen entschuldigt nicht.

Kann der Darlehensgeber dagegen beweisen, daß z. B. der von ihm gehaltene Bundesanzeiger oder ein sonstiges von ihm gehaltenes Be-

---
49 Vgl. dazu *Beck*, BB 1962 S. 1265 ff.
50 Vgl. dazu *Baumbach/Duden*, § 15 Anm. 1; *BGH* 1. 12. 1975, NJW 1976 S. 569, *Tiedke*, DB 1979 S. 245.

G. Was ist das Handelsregister?

kanntmachungsorgan des betreffenden Registergerichts (§ 10 Abs. 1 HGB) ihn etwa durch ein postalisches Versäumnis nicht oder nicht rechtzeitig erreicht hat, so kann er sich damit entlasten. Diese Entlastungsmöglichkeit entfällt jedoch – ohne Rücksicht auf die Umstände der Nichtkenntnis –, wenn die Darlehensaufnahme durch den abberufenen Prokuristen später als 15 Tage nach der Bekanntmachung erfolgte.

noch **70**

Der für die Anwendbarkeit des § 15 Abs. 1 HGB vorausgesetzte Geschäftsverkehr als Schutzobjekt des Handelsregisters umfaßt nicht nur den rechtsgeschäftlichen Verkehr unter Gewerbetreibenden, sondern auch den sogenannten Prozessverkehr mit Einschluß von Vollstreckungsmaßnahmen[51].

Der öffentliche Glaube des Handelsregisters – oder besser: der Bekanntmachung der im Handelsregister erfolgten Eintragungen – geht aber noch weiter. Während im Falle des § 15 Abs. 2 HGB Eintragung und Bekanntmachung übereinstimmen, geht § 15 Abs. 3 HGB von einer Divergenz zwischen einzutragender Tatsache und Bekanntmachung aus. Danach kann sich bei u n r i c h t i g e r Bekanntmachung einer einzutragenden Tatsache – und zwar ohne Rücksicht darauf, ob die Eintragung selbst richtig oder falsch ist – ein Dritter demjenigen gegenüber, in dessen Angelegenheiten die Tatsache einzutragen war, auf die b e k a n n t g e m a c h t e Tatsache berufen, es sei denn, er kannte die Unrichtigkeit der Bekanntmachung (§ 15 Abs. 3 HGB)[52].

Beispiel:
Die X—AG erteilt ihrem Mitarbeiter Paul Maier Prokura und meldet diese Tatsache zur Eintragung in das Handelsregister an. Die Eintragung erfolgt. Durch ein Versehen des Registergerichts wird jedoch nicht die Prokuraerteilung des P a u l Maier bekanntgemacht, sondern des P e t e r Maier, der gleichfalls bei der X—AG tätig ist. Peter Maier nimmt namens seiner Firma ein Darlehen auf. Der Darlehensgeber, der auf die Bekanntmachung vertraut, kann Rückzahlung des Darlehens von der X—AG verlangen.

Diese Rechtslage wird jeden, in dessen Angelegenheiten eine Tatsache einzutragen ist, also denjenigen, der durch sie irgendwie entlastet wird, veranlassen, solche Umstände unverzüglich beim Handelsregister zur Eintragung anzumelden und auch zu prüfen, ob die Bekanntmachung richtig erfolgt ist.

---

51 Vgl. *Baumbach/Duden*, § 15 Anm. 2 ff.; ferner *BGH*, 9. 10. 1978, DB 1979 S. 497.
52 Vgl. *v. Olshausen*, BB 1970 S. 137; derselbe NJW 1971 S. 966; *Steckhan*, NJW 1971 S. 1594; *Beyerle*, BB 1971 S. 1482.

H. Was muß man zur Gründung einer Firma tun?

71 Im Vorwort zur 2. Auflage und unter Randnr. 1 wurde darauf hingewiesen, daß „Firma" und „Unternehmen" nicht dasselbe sind, aber im allgemeinen Sprachgebrauch identifiziert werden. Um es nochmals zu wiederholen: die „Firma" ist der Name des Vollkaufmanns bzw. des vollkaufmännischen Unternehmens; das „Unternehmen" dagegen ist der Gewerbebetrieb schlechthin – ohne Rücksicht auf Rechtsform sowie Art und Umfang, also ungeachtet der möglichen Vollkaufmannseigenschaft.

Folglich ist formal die Entstehung der Firma und damit der Vollkaufmannseigenschaft von der Gründung des Unternehmens zu unterscheiden, obwohl beides zeitlich zusammenfallen kann; die Regel ist das aber nicht.

72 Meistens werden Einzelunternehmen und Personengesellschaften als Kleingewerbebetrieb gegründet. Ist der Unternehmensgegenstand ein Grundhandelsgewerbe, so brauchen Inhaber oder Gesellschafter zur Entstehung der Firma und der Vollkaufmannseigenschaft gar nichts zu tun. Diese entstehen vielmehr kraft Gesetzes in dem Augenblick, in dem Art und Umfang des Unternehmens eine kaufmännische Einrichtung erfordern; in diesem Zeitpunkt beginnt auch das Recht und die Pflicht zur Firmenführung. Die Firma ist dann die Bezeichnung, unter der der oder die Inhaber im Geschäftsverkehr tatsächlich auftreten – unter der Voraussetzung, daß sie der Vorschrift des § 18 HGB (beim Einzelunternehmen) bzw. des § 19 HGB (bei den Personengesellschaften) entspricht. Ein besonderer formeller Akt zur Entstehung der Firma ist also nicht erforderlich, was jedoch an der nach § 29 HGB bestehenden Pflicht, die Firma zur Eintragung in das Handelsregister anzumelden, nichts ändert (vgl. Randnr. 17)[53].

---

[53] Mögliche nachteilige Folgen der Unterlassung ergeben sich aus § 15 Abs. 1 HGB; auch für die Haftungsbeschränkung der Kommanditisten ist die Eintragung der Kommanditgesellschaft im Handelsregister von Bedeutung. Hat nämlich die Gesellschaft ihre Geschäfte begonnen, bevor sie in das Handelsregister eingetragen ist, so haftet jeder Kommanditist, der dem Geschäftsbeginn zugestimmt hat, für die bis zur Eintragung begründeten Verbindlichkeiten der Gesellschaft gleich einem persönlich haftenden Gesellschafter, es sei denn, daß seine Beteiligung als Kommanditist dem Gläubiger bekannt war (§ 176 HGB); *OLG Frankfurt*, 22. 2. 1972, BB 1972 S. 333; vgl. auch Randnr. 222.

H. Was muß man zur Gründung einer Firma tun?

Wird jedoch ein Unternehmen nach den §§ 2 oder 3 HGB betrieben **73**
und ist es über den Rahmen des Kleingewerbes hinausgewachsen, so ist
zur Entstehung der Firma ein aktives Handeln des Inhabers oder
der Gesellschafter notwendig, nämlich die Anmeldung zur Eintragung
in das Handelsregister (vgl. Randnrn. 17 bis 19). In diesen Fällen der
Entwicklung vom kleinen Gewerbebetrieb zum vollkaufmännischen
Betrieb fallen also die Gründung des Unternehmens und die Entstehung der Firma zeitlich auseinander.

Es gibt aber auch Einzelunternehmen und Personengesellschaften, die **74**
schon im Zeitpunkt ihrer Gründung einen vollkaufmännischen Charakter aufweisen. Hier fallen also Gründung des Unternehmens und Entstehung der Firma zeitlich zusammen, wobei beim Betrieb eines
unter die §§ 2 oder 3 HGB fallenden Gewerbes die unverzügliche Anmeldung und Eintragung ins Handelsregister unterstellt wird.

Im Gegensatz zu Einzelunternehmen und Personengesellschaften fal- **75**
len bei der GmbH – wie auch bei der AG und KGaA – die Gründung
des Unternehmens und die Entstehung der Firma immer zusammen, da die Eintragung in das Handelsregister hier nicht nur konstitutiv für die Firmenführung wirkt, sondern überhaupt erst die Gesellschaft als Rechtspersönlichkeit begründet (§§ 11 Abs. 1 GmbHG, 41
AktG). Eine nicht im Handelsregister eingetragene „GmbH" ist zwar
durch den Abschluß des Gesellschaftsvertrages „errichtet", aber noch
nicht als GmbH entstanden; in diesem Stadium zwischen Errichtung
und Entstehung ist sie eine Gesellschaft eigener Art (vgl. Randnr. 298).

Sowohl beim Zusammentreffen als auch beim Auseinanderfallen von **76**
Gründung des Gewerbebetriebes und Entstehen der Vollkaufmannseigenschaft ist

a) eine Anzeige bei der Gewerbepolizei,
b) eine Mitteilung an das Finanzamt und
c) eine Anmeldung beim Handelsregister

erforderlich. Die gewerbepolizeiliche Anzeige und die Mitteilung an
das Finanzamt müssen nach der Gründung des Gewerbebetriebes erfolgen, die Anmeldung beim Handelsregister nach – beziehungsweise in den Fällen der §§ 2 und 3 HGB und bei der GmbH zum –
Entstehen der Vollkaufmannseigenschaft.

Ein Kleingewerbetreibender hat also über die gewerbepolizeiliche Anmeldung hinaus, die in der Regel die Mitteilung an das Finanzamt umfaßt, keine Formalitäten zu erfüllen, es sei denn, er betreibt die Grün-

H. Was muß man zur Gründung einer Firma tun?

dung eines genehmigungs- bzw. erlaubnispflichtigen Gewerbes (vgl. dazu Randnrn. 92 ff.).

I. Die Gründung des Einzelunternehmens

77 Ein Einzelunternehmen ist das Unternehmen eines Kaufmannes, der sein Geschäft ohne Gesellschafter oder nur mit einem stillen Gesellschafter (vgl. Randnrn. 327 ff.) betreibt. Seine Haftung gegenüber den Gläubigern ist unbeschränkt.

Nur natürliche Personen können ein Einzelunternehmen gründen und betreiben. Das gilt grundsätzlich auch für Geschäftsunfähige (§ 104 BGB)[54]; nur müssen sie dabei von ihrem gesetzlichen Vertreter vertreten werden.

78 Die gesetzliche Vertretung eines Minderjährigen[55] ist ein Bestandteil der elterlichen Sorge und steht nach § 1629 Abs. 1 Satz 2 BGB den Eltern gemeinschaftlich zu[56]. Ist ein Elternteil gestorben, so obliegt die elterliche Sorge und damit auch die gesetzliche Vertretung dem anderen Elternteil allein (§ 1681 BGB).

---

54 Geschäftsunfähig sind Minderjährige bis zur Vollendung des 7. Lebensjahres, Geistesgestörte und wegen Geisteskrankheit Entmündigte. Während Minderjährige und Entmündigte einen gesetzlichen Vertreter haben, ist das bei der dritten Gruppe, den Geistesgestörten im Sinne des § 104 BGB, nicht der Fall. Da ihre Willenserklärungen gemäß § 105 Abs. 1 BGB nichtig sind, können sie also grundsätzlich weder selbst noch durch einen gesetzlichen Vertreter ein Erwerbsunternehmen begründen und betreiben. Ein weiterer Unterschied gegenüber den entmündigten Geisteskranken ist zu beachten: Während denkbarer Perioden normaler Zurechnungsfähigkeit besteht volle Geschäftsfähigkeit des nicht entmündigten Geistesgestörten; der Entmündigte dagegen ist auch während denkbarer lichter Zeitabschnitte geschäftsunfähig.
55 Nach § 2 BGB, durch das Gesetz zur Neuregelung des Volljährigkeitsalters vom 31. 7. 1974 (BGBl. I S. 1713) neu gefaßt, tritt die Volljährigkeit mit Vollendung des 18. Lebensjahres ein.
56 Diese Bestimmung ist neben einer Vielzahl anderer Vorschriften mit Wirkung vom 1. 1. 1980 neu gefaßt worden durch das Gesetz zur Neuregelung des Rechts der elterlichen Sorge vom 18. 7. 1979 (BGBl. I S. 1061). Damit ist dem Urteil des *Bundesverfassungsgerichtes* vom 29. 7. 1959 (BGBl. I S. 633) Rechnung getragen worden, das die früheren §§ 1628 und 1629 Abs. 1 BGB für nichtig erklärt hatte.

I. Die Gründung des Einzelunternehmens

Eltern sollen nicht ohne Genehmigung des Vormundschaftsgerichtes ein Einzelunternehmen im Namen ihres Kindes beginnen (§ 1645 BGB)[57].

79

Ein Minderjähriger, der nicht unter elterlicher Sorge steht oder dessen Eltern ihn weder in persönlichen noch in Vermögensangelegenheiten vertreten dürfen, wird durch seinen Vormund vertreten (§ 1773 BGB). Gesetzlicher Vertreter eines entmündigten Volljährigen ist ebenfalls der Vormund (§ 1896 BGB).

Beschränkt geschäftsfähige Minderjährige – das sind die Minderjährigen, die das 7. Lebensjahr vollendet haben (§ 106 BGB) – kann ihr gesetzlicher Vertreter zum selbständigen Betrieb eines Erwerbsgeschäfts ermächtigen; er bedarf dazu aber der Genehmigung des Vormundschaftsgerichts. Dasselbe gilt für die Rücknahme der Ermächtigung. Ist die Ermächtigung wirksam erfolgt, so ist der Minderjährige für solche Rechtsgeschäfte, welche der Geschäftsbetrieb mit sich bringt, unbeschränkt geschäftsfähig (§ 112 Abs. 1 Satz 1 BGB).

80

Davon sind aber mehrere Rechtsgeschäfte ausgenommen, für die die besondere Genehmigung des Vormundschaftsgerichtes notwendig ist, zum Beispiel für den Verkauf eines Grundstückes, für bestimmte langjährige Miet- und Pachtverträge, zum Eingehen einer Wechselverbindlichkeit, zur Erteilung einer Prokura (vgl. §§ 112 Abs. 1 Satz 2 i. V. mit § 1643 Abs. 1 BGB und die dort aufgeführten weiteren Bestimmungen). Wegen dieser erheblich eingeschränkten Selbständigkeit ist in der Regel die Ermächtigung des Minderjährigen zum selbständigen Betrieb eines Erwerbsgeschäftes unzweckmäßig.

Aufgrund des verwirklichten Grundsatzes der Gleichberechtigung von Mann und Frau kann eine Ehefrau ohne Einwilligung des Ehemannes ein Einzelunternehmen gründen und betreiben.

81

Auch Ausländer und Staatenlose können ein Einzelunternehmen gründen (vgl. aber Randnrn. 106 ff.). Für den Eintritt der Geschäftsfähigkeit oder Volljährigkeit kommt es allerdings auf das Recht des Heimatstaates des Ausländers an. Ein Ausländer, der nach den Gesetzen seines Heimatstaates schon frühzeitiger als nach deutschem

82

---

57 Da Soll-Vorschrift, ist die Gründung ohne vormundschaftsgerichtliche Genehmigung wirksam; vgl. im übrigen *Palandt*, Anm. zu §§ 1645. Dagegen ist die vormundschaftsgerichtliche Genehmigung zwingend vorgeschrieben zu einem Gesellschaftsvertrag, den Eltern namens des Kindes zum Betrieb eines Erwerbsgeschäftes eingegangen sind (§ 1643 Abs. 1 in Verbindung mit § 1822 Nr. 3 BGB).

H. Was muß man zur Gründung einer Firma tun?

Recht volljährig wird, gilt auch in der Bundesrepublik Deutschland als volljährig, wenn er das nach dem Recht seines Heimatstaates maßgebende Alter erreicht hat. Dasselbe gilt umgekehrt, wenn nach dem Recht des Heimatstaates die Volljährigkeit später eintritt (Art. 7 des Einführungsgesetzes zum BGB)[58].

1. Die gewerbepolizeiliche Anzeige

83 Das Unternehmen des Einzelkaufmannes setzt immer einen Gewerbebetrieb voraus (s. Randnrn. 4 ff.). Die Gewerbeordnung[59] unterscheidet zwischen dem s t e h e n d e n Gewerbe und dem R e i s e gewerbe.

Der Begriff des s t e h e n d e n Gewerbes wird von der Gewerbeordnung oder anderen Vorschriften nicht definiert. Man kann ihn erschöpfend nur negativ dahin abgrenzen, daß als stehendes Gewerbe alle Formen eines selbständigen Gewerbebetriebes gelten, die weder als Reisegewerbe anzusehen sind noch unter den Titel IV der Gewerbeordnung fallen, der die Messen, Ausstellungen und Märkte behandelt (s. Randnrn. 84 und 85). Der Beginn eines stehenden Gewerbes ist – unabhängig von seiner Größe – der für den betreffenden Ort zuständigen Behörde (Bürgermeisteramt, Gewerbepolizeibehörde, Ordnungsamt, Amt für öffentliche Ordnung – die Bezeichnungen sind nicht einheitlich) gemäß § 14 GewO anzuzeigen.

84 Ein R e i s e g e w e r b e betreibt derjenige, der in eigener Person außerhalb der Räume seiner gewerblichen Niederlassung, oder ohne eine solche zu haben, ohne vorhergehende Bestellung

a) Waren feilbietet, ankauft oder Warenbestellungen aufsucht,
b) gewerbliche Leistungen anbietet oder Bestellungen auf gewerbliche Leistungen aufsucht,
c) Schaustellungen, Musikaufführungen, unterhaltende Vorstellungen oder sonstige Lustbarkeiten, ohne daß ein höheres Interesse der Kunst oder Wissenschaft dabei erkennbar ist, darbietet (§ 55 Abs. 1 GewO).

Der R e i s e gewerbetreibende bedarf grundsätzlich einer Reisegewerbekarte, die durch die für den Wohnsitz oder – in Ermangelung eines solchen – durch die für den Aufenthaltsort des Antragstellers zuständige Behörde ausgestellt wird (§ 61 GewO). Die Zuständigkeit richtet sich nach Landesrecht; in der Regel wird es dieselbe Behörde sein, der

---

58 Vom 18. 8. 1896, RGBl. I S. 604.
59 In der Fassung der Bekanntmachung vom 1. 1. 1978, BGBl. I S. 97.

I. Die Gründung des Einzelunternehmens

gegenüber auch die gewerbepolizeiliche Anzeige des Betriebes eines stehenden Gewerbes zu erfolgen hat (s. Randnr. 83). In bestimmten Fällen **muß** die Reisegewerbekarte versagt werden, so, wenn die erforderliche Zuverlässigkeit fehlt oder im Falle der Entmündigung sowie bei rechtskräftiger Verurteilung wegen eines Verbrechens und wegen einer Reihe von Vergehen (§ 57 GewO). In anderen Fällen **kann** die Reisegewerbekarte versagt werden, etwa beim Vorhandensein abschreckender und ansteckender Krankheiten, beim Fehlen eines festen Wohnsitzes oder wenn die Volljährigkeit noch nicht erreicht ist (§ 57 a GewO), woraus folgt, daß die Volljährigkeit keine zwingende Voraussetzung für die Ausstellung der Reisegewerbekarte ist; vielmehr steht die Versagung der Reisegewerbekarte wegen noch nicht erreichter Volljährigkeit im pflichtgemäßen Ermessen der zuständigen Behörde[60]. Ferner gibt es Tätigkeiten, die von der Erteilung einer Reisegewerbekarte **befreit** sind, sei es, weil sie für die Allgemeinheit weniger gefährlich erscheinen, sei es, weil bereits durch andere Vorschriften eine ausreichende Kontrolle gesichert erscheint. Unter diese Ausnahmeregelung des § 55 a GewO fallen etwa ambulante Gewerbetreibende in Gemeinden von nicht mehr als 10 000 Einwohnern oder Personen, die selbstgewonnene land- und forstwirtschaftliche Erzeugnisse feilbieten, dann Versicherungs- und Bausparkassenvertreter oder Angehörige des Bewachungs- und Versteigerergewerbes. Schließlich besteht eine Sonderregelung für **Handelsvertreter**; auch sie sind reisegewerbekartenfrei, soweit sie – und das dürfte die Regel sein – andere Personen im Rahmen deren **Geschäftsbetriebes** aufsuchen (§ 55 b GewO). Der Begriff des „Geschäftsbetriebes" ist weiter als der des „Gewerbebetriebes"; so zählen darunter auch beispielsweise die Büros von Freiberuflern, die Betriebe von Landwirten und sonstigen Urproduzenten oder auch Behörden. – Wer aufgrund der §§ 55 a und 55 b GewO einer Reisegewerbekarte nicht bedarf, ist aber entsprechend der Vorschrift des § 14 GewO zur Anzeige seines Gewerbebetriebes verpflichtet (§ 55 c GewO).

Nicht anzeigepflichtig ist die Teilnahme an einer Messe, an einer Ausstellung oder an einem Markt. **85**

Die Pflicht zur Anzeige des **stehenden** Gewerbes nach § 14 GewO besteht ohne Rücksicht darauf, ob es sich um ein freies Gewerbe oder um ein Gewerbe handelt, für das eine besondere Genehmigung erfor- **86**

---

60 *Fröhler/Kormann*, § 57 a Randnr. 1; *Landmann/Rohmer*, § 57 a Randnr. 2; *Fuhr*, § 57 a Anm. 2 c.

H. Was muß man zur Gründung einer Firma tun?

derlich ist oder sonstige Voraussetzungen erfüllt sein müssen (s. Randnrn. 92 ff.).

87 Wer die Aufstellung von Automaten (Waren-, Leistungs- und Unterhaltungsautomaten jeder Art) als selbständiges Gewerbe betreibt, muß die Anzeige allen Gewerbepolizeibehörden erstatten, in deren Zuständigkeitsbereich Automaten aufgestellt werden. Jede zuständige Behörde kann Angaben über den Aufstellungsort der einzelnen Automaten verlangen (§ 14 Abs. 3 GewO).

Dagegen ist die Aufstellung w e i t e r e r Automaten im selben B e z i r k nicht mehr anzeigepflichtig[61].

Die Pflicht zur Anzeige von Automaten, die vermietet werden, trifft den Vermieter[62].

88 Die gewerbepolizeiliche Anzeige ist durch den Gewerbetreibenden – persönlich oder auch durch einen Vertreter – vorzunehmen, und zwar „gleichzeitig" mit der Aufnahme der gewerblichen Tätigkeit. Das bedeutet, daß die Anzeige bei der Gewerbepolizeibehörde nicht V o r a u s s e t z u n g für die Aufnahme der gewerblichen Tätigkeit ist; vielmehr begründet der Beginn des Gewerbebetriebes erst die Anzeigepflicht. Dem Gewerbetreibenden muß zur Erfüllung dieser Pflicht eine angemessene Frist eingeräumt werden[63].

Da jedoch in der Regel kein Grund für eine Verzögerung besteht, wird die Anzeige „unverzüglich" bzw. mit der ersten eine gewerbliche Tätigkeit darstellenden Handlung zu erstatten sein[64].

Wurde ein Betrieb verpachtet, so trifft den Pächter eine neue Anzeigepflicht, denn er ist selbständiger Gewerbetreibender. Der Verpächter dagegen ist zur Anzeige der Betriebsaufgabe nach § 14 Abs. 1 Satz 2 Nr. 3 GewO verpflichtet, weil er mit der Verpachtung aufhört, sich gewerblich zu betätigen[65].

Form und Inhalt der Anzeige nach § 14 und nach § 55 c GewO sind im einzelnen durch Verordnung vom 19. 10. 1979[66] festgelegt; die Verwendung bundeseinheitlicher Formulare, die bei der zuständigen Be-

---

61 *OLG Oldenburg i. O.*, 21. 1. 1964, BB 1965 S. 1333.
62 *OLG Neustadt a. d. W.*, 18. 12. 1963, BB 1965 S. 1332.
63 *BGH*, 24. 5. 1956, BB 1957 S. 1121 unter I 1 = GewArch. 1957 S. 35.
64 Vgl. *Fröhler/Kormann*, § 14 Randnr. 11; *Fuhr*, § 14 Anm. 4.
65 *OLG Hamm*, 8. 7. 1963, BB 1963 S. 1332.
66 BGBl. 1979 S. 1761.

I. Die Gründung des Einzelunternehmens

hörde erhältlich sind, ist ab 1. 10. 1980 vorgeschrieben (s. Muster im Anhang unter I).

Die Anzeige des Beginns eines Gewerbebetriebes nach § 14 GewO – ebenso der Betriebsverlegung, des Wechsels und der Erweiterung des Gewerbegegenstands sowie der Betriebsaufgabe – dient gewerbepolizeilichen Zwecken. Es handelt sich dabei um eine reine Ordnungsvorschrift im Interesse der Gewerbeaufsicht, damit die zuständige Verwaltungsbehörde einen Überblick hat, wieviel und welche Gewerbebetriebe in ihrem Bereich vorhanden sind, und wo sie ihren Sitz haben[67]. **89**

Durchschriften der Gewerbeanzeige erhalten das Finanzamt, das Gewerbeaufsichtsamt, das Statistische Landesamt, die Berufsgenossenschaft, die Industrie- und Handelskammer bzw. die Handwerkskammer, um zu gewährleisten, daß diese Stellen von der Aufnahme einer gewerblichen Tätigkeit Kenntnis erhalten, ohne daß der Gewerbetreibende zu gesonderten Anzeigen genötigt ist.

Unterbleibt die Anzeige, so ist die Behörde nicht berechtigt, deswegen die Fortsetzung des nicht angezeigten Betriebes zu verhindern; sie kann aber den Verpflichteten aufgrund landesrechtlicher Vorschriften durch Androhung und Verhängung von Zwangsgeld zur Erstattung der Anzeige innerhalb einer gesetzten Frist zwingen[68]. **90**

Außerdem handelt ordnungswidrig, wer entgegen § 14 Abs. 1 bis 3 GewO vorsätzlich oder fahrlässig eine Anzeige nicht, nicht richtig, nicht vollständig oder nicht rechtzeitig erstattet (§ 146 Abs. 3 Nr. 1 GewO); die Geldbuße für diese Ordnungswidrigkeit kann bis zu DM 2 000,— betragen (§ 146 Abs. 4 GewO).

Da die Unterlassung der vorgeschriebenen Anzeige ein Dauerdelikt ist, ist die Ordnungswidrigkeit erst beendet, wenn die Verpflichtung zur Anzeige entfällt. Diese Verpflichtung besteht also so lange, wie das Gewerbe betrieben wird. Erst wenn der – ohne die erforderliche Anzeige begonnene – Gewerbebetrieb wieder eingestellt wird, beginnt die nach § 31 Abs. 2 Nr. 3 OwiG einjährige Verjährungsfrist zur Verfolgung der Ordnungswidrigkeit (unterbliebene Anzeige des Gewerbes) zu laufen[69].

---

67 *OVG Münster*, 25. 9. 1963, GewArch. 1964 S. 29; *Fröhler/Kormann*, § 15 Randnr. 1; *Landmann/Rohmer*, § 14 Randnr. 40.
68 Vgl. *Fuhr*, § 14 Anm. 8 c; *Fröhler/Kormann*, § 14 Randnr. 31.
69 Das ergibt sich sinngemäß aus *BayObLG*, 13. 12. 1962, GewArch. 1963 S. 129, und *OLG Hamm*, 8. 7. 1963, BB 1965 S. 1333; vgl. ferner dazu *Fuhr*, § 14 Anm. 8 a; *Fröhler/Kormann*, § 14 Randnr. 29.

H. Was muß man zur Gründung einer Firma tun?

91 Schließlich ist das Gesetz zur Bekämpfung der Schwarzarbeit vom 30. 3. 1957 in der ab 1. 1. 1975 geltenden Fassung[70] zu beachten, nach dessen § 1 Abs. 1 Nr. 2 ordnungswidrig handelt, wer aus Gewinnsucht Dienst- oder Werkleistungen für andere in erheblichem Umfang erbringt, obwohl er der Verpflichtung zur Anzeige vom Beginn des selbständigen Betriebes eines stehenden Gewerbes nach § 14 GewO nicht nachgekommen ist; die Geldbuße kann in diesem Fall bis zu DM 30 000,— betragen.

92 Das Grundgesetz garantiert die Gewerbefreiheit; die Ausübung eines Gewerbes kann jedoch durch Gesetz oder aufgrund eines Gesetzes geregelt werden (Artikel 12 Absatz 1 GG). So machen schutzwürdige Interessen der Allgemeinheit oder des einzelnen für verschiedene Arten von Gewerben eine besondere Genehmigung oder Erlaubnis[71] erforderlich. Im Gegensatz zur Anzeige nach § 14 GewO ist in diesen Fällen die Erlaubniserteilung V o r a u s s e t z u n g für den Beginn des Gewerbes. Die Fortsetzung des ohne Genehmigung begonnenen Betriebes kann polizeilich verhindert werden (§ 15 Abs. 2 GewO); auch handelt derjenige ordnungswidrig, der ein Gewerbe ohne die erforderliche Erlaubnis betreibt (§§ 143, 144 GewO); die Geldbuße kann bis zu DM 10 000,— betragen, sofern sie nicht nach Sondervorschriften höher ist[72].

Man unterscheidet zwischen der persönlichen und der sachlichen Genehmigung.

93 Die p e r s ö n l i c h e G e n e h m i g u n g ist – wie der Name schon sagt – an die Person des Gewerbetreibenden gebunden, weil das betreffende Gewerbe eine besondere fachliche Befähigung, Sachkunde oder Zuverlässigkeit voraussetzt. Den einer persönlichen Genehmigung bedürfenden Gewerbetreibenden sind die §§ 30 ff. GewO sowie eine Reihe von Sondergesetzen gewidmet. Deren vollständige Aufzählung ist im Rahmen dieser Darstellung unmöglich. Lediglich beispielsweise seien die folgen-

---

70 BGBl. 1974 I S. 1252.
71 Die Gewerbeordnung bedient sich keines einheitlichen Sprachgebrauches; so ist z. B. in § 15 Abs. 2 von der „Genehmigung", in § 30 Abs. 1 von der „Konzession", in den §§ 24 und 33 a ff. sowie in Spezialgesetzen von „Erlaubnis" die Rede; vgl. auch dazu *Fröhler/Kormann*, § 1 Randnrn. 44 ff.
72 Z. B. §§ 62 ff. des Bundesimmissionsschutzgesetzes vom 15. 3. 1974 (BGBl. I S. 721).

I. Die Gründung des Einzelunternehmens

den Gewerbe aufgeführt, für deren Ausübung eine persönliche Genehmigung (Erlaubnis) erforderlich ist[73]:

a) Industrie: 94

Herstellung von Arzneimitteln nach den §§ 12 ff. des Arzneimittelgesetzes[74].

Die Erlaubnis setzt im wesentlichen die erforderliche Sachkunde und Zuverlässigkeit, sowie das Vorhandensein geeigneter Räume und Einrichtungen voraus (§§ 13 ff.).

Herstellung von Schußwaffen und Munition nach den §§ 7 ff. des Waffengesetzes[75].

Die Erlaubnis setzt die erforderliche Sachkunde und Zuverlässigkeit voraus (§§ 8 ff.).

Herstellung von explosionsgefährlichen Stoffen nach den §§ 2 ff. des Sprengstoffgesetzes[76].

Die Erlaubnis setzt die erforderliche Sachkunde und Zuverlässigkeit voraus (§§ 7 ff.).

b) Großhandel: 95

Handel mit Branntwein nach den §§ 106 ff. des Gesetzes über das Branntweinmonopol[77].

Die Erlaubnis setzt die erforderliche Zuverlässigkeit voraus (vgl. im übrigen die §§ 90 ff. der Branntweinverwertungsordnung[78]).

Handel mit Schußwaffen und Munition nach den §§ 7 ff. des Waffengesetzes[79].

Die Erlaubnis setzt die erforderliche Sachkunde und Zuverlässigkeit voraus (§§ 8 ff.).

---

73 Eine umfangreiche, wenn auch nicht erschöpfende Aufstellung enthält *Landmann/ Rohmer,* § 1 Randnr. 51.
74 In der Fassung vom 24. 8. 1976, BGBl. I S. 2445.
75 In der Fassung der Bekanntmachung vom 8. 3. 1976, BGBl. I S. 432, geändert durch Gesetz vom 31. 5. 1978, BGBl. I S. 64.
76 Vom 13. 9. 1976, BGBl. I S. 2737.
77 Vom 8. 4. 1922, RGBl. I S. 405 mit zahlreichen Änderungen, zuletzt durch Gesetz vom 13. 11. 1979, BGBl. I S. 1937.
78 Vom 12. 9. 1922, Zentralblatt für das Deutsche Reich S. 707 mit mehreren Änderungen.
79 Vgl. Fußnote 75.

H. Was muß man zur Gründung einer Firma tun?

Handel mit explosionsgefährlichen Stoffen nach den §§ 2 ff. des Sprengstoffgesetzes[80].

Die Erlaubnis setzt die erforderliche Sachkunde und Zuverlässigkeit voraus (§§ 7 ff.).

Handel mit Altmetallen nach den §§ 1 ff. des Gesetzes über den Verkehr mit unedlen Metallen[81].

Die Erlaubnis setzt die erforderliche Sachkunde und Zuverlässigkeit voraus (§ 2 Abs. 4).

96 c) Einzelhandel

Durch das Außerkrafttreten des Gesetzes über die Berufsausübung im Einzelhandel, soweit es sich nicht auf ärztliche Hilfsmittel bezieht, ist der Einzelhandel einschließlich Versandhandel seit dem 1. 1. 1978 grundsätzlich erlaubnisfrei[82].

Dagegen ist nach wie vor eine Erlaubnis erforderlich für das Inverkehrbringen von Arzneimitteln im Rahmen der §§ 43 ff. des Arzneimittelgesetzes[83], für den Verkauf von Milch nach den §§ 14 ff. des Milchgesetzes[84], für den Handel mit Hackfleisch nach den §§ 10 ff. der Hackfleischverordnung[85] sowie für den Handel mit Schußwaffen und Munition gemäß den §§ 7 ff. des Waffengesetzes[86].

Die Erlaubnis für diese Tätigkeiten setzt die erforderliche Sachkunde und Zuverlässigkeit voraus.

Eine besondere Erlaubnis ist darüber hinaus erforderlich zum Beispiel für den Betrieb einer Apotheke nach den §§ 1 ff. des Gesetzes über das Apothekerwesen[87], für den Handel mit alkoholischen Getränken gemäß den §§ 2 ff. des Gaststättengesetzes[88], für den Handel mit Altmetallen gemäß §§ 1 ff. des Gesetzes über den Verkehr mit unedlen Metallen[89].

---

80 Vgl. Fußnote 76.
81 Vom 23. 7. 1926, RGBl. I S. 415 mit mehreren Änderungen.
82 BGBl. 1976 S. 2445 (Art. 9 Nr. 3).
83 Vgl. Fußnoten 74 und 82.
84 Vom 31. 7. 1930, RGBl. I S. 421; in der Fassung vom 18. 7. 1961, BGBl. I S. 1012.
85 Vom 10. 5. 1976, BGBl. I S. 1186, geändert durch Verordnung vom 13. 6. 1977, BGBl. I S. 847.
86 Vgl. Fußnote 75.
87 Vom 20. 8. 1960, BGBl. I S. 697 mit zahlreichen Änderungen und Ausführungsverordnungen, zuletzt geändert am 4. 8. 1980, BGBl. I S. 1142.
88 Vom 5. 5. 1970, BGBl. I S. 465.
89 Vgl. Fußnote 81.

I. Die Gründung des Einzelunternehmens

d) Handwerk: 97

Nach § 1 des Gesetzes zur Ordnung des Handwerks (Handwerksordnung – HwO)[90] setzt der selbständige Betrieb eines Handwerks als stehendes Gewerbe die Eintragung in die Handwerksrolle voraus. Eingetragen wird nur, wer in dem betreffenden Handwerk die Meisterprüfung bestanden (§ 7 Abs. 1 HwO) oder eine Ausnahmebewilligung erhalten hat (§ 7 Abs. 2 HwO). Auskünfte über Einzelheiten erteilen die Handwerkskammern.

e) Hotel- und Gaststättengewerbe: 98

Betrieb von Schankwirtschaften, Speisewirtschaften und Beherbergungsbetrieben gemäß den §§ 1 ff. des Gaststättengesetzes[91].

Die Erlaubnis setzt im wesentlichen die erforderliche Zuverlässigkeit und das Vorhandensein geeigneter Räume sowie den Nachweis der zuständigen Industrie- und Handelskammer voraus, daß der Antragsteller über die Grundzüge der für den in Aussicht genommenen Betrieb notwendigen lebensmittelrechtlichen Kenntnisse unterrichtet worden ist und mit ihnen als vertraut gelten kann (§§ 4 ff.).

f) Verkehrswesen: 99

Personenverkehr
Der Betrieb für die geschäftsmäßige Beförderung von Personen mit Straßenbahnen, Oberleitungsomnibussen und mit Kraftfahrzeugen (einschließlich Verkehr mit Kraftdroschken und Mietwagen) nach den §§ 2 ff. des Personenbeförderungsgesetzes[92].

Die Erlaubnis setzt im wesentlichen die Gewährleistung der Sicherheit und Leistungsfähigkeit des Betriebes sowie die Zuverlässigkeit und fachliche Eignung des Antragstellers voraus (§§ 13 ff.).

Güterverkehr
Der Betrieb sowohl eines Güterfernverkehrs- wie auch eines Güter-

---

90 Vom 17. 9. 1953, BGBl. I S. 1411, in der Fassung vom 28. 12. 1965, BGBl. 1966 I S. 2
91 Vgl. Fußnote 88.
92 Vom 21. 3. 1961, BGBl. I S. 241 mit zahlreichen Änderungen, zuletzt durch das Vierte Gesetz zur Änderung des Personenbeförderungsgesetzes vom 7. 6. 1978, BGBl. I S. 665.

H. Was muß man zur Gründung einer Firma tun?

nahverkehrsunternehmens gemäß §§ 8 ff. und 80 ff. des Güterkraftverkehrsgesetzes[93].

Die Erlaubnis setzt die fachliche Eignung und Zuverlässigkeit voraus; ferner muß die finanzielle Leistungsfähigkeit des Betriebes und – beim Güterfernverkehrsunternehmen – die Eignung der Fahrzeuge gewährleistet sein (§§ 10 ff., 81).

100 g) Kreditwesen

Das Betreiben von Bankgeschäften nach § 1 des Gesetzes über das Kreditwesen (KWG)[94].

Die Erlaubnis – durch das Bundesaufsichtsamt für das Kreditwesen –, die sich auch auf einzelne Bankgeschäfte beschränken kann, setzt die erforderliche Zuverlässigkeit und fachliche Eignung sowie das Vorhandensein der zum Geschäftsbetrieb erforderlichen Mittel, insbesondere ein ausreichendes haftendes Eigenkapital voraus (§§ 32 ff. KWG).

Das Betreiben von Kapitalanlagegesellschaften nach den §§ 1 ff. des Gesetzes über Kapitalanlagegesellschaften (KAGG)[95].

Nach § 2 Abs. 1 dieses Gesetzes sind Kapitalanlagegesellschaften Kreditinstitute und unterliegen den für Kreditinstitute geltenden gesetzlichen Vorschriften, also auch dem Gesetz über das Kreditwesen (siehe oben). Die Erlaubnis setzt daher ebenfalls Zuverlässigkeit und fachliche Eignung und die zum Geschäftsbetrieb erforderlichen Mittel voraus (vgl. §§ 32 und 33 KWG). Nach § 2 Abs. 2 KAGG ist darüberhinaus ein eingezahltes Nennkapital von mindestens DM 500 000,— erforderlich.

101 h) Sonstige:

Betrieb von Privatkrankenanstalten (vgl. § 30 GewO).
Die Erlaubnis setzt im wesentlichen die erforderliche Zuverlässigkeit voraus; ferner müssen die einzureichenden Beschreibungen und Pläne der baulichen und sonstigen technischen Einrichtungen der Anstalt den gesundheitspolizeilichen Anforderungen entsprechen.

---

93 Vom 17. 10. 1952, BGBl. I S. 697, in der Fassung vom 6. 8. 1975, BGBl. I S. 2132 mit zahlreichen Änderungen, zuletzt durch das Zweite Gesetz zur Änderung des Güterkraftverkehrsgesetzes vom 9. 7. 1979, BGBl. I S. 960.

94 Vom 10. 7. 1961, BGBl. I S. 881, in der Fassung vom 3. 5. 1976, BGBl. I S. 1121.

95 Vom 16. 4. 1957, BGBl. I S. 383, in der Fassung vom 14. 1. 1970, BGBl. I S. 128, zuletzt geändert durch Gesetz vom 8. 9. 1980, BGBl. I S. 1653.

I. Die Gründung des Einzelunternehmens

Gewerbsmäßige Veranstaltung von Singspielen, Gesangs- und deklamatorischen Vorträgen, Schaustellungen oder theatralischen Vorstellungen, ohne daß ein höheres Interesse der Kunst oder Wissenschaft dabei obwaltet (vgl. § 33 a GewO).

noch
101

Die Erlaubnis setzt die Vermutung voraus, daß die beabsichtigten Veranstaltungen nicht den Gesetzen oder guten Sitten zuwider laufen, daß das Geschäftslokal den polizeilichen Anforderungen genügt und der beabsichtigte Gewerbebetrieb keine schädlichen Umwelteinwirkungen im Sinne des Bundesimmissionsschutzgesetzes oder sonst eine erhebliche Belästigung der Allgemeinheit befürchten läßt (§ 33 a Abs. 2 GewO).

Betrieb von Spielen mit Gewinnmöglichkeit und der Betrieb von Spielhallen (vgl. §§ 33 d und i GewO).

Ergänzend dazu ist die Verordnung über Spielgeräte und andere Spiele mit Gewinnmöglichkeit ergangen[96].

Die Erlaubnis setzt nicht nur die erforderliche Zuverlässigkeit voraus, sondern unterscheidet auch nach Geldspiel- und Warenspielgeräten einerseits und der Art, Beschaffenheit und Lage der Geschäftsräume andererseits. Auch müssen die Spielgeräte bestimmte technische Anforderungen erfüllen, deren Vorliegen von der Physikalisch-Technischen Bundesanstalt bzw. dem Bundeskriminalamt oder den Landeskriminalämtern geprüft wird. Schließlich darf der Betrieb keine Gefährdung der Jugend, keine übermäßige Ausnutzung des Spielbetriebes, schädliche Umwelteinwirkungen im Sinne des Bundesimmissionsschutzgesetzes oder sonst eine nicht zumutbare Belästigung der Allgemeinheit, der Nachbarn oder einer im öffentlichen Interesse bestehenden Einrichtung befürchten lassen.

Geschäft eines Pfandleihers oder Pfandvermittlers (vgl. § 34 GewO).

Die Erlaubnis setzt die erforderliche Zuverlässigkeit und den Nachweis der für den Gewerbebetrieb erforderlichen Mittel oder entsprechender Sicherheiten voraus (§ 34).

Darüber hinaus ist bezüglich des Pfandleihers die Verordnung über den Geschäftsbetrieb der gewerblichen Pfandleiher[97] zu beachten, die dem Pfandleiher unter anderem bestimmte Buchführungs-, Aufbewahrungs- und Auskunftspflichten auferlegt.

---

96 Vgl. SpielVO vom 27. 8. 1971, BGBl. I S. 1441, in der Fassung vom 27. 8. 1971, BGBl. I S. 1441, geändert durch Verordnung vom 23. 2. 1976, BGBl. I S. 389.
97 In der Fassung vom 1. 6. 1976, BGBl. I S. 1334.

H. Was muß man zur Gründung einer Firma tun?

Betrieb des Bewachungsgewerbes (vgl. § 34 a GewO).

Die Erlaubnis setzt die erforderliche Zuverlässigkeit und den Nachweis der für den Gewerbebetrieb erforderlichen Mittel oder entsprechender Sicherheiten voraus (§ 34 a).

Darüber hinaus ist die Verordnung über das Bewachungsgewerbe[98] zu beachten, die dem Geschäftsinhaber unter anderem den Abschluß einer Haftpflichtversicherung, bestimmte Buchführungs-, Aufbewahrungs- und Auskunftspflichten auferlegt.

Betrieb des Versteigerergewerbes (vgl. § 34 b GewO).

Die Erlaubnis setzt die erforderliche Zuverlässigkeit, geordnete Vermögensverhältnisse sowie den Nachweis der Kenntnis der einschlägigen Vorschriften über den Verkehr mit Grundstücken voraus (§ 34 b Abs. 3 ff.).

Darüber hinaus ist die Verordnung über gewerbsmäßige Versteigerungen[99] zu beachten, die dem Versteigerer unter anderem die Einhaltung bestimmter Bedingungen sowie eine Buchführungs- und Auskunftspflicht auferlegt.

Vermittler von Grundstücken, Wohnräumen, Darlehen, Kapitalanlagen; Bauträger und Baubetreuer (§ 34 c GewO).
Die Erlaubnis setzt die erforderliche Zuverlässigkeit und geordnete Vermögensverhältnisse voraus.

Darüber hinaus ist die Makler- und Bauträgerverordnung in der Fassung vom 11. 6. 1975[100] zu beachten, die dem betreffenden Gewerbetreibenden unter anderem die Pflicht zur Sicherheitsleistung, zum Abschluß von Versicherungen, sonstige Sicherungspflichten, Buchführungs-, Informations-, Aufbewahrungs- und Auskunftspflichten auferlegt.

Betrieb eines Gewerbes zur Überlassung von Arbeitskräften nach dem Arbeitnehmerüberlassungsgesetz (AÜG) vom 7. 8. 1972[101].

Die Erlaubnis setzt nach den §§ 2 ff. dieses Gesetzes die erforderliche Zuverlässigkeit sowie die Gewähr der Einhaltung sozialversicherungsrechtlicher Vorschriften und zusätzlicher Pflichten voraus; sie wird in den ersten 3 Jahren nur jeweils auf ein Jahr befristet erteilt.

---

98 In der Fassung vom 1. 6. 1976, BGBl. I S. 1341.
99 In der Fassung vom 1. 6. 1976, BGBl. I S. 1345.
100 BGBl. I S. 1351.
101 BGBl. I S. 1393.

I. Die Gründung des Einzelunternehmens

Die sachliche Genehmigung wird dagegen für die bestimmte Anlage oder für den bestimmten Gewerbebetrieb, nicht für die Person des Inhabers erteilt; sie ist also in ihrem Fortbestand unabhängig von einem möglichen Wechsel des Inhabers des betreffenden Gewerbebetriebes.

102

Einer solchen Genehmigung bedürfen Anlagen, die aufgrund ihrer Beschaffenheit oder ihres Betriebs in besonderem Maße geeignet sind, schädliche Umwelteinwirkungen hervorzurufen oder in anderer Weise die Allgemeinheit oder die Nachbarschaft zu gefährden, erheblich zu benachteiligen oder erheblich zu belästigen. Das ergibt sich aus § 4 des Gesetzes zum Schutz vor schädlichen Umwelteinwirkungen durch Luftverunreinigungen, Geräusche, Erschütterungen und ähnliche Vorgänge (Bundesimmissionsschutzgesetz) vom 15. 3. 1974[102]. Durch dieses Gesetz wurden die bis dahin geltenden entsprechenden Vorschriften der §§ 16—23 GewO aufgehoben.

Die Verordnung über genehmigungsbedürftige Anlagen vom 14. 2. 1975[103] führt die einzelnen genehmigungsbedürftigen Anlagen auf.

Ferner enthält § 24 GewO eine Ermächtigungsvorschrift, nach der die Bundesregierung „zum Schutze der Beschäftigten und Dritter vor Gefahren durch Anlagen, die mit Rücksicht auf ihre Gefährlichkeit einer besonderen Überwachung bedürfen..., ... nach Anhörung der beteiligten Kreise durch Rechtsverordnung" bestimmen kann, daß die Errichtung solcher Anlagen, ihr Betrieb sowie die Vornahme von Änderungen an bestehenden Anlagen angezeigt werden müssen oder darüber hinaus der Erlaubnis einer in der Rechtsverordnung bezeichneten oder nach Bundes- oder Landesrecht zuständigen Behörde bedürfen.

Derartige „überwachungsbedürftige" Anlagen sind in § 24 Abs. 3 GewO aufgeführt, nämlich Dampfkesselanlagen; Druckbehälter außer Dampfkesseln; Anlagen zur Abfüllung von verdichteten, verflüssigten oder unter Druck gelösten Gasen; Leitungen unter innerem Überdruck für brennbare, ätzende oder giftige Gase, Dämpfe oder Flüssigkeiten; Aufzugsanlagen; elektrische Anlagen in besonders gefährdeten Räumen; Getränkeschankanlagen und Anlagen zur Herstellung kohlensaurer Getränke; Azethylenanlagen und Kalziumkarbidlager; Anlagen zur Lagerung, Abfüllung und Förderung von brennbaren Flüssigkeiten. Entsprechende Rechtsverordnungen regeln die Einzelheiten.

---
102 BGBl. I S. 721, 1193 und mehrere Änderungen und Durchführungsverordnungen; vgl. auch *Kube*, BB 1972 S. 384.
103 BGBl. I S. 499, 727.

H. Was muß man zur Gründung einer Firma tun?

103 Wer gegen Vorschriften über die persönliche oder sachliche Genehmigung zum Betreiben eines selbständigen Gewerbes oder einer Anlage verstößt, handelt – je nach dem Einzelfall – ordnungswidrig oder macht sich strafbar (vgl. im einzelnen die §§ 62—64 des Bundesimmissionsschutzgesetzes und die §§ 143, 144 GewO). Außerdem kann die Fortsetzung eines Betriebes im Verwaltungsverfahren verhindert werden, wenn ein Gewerbe, zu dessen Beginn eine besondere persönliche oder sachliche Genehmigung erforderlich ist, ohne diese Genehmigung begonnen und weitergeführt worden ist (§ 15 Abs. 2 GewO).

104 Die Frage, ob die Anzeige eines beschränkt geschäftsfähigen Minderjährigen (vgl. Randnr. 80) wirksam ist, wird im Schrifttum verschieden beurteilt[104]. Unproblematisch ist der Fall, wenn der Minderjährige gemäß § 112 BGB vom gesetzlichen Vertreter (vgl. Randnr. 78) mit Genehmigung des Vormundschaftsgerichtes zum selbständigen Betrieb eines Erwerbsgeschäftes ermächtigt ist. Da durch diese Ermächtigung der Minderjährige für solche Rechtsgeschäfte, welche der Geschäftsbetrieb mit sich bringt – die Anzeige nach § 14 GewO ist als ein solches Rechtsgeschäft anzusehen –, unbeschränkt geschäftsfähig wird, ist die von ihm erstattete Anzeige ohne weiteres wirksam. Fehlt aber die Ermächtigung, so dürfte die Wirksamkeit der Anzeige trotzdem zu bejahen sein, denn es handelt sich bei ihr um eine Willenserklärung, durch die der betreffende Minderjährige lediglich einen rechtlichen Vorteil erlangt (§ 107 BGB); er schützt sich nämlich vor einer möglichen Bestrafung wegen Unterlassung der Anzeige[105]. Diesem Vorteil steht kein Nachteil gegenüber; mögliche zivilrechtliche Nachteile würden ihre Ursache nicht in der Anzeige nach § 14 GewO haben, sondern in der ohne Ermächtigung erfolgten Gewerbeausübung.

105 Wird dagegen das Gewerbe eines Geschäftsunfähigen aufgenommen, so kann das nur durch seinen gesetzlichen Vertreter geschehen; diesen allein trifft dann auch die Anzeigepflicht nach § 14 GewO.

106 Ausländische natürliche Personen genießen grundsätzlich das gleiche Maß an Gewerbefreiheit wie Deutsche, denn § 1 GewO gestattet „jedem" den Betrieb eines Gewerbes. Voraussetzung bei Ausländern ist jedoch das Vorliegen einer Aufenthaltserlaubnis nach § 2 des Ausländergesetzes[106]. Die Aufenthaltserlaubnis ist vor der Einreise bei der

---

104 Vgl. dazu *Fuhr,* § 15 Anm. 5; *Landmann/Rohmer,* § 15 Anm. 9.
105 Vgl. dazu Fußnote 93.
106 Vom 28. 4. 1965, BGBl. I S. 353 mit zahlreichen Änderungen und Durchführungsverordnungen; vgl. dazu auch *Bender,* GewArch. 1976 S. 41.

I. Die Gründung des Einzelunternehmens

für den gewöhnlichen Aufenthaltsort des Ausländers zuständigen deutschen Auslandsvertretung (Konsulat, Handelsvertretung, Konsularabteilung der diplomatischen Vertretung der Bundesrepublik Deutschland) zu beantragen; ein Rechtsanspruch auf die Aufenthaltserlaubnis besteht nicht. Sie wird in Form einer Eintragung in den Pass erteilt (Sichtvermerk); daraus geht hervor, ob sie zur Aufnahme einer selbständigen oder nur einer unselbständigen Erwerbstätigkeit berechtigt. In der Regel wird die Aufenthaltserlaubnis befristet erteilt; auch kann sie räumlich beschränkt sowie mit Bedingungen und Auflagen – etwa fachliche Beschränkung auf eine bestimmte Branche – versehen werden. Eine Verlängerung der befristeten Aufenthaltserlaubnis oder deren nachträgliche Änderung – etwa Erweiterung von unselbständiger auf selbständige Erwerbstätigkeit – ist durch die örtlich zuständige Ausländerbehörde möglich.

Einzelheiten ergeben sich aus der Allgemeinen Verwaltungsvorschrift zur Ausführung des Ausländergesetzes vom 10. Mai 1977[107], geändert am 7. Juli 1978, um die aufenthaltsrechtliche Stellung ausländischer Arbeitnehmer, ihrer Ehegatten und Kinder zu verbessern[108].

Eine Sonderregelung gilt für Angehörige der **EG-Staaten** und soweit abweichende Regelungen durch zwischenstaatliche Vereinbarungen getroffen sind[109]. Für Angehörige der EG-Staaten ist das Gesetz über Einreise und Aufenthalt von Staatsangehörigen der Mitgliedsstaaten der Europäischen Wirtschaftsgemeinschaft[110] maßgebend, das weitgehende Freizügigkeit gewährt. Nach § 4 dieses Gesetzes ist selbständigen Erwerbstätigen, die sich in der Bundesrepublik niederlassen, auf Antrag eine Aufenthaltserlaubnis zu erteilen, wenn sie zur Ausübung der beabsichtigten selbständigen Erwerbstätigkeit berechtigt sind. Die Gültigkeitsdauer der Aufenthaltserlaubnis beträgt, wenn sie nicht für einen kürzeren Zeitraum beantragt ist, mindestens 5 Jahre und wird jeweils auf Antrag um mindestens 5 Jahre verlängert, wenn die für die Erteilung erforderlichen Voraussetzungen weiter vorliegen. Einschrän-

---
107 GMBl. 1977 S. 202; vgl. auch Richtlinien für die Ausübung eines Gewerbes durch Ausländer und für die Zusammenarbeit der Gewerbebehörden mit den Auslandsbehörden aufgrund eines Musterentwurfes der Wirtschaftsminister (-senatoren) der Länder, abgedruckt in *Landmann/Rohmer*, Band II (ergänzende Vorschriften) unter Nr. 18.
108 GMBl. 1978 S. 358.
109 Vgl. § 5 der Verordnung zur Durchführung des Ausländergesetzes in der Fassung vom 29. 6. 1976, BGBl. I S. 1717; ferner *Fuhr*, § 15 Anm. 4.
110 Vom 22. 7. 1969, BGBl. I S. 927; §§ 1 und 3 geändert durch Gesetz vom 17. 4. 1974., BGBl. I S. 948.

H. Was muß man zur Gründung einer Firma tun?

kungen oder Versagungen sind nach § 12 nur aus Gründen der öffentlichen Sicherheit oder Ordnung oder dann zulässig, wenn sonst erhebliche Belange der Bundesrepublik Deutschland beeinträchtigen würden. Zu wirtschaftlichen Zwecken dürfen derartige Maßnahmen ausdrücklich nicht getroffen werden.

Damit ist Artikel 52 des Vertrages zur Gründung der Europäischen Wirtschaftsgemeinschaft[111] verwirklicht, der eine schrittweise Aufhebung der Beschränkungen der freien Niederlassung von Staatsangehörigen innerhalb der EG-Staaten vorsieht.

108 Abgesehen von der erwähnten Regelung für Angehörige der EG-Staaten bestehen jedoch Ausnahmen von der grundsätzlichen Gleichbehandlung von Ausländern. So kann gemäß § 7 des Ausländergesetzes[112] die Aufenthaltserlaubnis durch die Verwaltungsbehörde mit Bedingungen und Auflagen verbunden werden; dazu gehören auch Einschränkungen hinsichtlich der Gewerbeausübung. Auch unmittelbar aus dem Gesetz ergeben sich Beschränkungen. So ist beispielsweise der Betrieb einer Apotheke nur Deutschen gestattet[113], ebenso ist nach dem Rennwett- und Lotteriegesetz[114] die Erlaubnis als Buchmacher – das sind diejenigen Personen, die gewerbsmäßig Wetten bei öffentlichen Leistungsprüfungen für Pferde abschließen oder vermitteln – nur Deutschen zu erteilen. Die Erlaubnis zum Groß- und Einzelhandel mit Schußwaffen und Munition kann nach § 8 des Waffengesetzes versagt werden, wenn der Antragsteller nicht Deutscher ist[115].

Für die Erteilung der Reisegewerbekarte für Ausländer gelten besondere Bestimmungen aufgrund der Verordnung über die Ausübung des Reisegewerbes durch Ausländer[116]. Danach ist die Reisegewerbekarte auch für die sonst reisegewerbekartenfreien Tätigkeiten des § 55 a GewO erforderlich (siehe Randnr. 84). Auch bestehen einschränkende Vorschriften hinsichtlich der Erteilung und der Geltungsdauer der Reisegewerbekarte.

---

111 Vom 22. 3. 1957, BGBl. II S. 753, berichtigt S. 1678 und BGBl. 1958 II S. 64.
112 Vgl. Fußnote 106.
113 § 2 Nr. 1 des Gesetzes über das Apothekenwesen, vgl. Fußnote 87.
114 Vom 8. 4. 1922, RGBl. I S. 393 in der Fassung vom 19. 3. 1964, BGBl. I S. 213 mit mehreren Änderungen.
115 Vgl. Fußnote 75.
116 In der Fassung der Bekanntmachung vom 1. 6. 1976, BGBl. I S. 1351, geändert durch Artikel 8 der Verordnung vom 28. 11. 1979, BGBl. I S. 1986.

I. Die Gründung des Einzelunternehmens

Schließlich ist auf § 57 der Außenwirtschaftsverordnung[117] hinzuweisen, nach der gebietsfremde Personen unter anderem die Gründung oder den Erwerb von Unternehmen, die Errichtung oder den Erwerb von Zweigniederlassungen und die Errichtung oder den Erwerb von Betriebsstätten sowie den Erwerb von Beteiligungen an Unternehmen der zuständigen Landeszentralbank zu melden haben, sofern die erbrachten Leistungen im Kalenderjahr den Wert von DM 10 000,— übersteigen. **109**

„Gebietsfremde Personen" bedeutet nicht „Ausländer"; die gesetzliche Definition in § 4 Abs. 1 Nr. 4 des Außenwirtschaftsgesetzes[118] lautet vielmehr wie folgt:

„Natürliche Personen mit Wohnsitz oder gewöhnlichem Aufenthalt in fremden Wirtschaftsgebieten, juristische Personen und Personenhandelsgesellschaften mit Sitz oder Ort der Leitung in fremden Wirtschaftsgebieten gelten als Gebietsfremde, wenn sie dort ihre Leitung und Buchführung haben; Betriebsstätten Gebietsansässiger in fremden Wirtschaftsgebieten gelten als Gebietsfremde, wenn sie dort ihre Verwaltung, namentlich eine etwa vorhandene Buchführung haben."

Der ausländische Staatsangehörige, der seinen Sitz im Inland hat und der deutsche Staatsangehörige, der seinen Sitz im Ausland hat, sind also Gebietsfremde im Sinne dieser Vorschrift.

Für Staatenlose gilt das oben für Ausländer Ausgeführte, da als „Ausländer" alle Personen anzusehen sind, die nicht Deutsche im Sinne des Artikels 116 des Grundgesetzes in Verbindung mit dem Gesetz zur Regelung von Fragen der Staatsangehörigkeit[119] sind. **110**

Innerhalb dreier Tage nach Eingang der Anzeige wird deren Empfang von der Behörde bestätigt (§ 15 Abs. 1 GewO), und zwar ohne Rücksicht darauf, ob eine für den Gewerbebetrieb erforderliche Genehmigung erteilt worden oder eine sonstige notwendige Bedingung erfüllt ist oder nicht[120], da die Anmeldebehörde das Vorliegen derartiger Voraussetzungen nicht zu prüfen hat. Die Empfangsbescheinigung ist keine Unbedenklichkeitsbescheinigung, sondern nur eine Bestätigung, daß **111**

---

117 Vom 22. 8. 1961, BGBl. I S. 1381, in der Fassung vom 31. 8. 1973, BGBl. I S. 1069.
118 Vom 28. 4. 1961, BGBl. I S. 481, zuletzt geändert durch Gesetz vom 6. 10. 1980, BGBl. I S. 1905.
119 Vom 22. 2. 1955, BGBl. I S. 65, vom 17. 5. 1956, BGBl. I S. 431, und vom 19. 8. 1957, BGBl. I S. 1251.
120 Vgl. dazu *Fuhr*, § 15 Anm. 3 und *Landmann/Rohmer*, § 15 Anm. 2; *Fröhler/Kormann*, § 15 Randnrn. 1 und 2.

H. Was muß man zur Gründung einer Firma tun?

der Anzeigeerstatter seiner gesetzlichen Pflicht nachgekommen ist. Die Behörde wird jedoch in der Regel auf die rechtlichen Folgen des Fehlens einer erforderlichen Genehmigung oder Bedingung aufmerksam machen.

Nur wenn die Anzeige nicht erforderlich ist (z. B. die Anzeige eines gar nicht unter die Gewerbeordnung fallenden Tatbestandes wie etwa die Beteiligung als stiller Gesellschafter an dem Handelsunternehmen eines Dritten oder die Ausübung einer unter § 6 GewO fallenden Tätigkeit), wenn sich das Gewerbe auf eine verbotene Tätigkeit bezieht (z. B. Wahrsagerei[121]), wenn es sich offensichtlich um eine unvollständige oder unrichtige Anmeldung handelt oder wenn etwa der Behörde positiv bekannt ist, daß einem anzeigenden Ausländer die Aufenthaltserlaubnis versagt oder ein Aufenthaltsverbot gegen ihn erlassen worden ist, kann die Empfangsbescheinigung verweigert werden.

112 Ob für die Anzeigeerstattung nach § 14 GewO Gebühren erhoben werden, ist nicht einheitlich geregelt. Soweit Gebührenfreiheit besteht, wird sie mit dem öffentlichen Interesse an der Anzeigepflicht begründet[122]. Umgekehrt läßt sich eine Gebührenerhebung mit dem Interesse des Anmeldepflichtigen an der amtlichen Bestätigung der ordnungsgemäßen Anmeldung rechtfertigen; strenggenommen ist dann aber nicht die Anmeldung als solche, sondern die nach § 15 Abs. 1 GewO erforderliche Empfangsbescheinigung der Behörde gebührenpflichtig[123]. Dagegen wird für die Erteilung einer persönlichen oder einer sachlichen Genehmigung regelmäßig eine Gebühr erhoben. Maßgebend sind landesrechtliche Gebührenvorschriften.

113 Diejenigen Gewerbetreibenden, die eine offene Verkaufsstelle haben, eine Gast- oder Schankwirtschaft betreiben oder eine sonstige offene Betriebsstätte unterhalten, sind verpflichtet, ihren Familiennamen mit mindestens einem ausgeschriebenen Vornamen an der Außenseite oder am Eingang des Geschäftes bzw. der Wirtschaft in deutlich lesbarer Schrift anzubringen (§ 15 a Abs. 1 GewO).

Unter „sonstigen offenen Betriebsstätten" sind alle Dienstleistungsbetriebe zu verstehen, die in einer offenen Betriebsstätte Dienste anbieten

---
121 Vgl. *Sächsisches OVG*, 13. 12. 1921, zitiert bei *Fuhr*, Einleitung, Abschnitt A I 1, und § 15 Anm. 2; ferner *Landmann/Rohmer*, § 14 Anm. 13.
122 Vgl. *VG Neustadt a. d. W.*, 1. 3. 1962, Der Münzautomat 1962 S. 201; vgl. ferner *Landmann/Rohmer*, § 15 Anm. 5.
123 *Bayerischer VGH*, 16. 1. 1964, GewArch. 1964 S. 82 und 223; *VG Minden*, 24. 11. 1964, GewArch. 1965 S. 154; *BVerwG*, 30. 4. 1964, GewArch. 1964 S. 224; siehe dazu auch *Fuhr*, § 15 Anm. 5 a.

I. Die Gründung des Einzelunternehmens

und Leistungen erbringen wie Reisebüros, Detekteien, Auskunfteien, Makler, Bewachungsunternehmen, Reinigungs-, Färbereibetriebe usw. Die Vorschrift gilt entsprechend auch für Messen, Ausstellungen und Märkte (§ 70 b GewO) sowie für die Aufstellung von Automaten im Rahmen eines nach § 14 GewO anzeigepflichtigen Gewerbes (vgl. Randnr. 87) und für den Betrieb einer Spielhalle oder eines ähnlichen Unternehmens (§ 15 a Abs. 5 GewO).

noch
113

Diese Bestimmungen dienen der Sicherheit des Geschäftsverkehrs; der Käufer beziehungsweise Besucher soll die Möglichkeit haben, sich über den Namen des Inhabers zu vergewissern.

So müssen sich auch Gewerbetreibende, für die keine Firma im Handelsregister eingetragen ist, im schriftlichen rechtsgeschäftlichen Verkehr ihres Familiennamens mit mindestens einem ausgeschriebenen Vornamen bedienen (§ 15 b GewO). Dem Gewerbetreibenden ist es darüber hinaus unbenommen, seinem Namen einen Tätigkeitshinweis anzufügen, etwa „Handelsvertretungen" oder „Immobilienbüro" usw., nur darf das nicht in einer Weise geschehen, die den Eindruck einer im Handelsregister eingetragenen Firma erweckt; das wäre gemäß § 37 Abs. 1 HGB ein unzulässiger Firmengebrauch, der durch Ordnungsgeld unterbunden werden müßte. Die Stellung eines firmenneutralen Zusatzes jedoch – vor oder hinter dem Eigennamen des Gewerbetreibenden – allein kann kaum eine Täuschung in dieser Richtung begründen („Friedrich Müller Handelsvertretungen"oder „Handelsvertretungen Friedrich Müller" dürfte keinen unterschiedlichen Eindruck über den Umfang des Geschäftsbetriebes hervorrufen).

Aus dem Schutzcharakter der Vorschrift des § 15 b GewO ist zu schließen, daß es hier nicht auf das Recht zur Firmenführung nach Handelsrecht ankommt, sondern allein auf die Tatsache der Nichteintragung im Handelsregister[124]. Der Geschäftspartner soll, wenn eine Eintragung im Handelsregister – gleichgültig aus welchen Gründen – nicht vorliegt und damit die Möglichkeit einer Information aus dem Register entfällt, in der Lage sein, sich zumindest aus den ihm vorliegenden Geschäftsunterlagen (Briefbogen, Auftragsbestätigungen, Rechnungen usw.) Gewißheit über die Person des Gewerbetreibenden zu verschaffen.

---

124 Vgl. dazu Randnr. 13, wonach auch ein nicht im Handelsregister eingetragener Kaufmann, sofern er die Voraussetzungen nach § 1 HGB erfüllt und nicht unter § 4 HGB fällt, eine Firma führt, selbst wenn eine Eintragung im Handelsregister nicht erfolgt ist; allerdings ist er zur Anmeldung gemäß § 29 HGB verpflichtet.

H. Was muß man zur Gründung einer Firma tun?

114 Eigenartigerweise fehlen entsprechende Vorschriften für die Angehörigen freier Berufe. Für sie gibt es keine behördliche Registrierungspflicht[125]; auch ist es ihnen freigestellt, ob sie im Geschäftsverkehr mit oder ohne Verwendung von Vornamen auftreten, obwohl das Interesse der Allgemeinheit an klaren Verhältnissen hier sicher nicht geringer zu werten ist, als im kaufmännischen Geschäftsverkehr. Andererseits spricht ein gewisses Eigeninteresse des Freiberuflers für eine ohnehin vollständige Namens- und Adressenangabe, um für ihn nachteiligen Verwechslungen vorzubeugen.

Ob darüber hinaus die von Freiberuflern verwendete Bezeichnung, unter der sie im Geschäftsverkehr auftreten, zulässig ist oder nicht, mißt sich im Einzelfall an den Vorschriften der §§ 3 UWG oder 37 Abs. 1 HGB, wonach die verwendete Bezeichnung nicht über die geschäftlichen Verhältnisse und persönlichen Qualifikationen irreführen oder einen im Handelsregister eingetragenen Gewerbebetrieb vortäuschen darf. Möglicherweise erhalten auch standesrechtliche Bestimmungen gewisse Verhaltensregeln für das Auftreten im beruflichen Verkehr[126].

115 Wer gegen die Vorschriften der §§ 15 a oder 15 b GewO vorsätzlich oder fahrlässig verstößt, handelt ordnungswidrig (§ 146 Abs. 3 Nr. 2 und 3 GewO). Die Ordnungswidrigkeit kann mit einer Geldbuße bis zu DM 2 000,— geahndet werden (§ 146 Abs. 4 GewO).

2. Die Anmeldung bei der Steuerbehörde

116 Wer einen gewerblichen Betrieb oder eine Betriebsstätte eröffnet, hat das dem zuständigen Finanzamt und der Gemeinde mitzuteilen, in der der Betrieb oder die Betriebsstätte eröffnet wird. Die Anmeldung muß innerhalb eines Monats nach der Eröffnung erfolgen (§ 138 AO).

---

125 Unberührt davon bleibt allerdings die auch für freiberufliche Tätigkeiten bestehende Anzeigepflicht beim Finanzamt gemäß § 138 AO. Möglicherweise besteht für Freiberufler eine Registrierungspflicht nach Spezialvorschriften, wie z. B. für Wirtschaftsprüfer die Anzeigepflicht zur Eintragung in das von der Wirtschaftsprüferkammer geführte Berufsregister (§§ 37 ff. WPO).

126 So hat beispielsweise das *Landgericht Stuttgart* durch Beschluß vom 27. 7. 1979 – 4 KfH T 17/79 – in der von freiberuflich tätigen Ingenieuren verwendeten Bezeichnung „bau – consult X & Y, beratende Ingenieure für Rationalisierung im Bauwesen" nicht eine Firmenvortäuschung gesehen, da diese Bezeichnung – als Ganzes betrachtet – die Ausübung einer freiberuflichen Tätigkeit genügend deutlich klarstelle. Standesrechtliche Vorschriften enthält z. B. § 18 WPO über das Auftreten des Wirtschaftsprüfers im beruflichen Verkehr, ergänzt durch die standesrechtlichen Richtlinien für die Berufsausübung gemäß § 57 Abs. 2 Nr. 5 WPO.

I. Die Gründung des Einzelunternehmens

Eine bestimmte Form der Anmeldung ist nicht vorgeschrieben, insbesondere bedeutet die Weiterleitung eines Exemplars der Gewerbeanmeldung gemäß § 14 GewO an das Finanzamt (s. Randnr. 89) nicht automatisch die Erfüllung der steuerrechtlichen Anmeldepflicht gemäß § 138 AO, es sei denn, das würden entsprechende Ländererlasse zum Vollzug des § 14 GewO vorsehen[127].

Die Verletzung der Mitteilungspflicht begründet eine Ordnungswidrigkeit nach § 379 Abs. 2 Nr. 1 AO, die mit einer Geldbuße bis zu DM 10 000,— geahndet werden kann (§ 379 Abs. 4 AO).

3. Die Anmeldung zur Eintragung in das Handelsregister

a) Die Form der Anmeldung

Erfordert der Gewerbebetrieb nach Art und Umfang eine kaufmännische Einrichtung (vgl. Randnr. 27), so muß er zur Eintragung in das Handelsregister bei dem für den Sitz des Unternehmens zuständigen Amtsgericht, Registerabteilung, – im allgemeinen unter Verwendung von dort erhältlichen Formularen (vgl. Muster im Anhang unter I) – angemeldet und die Unterschrift durch den Unternehmer gezeichnet werden (§ 29 HGB)[128]. Lediglich die Anmeldung eines unter § 3 Abs. 1 HGB fallenden land- oder forstwirtschaftlichen Betriebes oder eines unter Abs. 2 dieser Bestimmung fallenden Nebengewerbes ist freigestellt (vgl. Randnrn. 18 und 19).

117

Die Anmeldung sowie die Unterschriftszeichnung hat in öffentlich beglaubigter Form zu erfolgen (§ 12 Abs. 2 HGB). Öffentliche Beglaubigung bedeutet, daß die Anmeldung schriftlich abgefaßt und die Unterschrift des Anmeldenden von einem Notar beglaubigt sein muß (§ 129 BGB). Durch die Beglaubigung wird die Echtheit der Unterschrift und die Identität der anmeldenden Person mit der in der Unterschrift bezeichneten Person bescheinigt.

Die früher bestehende Möglichkeit der Handelsregisteranmeldung zu Protokoll der Geschäftsstelle des Registergerichtes und der Unter-

---

127 So war es zur Zeit der Geltung des früheren § 165 d der Reichsabgabenordnung der Fall; vgl. *Landmann/Rohmer*, § 14 Anm. 10; ferner auch Richtlinien über die Zusammenarbeit zwischen den Gewerbebehörden und Finanzbehörden aufgrund eines Musterentwurfes der Wirtschaftsminister (-senatoren) der Länder, abgedruckt in *Landmann/Rohmer*, Band II (ergänzende Vorschriften) unter Nr. 19.
128 Die Anmeldung bei einem unzuständigen Registergericht führt zur Zurückweisung, *BayObLG*, 1. 10. 1970, BB 1970 S. 1275.

H. Was muß man zur Gründung einer Firma tun?

schriftsbeglaubigung daselbst ist durch § 56 des Beurkundungsgesetzes[129] weggefallen, was nicht ausschließt, daß der Gewerbetreibende persönlich das Registergericht aufsuchen und die von einem Notar beglaubigte Anmeldung überbringen kann, um den sonst üblichen Postweg zeitlich abzukürzen. Der Überbringer – ob nun der Gewerbetreibende selbst oder ein von ihm oder dem Notar beauftragter Dritter – hat also in diesem Fall nur die Funktion eines Boten. Häufig wird ein solcher persönlicher Besuch allerdings auch dazu benützt, um sich beim Registergericht etwa über dessen Auffassung zur Eintragungsmöglichkeit oder zur gewählten Firmierung, über den weiteren Gang des Verfahrens oder über dessen Dauer usw. zu erkundigen.

118 Die Vornahme der Anmeldung zur Eintragung in das Handelsregister beim Notar (nicht aber die Zeichnung der Unterschrift) kann auch durch einen Stellvertreter erfolgen, der sich durch eine öffentlich beglaubigte Vollmacht auszuweisen hat (§ 12 Abs. 2 HGB). Der gesetzliche Vertreter (vgl. Randnr. 78), der im Namen des Minderjährigen eine Anmeldung vornimmt, bedarf dagegen keiner besonderen Vollmacht; er hat sich jedoch dem Registergericht gegenüber als gesetzlicher Vertreter auszuweisen; in dieser Eigenschaft hat er nicht nur die Anmeldung, sondern auch die Unterschriftszeichnung zu bewirken.

Den Eltern als gesetzliche Vertreter dienen standesamtliche Urkunden als Nachweis, dem Vormund und Pfleger die gerichtliche Bestallung.

Der zum selbständigen Betrieb eines Handelsgeschäftes nach § 112 BGB von seinem gesetzlichen Vertreter mit Genehmigung des Vormundschaftsgerichtes ermächtigte M i n d e r j ä h r i g e dagegen kann die Anmeldung und muß die Zeichnung beim Handelsregister durch einen von ihm beauftragten Notar selbst bewirken. Das Registergericht läßt sich jedoch die vormundschaftsgerichtliche Genehmigung nachweisen.

119 Meldet derjenige, der ein nicht eingetragenes Unternehmen unter Lebenden (zum Beispiel durch Kauf oder Schenkung oder Pacht) oder von Todes wegen (zum Beispiel als Erbe oder als Vermächtnisnehmer) erworben hat, eine Firma zur Eintragung in das Handelsregister an, so kann das unter dem Namen des bisherigen Inhabers geschehen, sofern es sich um ein G r u n d h a n d e l s g e w e r b e nach § 1 Abs. 2 HGB handelt, der bisherige Inhaber beziehungsweise seine Erben e i n w i l l i g e n und das Unternehmen bereits z u r Z e i t d e r I n h a b e r s c h a f t beziehungsweise zu Lebzeiten des Vorgängers nach

---

129 Vom 28. 8. 1969, BGBl. I S. 1513; zuletzt geändert am 26. 2. 1980 (BGBl. I S. 157).

I. Die Gründung des Einzelunternehmens

Art und Umfang einer kaufmännischen Einrichtung bedurfte. Beweispflichtig dafür ist der Anmelder, der den Namen seines Vorgängers als Firma begehrt. In Betracht kommt die Vorlage früherer Unterlagen, wie etwa Steuererklärungen, Bilanzen, Geschäftsberichte, sonstige geschäftliche Aufzeichnungen, aus denen Anhaltspunkte über den Umfang des Betriebes zur Zeit der Inhaberschaft des Vorgängers zu entnehmen sind.

Diese Neueintragung einer Firma unter dem Namen des früheren Inhabers ist deswegen nur bei Unternehmen, die ein Grundhandelsgewerbe (§ 1 Abs. 2 HGB) betreiben, möglich, weil nur bei ihnen die Handelsregistereintragung deklaratorisch wirkt, die Eintragung also die schon zur Zeit der früheren Inhaberschaft bestehende Vollkaufmannseigenschaft bestätigt.

Bei den Gewerbetreibenden nach den §§ 2 und 3 HGB dagegen wirkt die Handelsregistereintragung konstitutiv; die Vollkaufmannseigenschaft entsteht erst durch die Eintragung. Der frühere Inhaber war also – so lange keine Eintragung im Handelsregister erfolgt war – gar nicht Vollkaufmann; er war überhaupt nicht Kaufmann (auch nicht Minderkaufmann). Deshalb kann die Eintragung unter seinem Namen nachträglich nicht erfolgen (vgl. Randnrn. 11 ff.). **120**

Der Pächter eines Unternehmens ist selbständiger Gewerbetreibender; er kann daher unter denselben Voraussetzungen wie der Eigentümer eine eigene Firma führen. **121**

Für Ausländer gelten dieselben firmenrechtlichen Bestimmungen wie für Inländer. **122**

Bei der Anmeldung sollte nach Möglichkeit der Einheitswertbescheid des Finanzamtes vorgelegt werden, da der Einheitswert für die Berechnung der Eintragungsgebühren maßgebend ist (vgl. Randnr. 486). **123**

b) Wie muß die Firma lauten?

Die Firma des Einzelkaufmannes muß aus seinem Familiennamen mit mindestens einem ausgeschriebenen Vornamen bestehen (§ 18 Abs. 1 HGB). Diese Firmenbestandteile werden auch als „Firmenkern" bezeichnet, d. h. sie sind notwendig; sie dürfen nicht weggelassen oder gekürzt, durchaus aber ergänzt werden, etwa durch die Anfügung weiterer Vornamen, eine Phantasiebezeichnung oder sonstige Firmenzusätze (vgl. Randnrn. 131 ff.). **124**

H. Was muß man zur Gründung einer Firma tun?

125 Familienname ist der Name, der aufgrund des bürgerlichen Rechtes dem betreffenden Kaufmann als Geschlechtsname zusteht und wie er sich aus dem Familienregister ergibt. Da Adelstitel Namensbestandteil sind[130], können sie bei der Firmenbildung nicht weggelassen werden.

Die Führung eines Künstlernamens oder eines Pseudonyms als Firma ist – da es an einer rechtlichen Grundlage für diese Namensführung fehlt – unzulässig.

126 Im Falle der Verheiratung gilt folgendes:
Nach § 1355 Abs. 2 BGB[131] können die Ehegatten bei der Eheschließung durch Erklärung gegenüber dem Standesbeamten den Geburtsnamen des Mannes oder den Geburtsnamen der Frau zum Ehenamen (Familiennamen) bestimmen. Treffen sie keine Bestimmung, so ist Ehename der Geburtsname des Mannes; die Frau erhält dann also den Namen des Mannes. Sie ist jedoch gemäß § 1355 Abs. 3 BGB berechtigt, durch Erklärung gegenüber dem Standesbeamten – ohne daß es der Zustimmung ihres Ehemannes bedarf – diesen Namen oder den zur Zeit der Eheschließung geführten Namen (etwa den Ehenamen aus einer früheren Ehe) ihrem Geburtsnamen voranzustellen. Hat sie von dieser Möglichkeit Gebrauch gemacht, so ist dieser Doppelname auch im Falle einer Firmengründung für die Firmenbildung zu verwenden (vgl. Randnr. 124).

Haben die Ehegatten ausdrücklich den Geburtsnamen des Mannes oder den der Frau zum Ehenamen (Familiennamen) bestimmt, so gilt dasselbe: Jeder Ehegatte, dessen Geburtsname nicht Ehename wird, ist gemäß § 1355 Abs. 3 BGB zur Voranstellung seines bisherigen Namens – ohne Zustimmung des Ehepartners – berechtigt. Dieser Doppelname ist dann im Falle einer Firmengründung auch zur Firmenbildung zu verwenden (s. Randnr. 124). Dieses Recht der Namenswahl genießen auch Ausländer, die bei ständigem Aufenthalt im Inland eine Deutsche heiraten; sie können den Mädchennamen der Ehefrau zum Ehe-

---

130 Art. 109 Weimarer Reichsverfassung; *RGZ* 113 S. 107. Das Grundgesetz enthält keine entgegenstehende Bestimmung; *Palandt,* § 12 Anm. 2 a.
131 Neu gefaßt durch das Erste Gesetz zur Reform des Ehe- und Familienrechts vom 14. 6. 1976, BGBl. I S. 1421, in Kraft getreten am 1. 7. 1976; andere Bestimmungen sind am Tage nach der Verkündung in Kraft getreten, wieder andere erst am 1. 7. 1977 (vgl. Art. 12 Nr. 13 a, b, c des Gesetzes); vgl. auch Randnr. 54, dort unter a. Vgl. auch *Brause,* DB 1978 S. 478.

I. Die Gründung des Einzelunternehmens

namen wählen, selbst wenn der Heimatstaat des Ausländers ein solches Wahlrecht nicht kennt[132].

Haben die Ehegatten vor dem 1. 7. 1976 die Ehe geschlossen, so konnten sie bis zum 30. 6. 1980 durch öffentlich beglaubigte gemeinsame Erklärung gegenüber dem Standesbeamten den Geburtsnamen der Frau zum Ehenamen bestimmen[133].

Wurde von dieser Möglichkeit kein Gebrauch gemacht, so blieb das bis zum 1. 7. 1976 geltende Namensrecht unberührt: Die Ehefrau erhielt also – nach § 1355 Satz 1 BGB alter Fassung – durch die Verheiratung den Familiennamen des Mannes; sie konnte jedoch durch Erklärung gegenüber dem Standesbeamten diesem Namen ihren Mädchennamen hinzufügen (hinten anfügen). Hatte sie von dieser Möglichkeit Gebrauch gemacht, so war und ist dieser Doppelname im Falle einer Firmengründung auch zur Firmenbildung zu verwenden (s. Randnr. 124).

Nach dem geltenden Recht ist die Anfügung des Mädchennamens an den Familiennamen des Mannes – also dessen Namen nachfolgend – nicht mehr möglich. Gleichwohl kann eine Ehefrau – auch wenn die Ehe vor Inkrafttreten des § 1355 BGB neuer Fassung, also vor dem 1. 7. 1976 geschlossen und von der erwähnten gemeinsamen Namensänderungsmöglichkeit kein Gebrauch gemacht wurde, also der bloße Familienname des Mannes der gemeinsame Ehename ist – auch nachträglich ihrem Namen ihren Geburtsnamen oder den zur Zeit der Eheschließung geführten Namen als Begleitnamen voranstellen. § 1355 Abs. 3 BGB gilt also für alte und neue (vor und nach dem 1. 7. 1976 geschlossene) Ehen. Dieser Name ist dann auch für eine Firmenbildung zu verwenden[134].

Ein verwitweter oder geschiedener Ehegatte behält nach § 1355 Abs. 4 BGB den Ehenamen. Er kann jedoch durch Erklärung gegenüber dem Standesbeamten seinen Geburtsnamen oder den Namen wieder aufnehmen, den er zur Zeit der Eheschließung geführt hat (etwa den Ehenamen aus einer früheren Ehe). Ist das geschehen, so ist allein dieser wiederaufgenommene frühere Name im Falle einer Firmengründung zur Firmenbildung zu verwenden (vgl. Randnr. 124).

127

---

132 *Wacke*, NJW 1979 S. 1439 (unter I).
133 Gesetz über die Änderung des Ehenamens vom 27. 3. 1979, BGBl. I S. 401, in Kraft getreten am 1. 7. 1979. Vgl. im einzelnen *Wacke*, NJW 1979 S. 1439.
134 Bestand bereits eine Firma im Zeitpunkt der Eheschließung unter dem bisherigen Familiennamen des Ehepartners oder vor der Erklärung über die Voranstellung des weiteren Namens, so kann die Firmierung unverändert beibehalten werden; vgl. dazu Randnr. 422.

H. Was muß man zur Gründung einer Firma tun?

128 Da eine deutsche Frau durch die Eheschließung mit einem Ausländer ihre deutsche Staatsangehörigkeit nicht verliert[135], die Namensführung einer Ehefrau bei verschiedener Staatsangehörigkeit der Ehegatten sich jedoch nach herrschender Auffassung in Rechtsprechung und Schrifttum nach dem Heimatrecht des Mannes richtet (Ehewirkungsstatut), ist in einem solchen Falle auch für die Firma der Ehefrau das nach dem Heimatrecht des Mannes geltende Namensrecht maßgebend.

129 Das eheliche Kind erhält den Ehenamen seiner Eltern (§ 1616 BGB[136]), das nichteheliche Kind den Familiennamen, den die Mutter zur Zeit der Geburt des Kindes führt; als Familienname gilt hier jedoch nicht ein nach § 1355 Abs. 3 BGB dem Ehenamen vorangestellter Name (vgl. im einzelnen die §§ 1617 und 1618 BGB[137]).

130 Das adoptierte Kind erhält den Familiennamen des Annehmenden; als Familienname gilt hier jedoch nicht ein nach § 1355 Abs. 3 BGB dem Ehenamen vorangestellter Name. Das Adoptivkind darf jedoch dem neuen Namen, wenn er kein Doppelname ist, durch Erklärung gegenüber dem Standesbeamten seinen früheren Namen hinzufügen, sofern nicht in dem Annahmevertrag etwas anderes bestimmt ist (vgl. im einzelnen § 1758 BGB[138]). Ist von dieser Möglichkeit Gebrauch gemacht worden, so ist im Falle einer Firmengründung der Doppelname zur Firmenbildung zu verwenden (vgl. Randnr. 124).

131 Grundsätzlich ist die Schreibweise des Familiennamens so, wie sie sich aus dem Familienregister ergibt, maßgebend. Geringfügige Abweichungen – etwa die Ersetzung der Umlaute „ä", „ö", „ü", durch „ae", „oe", „ue" – dürften vertretbar sein, um sonst auftretende Unklarheiten im Schriftverkehr – vor allem mit dem Ausland – zu beseitigen. Auch dürfte es richtig sein, bei ausländischen Namen, die in ein deutsches Handelsregister eingetragen werden, grundsätzlich die ausländische Schreibweise zu verwenden, selbst wenn einzelne Buchstaben dem deutschen Alphabet unbekannt sind (z. B. die französische Cedille oder die skandinavischen Buchstaben „Ä" oder „Ø"). Als entscheidend wird angesehen werden müssen, ob das betreffende ausländische Wort vom

---

135 § 17 des Reichs- und Staatsangehörigkeitsgesetzes vom 22. 7. 1913 (RGBl. I S. 583), geändert durch Gesetz vom 20. 12. 1974 (BGBl. I S. 3714); § 17 Nr. 6 ist gemäß Art. 3 Abs. 2 in Verbindung mit Art. 117 Abs. 1 GG am 31. 3. 1953 außer Kraft getreten.
136 In der Fassung vom 14. 6. 1976, vgl. Fußnote 131; auch diese Vorschrift ist am 1. 7. 1976 in Kraft getreten.
137 Vgl. Fußnote 136.
138 Vgl. Fußnote 136; der frühere § 1758 a BGB ist aufgehoben.

I. Die Gründung des Einzelunternehmens

deutschen Verkehr als Name erkennbar ist, auch wenn die Lautbedeutung bzw. die Aussprache eines einzelnen Buchstabens unbekannt ist. Dagegen dürfte der Gebrauch der kyrillischen oder der griechischen oder der arabischen Schrift im Firmennamen unzulässig sein, da diese für den Verkehr unverständlich sind und ihre Verwendung daher dem Grundsatz der Firmenklarheit widersprechen würde.

Maßgebend ist der V o r n a m e in der Form, wie sie sich aus dem Geburtenbuch ergibt. Gekürzte Vornamen – z. B. „Heinz" statt „Heinrich" oder „Willi" statt „Wilhelm" – sind nach einem Beschluß des Bundesgerichtshofes vom 7. 5. 1979[139] daher unzulässig, es sei denn, die abgekürzte Form wäre ebenfalls im Geburtenbuch eingetragen. Damit ist eine seit langem in der Rechtsprechung und im Schrifttum strittig gewesene Frage endgültig entschieden. Vertretbar erscheint allerdings eine Firmierung wie „Alfred genannt Fred Maier", da in diesem Fall der ausgeschriebene Vorname Firmenbestandteil ist; die weitere Bezeichnung „genannt Fred" ist lediglich ein erläuternder, aber nicht irreführender Zusatz. 132

Der in der Firma geführte Vorname braucht nicht der Rufname zu sein.

Die Firma des Kaufmannes Friedrich Wilhelm Maier kann also lauten: 133
„Friedrich Wilhelm Maier"
oder „Friedrich W. Maier"
oder „F. Wilhelm Maier"
oder „Wilhelm Maier".

c) Firmenzusätze

Dem Vor- und Familiennamen (= Firmenkern, weil wesentlicher, gesetzlich notwendiger und damit unverzichtbarer Firmenbestandteil) darf ein Zusatz beigefügt werden, wenn er nicht ein Gesellschaftsverhältnis andeutet und nicht geeignet ist, eine Täuschung über die Art oder den Umfang des Geschäftes oder über die Verhältnisse des Geschäftsinhabers herbeizuführen, sondern der Unterscheidung der Person oder des Geschäftes dient (§ 18 Abs. 2 HGB). Ob ein solcher zulässiger Zusatz dem Namen vorangestellt oder hinter ihn gesetzt wird, spielt rechtlich 134

---

139 DB 1979 S. 2128 = Rpfleger 1979 S. 377. Danach wäre auch die Verwendung nur eines Namensteiles eines Doppelnamens („Max-Ulrich Maier") zur Firmenbildung („Max Maier") unzulässig; anders, wenn die Eintragung im Geburtenbuch zwei Vornamen, „Max" einerseits und „Ulrich" andererseits – also nicht durch einen Bindestrich verbunden – ausweist (so *AG Stuttgart,* 15. 7. 1980 – HRB 5820).

H. Was muß man zur Gründung einer Firma tun?

keine Rolle, kann aber im Hinblick auf die alphabetisch erfolgende Eintragung der Firma im Telefon- oder Adreßbuch von praktischer Bedeutung sein.

Beispiel:
Die Firma „Friedrich Wilhelm Maier" wird im Telefonbuch unter „**M**aier" eingetragen. Ist ihr aber ein Phantasiezusatz wie „FWM" vorangestellt, lautet also die Firma „FWM Friedrich Wilhelm Maier", dann erfolgt der Telefonbucheintrag unter dem Buchstaben „**F**".

135 So ist dem Kaufmann grundsätzlich die Ergänzung eines Vor- und Familiennamens durch eine Phantasiebezeichnung unbenommen, so daß eine Firma beispielsweise „FRIMA Friedrich Maier" oder „FRIMA-Spielwaren Friedrich Maier" lauten kann. Auch sonstige Bezeichnungen, die ebenfalls keine irreführende Vorstellung hervorzurufen geeignet sind, wie etwa „Exquisit", „Express", „Gloria", „Garant" usw., sind zulässig. Denn solange ein Begriff keine Vorstellung hervorzurufen vermag, täuscht er nicht. Eine Täuschung bzw. Irreführung setzt eine konkrete Vorstellung, die allerdings mit den tatsächlichen Verhältnissen nicht übereinstimmt, voraus. Die Wertung, ob ein Zusatz einen unschädlichen Phantasiebegriff darstellt oder bestimmte Vorstellungen hervorzurufen vermag, ist allerdings mitunter eine Ermessenssache; es gibt Begriffe, die keiner objektiv eindeutigen Einstufung fähig sind, vor allem im Hinblick darauf, daß zahlreiche, als bloße Phantasiebegriffe gedachte Wortgebilde als – vielleicht ausländische – Familiennamen vorstellbar sind. Allgemeingültige Regeln über den unschädlichen Phantasiecharakter lassen sich daher nicht aufstellen, die Grenzziehung ist dann letzten Endes der Rechtsprechung zu überlassen[140].

136 Auch die Aufnahme des Geschäftsgegenstandes in die Firma des Einzelkaufmannes ist zulässig, aber in der Regel **nicht** empfehlenswert. Gibt z. B. eines Tages der Kaufmann Friedrich Maier sein Spielwarengeschäft auf und führt sein Unternehmen mit einem anderen Gegenstand weiter, so kann das im Falle der bloßen Firmierung „Friedrich Maier" geschehen, ohne daß deswegen die Firma geändert werden

---

140 Eine täuschende und damit unzulässige Phantasiebezeichnung hat das *OLG Stuttgart, 22. 1. 1971*, in der Bezeichnung „PASCHE" (Abkürzung aus dem Vor- und Familiennamen des Inhabers Paul Schelling – Name geändert) gesehen, da sie den Eindruck eines Familiennamens hervorrufe, zumal dieser Name tatsächlich vorkomme, BB-Beilage 9 zu Heft 30/1971, III 9.

I. Die Gründung des Einzelunternehmens

muß[141], da der Gegenstand des Unternehmens nicht in der Firma enthalten ist. Ist aber in der Firma der Geschäftsgegenstand aufgeführt, so macht die Geschäftsumstellung auf eine andere Branche eine Firmenänderung erforderlich. Führt nämlich ein Geschäft, das mit dem Zusatz „Spielwaren" firmiert, keine Spielwaren mehr, würde der Verkehr getäuscht, der Zusatz würde also unwahr und damit nach § 18 Abs. 2 HGB unzulässig[142]. Durch eine solche notwendige Firmenänderung entstehen nicht nur Kosten (Eintragungskosten, neue Geschäftsdrucksachen), sondern sie hat möglicherweise auch eine Beeinträchtigung des Rufes und damit des Firmenwertes zur Folge, wenn nämlich das Unternehmen unter der bisherigen Firma eingeführt war und sich nun Lieferanten und Kundschaft erst wieder an den neuen Namen und an die Identität mit dem bisherigen Unternehmen gewöhnen müssen.

Auch kann eine eventuell beabsichtigte Veräußerung des Unternehmens mit Firma durch derartige Zusätze unnötig erschwert werden, wenn nämlich der grundsätzlich an der Weiterführung der Firma interessierte Käufer keinen Sachzusatz in der Firma wünscht, sei es, daß er auf einen kurzen, prägnanten Namen Wert legt, sei es, daß er die bisherige Tätigkeit in dem erworbenen Unternehmen nicht fortsetzen will. Auch dann wäre eine Änderung der Firma notwendig. **137**

Schließlich können Nachteile entstehen, wenn eine abgeleitete Firma – vgl. dazu die Randnrn. 434 ff. –, in der der Geschäftsgegenstand enthalten ist, infolge einer späteren Änderung der Tätigkeit des Unternehmens unwahr geworden und daher zur Beseitigung der dadurch hervorgerufenen Irreführung zu ändern ist. **138**

---

141 Aber eine Anzeige nach § 14 Abs. 1 Nr. 2 GewO bei der Gewerbepolizeibehörde ist erforderlich. Die Unterrichtung der Registerabteilung des Amtsgerichts ist nicht vorgeschrieben, da der Gegenstand des Unternehmens nicht zu den eintragungspflichtigen Tatsachen gehört; nach § 24 HRV hat jedoch das Registergericht darauf hinzuwirken, daß bei Anmeldungen auch der Geschäftszweig, soweit er sich nicht aus der Firma ergibt, angegeben wird. Wird er angegeben, so muß er auch bekanntgemacht werden, *LG Dortmund*, 19. 2. 1971, BB-Beilage 9 zu Heft 30/1971, V 4.

142 Eine Ausnahme könnte dann bestehen, wenn gerade der Branchenzusatz im Verkehr zum Begriff für das betreffende Unternehmen – losgelöst von seiner Tätigkeit –, gewissermaßen „echter Namensbestandteil" geworden ist; ein entsprechend anwendbares Beispiel dafür bildet der Begriff „AEG" (= „Allgemeine Elektrizitätsgesellschaft"); jedermann weiß, daß das Unternehmen keine Elektrizität (mehr) erzeugt, also wird auch niemand durch den Begriff „AEG" irregeführt, so daß sich auch eine entsprechende Firmenänderung erübrigen würde. Solche Fälle sind aber allenfalls auf weit bekannte Bezeichnungen und damit auf wenige Unternehmen beschränkt.

H. *Was muß man zur Gründung einer Firma tun?*

noch
138
Grundsätzlich läßt nämlich § 22 HGB die Weiterführung eines unter Lebenden oder von Todes wegen erworbenen Unternehmens unter der bisherigen Firma zu, sofern der bisherige Geschäftsinhaber oder dessen Erben ausdrücklich einwilligen.

Demnach kann der Kaufmann Anton Schulze für das von ihm erworbene Unternehmen dessen bisherige Firma „Spielwaren Friedrich Maier" unverändert beibehalten.

Der Inhaberwechsel geht dann nur aus dem Handelsregister hervor. Unter Umständen legt der Erwerber aber auch Wert darauf, seinen eigenen Namen in die Firma mit aufzunehmen, wozu er nach § 22 HGB berechtigt ist. Das Geschäft könnte dann etwa unter der Firmenbezeichnung „Spielwaren Friedrich Maier Inhaber Anton Schulze" oder „Spielwaren Friedrich Maier Nachfolger Anton Schulze" weitergeführt werden.

Wenn aber die durch den Firmenzusatz bezeichnete Tätigkeit gar nicht mehr betrieben wird, wäre die Beibehaltung dieser dann falschen Sachbezeichnung in der Firma weder der Allgemeinheit gegenüber zumutbar noch vom Geschäftsinhaber vernünftigerweise erstrebenswert. Die Firma müßte also geändert werden. Falls der Nachfolger auf die Beibehaltung des Namens des Veräußerers – weil er bei Lieferanten und Kunden gut eingeführt ist – Wert legt, kann sich die Änderung der Firma aufgrund einer Entscheidung des Bundesgerichtshofes vom 12. 7. 1965[143] zwar auch auf die Streichung eines nunmehr falsch gewordenen Sachzusatzes beschränken, wenn diese Änderung „ ... im Interesse der Allgemeinheit notwendig oder wünschenswert ist". Anton Schulze kann also, wenn er den Spielwarenhandel aufgegeben hat, die bisherige Firma „Spielwaren Friedrich Maier" in „Friedrich Maier" ändern.

Ob jedoch – über die Streichung eines falsch gewordenen Sachzusatzes hinaus – auch die Auswechselung einer solchen Geschäftsgegenstands-Bezeichnung im Firmennamen oder deren Umformulierung immer unproblematisch und damit zulässig ist, erscheint zumindestens zweifelhaft, denn mit dem „Interesse der Allgemeinheit" läßt sich zwar die Streichung eines unrichtig und damit täuschend gewordenen Firmenbestandteiles rechtfertigen, nicht aber unbedingt die Aufnahme des neuen Geschäftsgegenstandes oder eine neue Formulierung; hier könnte nämlich das Interesse der Allgemein-

---

143 BB 1965 S. 1047 mit Anmerkung von *Wessel,* BB 1965 S. 1422; siehe auch unter Randnr. 434.

I. Die Gründung des Einzelunternehmens

heit an der möglichst wenig geänderten Firma überwiegen. Es wird auf die Umstände des Einzelfalles ankommen[144].

Fraglich ist also, ob die Zulässigkeit der Änderung einer abgeleiteten Firma so weit geht, daß die Firma „Spielwaren Friedrich Maier" etwa in „Schreibwaren Friedrich Maier" abgeändert werden darf.

Aber selbst bei Beibehaltung des Geschäftszweiges durch einen Nachfolger kann sich die Aufnahme des Gegenstandes des Unternehmens in den Firmennamen als unzweckmäßig erweisen. Das gilt vor allem bei Firmennamen wie etwa „Spielwaren-Maier Friedrich Maier", also im Falle einer Verbindung der Sachbezeichnung mit dem Familiennamen. Da rechtlich der wesentliche Firmenbestandteil der Familienname mit einem ausgeschriebenen Vornamen ist und auf diesen bei einem Erwerb des Unternehmens unter Beibehaltung der Firma nicht verzichtet werden kann, müßte auch der Nachfolger unter „Spielwaren-Maier Friedrich Maier" auftreten. Will er seine eigene Inhaberschaft erkennbar machen, so kann das zwar gemäß § 22 HGB durch einen Nachfolgezusatz geschehen, der Firmenname würde dann aber mitunter unangebracht lang werden („Spielwaren-Maier Friedrich Maier Nachfolger Karl Schulze" oder „Spielwaren-Maier Friedrich Maier Inhaber Karl Schulze"). Der Verzicht auf den Firmenbestandteil „Spielwaren-Maier" in dieser abgeleiteten Form würde aber die Frage aufwerfen, ob dadurch nicht doch eine mehr als nur unwesentliche Änderung des Gesamtfirmennamens vorgenommen wird, und ob sie sich noch durch ein höherrangiges Interesse der Allgemeinheit rechtfertigen läßt.

139

Zur Vermeidung der angedeuteten Schwierigkeiten sollte also tunlichst auf die zusätzliche Aufnahme des Geschäftsgegenstandes in die Firma verzichtet werden. Sie bietet sich allenfalls dann an, wenn zur Vermeidung von Verwechslungen mit sonst gleich- oder ähnlichlautenden Firmen (§ 30 Abs. 2 HGB; s. Randnrn. 145 ff.) ein Zusatz notwendig ist. Im übrigen ist eine möglichst kurze Firmierung auch deswegen vorzuziehen, weil der Kaufmann gemäß § 17 Abs. 1 HGB vor der Unter-

140

---

144 Das *LG Hannover,* 21. 2. 1962, BB 1963 S. 327, hat die Ersetzung des Firmenzusatzes „Baugeschäft" durch „Holzbau" als unzulässige Änderung einer abgeleiteten Firma angesehen. Das *OLG Zweibrücken,* 22. 1. 1974, BB-Beilage 12 zu Heft 29/1975, V 1 b, hat die Zulässigkeit der Änderung einer abgeleiteten Firma „Otto Maier GmbH Holzsägewerk, Hobelwerk und Holzhandel" in „Moselsäge Otto Maier GmbH, Sägewerk – Hobelwerk – Holzhandel" ebenfalls verneint, da sich die tatsächlichen Verhältnisse nicht geändert haben und kein Interesse der Allgemeinheit an dieser Firmenänderung vorliege. Vgl. im übrigen RGZ 104 S. 341, 342; RGZ 113 S. 306, 308; RGZ 162 S. 121, 122; *BGH,* 2. 4. 1959, BB 1959 S. 462.

H. Was muß man zur Gründung einer Firma tun?

schrift unter einen Geschäftsbrief die Firma – und zwar die vollständige Firma – angeben muß; je länger sie ist, desto mehr Zeit erfordert das Schreiben des Firmennamens, es sei denn, es wird ein Stempel benützt.

141 Diese Überlegungen zur möglichst knappen Firmenwahl schließen nicht aus, daß im Geschäftsverkehr (auf Briefbogen, Drucksachen, Rechnungen usw.) und in der Werbung selbstverständlich auf den Gegenstand des Unternehmens hingewiesen werden darf – das ist zur besseren Information der Leser und damit im eigenen Interesse sogar durchaus zweckmäßig –, allerdings mit der Folge, daß sich der besondere Schutz, den der Firmenname genießt – s. Randnrn. 47 ff. – dann natürlich nicht auf die Gegenstandsbezeichnung erstreckt; das dürfte jedoch kaum mehr als ein theoretischer Nachteil sein im Hinblick auf die in der Regel mangelnde Schutzfähigkeit dem allgemeinen Sprachgebrauch entnommener Begriffe, zu denen üblicherweise Gegenstandsbezeichnungen gehören.

142 Ähnliche Überlegungen, die gegen die Aufnahme des Unternehmensgegenstandes in die Firma sprechen, gelten auch hinsichtlich geographischer Zusätze für den Fall der Sitzverlegung des Unternehmens. Möglicherweise kann der dann falsch werdende und damit täuschungsgeeignete geographische Zusatz zur Firmenänderung nötigen mit der Folge, daß der erforderliche Verzicht auf diesen Zusatz eine wesentliche Firmenänderung darstellt, die – falls es sich um eine abgeleitete Firma handelt – eine Neufirmierung von Grund auf notwendig machen kann, da die abgeleitete Firma grundsätzlich nur unverändert beibehalten werden darf. Allerdings ist in derartigen Fällen sicher auf den Einzelfall abzustellen und zu prüfen, ob etwa aufgrund des Alters und des guten Rufes des Unternehmens der geographische Zusatz allmählich seine Beziehung zur Örtlichkeit verloren hat und zum Sachbestandteil geworden ist, so daß man damit gar nicht mehr eine bestimmte geographische Vorstellung verbindet (typisch dafür sind ehemalige geographische Bezeichnungen etwa wie „Dresdner Christstollen" oder „Kölnisch Wasser", „Rügenwalder Teewurst"; bei derartigen Erzeugnissen erwartet man kaum mehr eine Herkunft aus den betreffenden Orten). Auch die Rechtsprechung hat in einem derartigen Fall eine behutsame Interessenabwägung zwischen dem Anspruch der Allgemeinheit auf Firmenwahrheit und dem Interesse des Unternehmens an der Firmenkontinuität vorgenommen. Das OLG Stuttgart hat die Beibehaltung des Ortszusatzes „Stuttgart" in einem Firmennamen nicht beanstandet, nachdem das Unternehmen seinen Sitz in eine benachbarte Gemeinde verlegt

I. Die Gründung des Einzelunternehmens

hat, weil nach Lage, Wirtschaftsstruktur und Verkehrsbedingungen diese Gemeinde mit dem Großstadtraum Stuttgart eng zusammenhängt[145]. Allerdings hat das Gericht offengelassen, ob diese Auffassung auch dann noch gelten könne, wenn die Sitzverlegung in weiter entfernte Orte erfolgt wäre. Käme man dann zu einer Verneinung des Rechts, den falsch gewordenen Ortszusatz beizubehalten, könnte das den Verzicht auf die abgeleitete Firma überhaupt notwendig machen, dann nämlich, wenn das Gesamtfirmenbild vom bisherigen deutlich, d. h. mehr als nur unwesentlich abweicht.

Ein Ausweg könnte auch dadurch gefunden werden, daß der bisherige, den Ortszusatz enthaltende Firmenname zwar beibehalten, aber durch einen neuen Zusatz „Sitz Xstadt" (jetziger Niederlassungsort) ergänzt wird.

Um derartige – allerdings nur durch eine Sitzverlegung begründete – Risiken von vornherein auszuschließen, sollte die Aufnahme geographischer Zusätze in Firmennamen – von den größenmäßigen Voraussetzungen einmal abgesehen – sehr sorgfältig überlegt werden.

Nicht unproblematisch ist auch die Beibehaltung von anderen Firmenzusätzen, sofern sich die dadurch zum Ausdruck kommenden Verhältnisse geändert haben, etwa Zusätze, die eine besondere Bedeutung oder Größe eines Unternehmens kennzeichnen, wenn diese Voraussetzungen nicht mehr erfüllt sind.

143

Beispiel:

Ein Unternehmen unter der Firma „Deutsche..." oder „...werk" hat im Laufe der Zeit an Bedeutung bzw. an Umfang verloren und weist nur noch durchschnittliche oder auch geringere Größenmerkmale auf. Unter dem Gesichtspunkt der Firmenwahrheit wäre eine Firmenänderung geboten. Dem steht jedoch unter Umständen ein Recht an dem inzwischen erworbenen Besitzstand entgegen, weil das Unternehmen unter seiner bisherigen Firma eingeführt und bekannt ist und sich daher mit seinem Namen ein erheblicher Firmenwert (Goodwill) verbindet. Eine Interessenabwägung – nämlich das Interesse der Allgemeinheit an wahren Firmennamen und das Inhaberinteresse an der Erhaltung des Firmenwerts – ist daher geboten[146].

---

145 *OLG Stuttgart,* 29. 6. 1973, BB-Beilage 12 zu Heft 29/1975, III 9.
146 Vgl. bejahend *OLG Stuttgart,* 20. 5. 1960, BB 1961 S. 500 („Deutsches..."); verneinend *OLG Köln,* 7. 9. 1977 – 2 Wx 9/77 („... Industrie ...").

H. Was muß man zur Gründung einer Firma tun?

144 Unzulässig sind solche Zusätze, die ein Gesellschaftsverhältnis andeuten oder sonst geeignet sind, eine Täuschung über die Art oder den Umfang des Geschäftes oder die Verhältnisse des Geschäftsinhabers herbeizuführen (§ 18 Abs. 2 Satz 2 HGB). Dabei kommt es nicht auf die Täuschungsabsicht oder eine bereits eingetretene Täuschung an, sondern darauf, ob der betreffende Firmenzusatz objektiv geeignet ist, eine Täuschung hervorzurufen. Das ist bereits dann zu bejahen, wenn nur ein Teil, eine nicht nur unbeachtliche Minderheit des Publikums mit einer Firmenbezeichnung falsche Vorstellungen verbindet.

Ob das der Fall ist, klärt das Registergericht aufgrund der gutachtlichen Anhörung der zuständigen Berufsvertretung, die sich ihrerseits häufig auf das Ergebnis entsprechender Umfragen stützt. Allerdings kann das Registergericht oder – im Prozeßfall – das Instanzgericht auch aus eigener Anschauung die Täuschungsgefahr beurteilen (s. auch Randnrn. 159 ff.).

Die Möglichkeiten täuschungsgeeigneter Zusätze sind so mannigfaltig, daß sie nicht erschöpfend aufgezählt werden können; auch kommt es vielfach auf die Umstände des Einzelfalles, etwa auf die Kombination mit anderen Begriffen, auf die Stellung innerhalb des Firmennamens, auf die Schreibweise, auf die mögliche Durchsetzung im allgemeinen Verkehr oder in Fachkreisen an; ferner können sich die Anschauungen über manche Bezeichnungen wandeln, oder neue Begriffe können entstehen. Schließlich ist nicht zu vermeiden, daß eine Bezeichnung von dem einen Gericht für zulässig, von dem anderen aber für unzulässig gehalten wird; da die wenigsten Meinungsverschiedenheiten bis zu einer höchstrichterlichen Entscheidung ausgetragen werden, lassen sich widersprüchliche Auffassungen im Einzelfall nicht ausschließen.

Trotzdem gibt es aber zu vielen Firmenzusätzen gefestigte Entscheidungen und Meinungen; eine beispielhafte Zusammenstellung findet sich unter J (Randnrn. 345 ff.).

d) Deutliche Unterscheidbarkeit der Firma

145 Bei der Bildung der Firma ist schließlich zu beachten, daß sie sich von den Firmen aller an demselben Ort oder in derselben Gemeinde bereits bestehenden und in das Handelsregister eingetragenen Unternehmen deutlich unterscheidet (§ 30 Abs. 1 HGB). Bei der Personenfirma, also bei der Firma des Einzelkaufmanns (s. Randnr. 124) genügt im Falle gleicher Familiennamen die Verschiedenheit der Vornamen, um eine ausreichende Unterscheidung zu begründen. Führt

I. Die Gründung des Einzelunternehmens

dagegen ein Einzelkaufmann mit einem bereits im Handelsregister eingetragenen Gewerbetreibenden sowohl den gleichen Vor- als auch den gleichen Familiennamen, so muß er seiner Firma einen Zusatz beifügen, durch den sie sich von der bereits eingetragenen Firma deutlich unterscheidet (§ 30 Abs. 2 HGB); als ein solcher, eine Verwechslungsgefahr ausschließender Zusatz bieten sich – abgesehen von einem eventuellen zweiten Vornamen – Sachbezeichnungen aus der Tätigkeit des Unternehmens oder Phantasiebezeichnungen an. Dasselbe gilt, wenn bereits eine Gesellschaft besteht, deren Firmenname mit dem Vor- und Familiennamen eines Einzelkaufmannes identisch ist und sich nur durch den hinzugefügten Gesellschaftszusatz („GmbH", „oHG", „KG", „& Co." usw.) unterscheidet, denn der Gesellschaftszusatz reicht, da ihm erfahrungsgemäß keine besondere klangliche Bedeutung beigemessen wird, in der Regel nicht aus, um eine nach § 30 Abs. 2 HGB erforderliche deutliche Unterscheidbarkeit herbeizuführen[147].

146 Zur Unterscheidung dienende Sach- oder Phantasiezusätze müssen sich untereinander deutlich abheben; das erscheint zumutbar, da im Gegensatz zur reinen Namensfirma Sach- und Phantasiebezeichnungen mehr Variationsmöglichkeiten bieten[148].

147 Die Bestimmung des § 30 HGB dient nicht nur dem Interesse des einzelnen Kaufmannes an einer deutlichen Abgrenzung seiner Firma gegenüber anderen Firmennamen, sondern vor allem der Sicherheit des Geschäftsverkehrs, die durch verwechselbare Firmierungen am selben Ort gefährdet wäre. Daher ist diese Vorschrift hinsichtlich des Personenkreises weit auszulegen, d. h. sie ist nicht nur auf die Namen der im Handelsregister oder im Genossenschaftsregister eingetragenen Unter-

---

147 Vgl. *Würdinger* in Großkommentar HGB, § 30 Anm. 7; zuletzt *BGH,* 14. 7. 1966 (unter Ziffer 3), BB 1966 S. 916. Zur deutlichen Unterscheidbarkeit zwischen einzelkaufmännischer Firma und GmbH-Sachfirma bei identischem Firmenbestandteil (Gattungsbezeichnung) vgl. *OLG München,* 2. 4. 1970, BB-Beilage 9 zu Heft 30/1971, V 1.
148 So wurde die Verwechselbarkeit des Zusatzes „Billi" mit dem Eigennamen „Billich" bejaht, *BGH,* 2. 3. 1979, BB 1979 S. 1116; als nicht ausreichend, sondern als verwechslungsfähig wurden die Bezeichnungen „Kur- und Fremdenverkehrsgesellschaft" auf der einen Seite und „Kur- und Verkehrsverein" auf der anderen Seite angesehen, *LG Limburg,* 19. 12. 1979 – 5 T 4/79. Die Beifügung einer Ordinalzahl zu einer im übrigen gleichlautenden Firma ist kein ausreichendes Unterscheidungsmerkmal („XY... Zweite Verwaltungs KG"), *AG Frankfurt,* 14. 7. 1980, Rpfleger 1980 S. 388.

H. Was muß man zur Gründung einer Firma tun?

nehmen – so der Gesetzeswortlaut –, sondern auch auf die Namen von Vereinen anzuwenden[149].

Allerdings ist die Reichweite des Schutzes älterer Firmen räumlich begrenzt auf den Ort bzw. die Gemeinde, wobei durch die Landesregierung bestimmt werden kann, daß benachbarte Orte oder benachbarte Gemeinden als e i n Ort oder als e i n e Gemeinde im Sinne dieser Vorschrift anzusehen sind (§ 30 Abs. 4 HGB).

Die Begrenzung auf einen verhältnismäßig kleinen Bereich ist dadurch begründet, daß

aa) bei einem größeren Gebiet, das sich möglicherweise über die Bezirke mehrerer Registergerichte erstreckt, die Übersicht über die verwechselbaren Firmen verloren geht,

bb) die Bedeutung der Mehrzahl der Firmen räumlich begrenzt ist,

cc) die Verschiedenartigkeit des Ortes und der Branche auch bei gleichlautenden Firmen häufig für den Verkehr ein ausreichendes Unterscheidungsmerkmal ist und

dd) bei dennoch im Einzelfall vorliegender Verwechslungsgefahr andere als handelsrechtliche Vorschriften zur Beseitigung dieser Beeinträchtigung zur Verfügung stehen, zum Beispiel die §§ 12 BGB und 16 UWG (vgl. Randnrn. 50 und 51).

148 Bei der Beurteilung der Verwechslungsgefahr nach § 30 HGB sind bereits gelöschte Firmen nicht zu berücksichtigen[150]; eine Unzulässigkeit könnte sich jedoch aufgrund des § 3 UWG wegen Irreführung – Verwechslung mit einem früher bestandenen, a n d e r e n Unternehmen – ergeben und damit einen Unterlassungsanspruch begründen, der jedoch von dem betroffenen Unternehmen selbst zu verfolgen ist (siehe Randnr. 155). Dagegen sind die Firmennamen in Liquidation befindlicher Unternehmen im Rahmen der Prüfung des § 30 HGB zu beachten, da bei ihnen die Löschung im Handelsregister noch nicht erfolgt und auch keineswegs sicher ist.

e) Die Aufgabe des Registergerichtes

149 Das Registergericht hat dafür zu sorgen, daß die gesetzlich vorgeschriebenen Eintragungen in das Handelsregister erfolgen (§ 23 HRV). Deshalb muß das Gericht bei der Anmeldung einer Einzelfirma prüfen, ob

---

149 Vgl. *Baumbach/Duden*, § 30 Anm. C; BGHZ 46 S. 11; *LG Limburg*, 19. 12. 1979 – 5 T 4/79.
150 Vgl. *Schlegelberger*, § 30 Anm. 4; a.A. *Bokelmann*, Randnrn. 73, 74.

I. Die Gründung des Einzelunternehmens

aa) die Form der Anmeldung und Zeichnung den gesetzlichen Bestimmungen entspricht,

bb) der Anmeldende Gewerbetreibender und Vollkaufmann nach § 1 HGB ist beziehungsweise aufgrund der Art und des Umfanges seines Unternehmens die Voraussetzung für die Erlangung der Vollkaufmannseigenschaft durch die Eintragung in das Handelsregister nach den §§ 2 und 3 HGB erfüllt (vgl. Randnrn. 16 bis 19, ferner Randnr. 151) und

cc) die gewählte Firma den gesetzlichen Vorschriften entspricht. Betreibt beispielsweise ein Minderjähriger das Unternehmen, so läßt sich das Registergericht die vormundschaftsgerichtliche Genehmigung nachweisen (vgl. Randnrn. 79 und 118).

Zu beachten ist, daß die Anmeldung einer Firma keinen Prioritätsanspruch begründet; vielmehr kommt es allein auf den Zeitpunkt der Eintragung im Handelsregister an. **150**

Es ist daher durchaus möglich, daß eine später angemeldete Firma früher als eine gleich- oder ähnlich lautende Firma eines anderen Anmelders – etwa, weil bei diesem noch Rückfragen zu klären waren – eingetragen wird.

Die bei der Anmeldung im allgemeinen formularmäßig zu machenden **151**
Angaben über den Gewerbebetrieb (vgl. oben Randnr. 117) sollen dem Gericht Aufschluß über Firmenname, Sitz, Art und Umfang des Unternehmens geben mit der Folge, daß entweder die Eintragung verfügt oder zur Beseitigung möglicher Hinderungsgründe eine Zwischenverfügung erlassen oder die Eintragung im Handelsregister abgelehnt wird. Dabei wird das Registergericht unter anderem die Höhe des Anlage- und Betriebskapitals, die Umsätze, die Zahl der Beschäftigten usw. berücksichtigen. Zu beachten ist, daß es dabei auf die Verhältnisse des Unternehmens im Zeitpunkt der Anmeldung oder genauer – falls nämlich infolge der notwendigen Prüfung durch das Registergericht eine längere Zeit verstreicht – im Zeitpunkt der Eintragung ankommt. Die Eintragungsfähigkeit eines Gewerbebetriebes kann daher nicht mit einer optimistischen Prognose seines Inhabers über die zukünftige geschäftliche Entwicklung begründet werden. Erfordert das Unternehmen keine kaufmännische Einrichtung, so ist die weitere Entwicklung abzuwarten, bis die die Eintragungsfähigkeit rechtfertigenden Tatsachen eingetreten sind. Dagegen kann ausnahmsweise die Eintragung erfolgen, wenn im Zeitpunkt der Anmeldung Tatsachen vorliegen, die ei-

H. Was muß man zur Gründung einer Firma tun?

ne vollkaufmännische Anlegung des Geschäftsbetriebes schon im jetzigen Zeitpunkt als notwendig erscheinen lassen. Als solche Tatsachen können etwa ein vor der Erfüllung stehender Vertrag zur Übernahme eines anderen Unternehmens, die Übernahme einer eingeführten Handelsvertretung mit einem entsprechend hohen Bruttoumsatz, die Auftragserteilung zur Lieferung einer kompletten Fabrikeinrichtung gelten. Derartige Fälle, in denen die unmittelbar bevorstehende Entwicklung eines Unternehmens durch das Registergericht berücksichtigt werden kann, sind selten und erfordern regelmäßig den Nachweis der die Anmeldung zur Handelsregistereintragung begründenden Umstände.

152 Das Gericht hat auch die Möglichkeit, sich im Wege der Amtshilfe bei den Steuerbehörden zusätzliche Informationen über die steuerlichen Verhältnisse des Gewerbetreibenden zu verschaffen (§ 125 a Abs. 2 FGG), um entweder aus der Höhe des zum Zwecke der Besteuerung gemeldeten Gewerbekapitals und -ertrages sowie der Umsätze oder aus der Höhe der Gewerbe- und Umsatzsteuer Rückschlüsse auf Art und Umfang und damit die Eintragungsfähigkeit des Unternehmens zu ziehen. Dieser Weg ist vor allem dann notwendig, wenn sich der Anmelder oder der zur Anmeldung aufgeforderte Gewerbetreibende weigert, Angaben über seine geschäftlichen Verhältnisse zu machen.

153 Die Ablehnung eines Eintragungsantrages schließt dessen Wiederholung zu einem späteren Zeitpunkt nicht aus; das würde sonst der gesetzlichen Verpflichtung zuwiderlaufen, in den Fällen der §§ 1 und 2 HGB die Firma bei Erreichung der Vollkaufmannseigenschaft beziehungsweise beim Eintreten ihrer Voraussetzungen zur Eintragung in das Handelsregister anzumelden.

154 Das Registergericht hat die Einhaltung öffentlich-rechtlicher Vorschriften, nach denen die Befugnisse zum Betreiben eines Gewerbes ausgeschlossen oder von gewissen Voraussetzungen abhängig sind, nicht nachzuprüfen. Das ergibt sich hinsichtlich der Grundhandelsgewerbe, für die die Handelsregistereintragung deklaratorische Bedeutung hat, mittelbar aus § 4 in Verbindung mit § 29 HGB, wonach die Eintragungspflicht lediglich von der Art und dem Umfang des betreffenden Unternehmens abhängig ist. Ausdrücklich folgt aber für alle Arten von Gewerben aus § 7 HGB, daß durch öffentlich-rechtliche Vorschriften die Anwendung der die Kaufleute betreffenden Bestimmungen des Handelsgesetzbuches n i c h t berührt wird. Auch dieser Regelung liegt die gesetzgeberische Absicht der Gewährleistung der Sicherheit des Geschäftsverkehrs zugrunde. Würde nämlich die Anwendung der den Kaufmann betref-

I. Die Gründung des Einzelunternehmens

fenden Vorschriften des Handelsgesetzbuches davon abhängig gemacht, daß die öffentlich-rechtlichen Gebote und Verbote von den Gewerbetreibenden eingehalten werden, so würde vielfach die Handelsregistereintragung erheblich verzögert, und niemand, der mit einem Unternehmen in Geschäftsverbindung tritt, könnte sich darauf verlassen, daß die handelsrechtlichen Vorschriften für das betreffende Rechtsverhältnis maßgebend sind. Letzen Endes würde man sonst auch denjenigen Gewerbetreibenden, der öffentlich-rechtliche Bedingungen – aus welchen Gründen auch immer – nicht erfüllt, von den teilweise an den Vollkaufmann gestellten strengeren Anforderungen befreien; das wäre ein wenig einleuchtendes Ergebnis. Das Registergericht prüft daher nicht nach, ob beispielsweise besondere Voraussetzungen gewerberechtlicher Art (vgl. Randnrn. 92 ff.) tatsächlich erfüllt sind oder nicht. So ist zum Beispiel ein Handwerksunternehmen, das aufgrund seiner Art und seines Umfanges in das Handelsregister einzutragen, dessen Inhaber aber nicht Handwerksmeister ist, auch keine Ausnahmebewilligung nach den §§ 7 und 8 HwO hat und deshalb nicht in der Handwerksrolle geführt werden kann, gleichwohl in das Handelsregister einzutragen[151].

Auch die Nachprüfung, ob ein Firmenname im Hinblick auf § 16 UWG (wettbewerbsrechtlicher Unterlassungsanspruch bei Verwechslungsgefahr) unbedenklich ist oder nicht, gehört nicht zu den Obliegenheiten des Registergerichtes. Abgesehen davon, daß andernfalls angesichts der dann bei jeder einzelnen Anmeldung notwendigen umfangreichen Nachforschungen im ganzen Bundesgebiet eine erhebliche Verzögerung der Eintragung von Firmen in das Handelsregister und damit eine untragbare rechtliche Unsicherheit die Folge wäre, läßt sich eine Verwechslungsgefahr häufig gar nicht aufgrund der bloßen Firma feststellen; erst die Praxis, die Art und Weise des Auftretens im Geschäftsverkehr, die Aufmachung der Werbung, die im voraus nicht zu beurteilende Reaktion des Publikums und ähnliche Erscheinungen ermöglichen eine Beurteilung. Die Klärung wettbewerbsrechtlicher Probleme muß deshalb der Initiative der betreffenden Unternehmen – notfalls unter Anrufung ordentlicher Gerichte – überlassen bleiben. Die Eintragung

155

---

151 Vgl. *OLG Oldenburg i. O.*, 16. 11. 1956, BB 1957 S. 416 = NJW 1957 S. 349; *OLG Celle*, 9. 9. 1971, BB 1972 S. 145; vgl. auch *Droste*, DB 1955 S. 1107 und S. 1133; *Rother*, GewArch. 1969 S. 104 mit Rechtsprechungs- und Schrifttumshinweisen; *Baumbach/Duden*, § 7 Anm. B; *Schlegelberger*, § 7 Anm. 1-4; a. A. *AG Würzburg*, 25. 7. 1967, GewArch. 1968 S. 132. Zur Rechtslage bei der GmbH vgl. Randnr. 295 und Fußnote 281.

H. Was muß man zur Gründung einer Firma tun?

einer Firma in das Handelsregister ist daher kein Indiz, geschweige denn eine Bestätigung der wettbewerbsrechtlichen Unbedenklichkeit der Firma.

156 Ebenso ist die Berücksichtigung der persönlichen Qualifikation eines Kaufmannes zur Ausübung des von ihm angemeldeten Handelsgewerbes der Zuständigkeit des Registergerichtes entzogen. Daher darf die Eintragung einer Firma nicht abgelehnt werden, weil nach der Auffassung des Registergerichtes dem Gewerbetreibenden im Hinblick auf in seiner Person liegende Umstände die für den Betrieb eines Handelsgewerbes gebotene Vertrauenswürdigkeit fehlt[152].

157 Einen Anspruch auf die Eintragung des Firmennamens in bestimmter graphischer Gestaltung (in Großbuchstaben, in Kleinbuchstaben, in einem bestimmten Schriftbild) besteht nicht. § 12 HRV bestimmt lediglich, daß die Eintragungen deutlich und in der Regel ohne Abkürzungen zu schreiben sind. Es ist jedoch nicht die Aufgabe des Handelsregisters, ein individuell ausgestaltetes Firmenbild zum Ausdruck zu bringen[153].

158 Die Führung des Handelsregisters und die damit zusammenhängenden Aufgaben (§§ 125 ff. FGG) nimmt entweder der Registerrichter oder der Rechtspfleger wahr.

Die Einrichtung des Rechtspflegeramtes dient der Entlastung der Richter. Voraussetzung für dieses Amt ist ein mindestens dreijähriger Vorbereitungsdienst als Justizbeamter und die erfolgreiche Ablegung der Prüfung für den gehobenen Justizdienst; wenigstens ein Jahr des Vorbereitungsdienstes muß auf einen fachwissenschaftlichen Lehrgang entfallen (vgl. im einzelnen § 2 des Rechtspflegergesetzes)[154]. Lediglich einige wenige registerliche Handlungen – im wesentlichen die erste Eintragung und die Löschung juristischer Personen im Handelsregister – sind ausschließlich dem Richter vorbehalten (vgl. im einzelnen § 17 des Rechtspflegergesetzes).

---

152 Vgl. *LG Koblenz*, 12. 10. 1966 – 2 H T 7/1966.
153 Vgl. *LG München I*, 24. 1. 1967, BB 1968 S. 309; *BayObLG*, 26. 7. 1967, BB-Beilage 10 zu Heft 34/1969, I 9 a; *LG Mannheim*, 9. 10. 1969, BB-Beilage 10 zu Heft 34/1969, I 9 b; *OLG Karlsruhe*, 12. 3. 1970, NJW 1970 S. 1379; *OLG Stuttgart*, 22. 1. 1971, BB-Beilage 9 zu Heft 30/1971, III 9.
154 Vom 5. 11. 1969, BGBl. I S. 2065 mit mehreren Änderungen, zuletzt vom 20. 8. 1975, BGBl. I S. 2189.

I. Die Gründung des Einzelunternehmens

f) Die Mitwirkung der Organe des Handelsstandes, des Handwerksstandes und des land- und forstwirtschaftlichen Berufsstandes bei der Handelsregistereintragung

Damit die Registergerichte ihre Aufgabe erfüllen können, hat der Gesetzgeber bestimmt, daß die Organe des Handelsstandes und außer ihnen – soweit es sich um die Eintragung von Handwerkern handelt – die Organe des Handwerksstandes und – soweit es sich um die Eintragung von land- und forstwirtschaftlichen Betrieben handelt – die Organe des land- und forstwirtschaftlichen Berufsstandes verpflichtet sind, die Registergerichte bei der Verhütung unrichtiger Eintragungen, bei der Berichtigung und Vervollständigung des Handelsregisters sowie beim Einschreiten gegen unzulässigen Firmengebrauch zu unterstützen (§ 126 FGG[155]).

159

Organe des Handelsstandes sind die Industrie- und Handelskammern (in Hamburg und Bremen nur „Handelskammer" genannt). Durch das Gesetz zur vorläufigen Regelung des Rechts der Industrie- und Handelskammern (IHKG)[156] haben diese wieder einheitlich – wie vor 1945 – den Status öffentlich-rechtlicher Körperschaften erhalten (§ 3 Abs. 1 IHKG); ihnen gehören alle zur Gewerbesteuer veranlagten natürlichen Personen, Handelsgesellschaften, andere nicht rechtsfähige Personenmehrheiten und juristische Personen des privaten und des öffentlichen Rechtes an, die im Bezirk der Industrie- und Handelskammer entweder eine gewerbliche Niederlassung oder eine Betriebsstätte oder eine Verkaufsstelle unterhalten (§ 2 Abs. 1 IHKG; über Ausnahmen vgl. Abs. 2 bis 5).

160

Wesentliche Aufgabe der Industrie- und Handelskammern ist es, das Gesamtinteresse der ihnen zugehörigen Gewerbetreibenden wahrzunehmen, für die Förderung der gewerblichen Wirtschaft zu wirken und dabei die wirtschaftlichen Interessen einzelner Gewerbezweige oder Betriebe abwägend und ausgleichend zu berücksichtigen; dabei obliegt es ihnen insbesondere, durch Vorschläge, Gutachten und Berichte die Behörden zu unterstützen und zu beraten sowie für die Wahrung von Anstand und Sitte des ehrbaren Kaufmannes zu wirken (§ 1 IHKG)[157].

---

155 In der Fassung des Gesetzes über die Kaufmannseigenschaft von Land-und Forstwirten und den Ausgleichsanspruch des Handelsvertreters vom 13. 5. 1976, BGBl. I S. 1197.
156 Vom 18. 12. 1956, BGBl. I S. 920 mit verschiedenen Änderungen.
157 Vgl. *von Hinüber*, BB 1956 S. 1172; ferner BB 1959, Heft 33 S. II (Rundblick); siehe auch Fußnote 161.

H. Was muß man zur Gründung einer Firma tun?

161 Organe des Handwerksstandes sind die **Handwerkskammern**; auch sie sind Körperschaften des öffentlichen Rechtes (§ 83 Abs. 1 HwO). Die Handwerkskammern führen die sogenannte Handwerksrolle, in die die selbständigen Handwerker des Kammerbezirkes einzutragen sind (§ 6 Abs. 1 HwO). Die Handwerkskammern haben die Interessen des Handwerkes zu vertreten; eine ausführliche Aufzählung ihrer Aufgaben enthält § 84 Abs. 1 HwO.

162 Organe des land- und forstwirtschaftlichen Berufsstandes sind in den meisten Bundesländern die Landwirtschaftskammern; solche bestehen lediglich in Baden-Württemberg, in Bayern und in Hessen nicht. Die im Zusammenhang mit der Handelsregistereintragung land- und forstwirtschaftlicher Betriebe verbundenen Aufgaben werden aufgrund landesrechtlicher Vorschriften in Baden-Württemberg von den Landwirtschafts- und den Forstämtern, in Bayern vom Bayerischen Bauernverband (Körperschaft des öffentlichen Rechts) und in Hessen von den Landwirtschaftsämtern wahrgenommen.

163 Um die gesetzlich festgelegte Mitwirkung der Organe des Handelsstandes, des Handwerksstandes und des land- und forstwirtschaftlichen Berufsstandes zu ermöglichen, muß der Registerrichter **bei der Eintragung neuer Firmen und von Firmenänderungen in der Regel das Gutachten der Industrie- und Handelskammer einholen.** Wenn es sich um ein handwerkliches Unternehmen handelt oder handeln kann, ist außerdem die Handwerkskammer, wenn es sich um ein land- oder forstwirtschaftliches Unternehmen handelt oder handeln kann, außerdem die Landwirtschaftskammer oder, wenn eine Landwirtschaftskammer nicht besteht, die nach Landesrecht zuständige Stelle zu hören (§ 23 HRV[158]).

Den Kammern[159] werden deshalb jeweils die Eintragungsanträge nebst einschlägigen Registerunterlagen zugeleitet. Sie haben sich zur Eintragungsfähigkeit bzw. -pflicht des betreffenden Unternehmens, ferner zu der gewählten Firma zu äußern, ob diese also im Hinblick auf die Vorschriften der §§ 18 ff., 30 HGB und 4 GmbHG sowie auf möglicherweise bestehende Sondervorschriften – solche befinden sich beispielsweise in § 7 KAGG zu Firmenzusätzen wie „Kapitalanlage", „Investment", „Investor" oder „Invest"[160] – zulässig erscheint.

---

158 In der Fassung der Fünften Verordnung zur Änderung der Handelsregisterverfügung vom 25. 6. 1976, BGBl. I S. 1685.
159 Im folgenden jeweils für Industrie- und Handelskammer, Handwerkskammer, Landwirtschaftskammer bzw. die statt einer solchen nach Landesrecht zuständigen Stelle.
160 Vgl. auch Randnr. 369.

I. Die Gründung des Einzelunternehmens

Hervorzuheben ist, daß die Kammern diese gutachtliche Tätigkeit nicht als Interessenvertreter der Antragsteller oder einzelner Unternehmen, sondern als Organe der Rechtspflege und somit nach streng objektiven Gesichtspunkten wahrzunehmen haben. Das schließt nicht aus, daß sie aufgrund ihrer Kenntnis der Auswirkungen der Registerpraxis auf die Gesamtinteressen der Wirtschaft die Entscheidungen der Registergerichte im Rahmen der gesetzlichen Möglichkeiten unabhängig und objektiv beeinflussen[161]. Diesem Zweck dienen auch die vom Deutschen Industrie- und Handelstag, der Spitzenorganisation der Industrie- und Handelskammern, innerhalb des dort bestehenden Arbeitskreises „Handelsregister und Handwerk" erarbeiteten und ständig ergänzten Leitsätze in Firmenbezeichnungsfragen, die sowohl den Kammern selbst für ihre gutachtlichen Äußerungen als auch den Gerichten für ihre Entscheidungen in Registersachen Anhaltspunkte zur Beurteilung des möglichen Täuschungscharakters von Firmenzusätzen geben[162].

164

Von den gutachtlichen Stellungnahmen der Kammern werden – sofern sie zu ungunsten der Anmelder ausfallen – vielfach von den Registergerichten Abschriften an die Betroffenen weitergeleitet. Gegen diese Verfahrensweise ist nichts einzuwenden, denn einmal besteht ohnehin das Recht unbeschränkter Einsicht in die Registerakten, zum anderen ist für die Kammern kein Grund ersichtlich, ihre Meinung zu verbergen. Im übrigen bietet die Kenntnis der Auffassung der Kammer oft auch gerade den Anlaß für ein klärendes Gespräch zwischen Betroffenem und Kammer und trägt damit zur Beseitigung möglicher Mißverständnisse bei.

Die Industrie- und Handelskammern und die Handwerkskammern haben die Pflicht, die Registergerichte auf solche Unternehmen hinzuweisen, die nicht im Handelsregister eingetragen, aber ihres Erachtens eintragungspflichtig sind (§ 126 FGG). Häufig geschehen diese Hinweise erst dann, wenn die Kammer dem betreffenden Gewerbetreibenden vergeblich nahegelegt hat, seine Firma zur Eintragung in das Handelsregister anzumelden. Teilt das Registergericht die Auffassung der Kammer, so fordert es den Gewerbetreibenden unter Androhung eines Zwangsgeldes zur Anmeldung seiner Firma auf (§§ 14 HGB, 132 FGG, vgl. Randnrn. 492 ff.). Dasselbe gilt sinngemäß im umgekehrten Fall, wenn der gering gewordene Umfang eines Unternehmens dessen Lö-

165

---

161 *Wellmann,* Mitteilungen der Industrie- und Handelskammer zu Köln 1959 S. 441; Industrie- und Handelsblatt, Nachrichten der Industrie- und Handelskammer Stuttgart 1960 S. 98; *Wessel,* DB 1961 S. 665.
162 Siehe Fußnote 336 und Anhang III.

H. Was muß man zur Gründung einer Firma tun?

schung oder wenn andere Umstände eine Änderung der Handelsregistereintragung notwendig machen.

166 Eine entsprechende Pflicht besteht für die Organe des land- und forstwirtschaftlichen Berufsstandes n i c h t, da die Betriebe der Land- und Forstwirtschaft auch bei vollkaufmännischem Umfang nicht verpflichtet, sondern lediglich berechtigt sind, sich in das Handelsregister eintragen zu lassen (§ 3 HGB).

167 Auch andere Stellen haben den Registergerichten gegenüber eine Informationspflicht. So müssen die Gerichte, Staatsanwaltschaften, Polizei- und Gemeindebehörden sowie die Notare dem Registergericht die ihnen zur a m t l i c h e n Kenntnis gelangten Fälle einer unrichtigen, unvollständigen oder unterlassenen Anmeldung zum Handelsregister mitteilen (§ 125 a Abs. 1 FGG).

168 Über die Durchführung der Mitwirkung der berufsständischen Organe in Handelsregistersachen gibt es keine Vorschriften oder Richtlinien. Entweder ermöglichen bereits die Registerakten eine eindeutige Beurteilung, oder die Kammer stellt weitere Ermittlungen an, sei es, daß sie sich Unterlagen über den Geschäftsumfang vorlegen läßt (Bilanzen, Journal, Lieferanten- und Kundenkartei), sei es, daß sie ein persönliches Gespräch mit dem Antragsteller führt. Häufig besichtigt auch ein Vertreter der Kammer das Unternehmen des Anmelders, um sich an Ort und Stelle vom Vorliegen der Eintragungsvoraussetzungen zu überzeugen. Eine Aussprache oder ein Besuch vermitteln am besten einen Eindruck von der Art und dem Umfang des Gewerbebetriebes und bieten außerdem die einfachste Möglichkeit, z. B. die Änderung einer nach Auffassung der Kammer unrichtigen Firmierung anzuregen oder mögliche Zweifel zu beseitigen, die häufig durch unterlassene, unvollständige oder unklare Antworten auf die in den Anmeldeformularen enthaltenen Fragen aufkommen. Vor allem dann, wenn von den Registergerichten oder Kammern solche Fragebogen nicht verwendet werden bzw. wenn aus den Registerakten keine näheren tatsächlichen Angaben hervorgehen, die den Eintragungsantrag stützen, ist eine persönliche Aussprache mit dem Anmelder tunlich.

169 Während den Handwerkskammern die Mitwirkung in Handelsregistersachen insofern erleichtert wird, als sie nach § 17 Abs. 2 HwO die Befugnis zu Betriebsbesichtigungen und -prüfungen haben, fehlt eine entsprechende gesetzliche Ermächtigung für die Industrie- und Handelskammern[163] sowie für die Landwirtschaftskammern bzw. die entspre-

---

163 Vgl. *BayObLG,* 13. 10. 1967, BB-Beilage 10 zu Heft 34/1969, I 1.

I. Die Gründung des Einzelunternehmens

chenden zuständigen Stellen. Sie haben daher keinen Rechtsanspruch auf die Zulassung von Betriebsbesichtigungen oder die Erteilung von Auskünften.

Da diese Maßnahmen jedoch in den häufigen Fällen, in denen der Anmelder auf die Handelsregistereintragung Wert legt, in dessen Interesse liegen, werden den Kammern bei ihrer nachprüfenden Tätigkeit nur selten Schwierigkeiten bereitet. Lehnt jedoch der Gewerbetreibende die Erteilung von Auskünften oder die Besichtigung seines Unternehmens ab, was vor allem dann geschehen kann, wenn er der Eintragung in das Handelsregister entgegentritt, so wird die Kammer – falls sie ihre gutachtliche Stellungnahme nicht auf sonstige ihr bekannte Tatsachen stützen kann – das dem Registergericht mitteilen. Dieses kann sodann von seinem Recht, Auskünfte bei den Steuerbehörden einzuholen, Gebrauch machen (vgl. Randnr. 160) und die erhaltenen Angaben an die zuständige Industrie- und Handelskammer weiterleiten, damit diese nunmehr die Eintragungsfähigkeit oder -pflicht des betreffenden Unternehmens prüfen kann.

Das Gericht ist an die Stellungnahme der begutachtenden Kammer nicht gebunden; vielmehr kann es nach eigener Kenntnis und nach eigenem Ermessen entscheiden[164]. Der Kammer steht jedoch gegen die Entscheidung des Registergerichtes das Beschwerderecht zu (vgl. Randnr. 495).

Im allgemeinen sind die Kammern bemüht, sich nicht auf ihre Gutachtertätigkeit als Organ der Rechtspflege zu beschränken, sondern zugleich den Anmelder zu beraten, wenn der Eintragungsantrag einen Ratschlag geboten erscheinen läßt. Das ist in der Praxis vor allem bei der Wahl des Firmennamens häufig der Fall. Ein Anmelder bringt einer Beanstandung der von ihm gewählten Firma durch die zuständige Kammer viel eher Verständnis entgegen, wenn ihm gleichzeitig Vorschläge gemacht werden, wie dem Mangel in vernünftiger Weise abgeholfen werden kann. **170**

Ist eine angemeldete Firma zwar zulässig, erscheint sie aber unvorteilhaft, so wird die Kammer den Anmelder darauf aufmerksam machen.

Das gilt zum Beispiel bei sehr langen und schwerfälligen Firmenbezeichnungen, die sich dem Geschäftspartner nur langsam einprägen, oder bei der Voranstellung eines Firmenzusatzes vor den Namen des **171**

---

164 Vgl. *OLG Hamm*, 10. 1. 1974, DB 1974 S. 868; *OLG Frankfurt*, 25. 3. 1974, BB 1974 S. 577; *OLG Frankfurt*, 13. 9. 1974, BB 1975 S. 247 = DB 1974 S. 2100.

H. Was muß man zur Gründung einer Firma tun?

Kaufmannes; zu berücksichtigen ist dabei nämlich, daß in solchen Fällen zum Beispiel die Eintragung im Telefonbuch oder in Firmennachschlagwerken unter dem ersten Buchstaben des Firmenzusatzes und nicht unter dem Namen des Kaufmannes erscheint, was sich in der Praxis unter Umständen nachteilig für den Unternehmer auswirken kann und von ihm bei der Firmenanmeldung oft nicht bedacht wird (siehe dazu auch unter Randnr. 134).

172 Ein weiterer wichtiger Fall eines aufklärenden Hinweises durch die Kammer ist die mögliche Verwechslungsgefahr mit außerhalb desselben Orts oder derselben Gemeinde eingetragenen Firmen. Die deutliche Unterscheidbarkeit mit Firmenbezeichnungen, die an demselben Ort oder in derselben Gemeinde bereits bestehen, ist – wie bereits erwähnt – vom Gesetz zwingend vorgeschrieben (§ 30 HGB); dagegen ist es firmenrechtlich nicht zu beanstanden, wenn in zwei benachbarten Gemeinden zwei ähnlich- oder gar gleichlautende Unternehmen im Handelsregister eingetragen sind. Eine solche Tatsache kann jedoch für den zuletzt eingetragenen Firmeninhaber zu wettbewerbsrechtlichen Nachteilen führen (vgl. § 16 UWG, Randnr. 51). Ist der Kammer eine solche Sachlage bekannt, so wird sie den Anmelder vor der Abgabe ihrer gutachtlichen Stellungnahme oder – auf dem Weg über das Registergericht – in derselben davon in Kenntnis setzen. Ihm bleibt es dann überlassen, ob er seine Firmenanmeldung ändern oder ob er das Risiko einer Auseinandersetzung mit seinem Wettbewerber in Kauf nehmen will.

173 Schließlich werden die Kammern einen Anmelder auf die Möglichkeit einer warenzeichenrechtlichen Kollision hinweisen und entsprechende Recherchen empfehlen, wenn ein Phantasie-Firmenzusatz gewünscht wird, der warenzeichenähnlichen Charakter hat und damit möglicherweise das Warenzeichenrecht eines Dritten verletzt.

Zu beachten ist aber, daß eine derartige Mitwirkung der Kammern bei der Wahl einer wettbewerbsrechtlich oder warenzeichenrechtlich möglichst unangreifbaren Firma vom Anmelder nicht verlangt werden kann und nicht erwartet werden darf. Die Kammern stellen auch keine eigenen Nachforschungen über wettbewerbsrechtlich verwechselbare oder warenzeichenrechtlich bedenkliche Firmenbezeichnungen an, sondern unterrichten den Anmelder allenfalls, wenn sie zufällig von einer solchen möglichen Kollision Kenntnis haben. Sie wären – wie auch die Registergerichte – überfordert, sollten sie außer den firmenrechtli-

I. Die Gründung des Einzelunternehmens

chen Bestimmungen auch die wettbewerbsrechtlichen und warenzeichenrechtlichen Auswirkungen eines Firmennamens prüfen. Eine vollständige und verbindliche Klärung wäre ohnehin nicht möglich; außerdem würde das Eintragungsverfahren in vielen Fällen derart verzögert, daß wiederum der Sinn der Handelsregistereintragung, nämlich der Rechtssicherheit des Geschäftsverkehrs zu dienen, in Frage gestellt wäre.

In den meisten Fällen ist es ratsam, sich schon vor der Registeranmeldung an die Kammer zu wenden, um mit ihr die Eintragungsfähigkeit und die beabsichtigte Firma zu erörtern. Mögliche Einwendungen der Kammer werden dann jetzt schon – vor ihrer späteren gutachtlichen Stellungnahme gegenüber dem Gericht – ausgeschlossen. Den Anmeldern bleiben auch in vielen Fällen unliebsame Verzögerungen der Eintragung erspart, unter Umständen auch unnötige Geldausgaben, weil eine kostenverursachende Änderung der Anmeldung vermieden und z. B. der bereits beabsichtigte Druck von Briefbogen und anderen Geschäftspapieren mit einer unzulässigen Firmenaufschrift verhindert werden können.

174

Weicht der Registerrichter von dem Vorschlag eines Gutachtens ab, so hat er seine Entscheidung der Kammer, die das Gutachten erstattet hat, unter Angabe der Gründe mitzuteilen (§ 23 HRV). Dadurch wird es den Kammern ermöglicht, von ihrem Beschwerderecht gegen die Verfügung des Registergerichtes Gebrauch zu machen. Außerdem sind den Industrie- und Handelskammern und – wenn es sich um ein handwerkliches Unternehmen handelt oder handeln kann – auch den Handwerkskammern, ferner – wenn es sich um ein land- oder forstwirtschaftliches Unternehmen handelt oder handeln kann – auch den Landwirtschaftskammern oder, wenn eine Landwirtschaftskammer nicht besteht, den nach Landesrecht zuständigen Stellen Eintragungen in das Handelsregister, Änderungen eingetragener Firmen oder deren Erlöschen mitzuteilen (§ 37 HRV). Die berufsständischen Organe können dadurch ihre Firmenunterlagen ständig auf dem laufenden halten und ihre gesetzliche Aufgabe wahrnehmen, die Registergerichte bei der Verhütung unrichtiger Eintragungen, bei der Berichtigung und Vervollständigung des Handelsregisters sowie beim Einschreiten gegen unzulässigen Firmengebrauch zu unterstützen (§ 126 FGG). Dazu gehört, daß auch die berufsständischen Organe, sofern sie auf andere Weise Kenntnis von eintragungspflichtigen, aber noch nicht zur Eintragung angemeldeten Tatsachen erhalten, das zuständige Registergericht davon unterrichten, et-

175

103

H. Was muß man zur Gründung einer Firma tun?

wa vom Tod eines Geschäftsinhabers, von einem Gesellschafterwechsel oder von einer Geschäftsaufgabe, damit das Registergericht sodann die erforderliche Anmeldung zur Eintragung in das Handelsregister veranlassen kann.

g) Das Auftreten im Geschäftsverkehr

176 Der Vollkaufmann ist nicht nur berechtigt, sondern auch verpflichtet, im Geschäftsverkehr unter seiner Firma aufzutreten und mit seiner Firma zu zeichnen. Diese Pflicht ergibt sich aus § 17 HGB, der den Firmenbegriff definiert als den Namen, unter dem der Vollkaufmann im Handel seine Geschäfte betreibt und die Unterschrift abgibt[165].

Wer eine ihm nicht zustehende Firma gebraucht, sei es, daß er überhaupt nicht zur Führung einer Firma berechtigt ist, sei es, daß er seine Firma nicht vollständig oder mit einem unzulässigen Zusatz führt, ist von dem Registergericht zur Unterlassung des Gebrauchs dieser Firma durch Ordnungsgeld anzuhalten (§ 37 Abs. 1 HGB; vgl. dazu Randnummern 502 ff.). Wird der Kammer eine solche unzulässige Firmenführung bekannt, so fordert sie den betreffenden Gewerbetreibenden unter Hinweis auf die sonst drohende Gefahr eines Ordnungsgeldes zur Unterlassung bzw. zur korrekten Firmierung auf. Zwangsmittel stehen ihr jedoch nicht zur Verfügung. Reagiert der Gewerbetreibende nicht, sondern setzt er die unzulässige Firmenführung fort, so ist die Kammer allerdings verpflichtet, das Registergericht zu unterrichten.

177 Wann ein „Firmengebrauch" bzw. ein „Auftreten im Geschäftsverkehr" und wann dagegen eine bloße Werbemaßnahme vorliegt, die – falls sie irreführend ist – nicht nach § 37 HGB, sondern nach dem Gesetz gegen den unlauteren Wettbewerb zu verfolgen ist, ist nicht immer zweifelsfrei. Ein eindeutiger Firmengebrauch, der das Vorgehen nach § 37 HGB rechtfertigt, ist anzunehmen im Rahmen der Geschäftskorrespondenz (Bezeichnung der Firma auf Briefbogen, Rechnungen, Auftragsbestätigungen, Lieferbedingungen), im Telefonbuch, in Adreßbüchern. Verneinen können wird man in der Regel einen „Firmengebrauch" in der Werbung; darunter fallen etwa Schaufensteraufschriften, Leuchtreklamen, Zeitungsinserate, Prospekte. Hier ist daher die Verwendung der vollständigen Firma nicht erforderlich[166].

---

165 *Baumbach/Duden,* § 17 Anm. 1 B; *Schlegelberger,* § 17 Anm. I 2.
166 Vgl. dazu *Baumbach/Duden,* § 37 Anm. 2 B; ferner *OLG Düsseldorf,* 21. 4. 1970, BB-Beilage 9 zu Heft 30/1971, V 2.

II. Die Gründung der offenen Handelsgesellschaft

Der Vollkaufmann, der eine offene Verkaufsstelle hat, eine Gast- oder **178**
Schankwirtschaft betreibt oder eine sonstige offene Betriebsstätte unterhält, hat seine Firma an der Außenseite seines Geschäftslokals anzubringen. Geht aus der Firmierung der Vor- und Familienname des Geschäftsinhabers hervor – was aufgrund von § 18 Abs. 1 HGB bei ursprünglichen Einzelunternehmen immer der Fall sein muß[167] –, so ersetzt die Anbringung der Firma die nach § 15 a Abs. 2 GewO vorgeschriebene Anbringung des Vor- und Familiennamens des Gewerbetreibenden (§ 15 a Abs. 2 GewO; vgl. Randnr. 113). Andernfalls ist die Anbringung von Firma und Vor- und Familienname des Inhabers erforderlich.

Diese Bestimmung gilt entsprechend für die Aufstellung von Automaten (Waren-, Leistungs- und Unterhaltungsautomaten) im Rahmen eines nach § 14 Abs. 3 GewO anzeigepflichtigen selbständigen Automatengewerbes und für den Betrieb einer Spielhalle oder eines ähnlichen Unternehmens (§ 15 a Abs. 5 in Verbindung mit § 14 Abs. 3 GewO; vgl. Randnr. 113). **179**

II. Die Gründung der offenen Handelsgesellschaft

Die offene Handelsgesellschaft ist eine Personengesellschaft, deren **180**
Zweck auf den Betrieb eines vollkaufmännischen Handelsgewerbes unter gemeinschaftlicher Firma gerichtet ist[168]. Bei keinem der Gesellschafter darf die Haftung gegenüber den Gesellschaftsgläubigern beschränkt sein (§ 105 Abs. 1 HGB). Fehlt es nach Art oder Umfang des Unternehmens an dem Erfordernis der kaufmännischen Einrichtung, ist also die Voraussetzung der Vollkaufmannseigenschaft nicht erfüllt, so liegt keine offene Handelsgesellschaft vor (§ 4 Abs. 2 HGB), sondern eine Gesellschaft bürgerlichen Rechtes (§§ 705 ff. BGB).

---
167 Eine Ausnahme besteht nur für vor dem 1. 1. 1900 ins Handelsregister eingetragene Einzelfirmen; nach dem damals geltenden Artikel 16 des Allgemeinen Deutschen Handelsgesetzbuches vom 16. 4. 1871 genügte nämlich als Firma des Einzelkaufmannes dessen Familienname. Artikel 22 des Einführungsgesetzes zum Handelsgesetzbuch vom 10. 5. 1897 hat die Beibehaltung solcher nach dem alten Recht gebildeter Firmen zugelassen.
168 Vgl. auch Heidelberger Musterverträge, Heft 6: Die offene Handelsgesellschaft. Auch Steuerberatungsgesellschaften und Wirtschaftsprüfungsgesellschaften können – obwohl es sich bei deren Aufgaben nicht um ein Gewerbe, sondern um eine freiberufliche Tätigkeit handelt – die Rechtsform der oHG (und KG) wählen, aber nur, wenn ihre Treuhandtätigkeit einen solchen Umfang aufweist, daß er eine Handelsregistereintragung rechtfertigt; vgl. § 49 Abs. 1 und 2 StBerG, BGBl. 1975 I S. 2735 und § 27 WPO, BGBl. 1975 S. 2803.

H. Was muß man zur Gründung einer Firma tun?

Die Bezeichnung „Personengesellschaft" rechtfertigt sich daraus, daß im Vordergrund der Beteiligung die P e r s o n der Gesellschafter – nicht wie bei der juristischen Person bzw. Kapitalgesellschaft das Kapital – steht; deshalb ist die Gründung der Personengesellschaft auch nicht von einem bestimmten Mindestkapital abhängig. Schließlich setzen in der Regel die Gesellschafter ihre eigene Arbeitskraft ein, zumindest ist eine gewisse p e r s ö n l i c h e Verbundenheit zu dem Unternehmen vorhanden. Die offene Handelsgesellschaft besitzt keine eigene Rechtspersönlichkeit, obwohl ihre Rechtsstellung in mancher Hinsicht der einer juristischen Person entspricht. So kann

a) die offene Handelsgesellschaft vor Gericht klagen und verklagt werden (§ 124 Abs. 1 HGB),

b) die offene Handelsgesellschaft Rechte erwerben und Verbindlichkeiten eingehen (§ 124 Abs. 1 HGB),

c) die offene Handelsgesellschaft Gesellschafterin einer anderen Handelsgesellschaft sein (s. Randnr. 187),

d) die offene Handelsgesellschaft Eigentum und andere dingliche Rechte an Grundstücken erwerben (§ 124 Abs. 1 HGB),

e) aus einem Urteil gegen die offene Handelsgesellschaft in das Gesellschaftsvermögen vollstreckt werden (§ 124 Abs. 2 HGB); zur Vollstreckung in das Privatvermögen der Gesellschafter ist ein Titel gegen diese notwendig,

f) über das Vermögen der offenen Handelsgesellschaft ein selbständiges Vergleichs- oder Konkursverfahren durchgeführt werden (§ 109 der Vergleichsordnung, § 209 der Konkursordnung).

181 Die offene Handelsgesellschaft besteht aus mindestens zwei Gesellschaftern. Eine Begrenzung der Zahl der Gesellschafter nach oben kennt das Gesetz nicht. Jeder Gesellschafter haftet den Gläubigern für die Gesellschaftsschulden unmittelbar und unbeschränkt mit seinem gesamten Vermögen (Privat- und Gesellschaftsvermögen).

Gesellschafter einer offenen Handelsgesellschaft können natürliche und juristische Personen sein.

182 Soll ein M i n d e r j ä h r i g e r an einer offenen Handelsgesellschaft beteiligt werden, so wird er durch seinen gesetzlichen Vertreter vertreten. Dieser benötigt jedoch für den Abschluß des Gesellschaftsvertrages die vormundschaftsgerichtliche Genehmigung (§§ 1643 Abs. 1, 1822 Nr. 3 BGB). Ist der gesetzliche Vertreter selbst Gesellschafter, so kann er den

II. Die Gründung der offenen Handelsgesellschaft

Minderjährigen beim Abschluß des Gesellschaftsvertrages nicht vertreten (§§ 181, 1795, 1629 Abs. 2 BGB); dann ist vielmehr für den Minderjährigen durch das Vormundschaftsgericht ein Pfleger zu bestellen (§ 1909 BGB).

Hat der gesetzliche Vertreter einen beschränkt geschäftsfähigen Minderjährigen mit Genehmigung des Vormundschaftsgerichtes nach § 112 BGB zum selbständigen Betrieb eines Erwerbsgeschäftes ermächtigt (vgl. Randnr. 80), so ist gleichwohl zum Abschluß des Gesellschaftsvertrages die **zusätzliche** vormundschaftsgerichtliche Genehmigung notwendig (§§ 112 Abs. 1 Satz 2, 1643 Abs. 1, 1822 Nr. 3 BGB). Da das auch für verschiedene andere Rechtsgeschäfte, die im Rahmen eines Handelsgewerbes anfallen können – zum Beispiel zur Erteilung einer Prokura oder zur Eingehung einer Wechselverpflichtung – vorgeschrieben ist (§§ 112 Abs. 1 Satz 2, 1643 Abs.1 BGB; vgl. die dort im einzelnen angeführten Bestimmungen), ist häufig die Ermächtigung eines Minderjährigen zur selbständigen Beteiligung an einer Handelsgesellschaft unpraktisch und für den Geschäftsablauf hemmend[169].

Will sich eine **Ehefrau** an einer offenen Handelsgesellschaft beteiligen, so bedarf sie dazu keiner Einwilligung des Ehemannes. **183**

Auch **Ausländer** können sich an einer offenen Handelsgesellschaft beteiligen oder eine solche gründen; sie bedürfen keiner behördlichen Genehmigung (vgl. Randnr. 82, vor allem aber Randnrn. 106 ff.). **184**

Daß **juristische Personen** Gesellschafter einer offenen Handelsgesellschaft sein können, ergibt sich – nachdem diese Frage lange strittig war – eindeutig aus einer Entscheidung des Reichsgerichtes aus dem Jahre 1922[170]. Zu beachten ist, daß auf diese Weise die unbeschränkte Haftung der Gesellschafter einer offenen Handelsgesellschaft sich für den Gläubiger doch als Haftungsbeschränkung auswirkt. **185**

Beispiel:

Einzige Gesellschafterin einer offenen Handelsgesellschaft sind zwei Gesellschaften mit beschränkter Haftung; diese haften zwar für die Schulden der offenen Handelsgesellschaft, jedoch kraft Gesetzes nur mit ihrem Gesellschaftsvermögen (§ 13 Abs. 2 GmbHG). Ein Rückgriff

---

169 Vgl. *Baumbach/Duden*, § 105 Anm. 1 B. Zur Genehmigungsbedürftigkeit von Änderungen eines Gesellschaftsvertrages bei Beteiligung von Minderjährigen *BGH*, 20. 9. 1962, BB 1962 S. 1260; ferner *Rosenau*, BB 1965 S. 1393.

170 Beschluß vom 4. 7. 1922, RGZ 105 S. 101; vgl. im übrigen die Schrifttumshinweise bei *Schlegelberger*, § 105 Randnr. 25 und *Fischer/Würdinger*, § 105 Anm. 26.

H. Was muß man zur Gründung einer Firma tun?

auf das Vermögen der Gesellschafter ist infolge der eigenen Rechtspersönlichkeit der GmbH nicht möglich.

186 Ausländische juristische Personen können sich ebenfalls an einer offenen Handelsgesellschaft beteiligen. Sie bedürfen jedoch der Genehmigung nach § 12 GewO; für juristische Personen, die einem Mitgliedstaat der EG angehören, erübrigt sich diese Genehmigung (§ 12 a GewO)[171].

187 Auch eine offene Handelsgesellschaft oder Kommanditgesellschaft kann Gesellschafterin einer offenen Handelsgesellschaft sein. Diese Auffassung entspricht der herrschenden Ansicht[172].

188 Gesellschafter einer offenen Handelsgesellschaft können dagegen n i c h t die Gesellschaft bürgerlichen Rechtes, die stille Gesellschaft und die Erbengemeinschaft sein[173].

1. Die gewerbepolizeiliche Anzeige

189 Das Unternehmen der offenen Handelsgesellschaft setzt immer einen Gewerbebetrieb voraus (vgl. Randnrn. 4 ff.). Der Beginn des Gewerbes ist – unabhängig von seiner Größe – der für den betreffenden Ort zuständigen Behörde (Gewerbepolizei) anzuzeigen, sofern es sich um ein sogenanntes stehendes Gewerbe handelt (§ 14 GewO).

Bezüglich des Begriffes des stehenden Gewerbes und der Anzeigepflicht nach § 14 GewO wird auf die Ausführungen unter Randnr. 83 verwiesen. Ergänzend ist folgendes zu beachten:

190 Die Anzeige nach § 14 GewO ist von allen Gesellschaftern zu erstatten. Diese können sich auch vertreten lassen. In der Regel wird die Vertretungsbefugnis durch die Behörde nicht nachgeprüft. Ein in eine bestehende offene Handelsgesellschaft neu eintretender Gesellschafter ist ebenfalls zur Anzeige nach § 14 GewO verpflichtet.

191 Ist eine persönliche Genehmigung für das Betreiben eines bestimmten Gewerbes erforderlich – vgl. Randnrn. 93 ff. –, so bedarf j e d e r Gesellschafter dieser Genehmigung, sofern nicht den einschlägigen Bestimmungen etwas anderes zu entnehmen ist.

---

171 *Landmann/Rohmer*, § 12 Randnr. 7; *Fuhr*, § 12 Anm. 5; *Bokelmann*, BB 1972 S. 1426.
172 Vgl. dazu *Fischer/Würdinger*, § 105 Anm. 27; *Schlegelberger*, § 105 Anm. 25 ff.; *Hueck*, § 2 Nr. 3; *LG Lüneburg*, 1. 7. 1971, BB 1971 S. 1076; *Hohner*, NJW 1975 S. 718 mit weiteren Fundstellen; a. A. *Pfander/v. Stumm*, DB 1973 S. 2499.
173 Vgl. dazu *Fischer/Würdinger*, § 105 Anm. 28 und 28 a; *Schlegelberger*, § 105 Anm. 25 ff.; zur Beteiligung einer BGB-Gesellschaft *Hohner*, NJW 1975 S. 718.

II. Die Gründung der offenen Handelsgesellschaft

So genügt es beispielsweise nach § 7 Abs. 4 Satz 2 HwO für die Eintragung eines in der Rechtsform der offenen Handelsgesellschaft geführten Handwerksbetriebes in die Handwerksrolle, wenn für die technische Leitung e i n persönlich haftender Gesellschafter verantwortlich ist, der die Voraussetzungen der Absätze 1, 2, 3, oder 7 dieser Bestimmung erfüllt.

Für die sachliche Genehmigung bei der Eröffnung eines Gewerbebetriebes gelten die Ausführungen unter den Randnrn. 102 und 103. **192**

Wird eine offene Verkaufsstelle, eine Gast- oder Schankwirtschaft betrieben oder eine sonstige offene Betriebsstätte unterhalten und sind mehr als zwei Gesellschafter vorhanden, ohne daß ein vollkaufmännisches Unternehmen besteht, so wird der in § 15 a GewO vorgeschriebenen Kennzeichnungspflicht der Inhaber genügt, wenn die Namen von z w e i Gesellschaftern mit einem das Vorhandensein weiterer Beteiligter andeutenden Zusatz an der Außenseite oder am Eingang angebracht werden; allerdings kann im Einzelfall die Polizeibehörde die Angabe aller Namen anordnen (§ 15 a Abs. 4 GewO). **193**

Die Bestimmung gilt entsprechend für die Aufstellung von Automaten im Rahmen eines nach § 14 Abs. 3 GewO anzeigepflichtigen Gewerbes und für den Betrieb einer Spielhalle oder eines ähnlichen Unternehmens (§ 15 a Abs. 5 GewO).

Zu beachten ist, daß beim Fehlen der Vollkaufmannseigenschaft, also bei der Gesellschaft bürgerlichen Rechtes, kein Zusatz gewählt werden darf, der eine Firma vortäuscht und daher vollkaufmännischen Unternehmen vorbehalten bleiben muß. So ist hier die Verwendung des kaufmännischen „&"-Zeichens[174] und der Gesellschaftszusätze „Co." oder „Cie." zu vermeiden. **194**

Das ergibt sich schon zwingend aus der Regelung des § 4 HGB, wonach die BGB-Gesellschaft k e i n e Firma führt und somit gemäß § 15 b GewO im schriftlichen rechtsgeschäftlichen Verkehr unter dem Fami-

---

174 Dagegen bestehen keine Bedenken, wenn das an sich kaufmännische „&" durch freiberuflich tätige Sozietäten, etwa durch Rechtsanwälte oder durch Architekten, in Verbindung mit der Berufsangabe verwendet wird; denn eine Täuschung, es liege ein Gewerbebetrieb vor, ist in derartigen Fällen ausgeschlossen. Das hat eine im Jahre 1976 vom DIHT durchgeführte breit gestreute Umfrage ergeben. Vgl. auch „Hinweise auf ein Gesellschaftsverhältnis in Firmenbezeichnungen", BB 1957 S. 835 unter 4.

H. Was muß man zur Gründung einer Firma tun?

lien- und mindestens einem ausgeschriebenen Vornamen aller Gesellschafter auftreten muß[175].

Ein Zusatz „Gesellschaft bürgerlichen Rechts" oder „BGB-Gesellschaft" ist zulässig, aber nicht notwendig.

195 Im übrigen wird auf die Ausführungen bei dem Einzelunternehmen unter den Randnrn. 104 ff. verwiesen.

2. Die Anmeldung bei der Steuerbehörde

196 Auf Randnr. 116 wird verwiesen. Die Anmeldung durch einen der Gesellschafter oder einen Vertreter ist als genügend anzusehen.

3. Die Anmeldung zur Eintragung in das Handelsregister

a) Die Form der Anmeldung

197 Die offene Handelsgesellschaft muß wie jeder andere Vollkaufmann in das Handelsregister eingetragen werden (§ 29 HGB). Hierbei ist es gleichgültig, ob sie – bei entsprechendem Umfang – schon vor der Eintragung eine offene Handelsgesellschaft ist, weil sie ein Grundhandelsgewerbe betreibt (vgl. §§ 1, 6 Abs. 1, 105 HGB), oder es erst durch die Eintragung wird (vgl. §§ 2, 3 Abs. 2 und 3, 6 Abs. 1, 105 HGB)[176]. Die Anmeldung zur Eintragung in das Handelsregister bei dem für den Sitz des Unternehmens zuständigen Amtsgericht, Registerabteilung, ist von sämtlichen Gesellschaftern vorzunehmen (§ 108 Abs. 1 HGB). Sie hat zu enthalten

aa) den Namen, Vornamen, „Stand" (das heißt Beruf) und Wohnort jedes Gesellschafters;

bb) die Firma der Gesellschaft und den Ort, wo sie ihren Sitz hat, und

cc) den Zeitpunkt, in dem die Gesellschaft begonnen hat[177] (§ 106 HGB).

198 Die Anmeldung hat in öffentlich beglaubigter Form zu erfolgen (§ 12 Abs. 1 HGB). Sie kann auch durch Stellvertreter vorgenommen wer-

---

175 Befremdlich ist daher die Entscheidung des *OLG Karlsruhe* vom 30. 11. 1977, die einer BGB-Gesellschaft, deren Gesellschafter eine Vielzahl von Gemeinden sind, die Bezeichnung „Regionales Rechenzentrum" zugestanden hat, BB 1978 S. 519 mit kritischer Anmerkung von *Wessel*, BB 1978 S. 1084.
176 Vgl. *Baumbach/Duden*, § 108 Anm. 1 A.
177 Das ist nach § 123 HGB der Zeitpunkt des Geschäftsbeginns oder der der Eintragung, nicht der des Vertragsschlusses und nicht der des Stichtages für den Beginn der gemeinsamen Rechnung; vgl. *Baumbach/Duden*, § 108 Anm. 2 B.

II. Die Gründung der offenen Handelsgesellschaft

den, die sich durch eine öffentlich beglaubigte Vollmacht ausweisen müssen (§ 12 Abs. 2 HGB).
Über die öffentliche Beglaubigung vgl. Randnr. 117.
Außerdem müssen die Gesellschafter, die die Gesellschaft vertreten sollen, die Firma nebst ihrer Namensunterschrift zur Aufbewahrung bei dem Gericht zeichnen (§ 108 Abs. 2 HGB). Diese eigenhändige Zeichnung muß öffentlich beglaubigt sein (§ 12 Abs. 1 HGB).

Grundsätzlich ist jeder Gesellschafter zur Vertretung der Gesellschaft ermächtigt; die Vertretung einzelner Gesellschafter kann jedoch durch den Gesellschaftsvertrag ausgeschlossen, auch kann eine Gesamtvertretung vereinbart werden (vgl. im einzelnen § 125 HGB). Eine solche Regelung ist ebenfalls von sämtlichen Gesellschaftern zur Eintragung in das Handelsregister anzumelden. Dagegen ist eine Beschränkung des Umfanges der Vertretungsmacht Dritten gegenüber unwirksam; sie kann daher auch nicht in das Handelsregister eingetragen werden.

Über die Anmeldung minderjähriger Gesellschafter vgl. Randnr. 118. **199**

Melden diejenigen, die ein nicht eingetragenes Unternehmen unter Lebenden (zum Beispiel durch Kauf oder Schenkung oder Pacht) oder von Todes wegen (zum Beispiel als Erben oder als Vermächtnisnehmer) erworben haben, eine Firma zur Eintragung in das Handelsregister an, so kann das unter dem Namen des bisherigen Inhabers oder der bisherigen Inhaber geschehen, sofern folgende Voraussetzungen erfüllt sind: **200**

a) es muß sich um ein Grundhandelsgewerbe nach § 1 Abs. 2 HGB handeln,

b) der bisherige oder die bisherigen Inhaber beziehungsweise ihre Erben müssen einwilligen und

c) das Unternehmen muß bereits zur Zeit der Inhaberschaft beziehungsweise zu Lebzeiten des Vorgängers oder der Vorgänger vollkaufmännisch gewesen sein (vgl. auch Randnr. 119).

Die Vorschriften über die Anmeldung zur Eintragung in das Handelsregister gelten auch für Pächter, die in der Form einer offenen Handelsgesellschaft einen Pachtbetrieb führen, da auch Pächter selbständige Gewerbetreibende sind. **201**

Für Ausländer gelten dieselben firmenrechtlichen Bestimmungen wie für Inländer. **202**

Bei der Anmeldung sollte nach Möglichkeit der Einheitswertbescheid des Finanzamtes vorgelegt werden, da der Einheitswert für die Berechnung der Eintragungsgebühren maßgebend ist (vgl. Randnr. 486). **203**

H. Was muß man zur Gründung einer Firma tun?

204 Zu beachten ist, daß die Wirksamkeit der offenen Handelsgesellschaft im Verhältnis zu Dritten mit dem Zeitpunkt eintritt, in welchem sie in das Handelsregister eingetragen wird. Beginnt sie jedoch ihre Geschäfte schon vor der Eintragung, so tritt die Wirksamkeit mit dem Zeitpunkt des Geschäftsbeginns ein (§ 123 Abs. 1 und 2 HGB), das heißt, die Gesellschaft muß sich ohne Eintragung als Vollkaufmann behandeln und die besonderen Bestimmungen des Rechtes der offenen Handelsgesellschaft gegen sich gelten lassen. Das gilt jedoch nur, wenn die Gesellschaft ein Grundhandelsgewerbe nach § 1 Abs. 2 HGB betreibt und nach Art und Umfang eine kaufmännische Einrichtung erfordert (§ 123 Abs. 2 HGB, letzter Halbsatz). Von diesem Zeitpunkt an ist sie nämlich Vollkaufmann und damit eine offene Handelsgesellschaft; die Eintragung ins Handelsregister hat nur deklaratorische Bedeutung (vgl. Randnr. 16). Handelt es sich aber um ein Gewerbe nach § 2 HGB oder wird von der Möglichkeit des § 3 Abs. 2 und 3 HGB Gebrauch gemacht, dann wird die Gesellschaft erst durch die Eintragung in das Handelsregister eine offene Handelsgesellschaft (konstitutive Wirkung der Eintragung); vorher ist sie, auch wenn sie bereits im Geschäftsverkehr auftritt, eine Gesellschaft bürgerlichen Rechtes (vgl. Randnrn. 17 ff.).

b) Wie muß die Firma lauten?

205 Die Firma der offenen Handelsgesellschaft muß den Namen wenigstens eines der Gesellschafter mit einem das Vorhandensein einer Gesellschaft andeutenden Zusatz oder die Namen aller Gesellschafter enthalten (§ 19 Abs. 1 HGB).

Mit dem Namen ist der Familienname gemeint (vgl. Randnr. 125), die Aufnahme von Vornamen in die Firma der offenen Handelsgesellschaft ist dagegen – im Gegensatz zur Einzelfirma – nicht notwendig, aber zulässig.

Als eine Gesellschaft andeutende Zusätze kommen zum Beispiel in Betracht „& Co.", „& Cie", „Gebr.", „& Sohn", „& Partner"[178], „Gesellschaft", „oHG"[179].

---

178 Vgl. *OLG Frankfurt,* 20. 8. 1974, BB 1974 S. 1453 = DB 1974 S. 2100 = NJW 1975 S. 265; *OLG Düsseldorf,* 22. 6. 1979, BB 1979 S. 1119; a. A. *Bokelmann,* NJW 1975 S. 836.
179 Das *OLG Hamm* (29. 1. 1965, BB 1965 S. 806) hat auch die Abkürzung „OH" als ausreichenden Gesellschaftszusatz in der Firma einer offenen Handelsgesellschaft anerkannt.

II. Die Gründung der offenen Handelsgesellschaft

Es ist nichts dagegen einzuwenden, wenn das übliche kaufmännische &-Zeichen oder das Wörtchen „und" durch das Verbindungszeichen „+" ersetzt werden. Ungeeignet als Hinweis auf ein Gesellschaftsverhältnis ist dagegen die Verbindung zweier Gesellschafternamen (Familiennamen (durch einen Bindestrich, weil dadurch der Eindruck eines Doppelnamens entstehen kann; das gilt um so mehr, als durch § 1355 Abs. 3 BGB die Führung von Doppelnamen nach der Eheschließung gestattet ist (vgl. Randnr. 126). Bei der Nennung auch der Vornamen in der Firma ist der Bindestrich jedoch nicht zu einer solchen Irreführung geeignet, ebenso nicht bei der Aufzählung von mehr als zwei Familiennamen.

Aus der Firma braucht die Zahl der Gesellschafter nicht hervorzugehen. Anders ist es nur dann, wenn statt des Gesellschaftszusatzes die Namen der Gesellschafter aufgeführt werden; dann müssen es auch sämtliche sein. Die aus den drei Personen Müller, Maier und Schulze bestehende offene Handelsgesellschaft kann daher zum Beispiel firmieren: **206**

„Müller & Co." („Maier & Co.", „Schulze & Co.")
oder
„Müller oHG" („Maier oHG", „Schulze oHG")
oder
„Müller & Maier & Co." („Müller & Schulze & Co.",
„Maier & Schulze & Co.")
oder
„Müller, Maier & Schulze"
oder
„Müller, Maier & Schulze oHG".

Unzulässig wäre aber die Firmierung „Müller & Maier" oder „Müller & Maier oHG", da dadurch der Eindruck erweckt wird, als ob Müller und Maier die einzigen Gesellschafter seien[180].

Ist eine juristische Person oder eine Personengesellschaft Gesellschafterin der offenen Handelsgesellschaft, so kann die Firma der letzteren gemäß § 19 Abs. 1 HGB auch aus dem Namen der beteiligten juristischen Person oder der beteiligten Personengesellschaft – unter Hinzufügung eines Gesellschaftszusatzes – gebildet werden. Das bedeutet, daß somit **207**

---

180 So herrschende Meinung; vgl. *BGH*, 18. 9. 1975 S. 1454 = DB 1975 S. 2172 = NJW 1975 S. 2293 mit weiteren Rechtsprechungs- und Schrifttumshinweisen. Diese Entscheidung betrifft zwar die Firmierung einer GmbH; die rechtlichen Überlegungen sind aber keine anderen als bei einer Personengesellschaft. A. A. *OLG Stuttgart*, 8. 12. 1972, BB-Beilage 12 zu Heft 29/1975, IV 1; *Schäfer*, BB 1976 S. 202; *Sachs*, DB 1975 S. 2423.

H. Was muß man zur Gründung einer Firma tun?

noch **207** die Firma einer offenen Handelsgesellschaft auch einmal aus einer bloßen Sachbezeichnung bestehen oder daß man ihr die tatsächlichen Beteiligungsverhältnisse nicht entnehmen kann[181].

Beispiele:

aa) Die „Universal-Mineralöl-GmbH" ist zusammen mit Herrn X Gesellschafterin einer offenen Handelsgesellschaft. Diese könnte daher „Universal-Mineralöl-GmbH & X.", aber auch „Universal-Mineralöl-GmbH & Co." heißen (wobei unterstellt wird, daß die namengebende GmbH ihren Sitz an einem anderen Ort hat, sonst müßte nach § 30 HGB noch ein unterscheidender Zusatz angefügt werden). Befaßt sich allerdings die so gebildete offene Handelsgesellschaft – entgegen dem Eindruck, den ihr Firmenname vermittelt – nicht mit der Mineralölherstellung oder dem Mineralölhandel, so entsteht ein Konflikt zwischen den Grundsätzen der Firmenwahrheit und Firmenklarheit, denn formal r i c h t i g ist zwar die Firmierung „Universal-Mineralöl-GmbH & Co."; sie führt aber zu falschen Schlußfolgerungen über den Gegenstand des Unternehmens. Im Interesse der Vermeidung von Irreführungen des Verkehrs wird man daher der Firmenklarheit den Vorrang einräumen und – soll schon der Name der Beteiligungsgesellschaft als Firma dienen – einen erläuternden Zusatz verlangen müssen, so daß die Firmierung etwa „Universal-Mineralöl-GmbH & Co. Vertriebsorganisationsgesellschaft" lauten könnte, sofern sich diese offene Handelsgesellschaft mit der Organisation beispielsweise von Vertriebssystemen für den Absatz von Mineralöl befaßt. Betätigt sich die offene Handelsgesellschaft aber auf ganz anderen Gebieten, etwa mit Textilvertretungen, dann wäre eine Firmierung wie „Universal-Mineralöl-GmbH & Co. Textilvertretungen" zwar ebenfalls formal zutreffend gebildet, aber dennoch irreführend. In einem solchen Fall müßte daher auf die Sachfirma für die offene Handelsgesellschaft verzichtet und die Firma mit dem Namen des weiteren Gesellschafters X gebildet werden.

bb) Die „Universal-Mineralöl-GmbH" und die „Müller GmbH" sind einzige Gesellschafterinnen einer offenen Handelsgesellschaft. Als Firmierung kämen in Betracht „Universal-Mineralöl-GmbH &

---

181 Ist kein persönlich haftender Gesellschafter eine natürliche Person, so ist § 19 Abs. 5 HGB zu beachten; siehe dazu auch die Randnrn. 239 und 261. Ein weiterer Fall einer Sachfirma einer offenen Handelsgesellschaft (oder Kommanditgesellschaft) ist bei der „abgeleiteten" Firma denkbar, siehe dazu Randnrn. 441 ff.

II. Die Gründung der offenen Handelsgesellschaft

Co." oder „Müller GmbH & Co." (wobei unterstellt wird, daß die namengebenden GmbH's ihren Sitz an einem anderen Ort haben, sonst müßte nach § 30 HGB noch ein unterscheidender Zusatz angefügt werden), aber auch „Universal-Mineralöl & Müller GmbH & Co." bzw. „Müller & Universal-Mineralöl-GmbH & Co.". Der Zusatz „GmbH & Co." ist im Hinblick auf § 19 Abs. 5 HGB unerläßlich, um erkennbar zu machen, daß keine natürliche Person persönlich haftende Gesellschafterin ist (s. auch Randnrn. 239 und 261). Eine dem Wortlaut des § 19 Abs. 1 HGB formal ebenfalls entsprechende Firmierung „Universal-Mineralöl-GmbH & Müller GmbH" oder „Universal-Mineralöl-GmbH & Müller GmbH oHG" wäre dagegen wegen mangelnder Firmenklarheit unzulässig; das Vorliegen einer offenen Handelsgesellschaft wäre nämlich nicht eindeutig erkennbar.

cc) Die offene Handelsgesellschaft „Müller & Co." ist zusammen mit den Herren X und Y Gesellschafterin einer offenen Handelsgesellschaft. Nach dem Wortlaut des § 19 Abs. 1 HGB müßte die Firma der zweiten offenen Handelsgesellschaft etwa „Müller & Co. & Co." oder „Müller & Co. oHG" o. ä. lauten; die eine Firmenbezeichnung wäre jedoch geradezu verwirrend, die andere würde ebenfalls nicht zur Verdeutlichung der Gesellschaftsverhältnisse beitragen, denn auch die Beteiligungsgesellschaft könnte durchaus „Müller & Co. oHG" heißen. Man wird daher auch für die zweite offene Handelsgesellschaft den Firmennamen „Müller & Co." genügen lassen, obwohl er durchaus die Annahme naheliegend erscheinen lassen würde, eine natürliche Person namens Müller sei einer der Gesellschafter.

Führt allerdings die namengebende Gesellschaft etwa die Firma „Müller oHG", so erscheint es notwendig und auch zumutbar, der Firma der zweiten offenen Handelsgesellschaft einen ergänzenden Gesellschaftszusatz hinzuzufügen (etwa „Müller oHG & Co."); in diesem Fall werden die tatsächlichen Gesellschaftsverhältnisse dann offenbar[182].

Da das Gesetz die Beifügung der Bezeichnung „oHG" nicht vorschreibt, sondern die Wahl des Gesellschaftszusatzes den Beteiligten

208

---

[182] So auch sinngemäß *OLG Neustadt a. d. W.*, 24. 3. 1964, NJW 1964 S. 1376; die Entscheidung betraf allerdings den Firmennamen einer Kommanditgesellschaft, an der eine offene Handelsgesellschaft als persönlich haftende Gesellschafterin beteiligt war.

H. Was muß man zur Gründung einer Firma tun?

überläßt, kann man einer Firma ohne diesen ausdrücklichen Zusatz nicht ansehen, ob es sich um eine offene Handelsgesellschaft oder um eine Kommanditgesellschaft handelt. Also eine Firma „Müller & Co." beispielsweise könnte sowohl von einer offenen Handelsgesellschaft als auch von einer Kommanditgesellschaft geführt werden.

c) Firmenzusätze

209 Auch für die offene Handelsgesellschaft gilt die Vorschrift des § 18 Abs. 2 HGB entsprechend. Der Firma dürfen also Zusätze, die zur Unterscheidung der Personen oder des Geschäftes dienen, beigefügt werden, nicht dagegen Zusätze, die geeignet sind, Täuschungen über die Art oder den Umfang des Geschäftes oder über die Verhältnisse der Geschäftsinhaber herbeizuführen. Im einzelnen wird auf die entsprechenden Ausführungen unter den Randnrn. 134 ff. und 345 ff. verwiesen.

d) Deutliche Unterscheidbarkeit der Firma

210 Vgl. Randnrn. 145 bis 148.

e) Die Aufgabe des Registergerichtes

211 Vgl. Randnrn. 149 ff.

f) Die Mitwirkung der Organe des Handelsstandes, des Handwerksstandes und des land- und forstwirtschaftlichen Berufsstandes bei der Handelsregistereintragung

212 Vgl. Randnrn. 159 ff.

g) Das Auftreten im Geschäftsverkehr

213 Vgl. Randnrn. 176 ff.

Offene Handelsgesellschaften, die eine offene Verkaufsstelle, eine Gast- oder Schankwirtschaft betreiben oder eine sonstige offene Betriebsstätte unterhalten, haben die Firma an der Außenseite des Geschäftslokals anzubringen. Gehen aus der Firma die Vor- und Familiennamen aller Gesellschafter hervor – was in der Regel nicht der Fall ist –, so ersetzt die Anbringung der Firma die nach § 15 a Abs. 1 und 4 GewO vorgeschriebene Anbringung des Vor- und Familiennamens von mindestens zwei Gesellschaftern. Andernfalls sind außer der Firma die Vor- und Familiennamen von zwei Gesellschaftern mit einem das Vorhandensein weiterer Beteiligter andeutenden Zusatz anzubringen (§ 15 a Abs. 3 und 4 GewO; vgl. Randnr. 193).

Diese Bestimmungen gelten entsprechend für die Aufstellung von Automaten als selbständiges Gewerbe (§§ 15 a Abs. 5, 14 Abs. 3 GewO) und für den Betrieb einer Spielhalle oder eines ähnlichen Unternehmens (§ 15 a Abs. 2 GewO).

Besteht die offene Handelsgesellschaft n u r aus juristischen Personen, so müssen nach dem neu eingefügten § 125 a HGB – in Anlehnung an die Vorschrift des § 35 a GmbHG für Gesellschaften mit beschränkter Haftung (sinngemäß ebenso § 80 AktG) – ihren Geschäftsbriefen Rechtsform, Sitz, Registergericht und Registernummer sowie die Firmen der Gesellschafter zu entnehmen sein. Zusätzlich sind die für diese Gesellschafter nach den §§ 35 a GmbHG bzw. 80 AktG vorgeschriebenen Angaben aufzunehmen.

III. Die Gründung der Kommanditgesellschaft

Die Kommanditgesellschaft ist eine Personengesellschaft, deren Zweck auf den Betrieb eines vollkaufmännischen Handelsgewerbes unter gemeinschaftlicher Firma gerichtet ist[183]. Bei einem Gesellschafter oder bei einigen Gesellschaftern muß die Haftung gegenüber den Gesellschaftsgläubigern auf den Betrag einer bestimmten Vermögenseinlage begrenzt sein (Kommanditisten), während bei dem anderen Teil der Gesellschafter eine Beschränkung der Haftung nicht stattfindet (persönlich haftende Gesellschafter oder Komplementäre), § 161 Abs. 1 HGB. Fehlt es nach Art oder Umfang der Gesellschaft an dem Erfordernis der kaufmännischen Einrichtung, ist also die Voraussetzung der Vollkaufmannseigenschaft nicht erfüllt, so liegt keine Kommanditgesellschaft vor (§ 4 Abs. 2 HGB), sondern eine Gesellschaft bürgerlichen Rechtes (§§ 705 ff. BGB). Die Begrenzung der Haftung eines Teiles der Gesellschafter hat dann allenfalls im Innenverhältnis Bedeutung, Dritten gegenüber ist sie aber wirkungslos.

214

Die Kommanditgesellschaft ist eine Abart der offenen Handelsgesellschaft; daher sind auf sie – von gewissen Ausnahmen abgesehen – die gesetzlichen Vorschriften über die offene Handelsgesellschaft anzuwenden (§ 161 Abs. 2 HGB). Der Unterschied zwischen beiden Rechtsformen liegt lediglich in der Haftungsbeschränkung des oder der Kommanditisten (§ 171 Abs. 1 HGB). Daher kann, was die Rechtsstellung

---

183 Vgl. Heidelberger Musterverträge, Heft 9: Die Kommanditgesellschaft, Heft 56: Die GmbH & Co. KG; siehe auch Fußnote 218.

H. Was muß man zur Gründung einer Firma tun?

der Kommanditgesellschaft anbetrifft, Bezug genommen werden auf die entsprechenden Ausführungen bei der offenen Handelsgesellschaft (vgl. Randnrn. 180 ff.)[184].

Auch die Kommanditgesellschaft erfordert mindestens zwei Gesellschafter, nämlich einen, der den Gläubigern gegenüber für die Gesellschaftsschulden unmittelbar und unbeschränkt mit seinem gesamten Vermögen (Privat- und Gesellschaftsvermögen) haftet und einen, der nur mit seiner Einlage für die Verpflichtungen der Gesellschaft einsteht.

Diese Einlage – über ihre Höhe enthält das Gesetz keine Vorschrift – kann in Geld oder in Sachwerten geleistet, muß aber in einem Geldbetrag ausgedrückt werden. Die Zahl der persönlich haftenden Gesellschafter oder der Kommanditisten ist nicht begrenzt.

215 Sowohl die persönlich haftenden Gesellschafter als auch die Kommanditisten können natürliche oder juristische Personen sein[185]. Typisches Beispiel ist die „GmbH & Co KG" – eine Kommanditgesellschaft mit einer GmbH (juristische Person) als persönlich haftender Gesellschafterin (vgl. Randnummern 233 ff.).

216 Ausländische juristische Personen können sich ebenfalls als persönlich haftende Gesellschafter an einer Kommanditgesellschaft beteiligen[186]. Sie bedürfen jedoch der Genehmigung nach § 12 GewO; für juristische Personen, die einem Mitgliedstaat der EG angehören, erübrigt sich diese Genehmigung (§ 12 a GewO). Eine Beteiligung als Kommanditistin ist in jedem Falle ohne Genehmigung möglich.

217 Auch eine offene Handelsgesellschaft oder eine Kommanditgesellschaft kann Gesellschafterin einer Kommanditgesellschaft sein[187].

1. Die gewerbepolizeiliche Anzeige

218 Das Unternehmen der Kommanditgesellschaft setzt immer einen Gewerbebetrieb voraus (vgl. Randnrn. 4 ff.). Der Beginn des Gewerbes ist – unabhängig von seiner Größe – der für den betreffenden Ort zuständi-

---

184 Allerdings bestehen Ausnahmen; so ist beispielsweise der Betrieb einer Apotheke als Gesellschaft der BGB-Gesellschaft und der offenen Handelsgesellschaft vorbehalten; die Rechtsform der Kommanditgesellschaft ist also – wie auch die der GmbH – für Apotheken unzulässig (§ 8 Satz 1 des Gesetzes über das Apothekenwesen vom 20. 8. 1960, BGBl. I S. 697, zuletzt geändert durch Gesetz vom 4. 8. 1980, BGBl. I S. 1142).
185 Vgl. Fußnote 170.
186 Vgl. Fußnote 171.
187 Vgl. Fußnote 170; ferner *OLG Neustadt a. d. W.*, 24. 3. 1964, NJW 1964 S. 1376.

III. Die Gründung der Kommanditgesellschaft

gen Behörde (Gewerbepolizei) anzuzeigen, sofern es sich um ein sogenanntes stehendes Gewerbe handelt (§ 14 GewO).
Die Anzeige nach § 14 GewO ist von allen Gesellschaftern, also auch von den Kommanditisten, zu erstatten.
Auf die Ausführungen unter den Randnrn. 83 ff. und 189 ff. wird verwiesen. Ist eine persönliche Genehmigung für das Betreiben eines bestimmten Gewerbes erforderlich – vgl. Randnrn. 93 ff. –, so bedürfen nur die persönlich haftenden Gesellschafter dieser Genehmigung, da die Kommanditisten zur Vertretung der Gesellschaft nicht ermächtigt sind (§ 170 HGB). Ob alle persönlich haftenden Gesellschafter die Genehmigung benötigen, hängt vom Einzelfall ab (vgl. Randnrn. 191, 192).

Auch für die Kennzeichnung einer offenen Verkaufsstelle oder einer Gast- oder Schankwirtschaft, sowie für das Auftreten im rechtsgeschäftlichen Verkehr gilt das unter den Randnrn. 193 ff. Ausgeführte, da beim Fehlen der Vollkaufmannseigenschaft gar keine nach außen wirksame Kommanditgesellschaft vorliegt, sondern eine Gesellschaft des bürgerlichen Rechtes (zu unterscheiden von dem Fall, daß zwar die Vollkaufmannseigenschaft vorliegt, aber eine Eintragung der Firma ins Handelsregister unterblieben ist; vgl. Randnrn. 72 ff. und vor allem 222). **219**

2. Die Anmeldung bei der Steuerbehörde

Auf die Ausführungen unter den Randnrn. 116 und 196 wird verwiesen. **220**

3. Die Anmeldung zur Eintragung in das Handelsregister

a) Die Form der Anmeldung

Erfordert die Gesellschaft nach Art und Umfang eine kaufmännische Einrichtung (vgl. Randnr. 27), so ist sie zur Eintragung in das Handelsregister bei dem für den Sitz des Unternehmens zuständigen Amtsgericht, Registerabteilung, von s ä m t l i c h e n Gesellschaftern, also einschließlich der Kommanditisten, anzumelden. Die Anmeldung hat außer den bei der Anmeldung der offenen Handelsgesellschaft notwendigen Angaben (vgl. Randnr..197) die Bezeichnung der Kommanditisten und den Betrag der Einlage eines jeden von ihnen zu enthalten (§ 162 Abs. 1 HGB). Veröffentlicht wird aber nur die Z a h l der Kommanditisten, nicht ihr Name und nicht die Höhe der Einlage[188]. Aber auch **221**

---

188 Vgl. Fußnote 48.

H. Was muß man zur Gründung einer Firma tun?

darüber kann sich jeder Dritte durch Einsicht in das Handelsregister informieren.

Da die Kommanditisten die Gesellschaft nicht vertreten können (§ 170 HGB), wird die Firma nur von den persönlich haftenden Gesellschaftern nebst ihrer Namensunterschrift zur Aufbewahrung beim Gericht gezeichnet.

Im übrigen vgl. Randnrn. 197 ff.

222 Zu beachten ist, daß jeder Kommanditist dann **unbeschränkt** haftet, wenn die Gesellschaft mit seiner Einwilligung ihre Geschäfte begonnen hat, bevor sie in das Handelsregister beim zuständigen Gericht eingetragen ist, es sei denn, den Gläubigern war seine Beteiligung als Kommanditist bekannt (§ 176 Abs. 1 Satz 1 HGB). Das kann jedoch nur gelten, wenn die Gesellschaft ein Handelsgewerbe nach § 1 Abs. 2 HGB betreibt und nach Art und Umfang eine kaufmännische Einrichtung erfordert. Von diesem Zeitpunkt an besteht nämlich bereits die Kommanditgesellschaft; ihre Eintragung ins Handelsregister hat nur deklaratorische Bedeutung (vgl. Randnr. 16); handelt es sich aber nur um ein Gewerbe nach § 2 HGB, um ein land- oder forstwirtschaftliches Gewerbe nach § 3 Abs. 1 HGB oder um ein Nebengewerbe nach § 3 Abs. 2 HGB (vgl. Randnummern 17 bis 19), so wird die Gesellschaft erst durch die Eintragung ins Handelsregister eine Kommanditgesellschaft (konstitutive Wirkung der Eintragung). Vorher liegt eine Gesellschaft bürgerlichen Rechtes vor, die die Einrichtung des Kommanditisten, d. h. eine Haftungsbeschränkung einzelner Gesellschafter nicht kennt, welche daher auch nicht durch die Kenntnis Dritter von der gewollten – aber wirkungslosen – Gründung einer Kommanditgesellschaft herbeigeführt werden kann (§§ 4 Abs. 2, 176 Abs. 1 Satz 2 HGB)[189].

b) Wie muß die Firma lauten?

223 Die Firma der Kommanditgesellschaft muß den Namen wenigstens eines **persönlich haftenden** Gesellschafters mit einem das Vorhandensein einer Gesellschaft andeutenden Zusatz enthalten (§ 19 Abs. 2 HGB).

Mit dem Namen ist der Familienname gemeint (vgl. Randnr. 125); die Aufnahme von Vornamen in die Firma der Kommanditgesellschaft ist –

---

[189] Vgl. dazu *BGH,* 29. 11. 1971, BB 1972 S. 61; *Schmidt,* DB 1973 S. 653 und 703. Für die unbeschränkte Haftung des nicht im Handelsregister eingetragenen Kommanditisten einer „GmbH & Co. KG" gilt nichts anderes, so *BGH,* 18. 6. 1979, DB 1979 S. 2126 = NJW 1980 S. 54. Vgl. auch *BAG,* 24. 8. 1979, NJW 1980 S. 1071.

II. Die Gründung der offenen Handelsgesellschaft

im Gegensatz zur Einzelfirma – nicht notwendig, aber zulässig. Als eine Gesellschaft andeutende Zusätze kommen zum Beispiel in Betracht: „& Co.", „& Cie.", „& Partner"[190], „Gesellschaft", „KG". Aus der Firma braucht die Zahl der persönlich haftenden Gesellschafter nicht hervorzugehen, sie können aber alle aufgeführt werden. Dagegen darf der Name eines Kommanditisten n i c h t in der Firma erscheinen (§ 19 Abs. 4 HGB), auch nicht mittelbar. So ist zum Beispiel die Firmierung „Müller & Sohn" oder „Gebr. Müller" unzulässig, wenn der Sohn oder ein Bruder Kommanditist ist. Auch die Bezeichnung „Müller & Sohn KG" oder „Gebr. Müller KG" wäre in diesem Fall zu untersagen, weil sie zu der Annahme verleitet, auch der Sohn beziehungsweise alle Brüder seien persönlich haftende Gesellschafter, und es wären darüber hinaus noch Kommanditisten vorhanden[191]. Dagegen ist eine Firmierung „Müller & Partner KG" zulässig, wenn lediglich der Gesellschafter Müller persönlich haftet. Die Zusätze „& Sohn" und „& Partner" sind also nicht gleichwertig, sondern „& Partner" hat lediglich die Funktion eines ein Gesellschaftsverhältnis andeutenden Zusatzes wie etwa „& Co.". Das mag zunächst unlogisch erscheinen, ist aber bei kritischer Betrachtung gerechtfertigt: Da ein Sohn in aller Regel den Namen des Vaters oder der Mutter trägt, drückt der Zusatz „& Sohn" zwangsläufig eine Wiederholung des vorangestellten Gesellschafternamens aus. Die Aufnahme des Namens in die Firma der Kommanditgesellschaft ist aber nur zulässig, wenn sein Träger persönlich haftender Gesellschafter ist. Der Zusatz „& Partner" ist aber in seiner Aussagekraft wesentlich schwächer, allgemeiner und damit dem farblosen Zusatz „& Co." viel näher oder sogar gleichgestellt. Dieser Zusatz sagt aber nicht mehr aus, als daß noch ein oder mehrere weitere Gesellschafter – auch lediglich als Kommanditisten – vorhanden sind[192].

noch
223

Die aus den persönlich haftenden Gesellschaftern Müller und Maier und einem oder mehreren Kommanditisten bestehende Kommanditgesellschaft könnte zum Beispiel firmieren:

„Müller & Co." („Maier & Co.") oder
„Müller KG" („Maier KG") oder
„Müller & Maier & Co." oder
„Müller & Maier KG".

---

190 Vgl. Fußnote 178.
191 Vgl. dazu „Hinweise auf ein Gesellschaftsverhältnis in Firmenbezeichnungen", BB 1957 S. 835 unter 5; *OLG Hamm*, 12. 7. 1966, NJW 1966 S. 2171 mit weiteren Fundstellen.
192 Vgl. Fußnote 178.

H. Was muß man zur Gründung einer Firma tun?

Sind mehr als zwei persönlich haftende Gesellschafter vorhanden, so wäre die Firmierung „Müller & Maier KG" unzulässig, da dadurch der Eindruck erweckt wird, als ob Müller und Maier die einzigen persönlich haftenden Gesellschafter seien[193].

224 Für den Fall, daß eine juristische Person oder eine Personengesellschaft persönlich haftende Gesellschafterin der Kommanditgesellschaft ist, kann auf die Randnrn. 207 und 233 ff. verwiesen werden.

225 Da das Gesetz die Beifügung der Bezeichnung „KG" nicht vorschreibt, sondern die Wahl des Gesellschaftszusatzes den Beteiligten überläßt, kann man einer Firma ohne diesen ausdrücklichen Zusatz nicht ansehen, ob es sich um eine Kommanditgesellschaft oder um eine offene Handelsgesellschaft handelt. Also eine Firma „Müller & Co." beispielsweise könnte sowohl von einer Kommanditgesellschaft als auch von einer offenen Handelsgesellschaft geführt werden.

c) Firmenzusätze

226 Auch für die Kommanditgesellschaft gilt die Vorschrift des § 18 Abs. 2 HGB. Der Firma dürfen also Zusätze, die zur Unterscheidung der Personen oder des Geschäftes dienen, beigefügt werden, nicht dagegen Zusätze, die geeignet sind, Täuschungen über die Art oder den Umfang des Geschäftes oder über die Verhältnisse der Geschäftsinhaber herbeizuführen. Im einzelnen wird auf die entsprechenden Ausführungen unter den Randnrn. 134 ff. und 345 ff. verwiesen.

d) Deutliche Unterscheidbarkeit der Firma

227 Vgl. Randnrn. 145 bis 148.

e) Die Aufgabe des Registergerichtes

228 Vgl. Randnrn. 149 ff.

f) Die Mitwirkung der Organe des Handelsstandes, des Handwerksstandes und des land- und forstwirtschaftlichen Berufsstandes bei der Handelsregistereintragung

229 Vgl. Randnrn. 159 ff.

---

[193] A. A. *OLG Stuttgart*, 8. 12. 1972, BB-Beilage 12 zu Heft 29/1975, IV 1; vgl. aber – allerdings zur Firma einer GmbH – *BGH*, 18. 9. 1975, BB 1975 S. 1454 (Fußnote 305).

III. Die Gründung der Kommanditgesellschaft

g) Das Auftreten im Geschäftsverkehr

Vgl. Randnrn. 176 ff.

230 Kommanditgesellschaften, die eine offene Verkaufsstelle, eine Gast- oder Schankwirtschaft betreiben oder eine sonstige offene Betriebsstätte unterhalten, haben die Firma an der Außenseite des Geschäftslokals anzubringen. Gehen aus der Firma Vor- und Familiennamen des einzigen persönlich haftenden Gesellschafters oder mehrerer persönlich haftender Gesellschafter hervor – was in der Regel nicht der Fall ist –, so ersetzt die Anbringung der Firma die nach § 15 a Abs. 1 und 4 GewO vorgeschriebene Anbringung des Vor- und Familiennamens von mindestens zwei persönlich haftenden Gesellschaftern. Andernfalls ist außer der Firma der Vor- und Familienname des einzigen persönlich haftenden Gesellschafters – bei mehreren mindestens von zwei persönlich haftenden Gesellschaftern – mit einem das Vorhandensein weiterer Beteiligter andeutenden Zusatz anzubringen (§ 15 a Abs. 3 und 4 GewO; vgl. Randnr. 213).

231 Eine Kommanditgesellschaft, deren einzige persönlich haftende Gesellschafterin eine GmbH ist (vgl. Randnrn. 233 ff.), ist gemäß § 15 a GewO verpflichtet, an ihrer offenen Verkaufsstelle oder Gaststätte die Firmen b e i d e r Gesellschaften anzubringen, wenn aus der Firma der Kommanditgesellschaft nicht auch die Firma der persönlich haftenden Gesellschafterin zu ersehen ist[194]; das ist in der Regel dann der Fall, wenn gemäß § 24 HGB ein Gesellschafterwechsel vorgenommen, d. h. der bisherige persönlich haftende Gesellschafter (natürliche Person) durch eine GmbH ersetzt wird (vgl. Randnr. 256).

232 Diese Bestimmungen gelten entsprechend für die Aufstellung von Automaten als selbständiges Gewerbe (§§ 15 a Abs. 5, 14 Abs. 3 GewO) und für den Betrieb einer Spielhalle oder eines ähnlichen Unternehmens (§ 15 a Abs. 2 GewO).

4. Die GmbH & Co.

233 Zur Vermeidung von Irrtümern ist darauf hinzuweisen, daß es sich bei der vor allem in den Jahren vor der Körperschaftsteuerreform 1977[195] sehr beliebten GmbH & Co. nicht um eine besondere Gesellschaftsform, sondern lediglich um eine Unterart der Kommanditgesellschaft handelt. „GmbH & Co." deswegen, weil statt einer oder mehrerer na-

---

194 Vgl. *Bundesverwaltungsgericht,* 16. 2. 1971, BB 1971 S. 584 = DB 1971 S. 809.
195 Vgl. Randnr. 236, letzter Absatz; desgleichen die Fußnoten 199 und 200.

H. Was muß man zur Gründung einer Firma tun?

türlicher Personen einzige persönlich haftende Gesellschafterin eine GmbH ist (oder mehrere GmbH's sind).

Obwohl eine Kommanditgesellschaft mit mehreren persönlich haftenden Gesellschaftern – sofern darunter nur eine GmbH ist – und auch eine offene Handelsgesellschaft, deren eine Gesellschafterin zumindest eine GmbH ist, nach der für die Firmenbildung maßgebenden Bestimmung des § 19 Abs. 1 und 2 HGB ebenfalls als „GmbH & Co." angesprochen werden könnten, werden in der Kaufmannschaft und in der Fachsprache unter „GmbH & Co."-Unternehmen ausschließlich Kommanditgesellschaften verstanden, deren einzige persönlich haftende Gesellschafterinnen Gesellschaften mit beschränkter Haftung sind; nur eine GmbH ist sogar die Regel. Das rechtfertigt die Erörterung der GmbH & Co. innerhalb der Darstellung der KG-Gründung.

234 Da die GmbH & Co. eine Kommanditgesellschaft ist, richtet sich ihre Entstehung nach den für die Personengesellschaften geltenden Bestimmungen über die gewerbepolizeiliche, steuerliche und handelsregisterliche Anmeldung. Daraus folgt, daß die Gründung einer GmbH & Co. voraussetzt, daß das von ihr betriebene Gewerbe nach Art und Umfang eine kaufmännische Einrichtung erfordert. Sonst liegt – trotz der kraft Gesetzes bestehenden Vollkaufmannseigenschaft der persönlich haftenden GmbH – ein Kleingewerbe vor, das in der Rechtsform der Kommanditgesellschaft nicht betrieben werden kann (§ 4 Abs. 2 HGB)[196].

235 Da eine GmbH erst mit der Eintragung im Handelsregister entstanden ist, kann auch eine GmbH & Co. als solche nicht zu einem früheren Zeitpunkt als dem der Registereintragung der GmbH entstehen. Betreibt die GmbH & Co. schon vor ihrer Eintragung im Handelsregister ein Grundhandelsgewerbe nach § 1 Abs. 2 HGB in vollkaufmännischem Umfang, so fällt ihre Entstehung mit der Eintragung der GmbH in das Handelsregister zusammen (konstitutive Wirkung der Handelsregistereintragung für die GmbH, deklaratorische Wirkung für die GmbH & Co.). Übt die GmbH & Co. dagegen ein Gewerbe vollkaufmännischen Umfangs nach den §§ 2 oder 3 HGB aus, so ist der Zeitpunkt ihres Beginns als GmbH & Co. identisch mit dem Zeitpunkt ihrer Eintragung in das Handelsregister (konstitutive Wirkung der Handelsregistereintragung)[197].

---

196 Vgl. *Wessel*, BB 1970 S. 1276; a. A. *Veismann*, BB 1970 S. 1159.
197 Vgl. *OLG Oldenburg i. O.*, 31. 5. 1974 – 5 Wx 39/74; *OLG Hamm*, 16. 6. 1976, DB 1976 S. 1859.

III. Die Gründung der Kommanditgesellschaft

Wenn auch häufig steuerliche Gründe für die Errichtung einer GmbH & **236**
Co. maßgebend sind oder waren[198], so bietet sie für die Gesellschafter
aber auch haftungsrechtliche sowie organisatorische Vorteile. Denn
durch die Komplementärstellung der GmbH, deren Haftung kraft Gesetzes auf ihr eigenes Vermögen begrenzt ist, wird eine Haftungsbeschränkung der GmbH & Co.-Gesellschafter bewirkt. Sind nämlich –
was die Regel ist – die Gesellschafter der GmbH und die Kommanditisten der „GmbH & Co." identisch, so läßt sich durch ein niedriges
Stammkapital der GmbH und durch geringe Kommanditeinlagen eine
erhebliche Beschränkung des Unternehmerrisikos erreichen. Da die
Einmann-GmbH zulässig ist, läßt sich eine GmbH & Co. sogar in einer
einzigen Person, die also zugleich einzige Gesellschafterin der GmbH
und ihre einzige Kommanditistin ist, verwirklichen. Darüber hinaus ist
ein Vorzug der „GmbH & Co." gegenüber der „normalen" Kommanditgesellschaft in der organisatorischen und rechtlichen Trennung von Geschäftsführung – diese liegt bei der GmbH – und gewerblicher Tätigkeit
– diese übt die Kommanditgesellschaft aus – zu sehen. Durch diese
Möglichkeit einer elastischeren Ausgestaltung der Geschäftsleitung
kann häufig das Problem der Risikoübernahme und der Nachfolgeregelung überhaupt erst befriedigend gelöst werden. Denn häufig ist es
schwierig, wenn nicht gar unmöglich, im Falle des Todes oder sonstigen
Ausscheidens des persönlich haftenden Gesellschafters einer „normalen" Kommanditgesellschaft einen geeigneten und bereiten Nachfolger
in der Rechtsstellung des Komplementärs zu finden, um die sonst unvermeidliche Auflösung der Gesellschaft zu verhindern (§ 161 Abs. 2 i. V.
mit § 131 Ziff. 4 HGB). Diese Gefahr ist bei der GmbH & Co. wesentlich geringer. Die GmbH als persönlich haftende Gesellschafterin kann
nicht für die Gesellschafter überraschend wegfallen und somit die Auflösung der Kommanditgesellschaft zur Folge haben; der Tod eines Gesellschafters berührt nicht deren Bestand; an die Stelle des verstorbenen
Gesellschafters tritt sein Erbe. Auch das sonstige Ausscheiden eines
Gesellschafters gefährdet nicht die rechtliche Existenz der GmbH. Und
auch der Tod des Geschäftsführers, der als Organ der GmbH zugleich
der Geschäftsführer der KG (GmbH & Co.) ist, oder eine Beendigung

---

198 Vgl. dazu vor allem *Hesselmann*, BB 1964 S. 1351; *Hesselmann*, Handbuch der GmbH & Co.; *Böttcher/Beinert*, GmbH & Co.; *Buchwald/Tiefenbacher*, 1. Teil, § 12, 2. Teil, § 40, 4. Teil XIV (Vertragsmuster); ferner *Klunzinger*, DB 1973 S. 1881; *Henssler/Kormann*, BB-Beilage 11 zu Heft 34/1971; *Lüdtke-Handjery*, BB 1973 S. 68; *Mayer*, BB 1979 S. 1072. Nach statistischen Erhebungen des DIHT waren von den am 1. 1. 1977 in der Bundesrepublik insgesamt bestehenden etwa 108 000 Kommanditgesellschaften etwa 42 000 eine GmbH & Co., also fast 40%.

H. Was muß man zur Gründung einer Firma tun?

seiner Tätigkeit aus sonstigen Gründen bedeuten nicht das Ende der GmbH und auch nicht der KG. Da der Geschäftsführer nicht mit seinem eigenen Vermögen haftet, sich also vermögensrechtlich nicht mit dem Unternehmen zu identifizieren braucht – folglich auch als Angestellter der GmbH durch Kündigung leichter „austauschbar" ist –, dürfte es in der Regel weniger schwierig sein, einen Nachfolger für die Funktion eines Geschäftsführers zu finden. Zwar muß er, um ersprießlich arbeiten zu können, auch das Vertrauen der Gesellschafter haben; dieses Vertrauen muß aber nicht – so bei der „normalen" KG – zusätzlich durch enge persönliche, gesellschaftsrechtliche, vermögensrechtliche oder auch familiäre Bande gestärkt sein.

Ob die GmbH & Co. nach der Körperschaftsteuerreform 1977 ihre bisherige Bedeutung für die Praxis behalten wird, bleibt abzuwarten. Durch das Körperschaftsteuerreformgesetz[199] wird von der Veranlagung 1978 an die von der Kapitalgesellschaft zu entrichtende Körperschaftsteuer auf die Einkommensteuer der Anteilseigner angerechnet. Dank dieser steuerlichen Entlastung mag in vielen Fällen der Anreiz für die Wahl einer GmbH & Co. verloren gehen oder abnehmen; es wäre aber wahrscheinlich falsch, deshalb der GmbH & Co. überhaupt ihre Bedeutung abzusprechen, denn das Anrechnungsverfahren gilt nur für die Körperschaftsteuer, nicht aber für die Vermögen- und Erbschaftsteuer[200].

237 Zur Gründung der GmbH & Co. können zwei Wege beschritten werden, nämlich:

a) Gründung einer GmbH, anschließend Gründung der Kommanditgesellschaft, in der die GmbH die Stellung der persönlich haftenden Gesellschafterin einnimmt.

Was die Gründung der GmbH anbetrifft, so kann auf die Randnummern 264 ff. verwiesen werden. Da die GmbH & Co. eine Kommanditgesellschaft ist, gilt für ihre Firmenbildung auch § 19 Abs. 2 HGB, wonach die Firma der Kommanditgesellschaft aus dem Namen mindestens eines persönlich haftenden Gesellschafters mit einem „ein Gesell-

---

[199] Vom 31. 8. 1976 (KStG 1977), BGBl. I S. 2597.
[200] Vgl. dazu u. a. *Barth*, BB 1976 S. 992; *Pinggéra*, DB 1976 S. 1927, *Ertner*, DB 1976 S. 2313; *Felix*, Blick durch die Wirtschaft vom 18. 10. 1976; *Stehle*, DStR 1977 S. 13 ff.; siehe auch Fußnote 198; *Simon*, NJW 1978 S. 682; *Böttcher/Beinert/Hennerkes/Binz*, S. 329 ff.; siehe auch Fußnote 198. Unverkennbar sind seit 1978 GmbH & Co. – Gründungen bzw. Umwandlungen „normaler" Kommanditgesellschaften in die Form der GmbH & Co. zurückgegangen.

III. Die Gründung der Kommanditgesellschaft

schaftsverhältnis andeutenden Zusatz" zu bilden ist, d. h. die Firma der GmbH & Co. muß aus dem Namen der GmbH (persönlich haftende Gesellschafterin), zu dem der kraft Gesetzes notwendige Zusatz „mit beschränkter Haftung" gehört (§ 4 Abs. 2 GmbHG), und einem w e i t e r e n Gesellschaftszusatz bestehen, der sie als Personengesellschaft ausweist.

Obwohl die Firma der GmbH in der Firma der GmbH & Co. wörtlich erscheinen muß[201], genügt – falls „Gesellschaft mit beschränkter Haftung" in der Firma der GmbH ausgeschrieben ist – in der Firma der GmbH & Co. die Verwendung der abgekürzten Schreibweise „GmbH"[202]. **238**

Der das Vorliegen einer Kommanditgesellschaft (GmbH & Co.) andeutende Zusatz ist in aller Regel „& Co.", so daß der gesamte Gesellschaftszusatz „GmbH & Co." der übliche und eindeutige Hinweis auf eine Kommanditgesellschaft mit einer GmbH als einziger persönlich haftender Gesellschafterin ist[203].

Kann auch ein anderer Zusatz als „& Co." im Anschluß an den Firmennamen der GmbH gewählt werden? Denn § 19 Abs. 2 HGB spricht lediglich von einem „ein Gesellschaftsverhältnis andeutenden Zusatz". Und ergänzend ist Absatz 5 dieser Vorschrift[204] zu entnehmen, daß die Firma einer Kommanditgesellschaft o h n e natürliche Person als persönlich haftende Gesellschafterin eine Bezeichnung enthalten muß, „welche die Haftungsbeschränkung kennzeichnet". **239**

Nach dem Inhalt dieser Firmierungsvorschrift ist also der Zusatz „& Co." nicht zwingend. Wäre etwa als Zusatz auch „KG" oder – ausgeschrieben – „Kommanditgesellschaft" möglich? Diese Rechtsformhinweise würden sogar das Unternehmen nicht nur als Personengesellschaft (oHG oder KG), sondern sogar konkret als Kommanditgesellschaft bezeichnen. Und dennoch wäre als Firma einer GmbH & Co. eine

---

201 Ist beispielsweise der Vorname in der Personenfirma einer GmbH ausgeschrieben, so darf er in der Firma der GmbH & Co. nicht abgekürzt werden, *LG Bielefeld*, 7. 9. 1978 – 13 T 12/78.
202 *LG Hamburg*, 19. 9. 1972, BB-Beilage 12 zu Heft 29/1975, IV 8. Zur Berechtigung der abgekürzten Schreibweise „mbH" und auch ihrer Eintragung im Handelsregister bei der Firma der GmbH vgl. Randnr. 316.
203 Vgl. aus dem neueren Schrifttum u. a. *Gustavus*, Veröffentlichungen der Fachhochschule für Verwaltung und Rechtspflege, Berlin, Heft 9/1977; *Bokelmann*, GmbHR 1979 S. 265; *Beinert/Hennerkes/Binz*, BB 1979 S. 299 mit Hinweisen auf die Rechtsprechung; siehe auch Randnrn. 239 und 261.
204 Vgl. Randnr. 261 und Fußnote 236.

H. Was muß man zur Gründung einer Firma tun?

Bezeichnung „Müller GmbH KG" bzw. „Müller GmbH Kommanditgesellschaft" unzulässig, da für den Verkehr nicht mehr eindeutig die tatsächliche Rechtsform erkennbar wäre. Wer mit der Konstruktion der GmbH & Co. nicht vertraut ist, hätte dann kaum eine klare Vorstellung, ob er es mit einer GmbH oder mit einer Kommanditgesellschaft zu tun hat. Die Aufeinanderfolge zweier Gesellschaftshinweise ist also geeignet, eine gewisse Verwirrung hervorzurufen und verstößt damit gegen den Grundsatz der Firmenklarheit[205].

240 Als unklar und damit täuschungsgeeignet sind auch Kombinationen von Gesellschaftszusätzen anzusehen, die den Eindruck erwecken können, neben der GmbH seien auch noch weitere Gesellschafter persönlich haftend. Das gilt für Zusätze wie zum Beispiel „X KG GmbH & Co." oder „X & Cie. GmbH & Co."[206], aber auch für die Trennung zweier Gesellschaftszusätze durch ein Komma, durch einen Bindestrich sowie durch einen Sachbegriff, also „X KG, GmbH & Co." bzw. „X & Y KG – GmbH & Co."[207] sowie „X KG Elektrotechnik GmbH & Co."[208], oder auch für die Anfügung des „GmbH & Co."-Zusatzes in Klammer, also „X KG (GmbH & Co.)"[209].

---

205 *BGH,* 24. 3. 1980, BB 1980 S. 853, sowie aus der früheren Rechtsprechung *OLG Hamm,* 6. 10. 1953, BB 1953 S. 989; *OLG Hamm,* 22. 7. 1966, NJW 1966 S. 2172; *BayObLG,* 23. 2. 1973, BB 1973 S. 537 = DB 1973 S. 762 = NJW 1973 S. 1845 mit weiteren Fundstellen – auch zur entgegenstehenden Meinung; *LG Berlin,* 29. 10. 1975, DB 1976 S. 41; *OLG Stuttgart,* 29. 4. 1977, BB 1977 S. 711; *OLG Stuttgart,* 13. 9. 1977, BB 1977 S. 1417; *OLG Celle,* 3. 5. 1979 – 1 Wx 3/79; ferner *LG Berlin,* 23. 11. 1971, BB 1972 S. 592.
206 So *BayObLG,* 3. 11. 1977, BB 1978 S. 14 = DB 1978 S. 579 = NJW 1978 S. 766; *OLG Oldenburg i. O.,* 24. 1. 1979, GmbHR 1979 S. 112 = RPfleger 1979 S. 139; siehe auch *BGH,* 13. 10. 1980, BB 1980 S. 1770 (Fußn. 208).
207 So *BayObLG,* 24. 1. 1978, DB 1978 S. 838 = RPfleger 1978 S. 144; *BGH,* 28. 5. 1979, BB 1979 S. 1118 = DB 1979 S. 1598 = NJW 1979 S. 1986.
208 *LG Marburg,* 5. 1. 1980 – 4 T 2/79; *OLG Hamm,* 21. 4. 1980, BB 1980 S. 796 und vor allem *BGH,* 13. 10. 1980, BB 1980 S. 1770; a. A. *OLG Frankfurt,* 10. 4. 1980, das der Auffassung ist, daß der Rechtsverkehr grundsätzlich durch vorangestellte Firmenteile nicht getäuscht werde, wenn am Ende einer Firma der als Kennzeichnung einer Personenhandelsgesellschaft mit einer GmbH als einziger persönlich haftender Gesellschafterin eingebürgerte Rechtsformzusatz „GmbH & Co." stehe („Friedrich W. & Co. Bekleidungswerk GmbH & Co."), BB 1980, S. 960 = DB 1980 S. 1208; desgl. für den in einem solchen Fall angefügten Zusatz „GmbH & Co. KG", *OLG Frankfurt,* 2. 5. 1980, BB 1980 S. 960 = DB 1980 S. 1484.
209 *LG Köln,* 10. 9. 1976, GmbHR 1977 S. 84; *BayObLG,* 20. 2. 1978, BB 1979 S. 185 = Rpfleger 1978 S. 219; *OLG Hamm,* 21. 4. 1980, BB 1980 S. 796 = DB 1980 S. 2081.

III. Die Gründung der Kommanditgesellschaft

Der Kritik an solchen Firmenzusätzen liegt übereinstimmend die Auffassung zugrunde, daß dem Gebot der Firmenklarheit nur ein solcher Zusatz genügt, der wirklich unmißverständlich auf eine Kommanditgesellschaft mit einer GmbH als einziger Komplementärin hinweist. Das ist bei der eingeführten Bezeichnung „GmbH & Co." selbst sowie bei geringfügigen Abwandlungen wie etwa „GmbH & Cie." der Fall, aber bei einer Kombination der Begriffe „KG" und „GmbH & Co." nur dann zu bejahen, wenn der Gesellschaftszusatz „GmbH & Co." nicht unterbrochen wird[210] und wenn der KG-Zusatz nachfolgt, also die Reihenfolge „GmbH & Co. KG" gewählt wird. Als zulässig ist jedoch eine Unterbrechung beider Rechtsformzusätze durch einen Sachbegriff – als Unterscheidungsmerkmal gemäß § 30 HGB – anzusehen wie etwa „X GmbH & Co. Vertriebsgesellschaft KG" oder „X GmbH & Co. Holzbau KG"[211]. 241

Entscheidend ist, ob der Gesamtzusatz, der das Unternehmen als Kommanditgesellschaft mit einer GmbH als einziger persönlich haftender Gesellschafterin ausweist, der eingebürgerten Bezeichnung „GmbH & Co." so ähnlich ist, daß Täuschungen ausgeschlossen sind. Da es dabei auf die Verkehrsauffassung und deren Entwicklung ankommt, ist es zu begrüßen, daß der Gesetzgeber in § 19 Abs. 5 HGB auf eine Aufzählung zulässiger Gesellschaftszusätze verzichtet, sondern sich auf die Bedingung beschränkt hat, daß der Zusatz die Haftungsbeschränkung kennzeichnen muß.

Die nach dem Wortlaut des § 19 Abs. 2 HGB notwendige Aufnahme des vollen Namens der GmbH in die Firma der GmbH & Co. – und zwar ohne Unterschied, ob die GmbH eine Personen-, Sach- oder eine gemischte Firma führt – ergibt häufig bei der Firmenbildung der GmbH & Co. Schwierigkeiten, und zwar in zweierlei Hinsicht: 242

aa) Ist beispielsweise der ausschließliche Gegenstand der GmbH „die Verwaltung anderer Unternehmen" (oder „die Geschäftsführung 243

---

210 Während für eine GmbH eine Firmierung „Gloria GmbH Maier & Müller" zulässig wäre (Personenfirma mit einem vorangestellten Phantasiezusatz), würde für den allgemeinen Verkehr kaum mehr mit der notwendigen Klarheit erkennbar sein, daß es sich bei einer Firma „Gloria GmbH Maier & Müller & Co." um eine „GmbH & Co." handelt; dem Erfordernis des § 19 Abs. 5 HGB, die Haftungsbeschränkung zu kennzeichnen, wäre kaum genügt.
211 So *BayObLG*, 23. 2. 1973, BB 1973 S. 537 = NJW 1973 S. 1845 und die häufige Praxis; ebenso *BGH*, 24. 3. 1980, BB 1980 S. 853 = DB 1980 S. 1788 = NJW 1980 S. 2084; – im Gegensatz zur Vorinstanz *(OLG Bremen)*, die als Firmierung „X GmbH Holzbau KG", also ohne „& Co." genügen lassen wollte.

H. Was muß man zur Gründung einer Firma tun?

anderer Unternehmen" oder „die Beteiligung an anderen Unternehmen") und wird – was erfahrungsgemäß der Fall ist – der Sachfirma der Vorzug gegeben, so muß im Namen der GmbH der Begriff „Verwaltung" (oder „Geschäftsführung" oder „Beteiligung") enthalten sein[212]. Die Firma der GmbH könnte also etwa lauten „Primus Verwaltungsgesellschaft mbH", wobei „Primus" lediglich ein Phantasiezusatz ist. Da nach dem Wortlaut des § 19 Abs. 2 HGB dieser Firmenname der GmbH auch in der Firma der GmbH & Co. enthalten sein muß, müßte diese – von einem eventuellen weiteren Zusatz hier einmal abgesehen (vgl. dazu im folgenden unter b, Randnrn. 256 ff.) – lauten „Primus Verwaltungsgesellschaft mbH & Co.". Diese Firma wäre aber irreführend, denn sie erweckt den Eindruck, als ob auch die GmbH & Co. ein bloßes Verwaltungsunternehmen sei. Selbst ein ergänzender Zusatz aus der Tätigkeit der Kommanditgesellschaft würde die notwendige Klarheit nicht schaffen und damit auch die Unzulässigkeit nicht beseitigen.

Betreibt die Kommanditgesellschaft zum Beispiel einen geographischen Verlag, so wäre eine Firma „Primus Verwaltungsgesellschaft mbH & Co. Geographischer Verlag" zwar formal richtig gebildet, aber dennoch unpraktikabel, denn sie würde dahin verstanden werden können, daß das Unternehmen der Kommanditgesellschaft sich entweder mit einer Verwaltungs- oder mit einer Verlagstätigkeit oder auch mit beidem befaßt. Mangels Klarheit wäre diese Firmierung daher abzulehnen.

244 Dieses Dilemma läßt sich – jedenfalls nach der bisher nahezu einhellig vertretenen Auffassung – nur vermeiden, indem entweder für die GmbH eine Personenfirma gewählt oder der Gegenstand der GmbH so erweitert wird, daß nicht die „Verwaltung" (oder „Geschäftsführung" oder „Beteiligung") ihr ausschließlicher Gegenstand ist und somit dieser Begriff in ihrer Firma und damit auch in der Firma der GmbH & Co. entfallen kann. Denn es brauchen keineswegs sämtliche nach der Satzung möglichen Tätigkeiten der Gesellschaft in ihrem Firmennamen zum Ausdruck zu kommen (vgl. Randnr. 301).

---

212 Zu den an die Formulierung des Unternehmensgegenstandes der GmbH zu stellenden Anforderungen vgl. *OLG Hamburg*, 18. 9. 1967, BB 1968 S. 267; *OLG Düsseldorf*, 13. 1. 1970, BB 1970 S. 188 = NJW 1970 S. 815; siehe dazu auch Randnrn. 280 und 281.

III. Die Gründung der Kommanditgesellschaft

Beispiele:

α Lautet die Firma der GmbH „Müller GmbH" (Personenfirma), so könnte die einen geographischen Verlag betreibende Kommanditgesellschaft „Müller GmbH & Co. Geographischer Verlag" firmieren.

β Ist der Gegenstand des Unternehmens der GmbH beispielsweise „das Betreiben eines geographischen Verlags und aller damit zusammenhängender Geschäfte sowie die Verwaltung anderer Unternehmen der Verlagsbranche", so könnte sie durchaus „Primus Geographischer Verlag GmbH" firmieren; die Verwaltungstätigkeit braucht also nicht auch noch im Firmennamen zum Ausdruck zu kommen. Die Firma der GmbH & Co. könnte dann „Primus Geographischer Verlag GmbH & Co." lauten, wobei dieser Firma – falls der Sitz der Kommanditgesellschaft mit dem der GmbH übereinstimmt – gemäß § 30 HGB noch ein weiterer Zusatz anzufügen wäre, etwa „Primus Geographischer Verlag GmbH & Co. Landkarten KG" (vgl. Randnr. 248).

Der angedeutete Weg einer weiten Fassung des Unternehmensgegenstandes der GmbH, wodurch eine sinnvolle Firmierung der GmbH und damit auch der GmbH & Co. ermöglicht wird, läßt sich damit rechtfertigen, daß der satzungsgemäße Gegenstand des Unternehmens einer GmbH gewissermaßen deren Programm darstellt, das nicht sogleich verwirklicht werden muß, auf dessen Durchführung sich jedoch im Innenverhältnis der Handlungsbereich der Geschäftsführung bezieht – so weit geht also ihre von den Gesellschaftern erteilte Vollmacht – und das nach außen erkennen lassen muß, welchem Sachbereich des Handelsverkehrs das Unternehmen zugeordnet ist (vgl. dazu Randnr. 280). Dennoch ist diese Lösung unbefriedigend, da sie vom gewünschten Ergebnis her zu einer Konstruktion nötigt, die zwar rechtlich vertretbar ist, aber eben doch „konstruiert" wirkt.

245

Um allzulange Firmennamen zu vermeiden, bietet sich auch die Möglichkeit einer möglichst knappen Firmierung der GmbH an, im vorliegenden Beispielsfall etwa „Geographischer Verlag GmbH"; die Phantasiebezeichnung „Primus" kann man als Unterscheidungszusatz für die Firma der Kommanditgesellschaft aufheben, die dann „Primus Geographischer Verlag GmbH & Co." lauten würde.

246

Diese Lösung ist jedoch nur dann möglich, wenn man die Notwendigkeit eines individualisierenden Zusatzes zu Gattungsbezeichnungen als Fir-

H. Was muß man zur Gründung einer Firma tun?

mennamen ablehnt; die Anhänger der Gegenmeinung dagegen, die mehrheitlich vertreten wird, würden eine Firma „Geographischer Verlag GmbH" nicht zulassen, sondern bereits für die Firma der GmbH einen Individualisierungszusatz wie etwa „Primus" verlangen, was dann zwangsläufig zu einer langen und mitunter schwerfälligen Firmierung der GmbH & Co. führt (zur Frage des Individualisierungszusatzes siehe Randnr. 307).

247 Nicht überzeugend ist die im Schrifttum und vom OLG Köln vertretene Auffassung, daß die Sachfirma – oder gemischte Firma – einer Komplementär-GmbH dann aus dem Gegenstand der Kommanditgesellschaft (GmbH & Co.) abgeleitet werden darf, wenn in den Gesellschaftsvertrag aufgenommen worden ist, daß Gegenstand des Unternehmens der GmbH die Führung der Geschäfte der Kommanditgesellschaft sein soll und ihr lediglich gestattet ist, sich an gleichartigen oder ähnlichen Unternehmen zu beteiligen bzw. deren Geschäfte zu führen[213].

Beispiel:

Der Gegenstand des Unternehmens der GmbH lautet: „Geschäftsführung und Verwaltung einer Kommanditgesellschaft, die eine Glaserei nebst Glashandel betreibt. Die Gesellschaft ist berechtigt, sich an gleichartigen oder ähnlichen Unternehmen zu beteiligen und deren Geschäftsführung zu übernehmen."

In einem solchen Fall soll die Firma der GmbH – o h n e Hinweis auf ihre bloße Verwaltungs- oder Geschäftsführungstätigkeit – „Verglasungs-" oder „X Verglasungs-GmbH" firmieren können. Diese Auffassung wird damit begründet, daß die GmbH als Geschäftsführerin der Kommanditgesellschaft d e r e n Geschäfte betreibt, wenn auch nur mittelbar, und da diese Geschäfte auf die einer Glaserei, eines Glashandels (sowie gleichartiger oder ähnlicher Unternehmen) beschränkt seien, sei das Erfordernis der Entlehnung vom Unternehmensgegenstand auch für die GmbH erfüllt.

So bestechend diese Auffassung zunächst erscheint – würden dadurch doch in den meisten Fällen die bei der Firmierung einer GmbH & Co. entstehenden Schwierigkeiten gelöst werden können –, so ist ihr doch folgendes entgegenzuhalten: Die „Verwaltung" bzw. „Geschäftsfüh-

---

213 *Hachenburg*, § 4, Randnr. 10 mit weiteren Fundstellen; *Blumers,* BB 1977 S. 973; *OLG Köln,* 16. 10. 1978, DB 1979 S. 784.

III. Die Gründung der Kommanditgesellschaft

rung" ist weder begrifflich noch tatsächlich identisch mit der eigentlichen gewerblichen Tätigkeit, also dem Handel oder der Produktion oder den Dienstleistungen, die von der Kommanditgesellschaft betrieben bzw. erbracht werden. Andernfalls würde die aus steuerlichen oder Haftungsgründen häufig vorgenommene Aufspaltung eines Gewerbebetriebes in zwei rechtlich selbständige Unternehmen – ein Besitzunternehmen und ein Betriebsunternehmen – zur Folge haben, daß beide Unternehmen trotz ihren unterschiedlichen Aufgaben ein- und dieselbe Firma führen könnten – von der notwendigen Unterscheidung im Hinblick auf § 30 HGB einmal abgesehen. Auch müßte es dann zulässig sein, daß neben einer offenen Handelsgesellschaft oder Kommanditgesellschaft auch noch deren Geschäftsführer als Einzelunternehmen mit eigener Firma in das Handelsregister eingetragen werden könnten. Würden beide Unternehmen – die GmbH und die GmbH & Co. – so weit identifiziert, daß sie ein- und dieselbe Firma führen können, dann müßten auch Zusätze, die eine Größenaussage enthalten – wie etwa „Fabrik" oder „Werk" – in die Firma der geschäftsführenden GmbH aufgenommen werden dürfen – mit dem Ergebnis, daß dann die Existenz zweier konkurrierender Großbetriebe vorgetäuscht würde. Schließlich ist nicht einzusehen, warum das Privileg der Firmengleichheit nur einer GmbH zustehen soll, die die Verwaltung e i n e r Kommanditgesellschaft oder gleichartiger Unternehmen inne hat. Dieses Recht müßten dann GmbH's haben, die m e h r e r e Gesellschaften verwalten; das würde allerdings zu unklaren, unpraktikablen Firmierungen führen.

Die Firma der GmbH ist daher dem e i g e n e n, also dem unmittelbaren Unternehmensgegenstand zu entlehnen.

bb) Nach § 30 Abs. 1 HGB muß sich jede neue Firma von allen an demselben Orte oder in derselben Gemeinde bereits bestehenden und in das Handelsregister eingetragenen Firmen deutlich unterscheiden (Randnrn. 145-148). Diese Vorschrift gilt auch im Verhältnis zwischen GmbH und GmbH & Co.

Haben die GmbH und die GmbH & Co. andererseits ihren Sitz in v e r s c h i e d e n e n Orten bzw. Gemeinden, so entstehen bei der Wahl des Firmennamens der GmbH & Co. keine Schwierigkeiten, da dann das Erfordernis einer deutlichen Unterscheidung entfällt.

Beispiel:
Lautet die Firma der in X ansässigen persönlich haftenden GmbH

H. Was muß man zur Gründung einer Firma tun?

„Müller GmbH", so genügt als Firma der Kommanditgesellschaft in Y „Müller GmbH & Co.".

249 Befinden sich jedoch – was meistens der Fall ist – beide Unternehmen am selben Ort bzw. in derselben Gemeinde, so genügt bei der Firma der Kommanditgesellschaft der bloße Gesellschaftszusatz als Unterscheidungsmerkmal nicht[214]. Der Einwand, die GmbH als bloße Komplementärin der GmbH & Co. entfalte keine Außenwirkung, so daß also eine Verwechslungsgefahr in der Praxis unwahrscheinlich sei, ist nicht stichhaltig, denn eine solche GmbH kann jederzeit – nach Änderung ihres Gesellschaftsvertrages – selbst unmittelbar nach außen werbend tätig werden[215].

Die Hinzufügung eines weiteren Zusatzes ist daher notwendig. In Betracht kommen Phantasie- oder Sachbezeichnungen, nicht aber Personennamen, da in aller Regel einzige persönlich haftende Gesellschafterin der „GmbH & Co." die GmbH ist und nach § 19 Abs. 4 HGB die Namen anderer Personen als der persönlich haftenden Gesellschafter in die Firma der Kommanditgesellschaft nicht

---

214 Diese Frage war lange strittig, ist aber vom *BGH* (14. 7. 1966, BB 1966 S. 916) entschieden worden; vgl. dazu *Wessel,* BB 1966 S. 1327. Zwar hatte der *BGH* nur dazu Stellung zu nehmen, ob der Zusatz „& Co. KG" unterscheidungskräftig ist. Mit der die Praxis weiterhin interessierenden Frage, ob dagegen etwa der ausgeschriebene Zusatz „& Co. Kommanditgesellschaft" ausreichen würde, hatte sich das Gericht nicht auseinanderzusetzen. Nach den Entscheidungsgründen dürfte diese Frage jedoch zu verneinen sein, denn darin wird ausgeführt, daß das Publikum einem Zusatz, der lediglich die Gesellschaftsform bezeichne, erfahrungsgemäß im allgemeinen keine besondere Bedeutung beimesse; an dem Klangbild der Firma nehme ein solcher Zusatz nicht teil. Hier ist also allgemein vom „Gesellschaftszusatz", nicht aber nur vom abgekürzten Zusatz die Rede. – Den Unterscheidungscharakter des ausgeschriebenen Gesellschaftszusatzes „Kommanditgesellschaft" haben inzwischen das *OLG Hamm* (22. 7. 1966, NJW 1966 S. 2172) und das *BayObLG* (8. 11. 1968, Rechtspfleger 1969 S. 95); *OLG Frankfurt*, 15. 2. 1974, BB 1974 S. 523, *LG Kleve*, 9. 2. 1978 – 6 T 1/78; *OLG Celle*, 26. 9. 1978 – 1 Wx 2/78; *BayObLG*, 28. 9. 1979, DB 1979 S. 2313 = NJW 1980 S. 129 verneint, das *LG Wuppertal* (13. 3. 1967, BB-Beilage 10 zu Heft 34/1969, IV 2) bejaht, jedoch beschränkt auf Fälle, in denen beide Firmen bereits seit längerer Zeit nebeneinander bestehen, daß eine Verwechslung im Geschäftsverkehr tatsächlich nicht vorgekommen ist und die GmbH keine Anstalten macht, sich anders denn als persönlich haftende Gesellschafterin und Geschäftsführerin der Kommanditgesellschaft zu betätigen. Es ging also in diesem Fall nicht um eine Neueintragung, sondern um die Frage, ob eine Löschung von Amts wegen der bereits eingetragenen Firma der „GmbH & Co." erfolgen soll; vgl. dazu *Wessel*, BB 1966 S. 1327 unter 4; *Jansen*, NJW 1966 S. 1813; *Blumers*, BB 1977 S. 970.

215 So *OLG Frankfurt*, 3. 4. 1973, BB 1973 S. 676; *LG Kleve*, 9. 2. 1978 – 6 T 1/78.

III. Die Gründung der Kommanditgesellschaft

aufgenommen werden dürfen. Als solche ergänzenden Zusätze bieten sich z. B. Abkürzungen aus dem Namen der GmbH, Warenzeichen für die von der Kommanditgesellschaft vertriebenen Erzeugnisse oder weitere, der Tätigkeit der Gesellschaft entlehnte Begriffe an, wobei es gleichgültig ist, ob diese Zusätze dem Namen der GmbH vorangestellt oder hinten angefügt werden[216]. Der Unterscheidungszusatz darf jedoch nicht innerhalb der Firma der GmbH eingeschoben werden, da dadurch ein anderer als der tatsächliche Name der GmbH vorgetäuscht wird[217].

noch **249**

Beispiel:

Lautet die Firma der GmbH „Maier & Wolf GmbH", könnte die Kommanditgesellschaft als Firma etwa die Bezeichnung „MAWO Maier & Wolf GmbH & Co. KG" oder „Geographischer Verlag Maier & Wolf GmbH & Co. KG" führen.

Aus demselben Grund ist auch die Verwendung des Vornamens als Unterscheidungszusatz zur Personenfirma der persönlich haftenden GmbH abzulehnen.

Beispiel:

Die Firma der GmbH lautet „Wolf GmbH"; als Unterscheidungszusatz kann nicht der Vorname des Gesellschafters Wolf verwendet werden, da eine Firma „Karl Wolf GmbH & Co." eine irrige Vorstellung über die Firma der GmbH hervorrufen würde; jedermann würde annehmen, diese laute „Karl Wolf GmbH".

Ebenso könnte der Sachfirma einer GmbH („Primus Geographischer Verlag GmbH") ein weiterer individualisierender Tätigkeitshinweis hinzugefügt werden, so daß die Kommanditgesellschaft etwa „Primus Geographischer Verlag GmbH & Co. Landkarten"

---

216 Nicht ausreichend ist nach einer Entscheidung des *BayObLG* vom 28. 9. 1979 der Zusatz „Handelsgesellschaft" im unmittelbaren Anschluß an die Gesellschaftsbezeichnung „GmbH & Co. KG", da dieser Begriff lediglich die Vereinigung mehrerer Personen zum Betrieb eines Handelsgewerbes bedeutet, nicht aber ein Unterscheidungsmerkmal darstellt, DB 1979 S. 2315 = NJW 1980 S. 129. Keine Bedenken bestehen jedoch gegen die Anfügung des demselben Zweck dienenden Begriffes „Vertriebsgesellschaft".
217 So OLG Celle, 16. 6. 1976, BB 1976 S. 1094 = NJW 1976 S. 2021; dagegen hat das *OLG Stuttgart* durch Beschluß vom 28. 1. 1975 – 8 W 246/74 – die Einfügung des Unterscheidungszusatzes zwischen den beiden Gesellschaftsbezeichnungen „GmbH" und „& Co." zugelassen („X-Flachdachbau GmbH Filder & Co. KG").

H. Was muß man zur Gründung einer Firma tun?

oder auch „Primus Geographischer Verlag GmbH & Co. Landkarten KG" firmieren könnte, nicht aber unter Weglassung des „& Co.", also nicht „Primus Geographischer Verlag GmbH Landkarten KG", da dadurch Unklarheiten über die tatsächliche Rechtsform (handelt es sich um eine GmbH oder um eine Kommanditgesellschaft?) auftreten können[218] und die Verbindung „GmbH & Co." zum festen Begriff für diese Sonderform der Kommanditgesellschaft – mit einer GmbH als einziger persönlich haftender Gesellschafterin – geworden ist.

Um den Firmennamen der „GmbH & Co." infolge der notwendigen Hinzufügung eines Unterscheidungszusatzes nicht zu lang werden zu lassen, empfiehlt sich daher schon für die Firma der GmbH eine möglichst kurze Bezeichnung (siehe auch Randnr. 246).

Zur Vermeidung eines Unterscheidungszusatzes und damit eines unpraktikablen, langen Firmennamens der GmbH & Co. sind mehrere Wege denkbar:

250 α Für die GmbH einerseits und die GmbH & Co. andererseits werden verschiedene Sitze gewählt. Was den Sitz der GmbH & Co. anbetrifft, so ist man allerdings an den Ort gebunden, an dem sich die Verwaltung des Unternehmens befindet[219]. Eine größere Freiheit hinsichtlich der Sitzwahl besteht bei der GmbH (s. dazu Randnr. 279); außer dem Ort ihrer Verwaltung käme als Sitz etwa auch der Wohnsitz eines ihrer Gesellschafter oder ihres Geschäftsführers in Frage. Gelangt man somit zu auseinanderfallenden Sitzen der GmbH und der GmbH & Co., so erübrigt sich ein Unterscheidungszusatz nach § 30 HGB. Dasselbe gilt, wenn zwar die Kommanditgesellschaft am Sitz der GmbH gegründet und in das Handelsregister eingetragen, im unmittelbaren Anschluß daran aber der Sitz der GmbH an einen anderen Ort verlegt wird.

Ist dieser Weg nicht gangbar, so bestehen folgende Möglichkeiten:

251 β Angenommen, die GmbH heißt „Primus Geographischer Verlag GmbH". Nun wird – am selben Ort – die Kommanditgesellschaft unter der Firma „Primus Geographischer Verlag GmbH & Co." – also bewußt **ohne** einen Unterscheidungszusatz – gegründet; aber unmittelbar nach ihrer Gründung und **ehe** sie im Geschäftsverkehr auftritt, wird der Name der GmbH zum Beispiel in „Primus Verwal-

---

218 Vgl. Fußnote 205.
219 Vgl. *Baumbach/Duden,* § 161 i. V. mit § 105, Anm. 6.

III. Die Gründung der Kommanditgesellschaft

tungsgesellschaft mbH" geändert. Das Nebeneinander zweier fast gleichlautender Firmen ist zunächst unschädlich, denn eine Verwechslungsgefahr besteht erst mit der Bekanntmachung der Eintragung der Kommanditgesellschaft im Handelsregister oder ihrem Auftreten nach außen. In diesem Zeitpunkt muß aber die Firma der GmbH schon geändert sein. Dadurch sind zwei miteinander verwechselbare Firmennamen nicht mehr vorhanden. Die „GmbH & Co." kann ihre bisherige Firma beibehalten, obwohl die persönlich haftende Gesellschafterin ihren Namen geändert hat. Das folgt aus § 21 HGB. Zwar ist diese Vorschrift ursprünglich für natürliche Personen gedacht gewesen, aber dasselbe gilt schließlich für § 19 HGB, der auch unbedenklich auf die GmbH als persönlich haftende Gesellschafterin einer Personengesellschaft angewandt wird.

noch
251

Diese Lösung stellt allerdings eine bloße Konstruktion dar, um einen bestimmten, jedoch durchaus legalen Zweck zu erreichen (s. auch Randnr. 245); sie mag möglicherweise rechtlich bedenklich erscheinen, wenn sich nämlich aus irgendwelchen Gründen die Eintragung im Handelsregister und die Bekanntmachung der geänderten GmbH-Firma verzögert[220], weil es dann vorübergehend an der erforderlichen deutlichen Unterscheidbarkeit fehlt.

Rechtlich problematisch wird aber auch in diesem Fall – unter dem Gesichtspunkt des § 30 HGB – die Firmierung der GmbH & Co., wenn die Firma der GmbH – von vornherein und der Wahrheit entsprechend – „Primus Verwaltungsgesellschaft mbH" lautet. Welcher Unterscheidungszusatz dann auch gewählt wird (z. B. „PVG Primus Verwaltungs-Gesellschaft mbH & Co." oder „Primus Verwaltungsgesellschaft mbH & Co. Geographischer Verlag"), die irrige Vorstellung, daß sich auch die Kommanditgesellschaft mit einer Verwaltungstätigkeit befaßt, kann nicht ausgeschlossen werden (vgl. Randnr. 243).

Diese Folge tritt immer dann ein, wenn die GmbH & Co. eine Tätigkeit ausübt, die nichts mit dem Gegenstand zu tun hat, der in der Sach- oder gemischten Firma der namengebenden persönlich haftenden GmbH zum Ausdruck kommt.

---

220 Vgl. *OLG Frankfurt*, 15. 2. 1974, DB 1974 S. 523; a. A. *LG Stuttgart*, 24. 7. 1979 – 4 KfH T 15/79; das *LG Stuttgart* ist sogar – im Gegensatz zum *BGH*, 14. 7. 1966, zitiert in Fußnote 214, und zur herrschenden Meinung – der Auffassung, daß § 30 HGB im Verhältnis einer KG zu ihrer persönlich haftenden Gesellschafterin nicht anwendbar sei; s. auch unter Randnr. 249 und Fußnote 214.

H. Was muß man zur Gründung einer Firma tun?

In Erkenntnis dieser Sackgasse, in die man bei wortgetreuer Anwendung des § 19 Abs. 2 HGB beim Vorliegen einer Sachfirma gerät, haben Rechtsprechung und Schrifttum nach Lösungen gesucht, nämlich

252 λ Das OLG Celle hat in einer grundlegenden Entscheidung vom 16. 6. 1976[221] folgenden Weg gewiesen:

In dem zu entscheidenden Fall hat eine GmbH mit der Firma „Optika-Verwaltungsgesellschaft mbH" in einer Kommanditgesellschaft, die als Betriebsgesellschaft in der optischen Branche tätig ist, die Stellung einer persönlich haftenden Gesellschafterin eingenommen. Als Firma der Kommanditgesellschaft hat das OLG Celle „Optika-Gesellschaft mbH & Co. Kommanditgesellschaft" zugelassen, also unter Weglassung des in der Firma der GmbH & Co. täuschungsgeeigneten GmbH-Firmenbestandteils „Verwaltungs-". Diese Abweichung von § 19 Abs. 2 HGB hat das Gericht damit begründet, daß der Grundsatz der Firmenwahrheit (§ 18 Abs. 2 HGB) dem Grundsatz der Firmen- und Namensidentität (§ 19 Abs. 2 HGB) vorgehe. Der Verzicht auf einen Firmenbestandteil wie „Verwaltungs-", „Geschäftsführungs-", „Besitz-" oder „Beteiligungs-" in der Firma der GmbH & Co. sei dann gerechtfertigt, wenn die verbleibenden Firmenbestandteile den Unternehmensgegenstand der GmbH noch ausreichend kennzeichnen. Das wurde bei dem Begriff „Optika" angenommen; er zeige an, daß es sich um ein Unternehmen der optischen Branche handele.

Es ist jedoch kein Grund ersichtlich, warum sich diese Entscheidung des OLG Celle nur auf reine Sachfirmen beschränken und nicht auch auf gemischte Firmen mit dem Sachbestandteil „Verwaltungs-" o. ä. anwendbar sein soll („Müller-Verwaltungs-GmbH" ist persönlich haftende Gesellschafterin der „Müller GmbH & Co.").

253 δ Im Schrifttum wird die Auffassung vertreten, daß zwar nicht die Zusätze „GmbH & Co." oder „GmbH & Co. KG", aber doch der Zusatz „GmbH & Co. Kommanditgesellschaft" – also mit ausgeschriebenem Rechtsformzusatz – ausreichendes Unterscheidungsmerkmal gemäß § 30 HGB gegenüber der Firma der GmbH sei[222]; diese

---

[221] Beschluß vom 16. 6. 1976, BB 1976 S. 1094 (mit Anm. von *Wessel*) = NJW 1976 S. 2021; desgleichen *AG Oldenburg*, 11. 6. 1975, GmbHR 1975 S. 157. Kritisch dazu *Blumers*, BB 1977 S. 970; vgl. auch *Barfuß*, GmbHR 1977 S. 124; *Gessler*, DB 1977 S. 1397.

[222] Vgl. *Blumers*, BB 1977 S. 970.

III. Die Gründung der Kommanditgesellschaft

Auffassung hat sich allerdings in der Praxis nicht durchgesetzt, vor allem angesichts der Entscheidung des Bundesgerichtshofes vom 14. 7. 1966, wonach grundsätzlich ein Gesellschaftszusatz zur Unterscheidung zweier sonst gleichlautender Firmen nicht ausreicht[223].

Σ Noch weiter geht die Meinung, § 30 HGB finde im Verhältnis zwischen der Firma einer Kommanditgesellschaft und der ihrer persönlich haftenden GmbH überhaupt keine Anwendung[224], weil nämlich die GmbH nach außen gar nicht in Erscheinung trete und somit die Möglichkeit von Verwechslungen ausscheide. Dieser Weg erscheint allerdings nicht gangbar, da jederzeit durch Gesellschafterbeschluß der Unternehmensgegenstand der GmbH geändert werden kann[225] und auch ohne diese Voraussetzung eine gewisse Außenwirkung der Tätigkeit der GmbH nicht zu vermeiden ist, beispielsweise beim Geschäftsverkehr mit Behörden.   254

Die unter λ erwähnte Entscheidung des OLG Celle vom 16. 6. 1976 hat sich in der Praxis mehr und mehr durchgesetzt; sie vermeidet die mit zusätzlichem Kostenaufwand verbundenen und zu demselben Ziel führenden Umwege, ohne damit die Sicherheit des rechtsgeschäftlichen Verkehrs nennenswert zu beeinträchtigen; zumindest wäre diese Beeinträchtigung geringer, als sie von unserem Firmenrecht in anderen Fällen kraft Gesetzes in Kauf genommen wird. Allerdings beschränkt diese Lösung sich ausdrücklich auf diejenigen Fälle, in denen der Name der GmbH als Firmenbestandteil einen Begriff wie „Verwaltungs-" o. ä. enthält, in denen also die GmbH eigens zu dem Zweck gegründet worden ist, die Aufgaben einer persönlich haftenden Gesellschafterin in einer Kommanditgesellschaft zu übernehmen.   255

Führt dagegen die Firma der GmbH einen anderen Sachbestandteil, der in der Firma der GmbH & Co. über deren Tätigkeit zur Täuschung geeignet ist, so kann dieser täuschungsgeeignete Sachbestandteil in der Firma der GmbH & Co. nicht einfach weggelassen werden. Dieser Fall wird von dem Ausnahmecharakter der Entscheidung des OLG Celle nicht umfaßt; das würde sonst eine völlige Negierung des § 19 Abs. 2

---

223 Vgl. Randnr. 249 und Fußnote 214; siehe auch dort die Entscheidungen zum ausgeschriebenen Begriff „Kommanditgesellschaft".
224 So *Veismann*, DB 1966 S. 529; *LG Stuttgart*, 24. 7. 1979 – 4 KfHT 15/79.
225 Vgl. *OLG Frankfurt*, 3. 4. 1973, zitiert in Fußnote 215.

H. Was muß man zur Gründung einer Firma tun?

HGB bedeuten. Vielmehr ist dann eine vorherige Änderung der GmbH-Firma erforderlich[226].

256 b) Zu einer GmbH kann man auch auf dem Weg über ein Einzelunternehmen oder über eine zunächst mit einer natürlichen Person als persönlich haftender Gesellschafterin gegründete Kommanditgesellschaft gelangen. Dieser Weg über die „abgeleitete Firma"[227] war sogar in den letzen Jahren der in der Praxis häufigere, da viele, allerdings mit anderer Rechtsform bereits bestehende Unternehmen die Vorteile der GmbH & Co. in Anspruch nehmen wollten. Folgendes Vorgehen bot sich an:

Im einen Fall wurde zunächst ein Einzelunternehmen – die Vollkaufmannseigenschaft unterstellt – gegründet. Ein solches Unternehmen kann zu einem beliebigen späteren Zeitpunkt durch die Aufnahme eines lediglich mit einer bestimmten Einlage haftenden Gesellschafters in eine Kommanditgesellschaft umgewandelt werden, und zwar – nach dem Wortlaut des § 24 HGB – unter unveränderter Beibehaltung des bisherigen Firmennamens (vgl. Randnr. 426).

Im Anschluß an die Gründung des Einzelunternehmens trat eine zum Zweck der Übernahme der Geschäftsführung gegründete GmbH als persönlich haftende Gesellschafterin in die Kommanditgesellschaft ein, der bisherige Komplementär trat aus – auch wieder gemäß § 24 HGB unter unveränderter Beibehaltung des bisherigen Firmennamens.

Beispiel:

Karl Müller gründete ein vollkaufmännisches Einzelunternehmen und wurde unter der Firma „Karl Müller" in das Handelsregister eingetragen (§ 18 Abs. 1 HGB). Er nahm nunmehr Herrn Maier als Kommanditisten auf; die Firma „Karl Müller" konnte unverändert, obwohl das Unternehmen nunmehr eine Kommanditgesellschaft geworden war, also ohne Aufnahme eines entsprechenden Gesellschaftszusatzes beibehalten werden. Dann schied Karl Müller als persönlich haftender Ge-

---

226 So *BayObLG*, 3. 10. 1972, DB 1973 S. 174 = NJW 1973 S. 371; die Firma der GmbH lautete „. . . Kleiderfabrik", Gegenstand der GmbH & Co. war jedoch der Vertrieb von Kleidungsstücken und Textilien aller Art im Einzelhandel, weshalb sie den weiteren Zusatz „Bekleidungshaus" wählte. Das Gericht führte dazu aus: „Ist die Firma der einzigen Komplementärin aus Gründen des § 18 Abs. 2 HGB mit dem von der Kommanditgesellschaft betriebenen Handelsgewerbe nicht vereinbar, so muß sie entsprechend geändert werden. Denn die Komplementärin ist nicht gezwungen, das Wort „Kleiderfabrik" in ihrer eigenen Firma beizubehalten."
227 Siehe dazu unter K, Randnrn. 421 ff.

III. Die Gründung der Kommanditgesellschaft

sellschafter aus; an seine Stelle trat eine zu diesem Zwecke gegründete Verwaltungs-GmbH. Auch dieser Gesellschafterwechsel konnte nach dem Wortlaut des § 24 HGB erfolgen, ohne die Firma „Karl Müller" zu ändern. Ohne Einfluß auf die Beibehaltung der bisherigen Firma ist es, ob Karl Müller anstelle des Herrn Maier oder neben diesem Kommanditist wird.

Im anderen Fall wurde von vornherein eine **Kommanditgesellschaft** mit einer natürlichen Person als persönlich haftender Gesellschafterin gegründet. Nun spielte sich der Wechsel der Komplementärin wie im ersten Fall nach Entstehung der Kommanditgesellschaft ab. Firmenrechtlich bestand der Unterschied lediglich darin, daß jetzt die ursprüngliche Firma keinen Vornamen, dafür aber einen Gesellschaftszusatz enthalten mußte (§ 19 Abs. 2 HGB). **257**

Beispiel:

Karl Müller als persönlich haftender Gesellschafter und Herr Maier als Kommanditist gründeten eine Kommanditgesellschaft unter der Firma „Müller & Co.". Wie im vorherigen Beispiel trat anstelle des Karl Müller die Verwaltungs-GmbH als persönlich haftende Gesellschafterin ein. Die Firma der Kommanditgesellschaft konnte – nach wortgetreuer Anwendung des § 24 HGB – weiterhin „Müller & Co." lauten.

Während die unter a) beschriebene ursprüngliche GmbH & Co.-Gründung das Unternehmen immer bereits an seiner Firma erkennbar als „GmbH & Co." auswies, war das bei der unter b) beschriebenen „abgeleiteten" GmbH & Co.-Gründung nicht der Fall. Gerade deswegen ist dieser zweite Weg besonders gerne wahrgenommen worden, weil sich aufgrund der Möglichkeit, die Firmierung völlig unverändert beizubehalten, der Wechsel der Gesellschafter mehr oder weniger „lautlos", d. h. unbemerkt vollziehen konnte – ein für die Erhaltung des Goodwill eines Unternehmens unschätzbarer Vorteil. Dazu kam, daß als Firmenname nur eine Personenfirma in Betracht kam, da aufgrund des Umwegs über ein Einzelunternehmen oder eine „normale" Kommanditgesellschaft Namensgeber ausschließlich eine natürliche Person sein konnte – ein Umstand, der den Eindruck verstärkte, es mit einem Unternehmen zu tun zu haben, in dem zumindest e i n e natürliche Person unbeschränkt haftet. Nur die Einsichtnahme in das Handelsregister konnte Aufschluß über die tatsächlichen Gesellschaftsverhältnisse geben. **258**

H. Was muß man zur Gründung einer Firma tun?

259 Dieses Ergebnis wurde – je nach der Interessenlage – in der Praxis nicht einhellig positiv beurteilt, weil eben häufig erst beim Versuch, eine berechtigte Forderung gegen ein vermeintliches Einzelunternehmen oder eine Kommanditgesellschaft durchzusetzen, bei der der Gläubiger eine unbeschränkt haftende natürliche Person angenommen hat, die Sonderform der GmbH & Co. mit ihren engen Haftungsgrenzen offenbar wurde.

Der Bundesgerichtshof hat daher in einem Haftungsprozeß durch Urteil vom 18. 3. 1974 festgestellt, daß eine Kommanditgesellschaft, deren persönlich haftende Gesellschafterin eine juristische Person (GmbH) ist, in entsprechender Anwendung der §§ 4 Abs. 2 GmbHG und 4 Abs. 2 AktG verpflichtet sei, ihrer Firma den Zusatz „GmbH & Co." beizufügen, daß also insoweit das durch § 24 HGB gewährte Recht zur Beibehaltung der unveränderten Firma beim Widerstreit mit dem Grundsatz der Firmenwahrheit zurückzutreten habe. Wenn der Bundesgerichtshof trotzdem im konkreten Fall eine beschränkte Haftung des betreffenden Geschäftsführers und Namensträgers kraft Rechtsscheins verneint hat, so nur deswegen, weil aufgrund der bis dahin in der Rechtspraxis vorherrschenden Handhabung ein solcher Zusatz für nicht notwendig erachtet wurde, somit auch kein rechtlich relevanter „Rechtsschein" erzeugt werden konnte[228].

Kaum eine andere höchstrichterliche Entscheidung mit firmenrechtlichen Auswirkungen ist auf so lebhaften Widerhall und auch auf so starke Kritik wie diese gestoßen, bedeutet doch ihre Durchsetzung in der Praxis, daß kein für eine GmbH & Co., die als solche nicht bereits an ihrer Firmierung erkennbar ist, handelnder Geschäftsführer oder Gesellschafter sich mit absoluter Sicherheit einer Inanspruchnahme für Schulden der GmbH & Co. entziehen kann[229].

260 Konnte man zunächst noch im Zweifel sein, ob die firmenrechtliche Praxis der Registergerichte und Beschwerdegerichte der BGH-Entscheidung vom 18. 3. 1974 folgen würde, da ihr ein Haftungsprozeß und kei-

---

228 BB 1974 S. 757 und 951 (mit Anmerkung von *Wessel*) = DB 1974 S. 1278 = NJW 1974 S. 1191. Vgl. auch *BGH*, 13. 10. 1975, BB 1976 S. 811 und *OLG Frankfurt*, 29. 3. 1977, BB 1977 S. 614; *OLG Oldenburg i. O.*, 4. 5. 1977, BB 1977 S. 864.
229 Vgl. u. a. *Lamers*, DB 1974 S. 1996; *Bokelmann*, GmbHR 1975 S. 25; *Priester*, NJW 1975 S. 238; *Bohnen*, NJW 1975 S. 528; *Jurick*, DB 1975 S. 1397; *Schmidt-Salzer*, NJW 1975 S. 1481; *Winkler*, DNotz 1975 S. 69.

III. Die Gründung der Kommanditgesellschaft

ne firmenrechtliche Auseinandersetzung zugrunde lag²³⁰, so verringerte eine weitere Entscheidung des Bundesgerichtshofes zum selben Problem, aber in einem Firmenrechtsverfahren, diese Zweifel erheblich. Durch Beschluß vom 18. 9. 1975 wurde der firmenrechtliche Inhalt der vorangegangenen Entscheidung bestätigt, nämlich: Die Firma einer Kommanditgesellschaft, die durch Eintritt einer GmbH als einzige persönlich haftende Gesellschafterin in das Handelsgeschäft eines Einzelkaufmanns entstanden ist und dessen Firma fortführt, ist unzulässig, wenn ihr kein sie als GmbH & Co. kennzeichnender Zusatz – „GmbH & Co. (oder ähnlich)" – beigefügt wird²³¹.

noch
260

Diese zweite Entscheidung hat bewirkt, daß die Registergerichte mehr und mehr dazu übergegangen sind, nicht nur bei der Umgestaltung von Einzelunternehmen und „normalen" Kommanditgesellschaften in die Form der GmbH & Co. die Anfügung des Zusatzes „GmbH & Co." (oder ähnlich, z. B. „GmbH & Co. KG") zu verlangen, sondern auch die bereits bestehenden und von dieser Rechtsprechung des Bundesge-

---

230 Anderer Ansicht als der *BGH* beispielsweise *LG Oldenburg*, 6. 5. 1975, DB 1975 S. 1217 = NJW 1976 S. 152; *LG Osnabrück*, 17. 12. 1974 – 9 HT 6/74; *LG Hagen*, 8. 4. 1975, BB 1975 S. 717; *LG Hannover*, 2. 7. 1975, DB 1975 S. 1839 = NJW 1975 S. 2104. In Übereinstimmung mit dem *BGH LG Siegen*, 10. 12. 1974, BB-Beilage 12 zu Heft 29/1975, V 3; *LG Stuttgart*, 5. 11. 1974 – 4 KfH T 19/74; *OLG Köln*, 9. 9. 1975, DB 1975 S. 2365; *LG Berlin*, 16. 4. 1975, BB 1975 S. 1278; *LG Münster*, 23. 1. 1976, BB 1976 S. 332; *OLG Hamm*, 21. 4. 1977, DB 1977 S. 1255. In den beiden zuletzt genannten Entscheidungen wird darüber hinaus die Auffassung vertreten, daß die Handelsregistereintragung des Eintritts einer GmbH anstelle einer natürlichen Person als Komplementärin n i c h t von der Anmeldung der Firmenänderung (Anfügung des Zusatzes „GmbH & Co.") abhängig gemacht werden dürfe. Ein solches Verfahren müsse dazu führen, daß eingetretene und angemeldete Veränderungen entgegen dem öffentlichen Interesse an der Kundmachung der Rechtsverhältnisse des Unternehmens aus dem Handelsregister nicht ersichtlich seien. Es ginge nicht an, das Handelsregister gewissermaßen für andere – zutreffende – Eintragungen zu sperren, bis sich das Unternehmen dem gerichtlichen Verlangen gebeugt habe. Für die notwendige Firmenänderung stünde vielmehr ausschließlich das Firmenmißbrauchsverfahren nach den §§ 37 Abs. 1 HGB, 140 FGG oder das Amtslöschungsverfahren nach § 142 FGG zur Verfügung. Wegen der gegensätzlichen Auffassung des *OLG Köln*, 9. 9. 1975, a. a. O. – ebenso auch *OLG Celle*, 28. 10. 1976 – 9 Wx 7/76 – hat das *OLG Hamm* diese Streitfrage dem *BGH* zur Entscheidung vorgelegt, der sie ebenso entschieden hat, *BGH*, 4. 7. 1977, BB 1977 S. 1221 = DB 1977 S. 1696 = NJW 1977 S. 1879. – Die aus dem genannten Beschluß des *LG Münster* vom 23. 1. 1976 und damit auch des *OLG Hamm* vom 21. 4. 1977 gezogene Folgerung, somit bestehe eine Möglichkeit, bei einer stufenweisen Gründung einer GmbH & Co. diesen Zusatz doch zu vermeiden – so „Blick durch die Wirtschaft" vom 20. 9. 1976 –, ist daher irrig.
231 *BGH*, 18. 9. 1975, BB 1975 S. 1547 = DB 1975 S. 2172.

H. Was muß man zur Gründung einer Firma tun?

noch 260 richtshofes betroffenen Unternehmen ihres Bezirks aufzufordern, ihre Firma entsprechend zu ändern bzw. zu ergänzen, so daß sich – was im Interesse der Rechtssicherheit zu begrüßen ist – allmählich eine einheitliche Praxis angebahnt hat, die inzwischen durch weitere Gerichtsentscheidungen noch gefestigt wurde[232]. Insbesondere hat sich der Bundesgerichtshof dabei auch zu der Frage geäußert, von wann an die Haftung kraft Rechtsscheins wegen einer Firma, die die tatsächliche Rechtsform der „GmbH & Co." nicht erkennen läßt, möglich sei; als maßgeblichen Zeitpunkt hat der Bundesgerichtshof den März 1975 angesehen. Er hat also den in Betracht kommenden Unternehmen eine „Karenzzeit" seit der grundlegenden Entscheidung vom 18. 3. 1974 (s. Randnr. 259 und Fußnote 228) eingeräumt, um sich aus der Fach- und Tagespresse über die neue Rechtslage informieren zu können[233].

Bestand also vordem eine sogenannte abgeleitete GmbH & Co. – Firma nur aus dem Namen einer natürlichen Person, so war ihm einfach der Zusatz „GmbH & Co." o. ä. anzufügen. Gehörte dagegen zur ursprünglichen Firma bereits ein Gesellschaftszusatz, so war er zu ersetzen durch „GmbH & Co." o. ä.[234].

Beispiele:

Das Unternehmen mit der ursprünglichen Firma „Karl Müller", das zur GmbH & Co. geworden war, hatte nunmehr „Karl Müller GmbH & Co." (oder mit ähnlichem Zusatz) zu firmieren.

---

232 Z. B. *BGH*, 6. 10. 1977, BB 1978 S. 1025; *BGH*, 8. 5. 1978, BB 1978 S. 1182 = DB 1978 S. 1684 = NJW 1978 S. 2030; *BGH*, 14. 5. 1979, BB 1979 S. 1060; *BayObLG*, 13. 2. 1978, DB 1978 S. 879 = Rpfleger 1978 S. 255; *BayObLG*, 13. 3. 1978, DB 1978 S. 1685; *LG Kassel*, 27. 2. 1979 – 13 T 1/79; vgl. auch *Beinert/Hennerkes/Binz*, BB 1979 S. 299.

233 Vgl. *BGH*, 8. 5. 1978 und 14. 5. 1979 (zitiert in Fußnote 232), mit kritischer Anmerkung von *Bokelmann*, der auf die Problematik einer solchen Schematisierung hinweist, NJW 1978 S. 2594.

234 Ob die durch den Eintritt einer GmbH-Komplementärin bedingte Änderung der Firma einer Kommanditgesellschaft eine wirtschaftlich bedeutungslose Firmenänderung ist und folglich die Gebühr für die Eintragung im Handelsregister nicht nach § 26 Abs. 4 i. V. mit Abs. 3 KostO berechnet wird, sondern eine ermäßigte Gebühr nach § 26 Abs. 7 KostO anfällt, ist vom *BayObLG*, 13. 2. 1978, zitiert in Fußnote 232, verneint worden, da die Änderung der Firma der Kommanditgesellschaft ihren Grund nicht allein in der Rechtsprechung des *BGH*, sondern in dem Beitritt einer GmbH als Komplementärin anstelle einer ausgeschiedenen Einzelperson habe. Dagegen ist vielfach bei „Alt"-Firmen, die lediglich aufgrund der zur Firmierung von GmbH &Co.-Unternehmen ergangenen BGH-Rechtsprechung nachträglich ihre Firma durch den „GmbH & Co."-Zusatz ergänzen mußten, von den Registergerichten nur die ermäßigte Gebühr nach § 26 Abs. 7 KostO angesetzt worden.

III. Die Gründung der Kommanditgesellschaft

Die ursprüngliche Firma der Kommanditgesellschaft lautete „Karl Müller & Co."; nach dem Eintritt einer GmbH als persönlich haftender Gesellschafterin anstelle des Herrn Müller mußte sie „Karl Müller GmbH & Co." (oder mit ähnlichem Zusatz) firmieren, nicht jedoch „Karl Müller & Co. GmbH & Co.", da die Aufeinanderfolge mehrerer Gesellschaftszusätze verwirrend wirkt[235].

Die letzten Zweifel an der Anwendbarkeit dieser Rechtsprechung sind inzwischen durch den Gesetzgeber beseitigt worden. Die Grundsätze des Bundesgerichtshofes zur Firmierung der GmbH & Co. sind in § 19 Abs. 5 HGB aufgenommen worden, der am 1. 1. 1981 in Kraft getreten ist[236]. Nunmehr ist zwingend vorgeschrieben, daß die Firma einer GmbH & Co., „auch wenn sie nach den §§ 21, 22, 24 oder nach anderen gesetzlichen Vorschriften fortgeführt wird", eine Bezeichnung enthalten muß, welche die Haftungsbeschränkung kennzeichnet. Daß der Spielraum außerhalb der eingeführten Bezeichnung „GmbH & Co." nicht groß ist, ist aus der erwähnten BGH-Rechtsprechung zu folgern. Aber denkbaren Wandlungen der Verkehrsauffassung trägt die Formulierung des § 19 Abs. 5 Satz 1 HGB Rechnung[237].

261

---

235 Mit ähnlicher Begründung hält das *LG Hof*, 27. 4. 1977 – HK T 2/76 – die Änderung der bisherigen Firma „Müller Zell KG" in „Müller Zell KG (GmbH & Co.)" für unzulässig. Zur Aufeinanderfolge mehrerer Gesellschaftszusätze vgl. Fußnote 205.
236 Vgl. Artikel 2, Ziffer 1 des Gesetzes zur Änderung des Gesetzes betreffend die Gesellschaften mit beschränkter Haftung und anderer handelsrechtlicher Vorschriften vom 4. 7. 1980, BGBl. 1980 S. 836.
237 So wird dazu im Bericht des Rechtsausschusses des Deutschen Bundestages vom 16. 4. 1980 (Drucksache 8/3908, S. 78) ausgeführt:„Wesentlich erscheint dem Rechtsausschuß dagegen, daß stets die Haftungsbeschränkung gekennzeichnet wird. In der Vielzahl der Fälle, in denen eine GmbH persönlich haftender Gesellschafter ist, soll dies wie bisher durch Verwendung einer Bezeichnung wie etwa „GmbH & Co." möglich bleiben. Zulässig sollen aber auch Bezeichnungen wie etwa „GmbH & Comp." oder „GmbH & Cie."sein. Schlechthin entscheidend sollte das Erfordernis eines das Gesellschaftsverhältnis andeutenden Zusatzes bleiben. Sofern sich aus der Bezeichnung des persönlich haftenden Gesellschafters anderer Rechtsformen als der einer GmbH die Haftungsbeschränkung nicht klar ergibt, was z. B. bei Aufnahme der Firma einer ausländischen Kapitalgesellschaft mit einer hier nicht bekannten Rechtsformbezeichnung der Fall sein kann, muß die Haftungsbeschränkung in der Firma der oHG oder KG durch einen Zusatz kenntlich gemacht werden, wie etwa beschränkt haftende offene Handelsgesellschaft bzw. Kommanditgesellschaft. Angesichts der Vielzahl der denkbaren Fälle und den sich möglicherweise wandelnden Verhältnissen soll es jedoch bei Ausschöpfung des durch die gesetzlichen Bestimmungen gegebenen weiten Rahmens der Entscheidung durch die Rechtsprechung überlassen bleiben, welche Anforderungen an die Kennzeichnung der Haftungsbeschränkung zu stellen sind."

H. Was muß man zur Gründung einer Firma tun?

Ein haftungsbeschränkender Zusatz ist allerdings dann nicht erforderlich, wenn zu den persönlich haftenden Gesellschaftern – also zusätzlich zu der GmbH – eine offene Handelsgesellschaft oder Kommanditgesellschaft gehört, bei der ein persönlich haftender Gesellschafter eine natürliche Person ist.

Der dieser Vorschrift innewohnende Vertrauensschutz erfaßt also konsequent nur die beschränkt haftende Gesellschaft außerhalb der juristischen Personen, deren Haftungsbeschränkung seit jeher kraft Gesetzes ohnehin im zwingend vorgeschriebenen Gesellschaftszusatz zum Ausdruck kommt.

262 Eine weitere Anlehnung an entsprechende Schutzvorschriften zugunsten Dritter im GmbH-Gesetz (§ 35 a GmbHG; entsprechend § 80 AktG) ist in dem gleichfalls neu eingefügten § 177 a i. V. mit § 125 a HGB zu sehen. Danach müssen – abweichend von der „normalen" KG – auf den Geschäftsbriefen einer GmbH & Co. Rechtsform, Sitz, Registergericht und Registernummer sowie die Firmen der Gesellschafter, soweit sie juristische Personen sind, angegeben sein. Zusätzlich sind bei diesen Gesellschaftern die nach § 35 a GmbHG (bzw. § 80 AktG) vorgeschriebenen Angaben aufzunehmen[238].

Diese Regelung gilt n i c h t, wenn zu den persönlich haftenden Gesellschaftern eine natürliche Person oder eine offene Handelsgesellschaft oder eine Kommanditgesellschaft mit einer natürlichen Person als persönlich haftender Gesellschafterin gehört. Von diesem Ausnahmefall abgesehen, unterliegen jedoch auch K o m m a n d i t i s t e n dieser neuen Publizierungsvorschrift des § 177 a HGB, sofern sie k e i n e natürlichen Personen sind.

263 Da auch eine Personengesellschaft Gesellschafterin einer Kommanditgesellschaft sein kann (vgl. Randnr. 215), muß auch eine GmbH & Co. ihrerseits die Stellung einer persönlich haftenden Gesellschafterin in einer anderen Kommanditgesellschaft einnehmen können[239]. Man spricht bei diesem Rechtsgebilde von der „doppelstöckigen" oder von der „dreistufigen" GmbH & Co. (doppelstöckig, weil auf die erste GmbH & Co. eine zweite „aufgestockt" wird oder dreistufig, weil die erste Stufe die GmbH, die zweite Stufe die erste GmbH & Co. und die dritte Stufe

---

238 Vgl. im einzelnen den Wortlaut des § 125 a HGB, ferner *Lutter*, DB 1980 S. 1317 ff. (1325).
239 So *Hanseatisches OLG*, 5. 12. 1968, GmbHR 1969 S. 135 = Die Aktiengesellschaft 1969 S. 259; *LG Bremen*, 3. 8. 1971, BB 1971 S. 1121.

III. Die Gründung der Kommanditgesellschaft

die zweite GmbH & Co. bedeutet, deren persönlich haftende Gesellschafterin die erste GmbH & Co. ist).

noch
263

Theoretisch ist eine solche doppelstöckige oder dreistufige GmbH & Co. sicherlich möglich; nicht so sicher ist aber, ob dieses Ergebnis in der Praxis überhaupt erzielbar ist. Denn die Entstehung einer Kommanditgesellschaft – und somit auch einer GmbH & Co. – setzt voraus, daß das betreffende Unternehmen ein Gewerbe ausübt u n d vollkaufmännischen Charakter aufweist. Gerade das ist aber bei der Konstruktion der doppelstöckigen oder dreistufigen GmbH & Co. in der Regel zu verneinen. Ist schon zweifelhaft, ob die bloße Beteiligung oder Verwaltung als Gewerbe anzusehen ist[240], so kann diese Funktion kaum die Notwendigkeit einer v o l l kaufmännischen Einrichtung begründen, denn die eigentliche Geschäftstätigkeit, die die Vollkaufmannseigenschaft rechtfertigt, liegt üblicherweise bei der Betriebs- und nicht bei der Verwaltungsgesellschaft[241].

Man kann daher allenfalls dadurch die Vollkaufmannseigenschaft der Verwaltungsgesellschaft erreichen, daß man ihr zusätzlich gewerbliche Teilaufgaben überträgt (zum Beispiel die Werbung und alle damit zusammenhängenden geschäftlichen Tätigkeiten oder die Wartung und Ergänzung des Maschinenparks der Betriebsgesellschaft u. ä.).

Die Befürworter der doppelstöckigen oder dreistufigen GmbH & Co. argumentieren dagegen formal mit der Tatsache, daß die GmbH kraft Gesetzes Handelsgesellschaft und damit zwangsläufig immer Vollkaufmann sei; folglich werde auch das Gewerbe des Vollkaufmanns (die GmbH & Co. erster Stufe) immer vollkaufmännisch betrieben. Da aber die Komplementär-GmbH & Co. als persönlich haftende Gesellschafterin das – formal ebenso zwangsläufig – vollkaufmännische Gewerbe der drittstufigen GmbH & Co. als eigenes Handelsgewerbe betreibe, so sei auch die Vollkaufmannseigenschaft dieser Kommanditgesellschaft zu bejahen[242].

Soweit ersichtlich, ist dieses Problem bisher nur in der Literatur behandelt, gerichtlich aber noch nicht entschieden worden. Allerdings dürfte es inzwischen an Bedeutung verloren haben. Denn ein wesentliches Mo-

---

240 Vgl. Randnr. 4 und die in der Fußnote 10 zitierten Rechtsprechungs- und Schrifttumshinweise; ferner *Sudhoff*, NJW 1969 S. 1825.

241 Daher die Möglichkeit der doppelstöckigen oder dreistufigen GmbH & Co. verneinend *Wessel*, BB 1970 S. 1276, *Lüdtke-Handjery*, BB 1973 S. 71; *Pfander/v. Stumm*, DB 1973 S. 2500.

242 *Böttcher/Beinert/Hennerkes/Binz*, GmbH & Co., 6. Auflage 1979; *Veismann*, BB 1970 S. 1159.

H. Was muß man zur Gründung einer Firma tun?

tiv für die Konstruktion einer doppelstöckigen GmbH & Co. war ein steuerlicher Gesichtspunkt, der weggefallen ist: Nach § 6 Abs. 1 Nr. 4 KVStG unterlagen die Kommanditanteile der Kapitalverkehrsteuer = Gesellschaftsteuer, sofern zu den persönlich haftenden Gesellschaftern eine Kapitalgesellschaft gehörte. Diese Besteuerung wurde – wenn auch nicht unbestritten – vermieden, wenn als persönlich haftende Gesellschafterin nicht eine GmbH, sondern eine Personengesellschaft, also etwa eine GmbH & Co. zwischengeschaltet wurde. § 6 Abs. 1 Nr. 4 KVStG wurde durch das „Gesetz zur Änderung des Kapitalverkehrsteuergesetzes und anderer Gesetze" vom 23. 12. 1971[243] gestrichen. Ab 1. 1. 1972 gilt gemäß § 5 Abs. 2 Nr. 3 Satz 2 des „Kapitalverkehrsteuergesetzes 1972"[244] eine Kommanditgesellschaft, zu deren persönlich haftenden Gesellschaftern eine als Kapitalgesellschaft zu behandelnde Kommanditgesellschaft – nämlich die zwischengeschaltete GmbH & Co. – gehört, ihrerseits gesellschaftsteuerrechtlich als Kapitalgesellschaft. Damit dürfte der wohl in den meisten Fällen maßgebende steuerrechtliche Anreiz zur Bildung einer doppelstöckigen GmbH & Co. entfallen sein.

IV. Die Gründung der Gesellschaft mit beschränkter Haftung

264 (Das Recht der GmbH wurde durch das „Gesetz zur Änderung des Gesetzes betreffend die Gesellschaften mit beschränkter Haftung und anderer handelsrechtlicher Vorschriften" vom 4. 7. 1980[245] neu gestaltet. Diese Bestimmungen, die am 1. 1. 1981 in Kraft getreten sind, wirken sich gerade auch auf die **Gründung** von Gesellschaften mit beschränkter Haftung aus. Soweit für v o r diesem Termin bereits bestehende oder angemeldete Gesellschaften mit beschränkter Haftung Übergangsregelungen gelten, ist darauf im Text hingewiesen.)

Der Begriff der GmbH wird vom Gesetz nicht definiert. Sie ist eine mit e i g e n e r R e c h t s p e r s ö n l i c h k e i t ausgestattete Personengemeinschaft, für deren Verbindlichkeiten den Gesellschaftsgläubigern gegenüber nur das Gesellschaftsvermögen haftet, nicht aber das Privatvermögen der einzelnen Gesellschafter (§ 13 Abs. 1 und 2 GmbHG).

---

243 BGBl. 1971 I S. 2134
244 BGBl. 1972 I S. 2130.
245 BGBl. I S. 836; *Lutter*, DB 1980 S. 1317; *Schmitt*, NJW 1980 S. 1769; *Gessler*, BB 1980 S. 1385.

IV. Die Gründung der Gesellschaft mit beschränkter Haftung

Genau genommen ist daher die Bezeichnung „Gesellschaft mit beschränkter Haftung" nicht korrekt, denn das Vermögen der Gesellschaft haftet unbeschränkt; beschränkt haften vielmehr die Gesellschafter, nämlich nur mit ihrer Einlage[246]. Im Gegensatz zu den Personengesellschaften (offene Handelsgesellschaft und Kommanditgesellschaft) ist die GmbH eine juristische Person; sie gehört – zusammen mit der Aktiengesellschaft und Kommanditgesellschaft auf Aktien – zu den Kapitalgesellschaften, bei denen das Schwergewicht nicht auf der Vereinigung von Personen, sondern von Kapitalbeiträgen liegt[247].

Nach § 1 GmbHG kann eine GmbH zu jedem gesetzlich zulässigen Zweck durch eine oder mehrere Personen errichtet werden. Damit ist die sogenannte **Einmann-GmbH** schon vom Gründungsstadium an anerkannt[248]. Nach früherem Recht waren zur Errichtung einer GmbH mindestens zwei Personen notwendig; die Einmann-GmbH war nur auf dem Weg über die Veräußerung oder Vererbung von Geschäftsanteilen einer bereits bestehenden Gesellschaft erreichbar, was nach § 15 Abs. 1 GmbHG zulässig ist. **265**

Während die GmbH mit dem Abschluß des Gesellschaftsvertrages bzw. – die Einmann-GmbH – mit der Erklärung über die Gesellschaftsbildung **errichtet** ist (§ 2 Abs. 2 GmbHG), **entsteht** sie als eigene Rechtspersönlichkeit erst mit der Eintragung im Handelsregister (konstitutive Wirkung der Eintragung). **266**

Das Stammkapital (= Haftkapital) der GmbH muß mindestens DM 50 000,— betragen[249]. **267**
(Am 1. 1. 1981 bestandene Gesellschaften mit beschränkter Haftung, deren Stammkapital weniger als DM 50 000,— beträgt, müssen bis zum 31. 12. 1985 ihr Stammkapital auf DM 50 000,— erhöhen, andernfalls sind sie mit Ablauf dieses Tages kraft Gesetzes aufgelöst; vgl. im einzel-

---

246 Ein Gesellschafter kann jedoch über seine Einlage hinaus Privatvermögen einbüßen, wenn er der Gesellschaft in einem Zeitpunkt, in dem ihr die Gesellschafter als ordentliche Kaufleute **Eigenkapital** zugeführt hätten, ein Darlehen gewährt hat und über das Vermögen des Unternehmens das Konkurs- oder gerichtliche Vergleichsverfahren eröffnet wird; dann ist eine Rückforderung des Darlehens nicht möglich; vgl. im einzelnen dazu die §§ 32 a und 32 b GmbHG.
247 Vgl. Heidelberger Musterverträge, Heft 7: Die Satzung der GmbH; *Buchwald/Tiefenbacher*, insbesondere §§ 16, 35 ff.
248 Zur Problematik der Einmanngründung der GmbH *Ulmer*, BB 1980 S. 1001; ferner *Flume*, DB 1980 S. 1781.
249 Diese Regelung – allerdings bei voller Einzahlung – galt bisher bereits für Wirtschaftsprüfungsgesellschaften in der Rechtsform der GmbH (§ 28 Abs. 5 WPO).

H. Was muß man zur Gründung einer Firma tun?

nen Artikel 12 § 1 Abs. 1 des Gesetzes zur Änderung des Gesetzes betreffend die Gesellschaften mit beschränkter Haftung und anderer handelsrechtlicher Vorschriften[250]. Diese Übergangsregelung gilt gemäß § 2 auch für Gesellschaften, die vor Inkrafttreten dieses Gesetzes – 1. 1. 1981 – zur Eintragung in das Handelsregister zwar angemeldet, aber noch nicht eingetragen worden sind.)

Die Stammeinlagen mehrerer Gesellschafter können verschieden hoch sein; jede Stammeinlage muß jedoch mindestens DM 500,— betragen und durch hundert teilbar sein; die Summe der Stammeinlagen bildet das Stammkapital (§ 5 Abs. 1-3 GmbHG).

268 Die Stammeinlagen können auch aus Sachwerten bestehen (Sacheinlagen); es muß sich dabei jedoch um übertragbare und bilanzfähige Sachen und Rechte handeln, damit sich der Verkehr eine Vorstellung über die kapitalmäßigen Grundlagen des Unternehmens machen kann. Nicht als Sacheinlage kommen daher beispielsweise Dienstleistungen oder ein Kundenstamm in Betracht.

269 Die Anmeldung beim Registergericht darf erst erfolgen, wenn auf jede Stammeinlage, soweit nicht Sacheinlagen vereinbart sind, ein Viertel eingezahlt ist. Insgesamt müssen aber einschließlich der voll zu bewertenden Sacheinlagen mindestens DM 25 000,— erreicht werden. Bei der Einmann-GmbH ist darüber hinaus eine Sicherheitsleistung für den ausstehenden Teil der Geldeinlage erforderlich (vgl. im einzelnen § 7 Abs. 2 GmbHG). Sacheinlagen sind so zu bewirken, daß sie endgültig zur freien Verfügung der Geschäftsführer stehen (§ 7 Abs. 3 GmbHG). Erreicht der Wert einer Sacheinlage im Zeitpunkt der Anmeldung nicht den Betrag der dafür übernommenen Stammeinlage, so hat der betreffende Gesellschafter in Höhe des Fehlbetrages eine Einlage in Geld zu leisten (§ 9 Abs. 1 GmbHG).

270 (Am 1. 1. 1981 bestandene Gesellschaften mit einem Stammkapital von DM 50 000,— oder mehr, aber weniger als DM 100 000,—sind mit dem Ablauf des 31. 12. 1985 aufgelöst, wenn ihre Geschäftsführer nicht bis zu diesem Tag dem Registergericht gegenüber versichert haben, daß das eingezahlte Stammkapital den erforderlichen Betrag von DM 25 000,— erreicht hat; vgl. im einzelnen Artikel 12 § 1 Abs. 2 des Gesetzes zur Änderung des Gesetzes betreffend die Gesellschaften mit beschränkter Haftung und anderer handelsrechtlicher Vorschriften[251].)

---

250 Siehe Fußnote 245.
251 Siehe Fußnote 245.

IV. Die Gründung der Gesellschaft mit beschränkter Haftung

Die GmbH gilt kraft Gesetzes immer als Handelsgesellschaft (§ 13 Abs. 3 GmbHG), also selbst dann, wenn sie gar kein Handelsgewerbe betreibt. Das bedeutet, daß man auf dem Weg über eine GmbH-Gründung das Recht zur Führung einer Firma erreichen kann – unabhängig von der Art und dem Umfang des betreffenden Vorhabens; so kann man sich zur Ausübung einer freiberuflichen Tätigkeit, zur Verfolgung ideeller Zwecke oder auch zur Wahrnehmung von Stiftungsgeschäften[252] der Rechtsform der GmbH bedienen. Eine allgemeine Grenze setzt lediglich § 1 GmbHG, wonach eine GmbH zu einem gesetzlich unzulässigen Zweck nicht errichtet werden kann[253]. **271**

Gesellschafter einer GmbH können natürliche oder juristische Personen oder Personengesellschaften (offene Handelsgesellschaft, Kommanditgesellschaft) sein[254], nicht dagegen BGB-Gesellschaften, nicht rechtsfähige Vereine und Erbengemeinschaften[255]. **272**

Auch Minderjährige können sich an einer GmbH beteiligen (siehe dazu Randnr. 182). Teilweise wird der Standpunkt vertreten, daß der gesetzliche Vertreter hier der vormundschaftsgerichtlichen Genehmigung nicht bedarf, auch wenn der Gesellschaftszweck der Betrieb eines Erwerbsgeschäftes ist (§ 1822 Nr. 3 BGB). Diese Auffassung wird darauf gestützt, daß nicht die Gesellschafter, zu denen der vertretene Minderjährige gehört, das Geschäft betreiben, sondern die Gesellschaft, bei der es sich um ein selbständiges Rechtssubjekt handelt. Da die Bestimmungen über die Genehmigung des Vormundschaftsgerichtes dem Schutze des Minderjährigen dienen, wird man dieser formalistischen Auffassung nicht den Vorzug geben können[256]. **273**

---

252 So *OLG Stuttgart*, 12. 2. 1964, NJW 1964 S. 1231 = Die Justiz 1964 S. 87.
253 Allerdings bestehen Ausnahmen; so ist beispielsweise der Betrieb einer Apotheke als Gesellschaft der BGB-Gesellschaft und der offenen Handelsgesellschaft vorbehalten; die Rechtsform der GmbH – wie auch die der Kommanditgesellschaft – ist also für Apotheken unzulässig (§ 8 des Gesetzes über das Apothekenwesen vom 20. 8. 1960, BGBl. 1 S. 697).
254 Vgl. dazu *Scholz*, § 2 Randnr. 7; *Hachenburg*, § 4 Randnrn. 64 und 65; siehe auch Fußnote 222. Ein Einzelkaufmann kann sich nach herrschender Meinung auch unter seiner Firma als Gesellschafter an einer GmbH beteiligen; siehe dazu *Hachenburg*, Randnr. 39. So auch *BayObLG*, 16. 2. 1973, BB 1973 S. 397 = DB 1973 S. 1232; diese Entscheidung betraf allerdings den Beitritt eines Einzelkaufmannes unter seiner Firma als Kommanditist einer KG; für eine Beteiligung an einer GmbH kann aber nichts anderes gelten.
255 Umstritten; vgl. *Hachenburg*, Randnrn. 66 ff.
256 Vgl. dazu *Hachenburg*, Randnrn. 61 ff.; *Scholz*, § 2 Randnr. 4; *Palandt*, § 1822 Anmerkung 10.

H. Was muß man zur Gründung einer Firma tun?

274 Will sich eine Ehefrau an einer GmbH beteiligen, so bedarf sie dazu keiner Einwilligung des Ehemannes. Häufig wird die Rechtsform der GmbH für die Bildung von „Ehegatten-" oder „Familiengesellschaften" verwendet[257], das heißt, nur die Ehegatten oder die Familienangehörigen schließen sich in diesem Fall zum Betrieb eines gemeinsamen Unternehmens zu einer GmbH zusammen.

275 Eine GmbH kann auch durch sogenannte Strohmänner gegründet werden, die für Rechnung ein und desselben Dritten tätig werden. Eine Scheingründung würde nach der Auffassung des Bundesgerichtshofes nur dann vorliegen, wenn jemand als Gesellschafter vorgeschoben wird, der tatsächlich gar nicht Gesellschafter werden, insbesondere keine Stammeinlage übernehmen will und glaubt, die Eintragung der Gesellschaft schon durch eine nicht ernstlich gemeinte Gründung herbeiführen zu können[258].

276 Auch Ausländer – natürliche oder juristische Personen – können Gesellschafter einer GmbH sein (vgl. Randnummern 106 ff.). Da die GmbH juristische Person, also ein eigenes Rechtssubjekt ist, ist die Staatsangehörigkeit ihrer Gesellschafter ohne Bedeutung[259]. Die GmbH ist also immer – ohne Rücksicht auf die Staatsangehörigkeit ihrer Gesellschafter – eine „deutsche" GmbH.

277 Der Vertrag zur Errichtung einer GmbH bedarf der notariellen Form; er ist von sämtlichen Gesellschaftern zu unterzeichnen (§ 2 Abs. 1 GmbHG).

Die Unterzeichnung durch Bevollmächtigte ist zulässig, sofern die Vollmacht notariell errichtet oder beglaubigt ist (§ 2 Abs. 3 GmbHG). Die notarielle Beurkundung (§ 128 BGB) beschränkt sich im Gegensatz zur notariellen Beglaubigung nicht auf die Unterschrift, sondern erstreckt sich auf den Inhalt der betreffenden Erklärung.

Die persönliche, aber nicht gleichzeitige Anwesenheit der Gesellschafter beziehungsweise ihrer gesetzlichen Vertreter oder Bevollmächtigten vor der Urkundsperson ist notwendig.

---

257 Vgl. über die sogenannte Ehegatten-Gesellschaft *Buchwald/Tiefenbacher*, § 31 II, sowie eingehend *Schneider/Zartmann/Martin*, Familienunternehmen und Unternehmertestament, 4. Aufl., Heidelberg 1963; *Stehle/Stehle*, 1977, S. 383 ff.; *Heinz Stehle*, 1980, S. 44 ff.; ferner Heidelberger Musterverträge *Mutze*, Ehegattengesellschaftsverträge, 4. Aufl. 1979, Heft 21.
258 Vgl. *Hachenburg*, Randnrn. 49 ff.; *BGH*, 11. 11. 1970, BB 1971 S. 13; siehe auch *Buchwald/Tiefenbacher*, § 38.
259 Vgl. *Scholz*, § 2 Randnr. 4 und Einleitung VI 2.

IV. Die Gründung der Gesellschaft mit beschränkter Haftung

Die Eltern als gesetzliche Vertreter (vgl. Randnr. 78) haben sich durch standesamtliche Urkunden, Vormund und Pfleger durch ihre gerichtliche Bestallung, der Vorstand einer Aktiengesellschaft, der Geschäftsführer einer GmbH, die Teilhaber einer offenen Handelsgesellschaft oder Kommanditgesellschaft und ein Prokurist durch die Vorlage von Handelsregisterauszügen auszuweisen.

Der Gesellschaftsvertrag muß folgende Angaben enthalten (§ 3 Abs. 1 GmbHG): **278**

a) die Firma und den Sitz der Gesellschaft,
b) den Gegenstand des Unternehmens,
c) den Betrag des Stammkapitals,
d) den Betrag der von jedem Gesellschafter auf das Stammkapital zu leistenden Einlage (Stammeinlage).

Außerdem ist vorgeschrieben, daß eine Beschränkung der Gesellschaft auf eine gewisse Zeit oder zusätzliche Verpflichtungen der Gesellschafter gegenüber der Gesellschaft in den Gesellschaftsvertrag aufgenommen werden müssen (§ 3 Abs. 2 GmbHG).

Schließlich müssen bei Sacheinlagen deren Gegenstand und der Betrag der Stammeinlage, auf die sich die Sacheinlage bezieht, aus dem Gesellschaftsvertrag hervorgehen. Außerdem ist die Angemessenheit der Bewertung in einem Sachgründungsbericht – dieser ist jedoch nicht Bestandteil des Gesellschaftsvertrages und bedarf daher nicht der notariellen Beurkundung[260] – darzulegen (§ 5 Abs. 4 GmbHG). Ist eine Sacheinlage überbewertet, so lehnt das Registergericht die Eintragung der Gesellschaft in das Handelsregister ab (§ 9 c GmbHG). Für die Überprüfung von Sacheinlagen stehen dem Registergericht nicht nur die von der Gesellschaft gemäß § 8 Nr. 4 und 5 GmbHG einzureichenden Unterlagen zur Verfügung (der Bewertung zugrundeliegende Verträge, Sachgründungsbericht, sonstige Bewertungsunterlagen); vielmehr kann es sich auch bei bestehenden Zweifeln von Amts wegen sonstiger Beweismittel bedienen (§ 12 FGG), etwa der Gesellschaft die Vorlage eines Sachverständigengutachtens auferlegen oder selbst auf Kosten der Gesellschaft ein solches Gutachten einholen[261]. Im übrigen wird der betreffende Gesellschafter trotz Bewirken der Sacheinlage von der Barzahlungspflicht der Gesellschaft gegenüber nur befreit, wenn die Sicherheitsvorschrift des § 5 Abs. 4 GmbHG eingehalten ist (§ 19 Abs. 5 GmbHG).

---
260 Vgl. Bundestags-Drucksache 8/3908, S. 70.
261 Vgl. Bundestags-Drucksache 8/3908, S. 72.

H. Was muß man zur Gründung einer Firma tun?

279 Hin und wieder wirft die Wahl des Sitzes der GmbH Probleme auf. Sie ist den Gesellschaftern grundsätzlich freigestellt; entscheidend für die Zuständigkeit des Registergerichts ist also der satzungsmäßige Sitz. Dennoch darf dessen Wahl nicht rechtsmißbräuchlich erfolgen, d. h. ein „fiktiver" Sitz ist unzulässig und muß zur Zurückweisung der Handelsregisteranmeldung führen. Von einem fiktiven Sitz spricht man dann, wenn jede tatsächliche Beziehung der Gesellschaft zu dem durch die Satzung bestimmten Sitz fehlt. Insoweit wird jedoch ein großzügiger Maßstab angelegt; in der Regel wird als Sitz ein Ort anerkannt, an dem ein Gesellschafter oder Geschäftsführer wohnt, und wenn an der betreffenden Anschrift ein Vertreter der Gesellschaft regelmäßig zu erreichen und Post zustellbar ist. Eine vorübergehende Unterbrechung dieser tatsächlichen örtlichen Beziehung – etwa infolge vorzeitiger Kündigung des Mietverhältnisses gegenüber der GmbH – ist unschädlich[262].

Nicht genügt für die Zulässigkeit der Sitzwahl der Ort der Niederlassung eines Wirtschaftsprüfers, Steuerberaters, Buchhalters, Rechtsbeistandes usw., die für das Unternehmen die Buchhaltung erledigen oder es ständig beraten, solange diese Personen nicht zugleich Geschäftsführer oder Gesellschafter der GmbH sind. Denn bei den geforderten tatsächlichen Beziehungen zu dem satzungsgemäßen Sitz muß es sich um unmittelbare Beziehungen des Unternehmens oder seiner Organe handeln; Beziehungen außenstehender Dritter, die lediglich in geschäftlicher Verbindung oder in einem Beraterverhältnis zu der GmbH stehen, reichen nicht aus. Die mögliche Folge wäre sonst eine Häufung von GmbH-Sitzen an ein und derselben Anschrift, was einem reibungslosen Ablauf des Geschäftsverkehrs entgegenstehen würde; auch käme der betreffenden Bezugsperson lediglich die Funktion einer Art Botentätigkeit zu[263].

Enthält der Gesellschaftsvertrag der GmbH keine Angabe ihres Sitzes oder ist die Bestimmung über den Sitz nichtig, etwa weil er lediglich willkürlich fiktiv ist, so hat das Registergericht die Gesellschaft gemäß § 144a FGG zu einer entsprechenden Satzungsergänzung oder -änderung aufzufordern. Geschieht dies nicht, so kann die Auflösung der Gesellschaft von Amts wegen die Folge sein. Wird aber durch eine tatsächliche Sitzverlegung erst nachträglich der satzungsmäßige Sitz unrichtig, so führt das nicht zur Nichtigkeit der – ursprünglichen gültigen – Satzungsre-

---

[262] So *OLG Karlsruhe*, 31. 7. 1969, BB 1972 S. 852.
[263] So *LG Stuttgart*, 9. 3. 1976 – 4 KfH T 7/76; *AG Backnang*, 11. 6. 1976, GR II 308/76.

IV. Die Gründung der Gesellschaft mit beschränkter Haftung

gelung und damit nicht zur Auflösung der Gesellschaft; § 144 a FGG ist dann also nicht anwendbar[264].

Der Gegenstand des Unternehmens hat zwei Funktionen. Im Innenverhältnis steckt er den Handlungsbereich der Geschäftsführung ab: Im Rahmen des im Gesellschaftsvertrag verankerten Unternehmensgegenstandes ist der Geschäftsführer von den Gesellschaftern ermächtigt, die GmbH zu vertreten (§ 37 Abs. 1 GmbHG). Obwohl im Verhältnis zu Dritten diese Beschränkung der Geschäftsführung keine Wirkung hat (§ 37 Abs. 2 GmbHG), erklärt sich aus dieser internen Funktion die Notwendigkeit einer eindeutigen, individualisierenden Formulierung des Unternehmensgegenstandes. Das gebietet aber ebenfalls die andere, die nach außen gerichtete Aufgabe des Unternehmensgegenstandes: Er soll nämlich auch dazu dienen, die Teilnehmer am allgemeinen Wirtschaftsverkehr über den Geschäftsbereich der GmbH zu informieren[265]. Um nun auf der einen Seite die Geschäftsführung nicht zu stark einzuengen oder gar zu lähmen und auf der anderen Seite nicht bei jeder markt- oder entwicklungsbedingten Ausweitung oder sonstigen Änderung der Unternehmenstätigkeit die Satzung ändern zu müssen, empfiehlt es sich, eine zu einschränkende Formulierung zu vermeiden; vielmehr erfordert die notwendige Flexibilität der Geschäftsführung eine zwar konkretisierende Fassung, die den Schwerpunkt der Unternehmenstätigkeit bezeichnet, aber – je nach den Bedürfnissen des betreffenden Unternehmens oder der Branche – durch möglichst allgemein zu haltende Zusätze eine gewisse Handlungsfreiheit gewährt. Dieser Voraussetzung würden Gegenstandsbezeichnungen wie „Handelsgeschäfte aller Art" oder „Erbringung von Dienstleistungen" nicht genügen, weil in dieser Allgemeinheit eine gewerbliche Tätigkeit durch ein Unternehmen gar nicht ausgeübt werden kann; dafür sind die Möglichkeiten für Handelsgeschäfte oder Dienstleistungen zu vielfältig. Eine Abgrenzung ist daher notwendig. In der Regel gilt das auch für Formulierungen wie beispielsweise „Import und Export" oder „Unternehmensverwaltungen", so daß sich Ergänzungen oder Konkretisierungen wie „Import und Export landwirtschaftlicher Erzeugnisse"

280

---

264 So *OLG Frankfurt*, 23. 3. 1979, DB 1979 S. 2270; *LG Oldenburg i. O.*, 23. 5. 1978 – 11 T 3/78; a. A. *LG Oldenburg i. O.*, 7. 7. 1978 – 12 T 6/78; *AG Wiesbaden*, 6. 10. 1978 – 21 HRB 3730.
265 *Hachenburg*, § 3 Randnr. 20; *BayObLG*, 15. 12. 1975, DB 1976 S. 287. Vgl. dazu auch *OLG Stuttgart*, 10. 12. 1979, GewArch. 1980 S. 232 (auch zitiert in Fußnote 281).

H. Was muß man zur Gründung einer Firma tun?

oder „Verwaltung der X-GmbH & Co. KG"²⁶⁶ anbieten; um die wünschenswerte Flexibilität für die Geschäftsführung zu erreichen, sind zusätzlich allgemein gehaltene Ergänzungen wie „... und verwandter Produkte" bzw. „... und anderer Unternehmen der Branche" denkbar. Dennoch gibt es aber Unternehmen, die – um bei den beiden Beispielen zu bleiben – tatsächlich Waren aller Art importieren und exportieren, d. h. die Gelegenheit zum Austausch von Warenangeboten schlechthin gewerbsmäßig wahrnehmen oder als Holdinggesellschaften zahlreiche Unternehmen aller Branchen verwalten. Dann ist tatsächlich eine allgemein gehaltene Gegenstandsbezeichnung wie „Import und Export von Waren aller Art" oder „Unternehmensverwaltungen" gerechtfertigt²⁶⁷.

281   Vom Gegenstand des Unternehmens ist der Gesellschaftszweck zu unterscheiden. Während – wie dargelegt – der Unternehmensgegenstand nach innen der Abgrenzung des Handlungsbereichs der Geschäftsführung dient, sich sonst aber nach außen, an die Teilnehmer am

---

266 Umstritten ist allerdings der Grad der Konkretisierung des Unternehmensgegenstandes bei Gesellschaften mit beschränkter Haftung, die die Stellung der einzigen Komplementärin von Kommanditgesellschaften (GmbH & Co.) einnehmen. Nach der weitgehend zu beobachtenden Praxis der Registergerichte genügt der Hinweis auf die Verwaltung bzw. Geschäftsführung einer bestimmten Kommanditgesellschaft oder – wenn die Verwaltung einer Mehrzahl von Gesellschaften beabsichtigt ist – von Unternehmen schlechthin; so auch im Ergebnis *Hachenburg*, § 3 Anm. 22 mit weiteren Fundstellen; ferner *Petzoldt*, DB 1977 S. 1783; a. A. vor allem *OLG Hamburg*, 18. 9. 1967, BB 1968 S. 267 mit zustimmender Anmerkung von *Grobe; BayObLG*, 15. 12. 1975, DB 1976 S. 287; ferner *Jeck*, DB 1978 S. 832. Nach dieser gegenteiligen Ansicht ist die Bezeichnung des Handelsgewerbes der GmbH & Co., an der sich die GmbH als einzige persönlich haftende Gesellschafterin beteiligt, in deren e i g e n e n satzungsmäßigen Unternehmensgegenstand aufzunehmen. Zwar betreibe die GmbH in ihrer Eigenschaft als Komplementärin keine Eigengeschäfte, es könne jedoch bei der Kennzeichnung des Unternehmensgegenstandes kein Unterschied zwischen Eigen- und Fremdgeschäften gemacht werden, wenn den durch Fremdgeschäfte tätig werdenden Kaufmann rechtlich und wirtschaftlich das Geschäftsrisiko treffe und ihm auch der Erfolg zukomme. Die zitierte Entscheidung des *BayObLG* vom 15. 12. 1975 läßt auch die Angabe des Sitzes der verwalteten GmbH & Co. im Unternehmensgegenstand der GmbH nicht genügen, da daraus der Wirtschaftsverkehr nicht u n m i t t e l b a r ersehen könne, in welchem Sachbereich die GmbH tätig werde. Im übrigen sei für Einzelkaufleute und Personengesellschaften die Eintragung des Unternehmensgegenstandes in das Handelsregister nicht vorgeschrieben, vielmehr sei gemäß § 24 HRV lediglich auf dessen Angabe „hinzuwirken". Diese hinsichtlich der Konkretisierung des Unternehmensgegenstandes sehr strenge Auffassung läßt sich nicht verwirklichen, wenn die Beteiligung an mehreren, zur Zeit des Abschlusses des Gesellschaftsvertrages möglicherweise noch gar nicht bekannten Unternehmen vorgesehen ist.

267 Vgl. dazu *Hachenburg*, § 3 Randnr. 21.

IV. Die Gründung der Gesellschaft mit beschränkter Haftung

allgemeinen Wirtschaftsverkehr richtet, betrifft der Gesellschaftszweck ausschließlich das Verhältnis der Gesellschafter untereinander[268]. Bei erwerbswirtschaftlichen Unternehmen sind Gegenstand und Zweck zwar weitgehend identisch, nämlich – da der Gegenstand kaum Selbstzweck ist – die Erzielung von Gewinn mittels der ausgeübten Tätigkeit. Gegenstand und Zweck können aber auch auseinanderfallen, so häufig bei karitativen Unternehmen, wenn etwa ein mildtätiger Zweck durch wirtschaftliche Mittel erreicht werden soll.

Beispiel:

Der Zweck eines Unternehmens ist die Behindertenfürsorge, der Gegenstand des Unternehmens zur Erreichung dieses Zweckes ist der Vertrieb von Zeitschriften.

Die GmbH handelt durch ihr Organ, nämlich durch ihren oder ihre Geschäftsführer. Geschäftsführer können sowohl Gesellschafter als auch Nichtgesellschafter sein, aber immer nur natürliche Personen. Eine Einschränkung sieht § 6 Abs. 2 GmbHG vor: Danach kann auf die Dauer von 5 Jahren seit der Rechtskraft des Urteils nicht Geschäftsführer sein, wer wegen einer Straftat nach den §§ 283-283 d StGB (Konkursstraftaten) verurteilt worden ist. Dasselbe gilt für denjenigen, dem durch gerichtliches Urteil oder durch eine vollziehbare Entscheidung einer Verwaltungsbehörde die Ausübung eines Berufs, Berufszweiges, Gewerbes oder Gewerbezweiges untersagt worden ist, bei einer GmbH, deren Unternehmensgegenstand ganz oder teilweise mit dem Gegenstand des Verbots übereinstimmt, und zwar für die Zeit, für welche das betreffende Verbot wirksam ist.

282

Der Geschäftsführer vertritt die Gesellschaft gerichtlich und außergerichtlich (§ 35 GmbHG). Sind mehrere Geschäftsführer bestellt, so vertreten sie die Gesellschaft gemeinsam, es sei denn, im Gesellschaftsvertrag wäre Einzelvertretungsbefugnis vorgesehen.

283

Ausländische Staatsangehörige sind ebenfalls berechtigt, Geschäftsführer einer GmbH zu sein. Haben sie ihren Wohnsitz im Inland, so bedürfen sie einer Aufenthaltserlaubnis (s. Randnrn. 106 ff., zu den Besonderheiten für Angehörige der EG-Staaten Randnr. 107). Zu beachten ist, daß ausländische Geschäftsführer einer GmbH, deren kapitalmäßig beherrschende Gesellschafter sie gleichzeitig sind, i. S. des Ausländer-

284

---

268 Vgl. dazu *Hachenburg,* § 1 Randnrn. 4 ff., § 3 Randnr. 19; *Baumbach/Hueck,* § 3 Anm. 4.

H. Was muß man zur Gründung einer Firma tun?

noch **284** gesetzes als selbständige Erwerbstätige gelten; die Aufenthaltserlaubnis muß sich daher auf das Recht zur Ausübung einer selbständigen Erwerbstätigkeit beziehen[269].

Die Notwendigkeit einer Aufenthaltserlaubnis entfällt dann, wenn die Geschäftsführertätigkeit aus dem Ausland wahrgenommen wird. Sie setzt also keine Anwesenheit in der Bundesrepublik oder am Sitz des Unternehmens voraus.

Da nach herrschender Auffassung Geschäftsführer nicht als Arbeitnehmer gelten, bedürfen ausländische Geschäftsführer einer deutschen GmbH keiner Arbeitserlaubnis; das ergibt sich ausdrücklich aus § 9 Ziffer 1 der Arbeitserlaubnisverordnung[270] i. V. mit § 4 Abs. 2 Ziffer a des Betriebsverfassungsgesetzes[271].

Fehlt im Falle ihres Erfordernisses die Aufenthaltserlaubnis, so ist deswegen das Registergericht nicht gehindert, die Eintragung in das Handelsregister vorzunehmen. In der dazu ergangenen Rechtsprechung wird allerdings eine andere Auffassung vertreten mit dem Argument, jeder Verstoß gegen eine Rechtsvorschrift – hier also die einschlägigen Vorschriften des Ausländerrechtes – begründe einen unzulässigen Zweck der GmbH, die folglich nicht in das Handelsregister eingetragen

---

269 Vgl. *Bender,* GewArch. 1976 S. 41 ff. (43); *OLG Celle,* 1. 10. 1976 – 9 Wx 5/76; *VGH Baden-Württemberg,* 9. 2. 1976, GewArch. 1976 S. 307; *LG Hannover,* 7. 1. 1976, GewArch. 1976 S. 308; *VG Berlin,* 5. 5. 1971, BB 1972 S. 192 = GewArch. 1972 S. 49, vom *OVG Berlin* durch Beschluß vom 30. 7. 1971 bestätigt; vgl. auch *BVerwG,* 17. 9. 1974, GewArch. 1975 S. 101; *AG Aachen,* 1. 9. 1980 – 73 AR 3/80.
270 Vom 2. 3. 1971, BGBl. I S. 152 mit Änderungen vom 8. 1. 1973, BGBl. I S. 18 und vom 22. 2. 1974, BGBl. I S. 365. Vgl. auch *OLG Frankfurt,* 14. 3. 1977, BB 1977 S. 1169 = DB 1977 S. 817 = NJW 1977 S. 1595; *OLG Düsseldorf,* 20. 7. 1977, DB 1977 S. 1840 = RPfleger 1977 S. 411; ferner *Bartl,* BB 1977 S. 571.
271 Vom 11. 10. 1952 (BGBl. I S. 681).
Diese Vorschrift lautet:
„Als Arbeitnehmer im Sinne dieses Gesetzes gelten nicht
a) in Betrieben einer juristischen Person die Mitglieder des Organs, das zur gesetzlichen Vertretung der juristischen Person berufen ist;
b) ..."
Dieser Personenkreis bedarf gemäß § 9 Ziff. 1 der ArbeitserlaubnisVO keiner Arbeitserlaubnis

IV. Die Gründung der Gesellschaft mit beschränkter Haftung

werden könne[272]. Dem steht jedoch der Wortlaut des § 1 GmbHG entgegen, wonach Gesellschaften mit beschränkter Haftung zu jedem gesetzlich zulässigen Zweck errichtet werden können. Der Zweck eines Unternehmens ist jedoch objektbezogen, ist unabhängig von der Person der Gesellschafter oder der Geschäftsführer. Die fehlende oder unzureichende Aufenthaltserlaubnis betrifft aber nicht den Gesellschaftszweck, sondern bedeutet einen in der Person des Organs der GmbH begründeten Mangel, der durch ausländerpolizeiliche Maßnahmen zu ahnden oder zu heilen ist. Das Registergericht hat aber nur die handelsrechtlichen und die im GmbH-Gesetz (§ 8 Abs. 1 Nr. 4) ausdrücklich erwähnten öffentlich-rechtlichen Voraussetzungen einer Registeranmeldung zu prüfen, nicht aber die öffentlich-rechtlichen Beschränkungen, die einen Gesellschafter und Geschäftsführer einer GmbH persönlich betreffen.

Damit die Gesellschaft überhaupt handlungsfähig ist, muß sie kraft Gesetzes einen oder mehrere Geschäftsführer haben (§ 6 Abs. 1 GmbHG), und zwar schon vor der Eintragung in das Handelsregister, denn die dazu erforderliche Anmeldung ist vom Geschäftsführer zu bewirken (§ 78 GmbHG; vgl. auch Randnr. 293). 285

1. Die gewerbepolizeiliche Anzeige

Da die GmbH nicht das Betreiben eines Gewerbes voraussetzt, ist sie nur dann gewerbepolizeilich zu melden, wenn sie tatsächlich eine gewerbliche Tätigkeit ausübt. Auf die entsprechenden Ausführungen unter den Randnrn. 83 ff. wird verwiesen. 286

Die Anmeldung der GmbH muß durch ihren (ihre) Geschäftsführer erfolgen. In dessen (deren) Person müssen auch die sonstigen erforderlichen Voraussetzungen zum Betreiben des Gewerbes vorliegen; das gilt vor allem für das Erfordernis einer persönlichen Genehmigung. Davon abweichend bestimmt jedoch § 7 Abs. 4 HwO, daß eine juristische Person in die Handwerksrolle eingetragen wird, wenn der Betriebsleiter entweder die Meisterprüfung bestanden oder eine Ausnahmebewilligung erhalten hat (vgl. Randnr. 97).

---

272 So *OLG Celle*, 1. 10. 1976, DB 1977 S. 993; *LG Ulm*, 13. 9. 1972, BB-Beilage 12 zu Heft 29/1975, IV 19 mit kritischer Anmerkung von *Wessel, AG Göppingen*, Zwischenverfügung vom 17. 7. 1973 – GRA II 1146/73. A. A. *OLG Frankfurt*, 14. 3. 1977, BB 1977 S. 1169 = DB 1977 S. 817 = NJW 1977 S. 1595; *OLG Düsseldorf*, 20. 7. 1977, DB 1977 S. 1840; ebenso *Bartl*, BB 1977 S. 571.

H. Was muß man zur Gründung einer Firma tun?

287 Hat die Gesellschaft ihre Tätigkeit schon vor der Eintragung in das Handelsregister aufgenommen, so könnte das nur in der Eigenschaft als Gesellschaft eigener Art geschehen (vgl. Randnr. 298).

Betreibt die Gesellschaft in diesem Stadium eine offene Verkaufsstelle, eine Gast- oder Schankwirtschaft oder unterhält sie eine sonstige offene Betriebsstätte, so gelten die Ausführungen unter Randnr. 193. Sobald jedoch die Eintragung der GmbH in das Handelsregister erfolgt ist, ist die Gewerbebehörde davon zu unterrichten.

288 Nimmt die Gesellschaft ihre Tätigkeit erst nach der Eintragung in das Handelsregister auf, so hat sie beim Betreiben einer offenen Verkaufsstelle, einer Gast- oder Schankwirtschaft oder bei der Unterhaltung einer sonstigen offenen Betriebsstätte ihre Firma an der Außenseite oder am Eingang in deutlich lesbarer Schrift anzubringen (§ 15 a Abs. 3 Satz 2 GewO).

289 Diese Bestimmung gilt entsprechend für die Aufstellung von Automaten im Rahmen eines nach § 14 Abs. 3 GewO anzeigepflichtigen Gewerbes und für den Betrieb einer Spielhalle oder eines ähnlichen Unternehmens (§ 15 a Abs. 5 GewO).

Verstößt die GmbH vorsätzlich oder fahrlässig gegen diese Kennzeichnungsvorschriften, so handelt ihr Geschäftsführer ordnungswidrig (§ 146 Abs. 3 Nr. 2 und 3 GewO). Die Ordnungswidrigkeit kann mit einer Geldbuße bis zu DM 2 000,— geahndet werden (§ 146 Abs. 4 GewO).

2. Die Anmeldung bei der Steuerbehörde

290 Hat die Gesellschaft ihre Tätigkeit schon vor der Eintragung in das Handelsregister aufgenommen, so gelten die Ausführungen unter Randnr. 116.

Ist die Eintragung in das Handelsregister erfolgt und die Gesellschaft damit zur GmbH geworden, so muß der Geschäftsführer davon das zuständige Finanzamt und die Gemeinde unterrichten, in der der Betrieb oder die Betriebsstätte eröffnet wird. Die Anmeldung muß innerhalb eines Monats nach der Eröffnung erfolgen (§138 AO). Die Verletzung der Mitteilungspflicht begründet eine Ordnungswidrigkeit nach § 379 Abs. 2 Nr. 1 AO, die mit einer Geldbuße bis zu DM 10 000,— geahndet werden kann (§ 379 Abs. 4 AO).

IV. Die Gründung der Gesellschaft mit beschränkter Haftung

Unabhängig von der Meldepflicht nach § 138 AO besteht die Pflicht, im Hinblick auf die durch die Gründung der GmbH anfallende Gesellschaftsteuer das zuständige Kapitalverkehrsteueramt von dem Abschluß des GmbH-Vertrages zu unterrichten. Diese Pflicht trifft jedoch nur die betreffende Urkundsperson, also den Notar, der dem Kapitalverkehrsteueramt eine von ihm beglaubigte Abschrift der Urkunde über die Errichtung der GmbH übersenden muß (§ 3 Abs. 1 Satz 2 der Kapitalverkehrsteuer-Durchführungsverordnung – KVStDV 1960)[273].

291

Das Kapitalverkehrsteueramt bestätigt unverzüglich den Eingang der Abschrift. Die Urkundsperson darf den Beteiligten die Urschrift, eine Ausfertigung oder beglaubigte Abschrift der Urkunde erst nach Eingang dieser Bestätigung aushändigen (§ 3 Abs. 4 und 5 KVStDV 1960).

Im Rahmen der GmbH-Reform ist für die GmbH (und die GmbH & Co.) die bisher notwendige Unbedenklichkeitsbescheinigung des Kapitalverkehrsteueramtes, vor deren Vorliegen die Eintragung in das Handelsregister nicht erfolgen durfte, ab 1. 1. 1981 weggefallen[274].

292

Diese Bescheinigung diente dem Nachweis, daß die Gesellschaftsteuer gezahlt bzw. die Steuerforderung nicht gefährdet ist. Selbstverständlich bleibt deswegen die Gesellschaftsteuerpflicht als solche bestehen. Nach § 7 KVStG[274 a] entfällt die Besteuerung bei inländischen Kapitalgesellschaften aber u. a. dann, wenn diese nach ihrer Satzung und tatsächlichen Geschäftsführung ausschließlich und unmittelbar gemeinnützigen oder mildtätigen Zwecken dienen.

3. Die Anmeldung zur Eintragung in das Handelsregister

a) Die Form der Anmeldung

Die GmbH ist bei dem Gericht, in dessen Bezirk sie ihren Sitz hat, zur Eintragung in das Handelsregister anzumelden (§ 7 Abs. 1 GmbHG).

293

Die Anmeldung hat durch den Geschäftsführer, sind es mehrere, durch sämtliche Geschäftsführer – dazu gehören auch stellvertretende Ge-

---

273 In der Fassung vom 20. 4. 1960, BGBl. I S. 244; zuletzt geändert durch Gesetz vom 4. 7. 1980, BGBl. I S. 836.
274 Artikel 11 des Gesetzes zur Änderung des Gesetzes betreffend die Gesellschaften mit beschränkter Haftung und anderer handelsrechtlicher Vorschriften vom 4. 7. 1980, BGBl. I Seite 836 ff. (849).
274a In der Fassung vom 17. 11. 1972, BGBl. I Seite 2130, zuletzt geändert durch Artikel 7 des Gesetzes vom 16. 8. 1977, BGBl. I Seite 1586.

H. Was muß man zur Gründung einer Firma tun?

schäftsführer – in der in § 12 Abs. 1 HGB vorgeschriebenen Weise, also in öffentlich beglaubigter Form zu erfolgen (§ 78 GmbHG; vgl. auch Randnr. 117). Die Anmeldung kann auch durch einen bevollmächtigten Dritten vorgenommen werden; die Vollmacht bedarf ebenfalls der öffentlichen Beglaubigung.

Eine solche Bevollmächtigung ist jedoch nicht vorteilhaft, da die gleichfalls notwendige Zeichnung der Unterschrift der Geschäftsführer zur Aufbewahrung bei dem Gericht ohnehin persönlich erfolgen muß (§ 8 Abs. 5 GmbHG). Für diese Unterschriftsleistung genügt der Familienname.

294 Bei der Eintragung in das Handelsregister sind die Firma, der Sitz der Gesellschaft, der Gegenstand des Unternehmens, die Höhe des Stammkapitals, der Tag des Abschlusses des Gesellschaftsvertrages, die Personen der Geschäftsführer und deren Vertretungsbefugnis[275] anzugeben (§ 10 Abs. 1 Satz 1, § 8 Abs. 4 GmbHG). Der Anmeldung müssen beigefügt sein (§ 8 Abs. 1 GmbHG):

aa) der in notarieller Form abgeschlossene Gesellschaftsvertrag; ist der Gesellschaftsvertrag nicht von den Gesellschaftern selbst, sondern aufgrund einer notariell errichteten oder beglaubigten Vollmacht unterzeichnet worden, so ist die Vollmachtsurkunde oder eine beglaubigte Abschrift derselben vorzulegen;

bb) der Nachweis der Berechtigung der Geschäftsführer, wenn sie nicht bereits im Gesellschaftsvertrag, sondern in anderer Weise bestellt sind; einfache Schriftform des Nachweises genügt;

cc) eine von den anmeldenden Geschäftsführern unterzeichnete Liste der Gesellschafter, aus welcher Name, Vorname, Stand und Wohnort sowie der Betrag der von jedem Gesellschafter übernommenen Stammeinlage ersichtlich ist; alljährlich im Januar ist diese Liste zu erneuern (§ 40 GmbHG);

dd) im Falle der Leistung von Sacheinlagen die Verträge, die den Festsetzungen zugrunde liegen oder zu ihrer Ausführung geschlossen worden sind, der Sachgründungsbericht sowie Unterlagen darüber, daß der Wert der Sacheinlagen den Betrag der dafür übernommenen Stammeinlagen erreicht;

---

[275] Zu den Anforderungen an die Anmeldung der Vertretungsbefugnisse vgl. *BayObLG*, 8. 11. 1979, DB 1980 S. 681 mit weiteren Rechtsprechungshinweisen.

IV. Die Gründung der Gesellschaft mit beschränkter Haftung

ee) für den Fall, daß der Gegenstand des Unternehmens der staatlichen Genehmigung bedarf, die Genehmigungsurkunde (vielfach wird der Begriff „Erlaubnis" verwendet; auf die Wahl des Ausdrucks kommt es jedoch nicht an).

noch
294

Beispiele:

Zur Begründung einer Bank ist die Genehmigung des Bundesaufsichtsamtes für das Kreditwesen erforderlich (§ 32 Abs. 1 KWG). Wirtschaftsprüfungsgesellschaften und Steuerberatungsgesellschaften in der Rechtsform u. a. der GmbH bedürfen der Anerkennung der obersten Landesbehörde (die Wirtschafts- bzw. Finanzministerien der Länder; §§ 27 ff. WPO, 49 ff. StBerG).

Die Ausübung des Makler-, Darlehens- und Anlagenvermittlersowie des Bauträger- und Baubetreuungsgewerbes setzt eine Erlaubnis nach § 34 c Abs. 1 GewO[276] voraus; die Zuständigkeit für die Erlaubnis bestimmt sich nach Landesrecht (§ 155 Abs. 2 GewO); in der Regel sind es die unteren Verwaltungsbehörden (Landratsämter, Ordnungsämter der kreisfreien Städte).

Gehört eine rechtsberatende Tätigkeit zum Unternehmensgegenstand, so ist die Erlaubnis als Rechtsberater nach § 1 RBerG[277] vorzulegen (zuständig für die Erteilung der Erlaubnis ist der Amtsgerichtspräsident oder – ist das betreffende Amtsgericht keinem Präsidenten unterstellt – der Landgerichtspräsident). Das gilt unter Umständen auch, wenn der Begriff „Rechts"- Beratung nicht im Gegenstand des Unternehmens enthalten ist, aber die Rechtsberatung zwangsläufig zum Inhalt der Tätigkeit des Unternehmens gehört. So entfällt die Erlaubnis beispielsweise für die „Unternehmensberatung" oder die „Finanzierungsberatung", nicht aber für die „Versicherungsberatung". In diesem Zusammenhang ist darauf hinzuweisen, daß die „Versicherungsberatung" nicht vereinbar ist mit der vom selben Unternehmen lt. Gesellschaftsvertrag betriebenen „Versicherungsvermittlung", denn die vom Versicherungsberater erwartete Objektivität setzt Unabhängigkeit von einem be-

---

276 Vgl. auch VO über die Pflichten der Makler, Darlehens- und Anlagenvermittler, Bauträger und Baubetreuer (MaBV) in der Fassung der Bekanntmachung vom 11. 6. 1975 (BGBl. I S. 1351); ferner *BayObLG*, 10. 4. 1979, DB 1979 S. 1408.
277 Vom 13. 12. 1935 (RGBl. I S. 1478); Überschrift geändert (BGBl. 1958 I S. 437); zu beachten ist auch die VO zur Ausführung des Rechtsberatungsgesetzes vom 13. 12. 1935 (RGBl. I S. 1481; BGBl. 1958 I S. 437).

H. Was muß man zur Gründung einer Firma tun?

noch 294

stimmten Versicherungsunternehmen voraus, während der Versicherungsvermittler im Interesse eines bestimmten Versicherungsunternehmens handelt. Eine Verbindung beider Tätigkeiten würde daher zu unlösbaren Interessenkollisionen führen[278].

Der Betrieb von Gast- und Schankwirtschaften bedarf einer Erlaubnis gemäß § 2 Abs. 1 GastG; die Zuständigkeit für die Erlaubnis bestimmt sich nach Landesrecht (§ 30 GastG), in der Regel sind es die unteren Verwaltungsbehörden (Landratsämter, Ordnungsämter der kreisfreien Städte). – Die Gaststättenerlaubnis bezieht sich nicht nur auf die Person des Antragstellers, sondern nach § 3 GastG auch auf die bestimmte Betriebsart und bestimmte Räume. Sie kann also nur erteilt werden, wenn das betreffende Lokal konkret bezeichnet und durch die Erlaubnisbehörde besichtigt werden kann. Lautet der Gegenstand des Unternehmens einer Gaststätten-GmbH aber allgemein „Betrieb von Gaststätten" ohne Nennung eines bestimmten Lokals (weil das im Zeitpunkt der GmbH-Gründung noch gar nicht möglich ist), hat also die Gegenstandsbezeichnung nur programmatischen Charakter, so steht in solchen Fällen die fehlende Genehmigung der Handelsregistereintragung nicht entgegen[279]. Selbstverständlich ist die Erlaubnis dann einzuholen, wenn der Gegenstand des Unternehmens verwirklicht und der Betrieb einer **bestimmten** Gaststätte aufgenommen werden soll.

Wird durch eine spätere Satzungsänderung für den neuen Gegenstand des Unternehmens die staatliche Genehmigung erforderlich, so ist de-

---

278 So das Bundesaufsichtsamt für das Versicherungswesen unter Hinweis auf eine nach wie vor angewandte Allgemeine Verfügung des Reichsjustizministers vom 5. 7. 1938 (Deutsche Justiz 1938 S. 1114), in der angeordnet wird, die Erlaubnis nach § 1 RBerG mit der Auflage zu verbinden, jede Vermittlung von Versicherungsverträgen zu unterlassen; vgl. Geschäftsberichte des Bundesaufsichtsamts für das Versicherungswesen 1970 S. 45, 1971 S. 45 und 1976 S. 33, Ziff. 71.

279 So *OLG Frankfurt*, 30. 8. 1979, BB 1979 S. 1682 = DB 1980 S. 75 = GewArch. 1980 S. 234; im Ergebnis ebenso *BayObLG*, 14. 2. 1978, GewArch. 1978 S. 167; in diesem Fall war ein Hotel, dessen Betrieb Gegenstand des Unternehmens einer GmbH war, zwar noch nicht errichtet, aber im Bau; das reicht zur Konkretisierung des Betriebes aus. Desgleichen *von Ebner*, GewArch. 1978 S. 359.
Ist aber der Gegenstand des Unternehmens allgemein gehalten, obwohl im Zeitpunkt der Handelsregisteranmeldung eine konkrete Gaststätte bereits betrieben wird oder deren Betreiben feststeht, so ist der Gegenstand des Unternehmens wohl zu berichtigen und folglich die Gaststättengenehmigung als Voraussetzung der Eintragung im Handelsregister vorzulegen.

IV. Die Gründung der Gesellschaft mit beschränkter Haftung

ren Vorlage auch Voraussetzung für die Eintragung der Satzungsänderung im Handelsregister[280].

Dagegen fällt unter diese Genehmigungspflicht bei einer GmbH, deren Gegenstand der Betrieb eines Handwerks ist, nicht der Nachweis, daß die Voraussetzungen für die Eintragung in die Handwerksrolle gemäß § 7 HwO erfüllt ist. Denn § 8 Abs. 1 Nr. 6 GmbHG bestimmt ausdrücklich, daß die Genehmigung nachgewiesen werden muß, wenn der Gegenstand des Unternehmens der staatlichen Genehmigung bedarf. Die Eintragung in die Handwerksrolle bedeutet jedoch keine staatliche Genehmigung des Unternehmensgegenstandes, sondern ist Voraussetzung für die Ausübung der Handwerkstätigkeit[281]. **295**

Hat das Registergericht Zweifel, ob der im Gesellschaftsvertrag bezeichnete Unternehmensgegenstand der staatlichen Genehmigung bedarf, so kann es – wenn eine Genehmigungsurkunde nicht beigebracht wird – die Vorlage eines Negativattestes der zuständigen Verwaltungsbehörde verlangen[282]. **296**

In der Anmeldung ist die Versicherung abzugeben, daß die erforderlichen Mindestleistungen auf die Stammeinlagen bewirkt sind, und daß der Gegenstand der Leistungen sich endgültig in der freien Verfügung der Geschäftsführer befindet. Beim Vorliegen einer Einmann-GmbH ist für den Fall, daß die Geldeinlage nicht voll eingezahlt ist, die Versicherung abzugeben, daß die dann erforderliche Sicherheit bestellt ist (§ 8 Abs. 2 GmbHG). Ferner haben die Geschäftsführer in der Anmeldung zu versichern, daß keine Umstände vorliegen, die ihrer Bestellung nach § 6 Abs. 2 Satz 2 und 3 GmbHG (Konkursstraftaten, Berufsverbot usw.; vgl. Randnr. 282) entgegenstehen, und daß sie über ihre unbeschränkte Auskunftspflicht nach § 51 Abs. 2 des Bundeszentralregistergesetzes gegenüber dem Gericht belehrt worden sind (§ 8 Abs. 3 GmbHG). Schließlich ist die Art der Vertretungsbefugnis der Geschäftsführer anzugeben; diese haben ihre Unterschrift zur Aufbewahrung beim Gericht zu zeichnen (§ 8 Abs. 4 und 5 GmbHG). **297**

---

280 *BayObLG*, 31. 7. 1978, GewArch. 1978 S. 368.
281 *Hachenburg*, § 8 Randnr. 12; *OLG Celle*, 9. 9. 1971, BB 1972 S. 145; *OLG Stuttgart*, 10. 12. 1979, GewArch. 1980 S. 232; *AG Braunschweig*, 10. 12. 1976 – 36 AR 295/74; *AG Bielefeld*, 4. 9. 1979 – 20 AR 308/79; *AG Aachen*, 10. 10. 1980 – 13 T 3/80; *LG Tübingen*, 25. 6. 1979 – 1 KfH 2/79; a. A. *Oetzel*, GewArch. 1975 S. 292; *AG Fürth*, 28. 3. 1973, GewArch. 1973 S. 132; *AG Göppingen*, 15. 5. 1974, BB 1974 S. 903; *AG Nördlingen*, 28. 3. 1980, GewArch. 1980 S. 301.
282 *BayObLG*, 31. 1. 1976, BB 1976 S. 437; *BayObLG*, 10. 4. 1979, DB 1979 S. 1408; vgl. dazu *v. Ebner*, GewArch. 1980 S. 209.

H. Was muß man zur Gründung einer Firma tun?

298 Zu beachten ist, daß die GmbH **vor der Eintragung** in das Handelsregister des Sitzes der Gesellschaft als solche nicht besteht, und daß für Handlungen vor der Eintragung **im Namen der Gesellschaft** die Handelnden persönlich, unbeschränkt und gesamtschuldnerisch haften (§ 11 GmbHG).

Im Schrifttum und in der Rechtsprechung ist es streitig, welche Rechtsstellung die GmbH in dem Stadium zwischen ihrer **Errichtung** (Abschluß des Gesellschaftsvertrages) und ihrer **Entstehung** (Eintragung in das Handelsregister) einnimmt, ob sie als Gesellschaft bürgerlichen Rechtes, als nicht rechtsfähiger Verein, als offene Handelsgesellschaft oder als Gesellschaft eigener Art anzusehen ist. Dieser rechtstheoretische Streit hat für die Praxis seit dem Urteil des Bundesgerichtshofes vom 12. 7. 1956[283] an Bedeutung verloren. Der Bundesgerichtshof hat hier ausgeführt, daß die im Werden begriffene GmbH eine Organisation ist, „die einem Sonderrecht untersteht, das aus den im Gesetz oder im Gesellschaftsvertrag gegebenen Gründungsvorschriften und dem Recht der rechtsfähigen Gesellschaft, soweit es nicht die Eintragung voraussetzt, besteht". Er hat sich also für eine Gesellschaft eigener Art entschieden. Wesentlich für die Praxis ist allein die unbeschränkte Haftung der für die noch nicht entstandene Gesellschaft handelnden Personen[284].

b) Wie muß die Firma lauten?

299 Die Firma der GmbH muß entweder von dem Gegenstand des Unternehmens entlehnt sein (Sachfirma) oder die Namen der Gesellschafter oder den Namen wenigstens eines derselben (Personenfirma) mit einem das Vorhandensein eines Gesellschaftsverhältnisses andeutenden Zusatz enthalten. Sie muß in allen Fällen die zusätzliche Bezeichnung „mit beschränkter Haftung" führen (§ 4 Abs. 1 Satz 1 und Abs. 2 GmbHG).

---

283 BGHZ 21 S. 242 = BB 1956 S. 765 = NJW 1956 S. 1435; derselben Ansicht *Hachenburg*, § 4 Randnrn. 100 ff., *Buchwald/Tiefenbacher*, § 35 II Fußnote 3. Über die verschiedenen anderen Rechtsmeinungen vgl. *Scholz*, § 2 Randnr. 10. Vgl. auch *BAG*, 8. 11. 1962, BB 1963 S. 283; *Haberkorn*, BB 1962 S. 1408; zuletzt zu dieser Frage *BayObLG*, 28. 9. 1978, das eine Vorgesellschaft in der Rechtsform der oHG angenommen hat, sofern vor der Eintragung eine als Grundhandelsgewerbe anzusehende Geschäftstätigkeit in vollkaufmännischer Weise aufgenommen wird, BB 1978 S. 1685; siehe auch *Ulmer*, BB 1980 S. 1001.

284 Wegen Handelns für eine noch nicht eingetragene GmbH kann auch haften, wer im Vorgründungsstadium für die künftige GmbH aufgetreten, aber weder deren Gesellschafter noch deren Geschäftsführer geworden ist, *BGH*, 8. 10. 1979, BB 1980 S. 595.

IV. Die Gründung der Gesellschaft mit beschränkter Haftung

aa) die Sachfirma **300**

Im Gegensatz zur Firma des Einzelkaufmanns und der Personengesellschaft kann die GmbH eine – vom Gegenstand des Unternehmens entlehnte – S a c h f i r m a führen. Sie ist besonders beliebt, da sie den Gesellschaftern die Möglichkeit gibt, wenigstens nach außen „anonym" zu bleiben, d. h. nicht bereits durch Firmennamen, Werbung, Briefbogen und sonstige Geschäftsdrucksachen die gesellschaftsrechtlichen Verhältnisse zu offenbaren. Dafür besteht mitunter ein erhebliches geschäftliches Interesse, etwa dann, wenn sich die neu gegründete GmbH auf einem Gebiet betätigen will, das bisher zur Domäne der Lieferanten eines Schwesterunternehmens der GmbH gehörte, oder wenn ein Hersteller nun seine Erzeugnisse zweigleisig vertreiben will, beispielsweise nicht nur – wie gewohnt – als Markenware für einen exklusiven Kundenkreis, sondern mittels der neuen GmbH auch für andere Abnehmer. Wer natürlich wissen will, welche Personen hinter einer GmbH stehen, kann das immer durch die Einsicht in das Handelsregister erfahren, nicht jedoch durch einen bloßen Handelsregisterauszug, da er die Namen der Gesellschafter der GmbH nicht enthält.

Die Sachfirma muß dem Gegenstand des Unternehmens entlehnt **301** sein, wie er sich aus dem Gesellschaftsvertrag ergibt (vgl. Randnummer 280). Aus dem Begriff „Entlehnung" folgt, daß sich Gegenstand des Unternehmens und Firmenname nicht v o l l s t ä n d i g decken müssen. Erforderlich ist aber, daß die Sachfirma aus sich heraus für die Allgemeinheit erkennbar macht, mit was sich das Unternehmen befaßt. Das bedeutet nicht die Notwendigkeit einer e r s c h ö p f e n d e n Aufklärung durch den Firmennamen; bei mehreren Tätigkeitsbereichen müssen diese daher nicht alle im Firmennamen erscheinen; man wird jedoch verlangen müssen, daß dann wenigstens der wesentliche, der typische Geschäftszweig in der Firma zum Ausdruck kommt[285].

---

285 *Hachenburg*, § 4 Randnrn. 8, 14 ff.; ferner *Scholz*, § 4 Randnr. 2 mit Rechtsprechungs- und Schrifttumshinweisen; *Veismann*, DB 1966 S. 99; *OLG Neustadt a. d. W.*, 15. 10. 1962, NJW 1962 S. 2208; *AG Bremen*, 1. 6. 1967, BB-Beilage 10 zu Heft 34/1969, IV 3 b.
Eine Gesellschaft, die den gemeinnützigen Zweck verfolgt, aus ihrem Vermögen bestimmten Personen und Einrichtungen unentgeltliche Zuwendungen zu machen, darf in ihrem Firmennamen den Begriff „Stiftung" verwenden, obwohl es sich nicht um eine Stiftung im Sinne der §§ 80 ff. BGB handelt, so *OLG Stuttgart*, 12. 2. 1964, NJW 1964 S. 1231.

H. Was muß man zur Gründung einer Firma tun?

Während also der im Gesellschaftsvertrag aufgeführte Unternehmensgegenstand über die sachliche Aussage des Firmennamens hinausgehen kann, darf umgekehrt der Firmenname nicht mehr aussagen als der vertragliche Unternehmensgegenstand beinhaltet, denn sonst wäre die Firma täuschend nach § 4 GmbHG i. V. mit § 18 Abs. 2 HGB[286].

Wenn ein Unternehmen lediglich Handel treibt, also selbst nicht produziert, so ist das grundsätzlich firmenrechtlich relevant, muß aber nur dann ausdrücklich aus der Sachfirma hervorgehen, wenn sonst Irreführungen zu befürchten sind. Daß ein Unternehmen beide Funktionen ausübt, ergibt sich häufig aus der Art der Sachbezeichnung; das kann zum Beispiel angenommen werden bei Firmierungen wie „A B C -Textilien GmbH" oder „Bona Schokolade GmbH". Wird in diesen Fällen mit den betreffenden Waren nur Handel getrieben, so erscheint ein ergänzender Zusatz („Handels GmbH" oder „Vertriebs GmbH") notwendig. Allerdings sind im Einzelfall durchaus Ausnahmen denkbar. Das gilt etwa für Firmierungen wie „Bambino Kindermoden GmbH" oder „Bona Süßwaren GmbH"; sie deuten auf Handelsunternehmen hin, weil für Herstellerbetriebe solche Bezeichnungen zwar zulässig, aber in der Praxis ungewöhnlich wären. Das gilt in noch stärkerem Maße für solche Sachbezeichnungen, die bereits aus sich heraus nicht auf einen Herstellungsbetrieb schließen lassen, so zum Beispiel für Bezeichnungen wie „Bücher GmbH", denn im Zusammenhang mit der „Herstellung" von Büchern kommen nur Begriffe wie „Verlag" oder „Druckerei" oder „Buchbinderei" in Betracht. Dasselbe gilt für eine Firmierung wie etwa „A B C Kraftfahrzeuge GmbH". Dabei wird kaum jemand einen Kfz.-Produktionsbetrieb erwarten, weil die Automarken und ihre Hersteller allgemein bekannt sind; so bleibt im Rahmen einer vernünftigen Vorstellung nur ein Kraftfahrzeug-H a n d e l s unternehmen übrig.

---

286 Der Firmenbestandteil „Finanz- und Vermögensberatung" ist nicht gerechtfertigt, wenn der Gegenstand des Unternehmens „die Beratung und Vermittlung von Kapitalanlagen und Versicherungen aller Art und die Vermittlung von Immobilien" ist, *LG Nürnberg-Fürth*, 7. 2. 1980 – 4 HKT 520/79; eine „Finanz- und Vermögensberatung" ist wesentlich komplexer als die im vorliegenden Fall nach dem Unternehmensgegenstand vorgesehene Tätigkeit.

IV. Die Gründung der Gesellschaft mit beschränkter Haftung

Nicht zulässig wäre es, die Firma aus einem zwar ausgeübten Geschäftszweig zu wählen, der aber im Unternehmensgegenstand nicht aufgeführt ist[287].

Der im Gesellschaftsvertrag beschriebene Gegenstand des Unternehmens darf nicht so beschaffen sein, daß sich das Schwergewicht auf einen Tätigkeitsbereich verlagern kann, der ohne Beziehung zu der gewählten Sachfirma ist und von ihr auch nicht andeutungsweise gedeckt wird[288]. Auch muß der Firmenname dem in der GmbH-Satzung positiv bestimmten Gegenstand des Unternehmens entlehnt sein und nicht der üblicherweise in Gesellschaftsverträge aufgenommenen ergänzenden Kann-Vorschrift über weitere zulässige Tätigkeiten.

Beispiel:
Lautet der Gegenstand des Unternehmens „Vertrieb von Möbeln aller Art und Waren der Einrichtungsbranche auf jeder Handelsstufe. Die Gesellschaft ist ferner berechtigt, sich an anderen Unternehmen zu beteiligen und deren Verwaltung zu übernehmen", so wäre die Firmierung „Vermögens-Verwaltungs-GmbH" abzulehnen, da es sich bei dieser Sachfirma nicht um die typische, positiv bestimmte Tätigkeit des Unternehmens handelt. Entweder müßte also der Gegenstand des Unternehmens anders formuliert oder der Firmenname geändert werden.

Eine inhaltslose, wenn auch nicht unzutreffende Bezeichnung genügt daher nicht, da sie den Gegenstand des Unternehmens nicht in charakteristischer Weise erkennbar macht.

Beispiel:
Eine GmbH möchte unter der Bezeichnung „Handelsgesellschaft mbH" in das Handelsregister eingetragen werden. Da kraft Gesetzes jede GmbH als Handelsgesellschaft gilt (§ 13 Abs. 3 GmbHG), wäre eine solche Firma unzulässig, da sie über den Ge-

---

287 *Hachenburg,* § 4 Randnr. 8.
288 Vgl. *OLG Celle,* 23. 1. 1974 – 9 Wx 1/74; die Firma „Automuseum XY mbH" wurde daher im Hinblick auf den Gegenstand des Unternehmens, nämlich „Betrieb eines Automuseums sowie der An- und Verkauf von Gebrauchtfahrzeugen jeglicher Art...", als täuschungsgeeignet angesehen, da die Öffentlichkeit mit diesem Firmennamen nicht die Vorstellung eines Gebrauchtwagenhandels verbindet; *LG Frankenthal,* 11. 8. 1977 – 1 (HK) T 1/77: der Begriff „Wohnwelt" ist nicht geeignet, ein Unternehmen als Möbelgroßhandlung zu kennzeichnen.

H. Was muß man zur Gründung einer Firma tun?

genstand des Unternehmens nichts aussagt[289]. Aber selbst wenn der Gegenstand entsprechend der tatsächlichen Tätigkeit „Handel mit Waren aller Art" lauten würde, wäre eine Firma „Handelsgesellschaft mbH" abzulehnen, da nach § 13 Abs. 3 GmbHG der Begriff „Handelsgesellschaft" rechtstechnisch und nicht als ein Indiz für eine Handelstätigkeit zu verstehen ist; auch eine GmbH, die keinen Handel treibt, gilt als „Handelsgesellschaft". Denkbar wäre in diesem Fall eine Firmenbezeichnung wie „Warenhandels-GmbH" oder „Warenvertriebs GmbH"[290].

302 Keine Entlehnung vom Unternehmensgegenstand ist auch bei der Verwendung von **Phantasiebezeichnungen** als alleiniger Firmenbestandteil gegeben, da sie keine Vorstellung über die Tätigkeit des Unternehmens vermitteln[291], anders, wenn sich eine Phantasiebezeichnung allgemein im Verkehr durchgesetzt hat, denn dann hat der betreffende Begriff den Charakter einer Phantasiebezeichnung verloren; er ist zur Sachbezeichnung geworden. Das gilt jedoch nicht, wenn sich diese allgemeine Bekanntheit nur auf eine Branche oder auf ein regional begrenztes Gebiet bezieht.

Beispiele:

α Eine bloße Buchstabenfolge „A B C" ist als Phantasiebezeichnung zu verstehen. Eine Firma „A B C GmbH" wäre daher unzulässig. Anders, wenn „A B C" im Verkehr **allgemein** eine bestimmte und zutreffende Vorstellung hervorruft (wie etwa „AEG"; „AEG GmbH" wäre daher als Firmierung für ein Unternehmen, das Elektrogeräte herstellt und vertreibt, zulässig; vgl. auch Randnr. 309 und Fußnote 142).

β Ist in einem örtlich begrenzten **Gebiet** allgemein bekannt, daß unter der historisch bedingten Bezeichnung „X-Mühle" eine Textilfabrik zu verstehen ist, so ist dennoch eine Firmierung „X-Mühle

---

289 Vgl. dazu *Scholz*, § 4 Randnr. 2; *Wessel*, BB 1960 S. 1268 unter II 2; *LG Siegen*, 16. 2. 1965 – 2 T 192/64.
290 Zur Frage eines ergänzenden Individualisierungszusatzes vgl. unter Randnr. 307.
291 *LG Aachen*, 2. 5. 1967, BB-Beilage 10 zu Heft 34/1969, IV 3 a; *AG Bremen*, 1. 6. 1967, BB-Beilage 10 zu Heft 34/1969, IV 3 b; vgl. auch *Hachenburg*, § 4 Randnrn. 12, 16 und 17. Mit der Problematik der Unzulässigkeit der Phantasiefirma setzt sich *Wellmann* im Rahmen einer kritischen Stellungnahme zu § 4 des damaligen Referentenentwurfes eines GmbH-Gesetzes auseinander (BB 1970 S. 153 unter I); vgl. auch *Kind*, BB 1980 S. 1588.

IV. Die Gründung der Gesellschaft mit beschränkter Haftung

GmbH" nicht ausreichend; sie wird zwar in dem betreffenden Gebiet richtig verstanden, darüber h i n a u s ist sie aber zur Täuschung geeignet.

Auch sind Gegenstandsbezeichnungen zu vermeiden, die m e h r d e u - 303
t i g sind oder die durch ihre Unklarheit mangelnde Kennzeichnungskraft besitzen und daher zu „Rückschlüssen und Denkübungen" zwingen[292].

Ebenso sind fremdsprachliche Sachbezeichnungen, für die zwar 304
bei Unternehmen mit starken Geschäftsverbindungen zum Ausland ein verständliches Interesse besteht, als Firma der GmbH abzulehnen, es sei denn, sie wären auch für das nur deutsch sprechende Publikum ohne weiteres verständlich – so etwa allmählich eingeführte Begriffe wie „Marketing", „Development", „Trading", „Holding", „Engineering" oder „Food- und Non-Food-Vertrieb"[293] – oder sie würden durch einen erläuternden und allgemein verständlichen Zusatz ergänzt. Andernfalls haben sie den Charakter bloßer Phantasiebezeichnungen und wären daher für sich allein nicht ausreichend[294].

---

292 Das *OLG Neustadt a. d. W.*, 15. 10. 1962, NJW 1962 S. 2208, hat mit dieser Begründung eine Firma „Bauhelf GmbH" für unzulässig erachtet. Das *OLG Köln*, 8. 1. 1976, DB 1976 S. 863, hat dagegen bei einem Unternehmen, das einen Verlag für wissenschaftliche Literatur betreibt, und zwar solche aus dem anglo/amerikanischen Kulturkreis, die dort unter der Bezeichnung „architecture of society" oder „social architecture" veröffentlicht wird, die Firma „Verlag für Gesellschaftsarchitektur GmbH" nicht beanstandet mit der wenig überzeugenden Begründung, daß eine für den Verkehr mehrdeutige Firmenbezeichnung dann zuzulassen sei, „wenn sie innerlich wahr ist und keine nennenswerten Schäden für die Verkehrsteilnehmer zu befürchten sind . . .".
293 *OLG Frankfurt*, 23. 3. 1979, BB 1979 S. 1118.
294 So die überwiegende Meinung, vgl. auch *AG Bremen*, 7. 7. 1971, BB-Beilage 12 zu Heft 29/1975, IV 17 b („Silla-GmbH"; von silla = spanisch „Stuhl"); *LG Dortmund*, 5. 9. 1979 – 19 T 1/79 („carpets" als Bezeichnung für „Teppiche" ist für den Verkehr weder geläufig noch allgemeinverständlich und daher täuschungsgeeignet); a. A. *LG Wiesbaden*, 29. 7. 1968, mit zahlreichen Rechtsprechungs- und Schrifttumshinweisen, BB-Beilage 10 zu Heft 34/1969, IV 5. Das Gericht hat mit dieser Entscheidung die Firmierung „. . . Enterprise Recreational Service GmbH" für zulässig erklärt; es genüge nämlich, daß das Publikum die Kenntnis des Unternehmensgegenstandes notfalls mit Hilfe Dritter erlangen könne; ähnlich auch *BayObLG*, 3. 5. 1977, BB 1977 S. 813 = DB 1978 S. 579, wenn es ausführt, fremdsprachliche Firmenbestandteile seien „unschädlich, wenn sie für die interessierte Öffentlichkeit – notfalls mit Hilfe Dritter – verständlich sind" („Tele-Promotion" für „Fernsehwerbung"), vgl dazu auch Fußnote 295.

H. Was muß man zur Gründung einer Firma tun?

305 Dagegen sind **Fachbegriffe** als Sachfirma geeignet, selbst wenn sie nicht allgmein verständlich sind, sich aber in Fachkreisen durchgesetzt haben. Denn auch bei der Beurteilung einer Firmierung muß der modernen technischen Entwicklung und der technologischen Forschung Rechnung getragen werden, die zu neuartigen, von der Branche anerkannten Wortbildungen führt. Mit dieser Begründung hat das OLG Stuttgart die Firmierung „... (Phantasiebegriff) ... Fluidtechnik GmbH" – als Kurzbezeichnung für Ölhydraulik und Pneumatik im Maschinenbau – für zulässig erklärt[295]. Ebenso ist als anerkannter Fachbegriff die Bezeichnung „Handling" – als Hinweis auf den gesamten Produktionsbereich „Montage- und Handhabungstechnik" anzusehen[296]. Zu beachten ist aber, daß ein Phantasiebegriff nicht bereits dadurch, daß er branchenbekannt ist, zum von der Branche **anerkannten** Fachbegriff geworden ist. Letzterer bedeutet eine gewissermaßen „offizielle" Wortschöpfung für einen Vorgang oder einen Gegenstand, für den es bis dahin keinen schlagwortartigen Begriff gab. Eine Phantasiebezeichnung dagegen tritt **neben** den eigentlichen, bereits vorhandenen Begriff; meistens handelt es sich dabei um eine von einem Unternehmen intern gewählte Produktbezeichnung. Daher sind die an sie gestellten firmenrechtlichen Anforderungen **höher** als beim Fachbe-

---

[295] Beschluß vom 19. 2. 1974, BB 1974 S. 756 mit Anmerkung von *Wessel*. An die „Anerkennung durch die Branche" hat jedoch das Gericht gewisse Anforderungen gestellt, indem es ausgeführt hat: „Fluidtechnik ist eine Maschinenbaugruppe, eine Kurzbezeichnung für Ölhydraulik und Pneumatik; dem Begriff Fluidtechnik hat im Jahre 1970 ein Ausschuß der Fachgemeinschaft Ölhydraulik und Pneumatik im Verein Deutscher Maschinenbau-Anstalten e. V. in der Bedeutung von ‚fluidpower' als Pendant zur Elektrotechnik zugestimmt; der Ausschuß hat den Begriff also genehmigt. Damit hat der Begriff für die Fachkreise eine feste Bedeutung gewonnen, wie sich z. B. auch aus dem Messeheft der Hannover-Messe 1973 und dem Verein Deutscher Ingenieure (VDI-Gesellschaft Produktionstechnik) angekündigten fluidtechnischen Kolloquium mit dem Thema ‚Fortschritte in der Fluidtechnik' für März 1974 ergibt. Entgegen der Auffassung des Landgerichts genügt es, daß eine solche spezielle Branchenbezeichnung sich in den Fachkreisen durchgesetzt hat und in diesen bekannt und verständlich ist."
Auf diese Entscheidung beruft sich auch das *BayObLG* in der Begründung seines Beschlusses vom 3. 5. 1977, BB 1977 S. 813 = DB 1978 S. 579 („Tele-Promotion"); vgl. Fußnote 294; dabei wird jedoch offenbar übersehen, daß für die Zulässigkeit des Begriffes „Fluidtechnik" die Anerkennung durch die Branche als **Fachausdruck** entscheidend war; ob diese eingehende Voraussetzung aber auch für den Begriff „Tele-Promotion" gilt, erscheint doch recht zweifelhaft.

[296] Das hat eine Auskunft des Vereins Deutscher Maschinenbau-Anstalten e. V., Frankfurt, ergeben; dafür spricht auch ein Zeitschriftentitel „Handling-Journal" sowie die Bezeichnung „Industrial Handling" für eine Fachmesse.

IV. Die Gründung der Gesellschaft mit beschränkter Haftung

griff: Für letzteren genügt, um alleinstehend als Firmierung verwendet werden zu können, Branchen(aner)kenntnis; eine Phantasiebezeichnung würde dagegen Kenntnis in der Allgemeinheit erfordern (s. Randnrn. 302, 309 und Fußnote 142).

Ein in die Warenzeichenrolle eingetragenes W a r e n z e i c h e n kann als Sachfirma verwendet werden, wenn sich aus dem Gesellschaftsvertrag ergibt, daß der Unternehmensgegenstand die Herstellung und der Vertrieb von Waren unter dieser Bezeichnung ist u n d sofern das Warenzeichen a l l g e m e i n bekannt ist und somit den Gegenstand des Unternehmens eindeutig erkennen läßt[297].

306

Beispiel:

In der Warenzeichenrolle ist das Warenzeichen „Bona" für Schokoladenerzeugnisse eingetragen. Es sei unterstellt, die Ware unter dieser Bezeichnung sei im Verkehr gut eingeführt, so daß jedermann weiß, daß es sich bei „Bona" um Schokolade handelt. Weist die Herstellerin einen entsprechenden bedeutenden Umfang auf, so wäre gegen die Eintragung einer Firma „Bona-Werk GmbH" nichts einzuwenden. Ist dagegen „Bona" unbekannt, so müßte die Eintragung unter dieser Firma verweigert werden. Dann hätte das Warenzeichen nicht mehr als den Charakter einer bloßen Phantasiebezeichnung und könnte lediglich als Z u s a t z im Firmennamen verwendet werden (etwa „Bona Schokoladenwerk GmbH"). Im Gegensatz zu Fachausdrücken genügt also beim Warenzeichen als Firma die bloße B r a n c h e n durchsetzung nicht, da die auf die Branche bezogene Durchsetzung eines Warenzeichens dieses noch nicht zum Fachausdruck macht. Allerdings kann je nach der Herkunft oder Zusammensetzung ein Warenzeichen zum Fachausdruck werden[298].

Da eine Sachfirma erfordert, daß der Gegenstand des Unternehmens aus ihr selbst für die Allgemeinheit erkennbar ist, ist die Verknüpfung eines Sachbestandteils mit solchen Phantasiezusätzen unzulässig, die ei-

---

297 So die herrschende Auffassung; vgl. dazu *Scholz*, § 4 Randnr. 3; *Hachenburg*, § 4 Randnr. 19; vgl. auch *LG Hamburg*, 22. 2. 1967, bei *Grobe*, NJW 1967 S. 1948 mit weiteren Rechtsprechungs- und Schrifttumshinweisen, kritische Stellungnahme zu dieser Entscheidung: *Wessel*, NJW 1968 S. 733.
298 Z. B. „Weck" – nach dem Erfinder eines Konservenglases mit Gummiring namens *Weck* („Weckgläser" ist zum Fachausdruck, sogar zur Gattungsbezeichnung geworden).

H. Was muß man zur Gründung einer Firma tun?

ne Täuschung über das Unternehmen oder seine Tätigkeit oder seine geschäftlichen Verhältnisse begründen können[299] (s. auch unter J Unzulässige Firmenzusätze, Randnrn. 345 ff.).

307 Wird für die Sachfirma eine G a t t u n g s - oder B r a n c h e nbezeichnung gewählt – z. B. „Transportbeton", „Mineralölvertrieb", „Gebäudereinigung", „Sportwarenvertrieb", „Eisenhandel", „Gewächshaus" –, so erhebt sich die Frage, ob derartige Begriffe, ergänzt durch den Gesellschaftszusatz „GmbH" als Firma ausreichen.

Die v e r n e i n e n d e Auffassung wird damit begründet, die bloße Gattungs- oder Branchenbezeichnung habe keine ausreichende Kennzeichnungs-und Unterscheidungskraft; daher sei ihr ein i n d i v i d u a l i s i e r e n d e r Zusatz beizufügen. Die Notwendigkeit einer solchen Individualisierung ergebe sich aus der Namensfunktion, die auch der Firmenname zu erfüllen habe; sie entspreche auch im Hinblick auf die zahlreichen Gesellschaften mit beschränkter Haftung mit gleichartigem Geschäftsgegenstand in allen Handelszweigen den Bedürfnissen des modernen Wirtschaftslebens. Als derartige Individualisierungszusätze kommen z. B. Eigennamen, Abkürzungen, Phantasie- und Ortsbezeichnungen oder Warenzeichen in Betracht. Dieser Auffassung wird in der Praxis weitgehend gefolgt[300].

---

299 So hat das *OLG Köln*, 5. 3. 1979 – 2 Wx 107/78, die Firma „Weinkellerei Herzog von Richelieu GmbH" bezüglich des Bestandteils „Herzog von Richelieu", bei dem es sich um eine warenzeichenrechtlich geschützte Bezeichnung handelt, für unzulässig gehalten mit der überzeugenden Begründung, daß in weiten Teilen der Öffentlichkeit der unzutreffende Eindruck entstehe, eine Person des genannten Namens sei Gründungsgesellschafter der GmbH. Außerdem würde ein erheblicher Teil des Publikums dem klangvollen Adelsnamen in der Firma beim Einkauf von Wein und sonstigen Traubenerzeugnissen Bedeutung beilegen und damit eine Wertschätzung verbinden, die sich in einem Vertrauen in die dargebotene Auswahl niederschlägt.

300 Vgl. *OLG Hamm*, 7. 7. 1961 („Transportbeton GmbH"), BB 1961 S. 1026 mit Anmerkung von *Wellmann*, BB 1961 S. 1102; ebenso *OLG Hamm*, 23. 9. 1977 – 15 W 69/76 („Aluminium Vertriebsgesellschaft mbH") und *OLG Hamm*, 14. 9. 1977, DB 1977 S. 2179 = RPfleger 1977 S. 410 („Industrie- und Baubedarf-GmbH"); *LG* Hannover, 25. 6. 1969 („Mineralöl-Vertrieb GmbH"), BB-Beilage 10 zu Heft 34/ 1969, IV 4; *LG Aachen*, 20. 2. 1970, BB-Beilage 9 zu Heft 30/1971, III 8 b („Gebäudereinigungsgesellschaft Düren mbH"); *OLG Düsseldorf*, 26. 2. 1971, BB-Beilage 9 zu Heft 30/1972, III 8 a („Stapler-Vermietung GmbH"); *LG Kassel*, 3. 1. 1978 – 13 T 9/77 („Reisemobil Vermietungs- und Vertriebsgesellschaft mbH"; sehr weitgehend, denn diese Wortverbindung ist wohl kaum mehr als Gattungs- oder Branchenbezeichnung anzusprechen); *Veismann*, DB 1966 S. 99; *Wellmann*, BB 1970 S. 153, jeweils mit weiteren Rechtsprechungs- und Schrifttumshinweisen.

IV. Die Gründung der Gesellschaft mit beschränkter Haftung

Die gegenteilige Meinung stützt sich auf den Wortlaut des § 4 Abs. 1 Satz 1 GmbHG, wonach die Sachfirma der GmbH vom Gegenstand des Unternehmens „entlehnt" sein muß. Eine Gattungs- oder Branchenbezeichnung besitze aber insofern eine ausreichende Kennzeichnungskraft, als sie dem Verkehr einen klaren Eindruck von der Tätigkeit des betreffenden Unternehmens vermittle. Dem Erfordernis des Begriffes „Entlehnung vom Unternehmensgegenstand" sei damit Rechnung getragen; mehr verlange das Gesetz nicht[301].

noch **307**

Eine Entscheidung des Bundesgerichtshofes zu diesem in der Praxis keine geringe Rolle spielenden Problem fehlt bis jetzt. Insofern ist dieser der Rechtssicherheit zwar nicht förderliche, aber wie bei allen firmenrechtlichen und sonstigen Ermessensentscheidungen nicht vermeidbare Zustand hinzunehmen, daß ein und derselbe Firmenname von dem einen Registergericht eingetragen, von dem anderen nicht eingetragen wird.

Selbstverständlich kann sich – ohne Rücksicht auf diesen Meinungsstreit – in vielen Fällen, in denen eine Gattungs- oder Branchenbezeichnung als Firma gewählt wird, die Notwendigkeit oder Zweckmäßigkeit eines ergänzenden Firmenzusatzes ergeben, um eine deutliche Unterscheidung von den Firmierungen anderer ortsansässiger Unternehmen zu erreichen (§ 30 HGB) oder um etwaigen wettbewerbsrechtlichen Unterlassungsansprüchen (§ 16 UWG) mit größerer Sicherheit zu entgehen.

Umgekehrt ist zur Vermeidung allzulanger Firmennamen grundsätzlich eine Beschränkung auf das Notwendige zweckmäßig; das gilt vor allem dann, wenn etwa die GmbH persönlich haftende Gesellschafterin einer Kommanditgesellschaft (GmbH & Co.) werden soll, ihre Firma also zur Bildung der GmbH & Co.-Firma verwendet werden und in diese zur deutlichen Unterscheidung beider Firmennamen ein weiterer Zusatz aufgenommen werden muß (s. Randnr. 249).

---

301 Vgl. *Hachenburg*, § 4 Randnrn. 23 ff.; *Gleiss/Blumers*, BB 1970 S. 905; *Gross*, Zeitschrift für das Notariat in Baden-Württemberg 1973 S. 97 ff. (98) – auch zu anderen Fragen des GmbH-Vertrages. Zahlreiche Firmen aus bloßer Gattungs- oder Branchenbezeichnung mit dem „GmbH"-Zusatz sind im Handelsregister eingetragen; siehe dazu auch *Veismann*, DB 1966 S. 99, 100, Fußnoten 11, 13, 26, und *Wellmann*, BB 1970 S. 153, 156, Fußnote 27. Das gilt z. B. auch für eine Firma „Mineralöl-Vertrieb GmbH", deren Eintragung das *LG Hannover* entgegengetreten ist (siehe Fußnote 199), die aber das *AG Stuttgart* vorgenommen hat (HRB 3338).

H. Was muß man zur Gründung einer Firma tun?

308 Die Sachfirma darf ebenso wie eventuelle Firmenzusätze nicht über Art, Umfang und Verhältnisse des Unternehmens täuschen. Insoweit kann auf die Ausführungen unter den Randnrn. 134 ff. verwiesen werden.

Ändert daher eine GmbH, die eine Sachfirma führt, ihre Tätigkeit, so daß der Firmenname falsch wird, so kann er in der Regel nicht beibehalten, sondern muß dem neuen Unternehmensgegenstand angepaßt werden.

Beispiel:

Das Unternehmen „Meridian Schuhfabrik GmbH" hat die Schuhproduktion aufgegeben und beschränkt sich nunmehr auf die Vermögensverwaltung und Beteiligung an anderen Unternehmen. Der Firmenbestandteil „Schuhfabrik" muß daher ersetzt werden, etwa durch den Begriff „Verwaltungs-", so daß die Firma dann lauten könnte „Meridian Verwaltungs-GmbH".

309 Diese Auffassung war früher strittig, entspricht aber nunmehr der wohl herrschenden Meinung[302]; sie steht auch in Einklang mit der Tendenz der höchstrichterlichen Rechtsprechung, beim Widerstreit zwischen Firmenkontinuität und Firmenwahrheit mehr und mehr der letzteren den Vorrang einzuräumen[303]. Eine Parallele mit der Personenfirma, die beim Ausscheiden des namengebenden Gesellschafters beibehalten werden kann, ist zu verneinen, denn eine Täuschung, die durch eine mit der tatsächlichen Tätigkeit des Unternehmens in Widerspruch stehende Sachbezeichnung hervorgerufen wird, ist für den Wirtschaftsverkehr ungleich gravierender als ein mit den gegenwärtigen Gesellschafterverhältnissen nicht übereinstimmender Eigenname.

Allerdings sind Ausnahmen denkbar, etwa dann, wenn eine Sachfirma im Verkehr eine solche Bedeutung erlangt hat, daß sie gar nicht mehr als Tätigkeitshinweis verstanden wird, sondern ausschließlich der Kennzeichnung des betreffenden Unternehmens schlechthin – ohne Rücksicht auf seinen derzeitigen Gegenstand – dient.

Beispiel:

Wohl niemand erwartet, daß das unter „Allgemeine Elektrizitäts-Gesellschaft" (AEG) firmierende Unternehmen Strom erzeugt oder lie-

---
[302] Vgl. dazu ausführlich *Hachenburg*, § 4 Randnrn. 28 ff.
[303] *BGH*, 10. 11. 1969, BB 1970 S. 318 (siehe Fußnote 448); *BGH*, 18. 3. 1974, BB 1974 S. 757 und 951 (siehe Fußnote 228); *BGH*, 18. 9. 1975, BB 1975 S. 1547 (siehe Fußnote 231).

IV. Die Gründung der Gesellschaft mit beschränkter Haftung

fert. Trotz „falscher" Sachfirma ist die Firmierung also nicht irreführend.

Eine Besonderheit ergibt sich, wenn nach dem Geschäftsgegenstand eine Tätigkeit ausgeübt werden soll, die eine besondere berufliche Qualifikation erfordert und diese Qualifikation auch im Firmennamen zum Ausdruck kommt durch Begriffe wie z. B. „Architekturbüro" oder „Ingenieurbüro", ohne daß die Gesellschafter oder der bzw. die Geschäftsführer selbst über diese Qualifikation verfügen. Ist dann die Firma unzulässig?

310

Da die Gesellschafter häufig nicht aktiv in der GmbH tätig, sondern auf die Beteiligung als solche beschränkt sind und auch der bzw. die Geschäftsführer oft ausschließlich Kaufleute und nicht Techniker sind, wird man nicht auf die Qualifikation der Gesellschafter und der Geschäftsführer abstellen dürfen; entscheidend muß vielmehr sein, daß das Unternehmen überhaupt ernsthaft die Absicht hat und in der Lage ist, die im Firmennamen zum Ausdruck kommende Tätigkeit auszuüben (vgl. Randnr. 244); daher wird es genügen, aber auch erforderlich sein, daß ein maßgebender Mitarbeiter, etwa der verantwortliche Betriebsleiter die betreffende Qualifikation besitzt und berechtigt ist, den damit verbundenen und in der Firma zum Ausdruck kommenden Titel zu führen[304]. Wird dagegen ein Firmenbestandteil wie „Architektengesellschaft" oder „Ingenieurgesellschaft" verwendet, so ist darüber hinaus zu verlangen, daß auch sämtliche Gesellschafter diese Voraussetzung erfüllen.

bb) Die Personenfirma

311

Führt die GmbH eine Personenfirma, so genügt der Familienname eines der Gesellschafter, ergänzt durch den Zusatz „GmbH". Der Hinzufügung von Vornamen und der Erwähnung weiterer oder aller Gesellschafter im Firmennamen steht allerdings nichts entgegen.

Die aus den drei Gesellschaftern Müller, Maier und Schulze bestehende GmbH kann daher beispielsweise lauten:

---

304 So *LG Nürnberg-Fürth*, 15. 6. 1977 – 4 HK T 9635/76 – hinsichtlich des Firmenbestandteils „Architekturbüro". Eine gewisse Parallele ergibt sich aus § 7 Abs. 4 HWO (vgl. Randnr. 286).

H. Was muß man zur Gründung einer Firma tun?

„Müller GmbH" („Maier GmbH", „Schulze GmbH")
oder „Müller & Co. GmbH" („Maier & Co. GmbH", „Schulze Co. GmbH")
oder
„Müller, Maier & Co. GmbH" („Müller, Schulze & Co. GmbH", „Maier, Schulze & Co. GmbH")
oder
„Müller, Maier & Schulze GmbH".

Dagegen wäre die Firma „Müller & Maier GmbH" unzulässig, da sie den Eindruck vermittelt, die Gesellschaft habe – zumindest im Zeitpunkt ihrer Gründung – nur aus den Gesellschaftern Müller und Maier bestanden; durch das Verschweigen weiterer Gründer-Gesellschafter wird über die Rechtsverhältnisse des Unternehmens getäuscht[305].

Führen jedoch mehrere Gesellschafter ein und denselben Familiennamen, so erscheint es allerdings ausreichend, daß dieser Name nur einmal in der Firma erscheint.

Beispiel:

Heißt ein Gesellschafter Müller und zwei weitere Gesellschafter Maier, so wäre die Firma „Müller & Maier GmbH" ausreichend, die Anfügung von „& Co." o. ä. nicht erforderlich.

Der Namensgeber muß im Zeitpunkt des Entstehens, also der Eintragung der GmbH ins Handelsregister, Gesellschafter sein. Nichtgesellschafter dürfen in die Firma nicht aufgenommen werden (§ 64 Abs. 1 Satz 2 GmbHG). Das gilt auch im Falle der Änderung der Firma der GmbH. Personen, die im Zeitpunkt der Änderung nicht Gesellschafter sind, dürfen nicht in die Firma aufgenommen werden[306].

312 Eine Personenfirma liegt auch dann vor, wenn eine juristische Person, die eine Sachfirma führt, Gesellschafterin und Namensgeberin der GmbH ist, denn in diesem Fall ist die Sachfirma der Personenname der juristischen Person. Dann ist al-

---

305 *BGH*, 18. 9. 1975, BB 1975 S. 1454 und BB 1976 S. 202 mit kritischer Anmerkung von *Schäfer* = DB 1975 S. 2172; Kritik an dieser Entscheidung übt ferner *Sachs*, DB 1975 S. 2423; vgl. auch Handelsblatt vom 30. 10. 1975.
306 Vgl. *OLG Stuttgart*, 8. 1. 1971 – 8 W 220/70 mit Rechtsprechungs- und Schrifttumshinweisen.

IV. Die Gründung der Gesellschaft mit beschränkter Haftung

lerdings erforderlich, daß der vollständige Name der juristischen Person zur Firmenbildung der neuen Gesellschaft verwendet wird und nicht etwa nur Teile davon[307].

Wird dadurch jedoch die neue Firma etwa aufgrund eines in der Firma der namengebenden Gesellschafterin enthaltenen Bedeutungs- oder Sachbestandteils, der mit der Bedeutung oder mit der Tätigkeit der neuen Gesellschaft nicht in Einklang steht, irreführend, so muß zunächst für die namengebende Gesellschafterin eine andere Firma gewählt werden[308].

Beispiele:

a) Eine Firma „Euro... AG" in X beteiligt sich als namengebende Gesellschafterin an einer GmbH in Y, die einen durchaus bescheidenen, auf das Inland bezogenen Geschäftsumfang aufweist. Der formal zulässige Name „Euro... GmbH" ist dennoch unzulässig, da der Wortbestandteil „Euro..." vom Verkehr auf das Unternehmen der GmbH bezogen wird und somit über deren Umfang täuscht.

b) Eine „Maschinenfabrik Schulze GmbH" in X beteiligt sich als namengebende Gesellschafterin an einer GmbH in Y, die Handelsvertretungen in Textilien unterhält. Formal könnte die Firma dieser neuen GmbH – als Personenfirma – ebenfalls „Maschinenfabrik Schulze GmbH" lauten. Selbst wenn ein Zusatz „Handelsvertretungen" hinzugefügt würde, wäre diese Firma täuschend, da sie über ihre Tätigkeit falsche oder unklare Vorstellungen erweckt.

Die in den beiden Beispielen genannten Gesellschaften müßten eine andere Firmierung wählen, was durch die Zulässigkeit einer Sachfirma oder nach der vorherigen Änderung der Firma der namengebenden Gesellschafterin ohne weiteres möglich ist.

noch **312**

---

307 Es genügt aber der vollständige Name wenigstens eines Gesellschafters der GmbH. Ein weiterer aus der Sachfirma eines anderen Gesellschafters gebildeter Zusatz (also lediglich Namensteil) ist zulässig, sofern dadurch keine Täuschung über die Art oder den Umfang des Geschäftes oder die Verhältnisse des Geschäftsinhabers herbeigeführt wird; so *BayObLG*, 4. 12. 1970, BB-Beilage 9 zu Heft 30/1971, III 7 = DB 1971 S. 88.
308 So *OLG Frankfurt*, 11. 11. 1958, BB 1958 S. 1272. Anders *OLG Karlsruhe*, 11. 7. 1966, das ausnahmsweise die Übernahme lediglich des Personennamensteils aus der gemischten Firma einer Gesellschafter-AG genügen lassen will, sofern der Sachbestandteil eine Irreführung über Art und Umfang des Geschäfts der GmbH bewirken könnte, GmbHR 1967 S. 122.

H. Was muß man zur Gründung einer Firma tun?

313 Der Gesellschaftszusatz der namengebenden Firma muß jedoch in der neuen Firma entfallen, um eine Unklarheiten verursachende Verdoppelung von Gesellschaftszusätzen zu vermeiden[309].

Beispiel:
Die Aktiengesellschaft „Duro Stahl AG" in X ist Gesellschafterin einer neu gegründeten GmbH in Y. Deren (Personen-)Firma soll den Namen der Aktiengesellschaft führen. Die GmbH kann daher „Duro Stahl GmbH" lauten; der Zusatz „AG" ihrer namengebenden Gesellschafterin muß weggelassen werden.

Selbstverständlich liegt eine zulässige Personenfirma auch dann vor, wenn der Name einer selbst eine Personenfirma führenden Gesellschafterin zur Firmenbildung verwendet wird.

Beispiel:
Die „Lothar-Müller-AG" in X ist Gesellschafterin einer neu gegründeten GmbH in Y. Deren Firma kann „Lothar-Müller GmbH" lauten.

Dieser Grundsatz der Bildung einer Personenfirma durch die Übernahme der unveränderten Sach- oder Personenfirma einer Gesellschafterin (juristische Person) ist auch dann anzuwenden, wenn es sich bei der namengebenden Gesellschafterin einer nach deutschem Recht zu bildenden GmbH um ein **ausländisches** Unternehmen handelt, das eine nach dem entsprechenden ausländischen Recht gebildete Firma führt.

Auch bezüglich der Streichung des Gesellschaftszusatzes der namengebenden Firma – um eine Verdoppelung und somit mögliche Verwirrung über die Rechtsform auszuschließen – gilt nichts anderes[310]. Nur dann, wenn ein auf diese Weise zustande gekommener Firmenname der deutschen GmbH eine schwerwiegende Täuschungsgefahr begründet, ist ein Verzicht auf eine solche Firmenbildung oder aber ein erläuternder, allgemein verständlicher Zusatz notwendig. Das wäre beispielsweise dann der Fall, wenn die ausländische Sachbezeichnung für den deutschen Verkehr eine andere Bedeutung hätte.

---

309 Vgl. dazu *Scholz*, § 4 Randnr. 6; *Hachenburg*, § 4 Randnr. 46, jeweils mit Rechtsprechungs- und Schrifttumshinweisen.
310 So hat das *OLG Düsseldorf* (11. 7. 1956, GmbHR 1956 S. 173), die Weglassung des Zusatzes „limited" einer namengebenden Gesellschaft englischen Rechts in der Firma einer deutschen GmbH gebilligt.

IV. Die Gründung der Gesellschaft mit beschränkter Haftung

Eine solche Täuschung liegt jedoch nicht vor, wenn die ausländische Firma lediglich aus einem Phantasiebegriff besteht, der also ohne jede Aussagefähigkeit ist[311]. **314**

Beispiel:

Die englische Firma „Celdis limited" ist Gesellschafterin einer deutschen Firma „Celdis GmbH". Da „Celdis" eine reine Phantasiebezeichnung ist, kann dieser Begriff nicht täuschen; die Firma „Celdis GmbH" ist daher nicht zu beanstanden.

cc) Die gemischte Firma **315**

Zulässig ist auch die Bildung gemischter Firmen, also Zusammensetzungen aus Personennamen und Sachbezeichnungen (z. B. „Eisenhandelsgesellschaft Maier mbH").

Eine solche Firma muß jedoch sowohl den an eine Personenfirma als auch den an eine Sachfirma zu stellenden Anforderungen genügen; jeder der beiden Firmenbestandteile muß also – für sich betrachtet – zulässig sein[312].

---

311 *BayObLG*, 9. 8. 1972, BB 1972 S. 1382 = DB 1972 S. 1716. In dieser Entscheidung hatte das Gericht mangels Firmenklarheit eine Täuschungsgefahr bejaht, seine Auffassung jedoch in einem Parallelfall korrigiert, *BayObLG*, 19. 7. 1973, BB 1973 S. 1369 = DB 1973 S. 1595; ebenso *LG Wuppertal*, 20. 2. 1973, BB 1973 S. 722. Vgl. auch *Latinak*, NJW 1973 S. 1215; *Beitzen*, DB 1972 S. 2051; *Barfuß*, BB 1975 S. 67.
312 *Hachenburg*, § 4 Randnr. 58; *Scholz*, 6. Auflage 1978, § 4 Randnr. 17; *Kammergericht* 27. 3. 1930, JW 1930 S. 2716; *LG Dortmund*, 5. 9. 1979 – 19 T 1/79 („Kahn carpets GmbH" danach unzulässig, obwohl „Kahn" der Name eines Gesellschafters ist und „carpets" = „Teppiche" dem Gegenstand des Unternehmens – „Handel mit Teppichen aus dem vorderen Orient" – entlehnt sei; diese englische Bezeichnung für Teppiche sei aber ein dem Verkehr weder geläufiger noch allgemeinverständlicher und daher ein täuschungsgeeigneter Begriff). A. A. *OLG Bremen*, 30. 11. 1977, BB 1978 S. 62 f. (mit kritischer Anmerkung von *Wessel*, BB 1978 S. 421) = DB 1978 S. 200 (mit zustimmender Anmerkung von *Ivens*). Das *OLG Bremen* hat in dieser Entscheidung eine Firma „Industrie- und Städteservice X Y GmbH" für zulässig gehalten, weil der Sachbestandteil nicht geeignet sei, eine Täuschung im Sinne von § 18 Abs. 2 HGB herbeizuführen. Dieser Auffassung ist entgegenzuhalten, daß ein allgemein gehaltener Begriff – wie in diesem Fall – geeignet ist, zumindest bei einer nicht unbeachtlichen Minderheit falsche Vorstellungen hervorzurufen. Dadurch ist aber die Firma unklar und damit täuschungsgeeignet und folglich unzulässig; vgl. zu dieser Entscheidung des *OLG Bremen* auch *Sachs*, BB 1978 S. 1144 und Erwiderung von *Wessel*, BB 1978 S. 1334.

H. Was muß man zur Gründung einer Firma tun?

noch 315   Würde man bei der Beurteilung der Zulässigkeit einer gemischten Firma einen abweichenden Standpunkt einnehmen und etwa für den Personenfirmenbestandteil nur das Bruchstück eines Gesellschafternamens oder für den Sachbestandteil nur einen allgemeinen, die tatsächliche Unternehmenstätigkeit nicht offenbarenden Sachbegriff genügen lassen, so könnte man auf dem Weg über die gemischte Firma die Sanktionierung von Firmenbestandteilen erreichen, die sonst mangels ausreichender Konkretisierung oder Klarheit abgelehnt werden müßten.

Aber selbst wenn diese Voraussetzung erfüllt ist, kann im Einzelfall durch die Art der Firmenwahl eine Täuschungsgefahr entstehen, wie das beispielsweise bei einer Firma „Ulmer Beteiligungs-Gesellschaft mbH" zu bejahen ist. Es handelt sich dabei um eine Beteiligungsgesellschaft, an der ein Gesellschafter namens „Ulmer" beteiligt ist. Die Firma ist also formal zutreffend gebildet. Dennoch ist nicht auszuschließen, daß ein Leser oder Hörer dieses Firmennamens eine Bezugnahme zu der Stadt Ulm annimmt, so daß es an der erforderlichen Firmenklarheit fehlt[313]. Durch eine geringfügige Umstellung läßt sich diese Unklarheit beseitigen („Beteiligungsgesellschaft Ulmer mbH").

Dagegen erscheint eine Kombination wie „A. Maier – Erben Bauunternehmung GmbH" zulässig. Zwar sind die Gesellschafter nicht namentlich genannt, der Bestandteil „A. Maier – Erben" ist deswegen aber nicht unwahr und – das ist entscheidend – auch nicht täuschungsgeeignet. Er verliert vielmehr weitgehend den Charakter eines echten Personenfirmenbestandteils und nähert sich dem Phantasiezusatz, der in Verbindung mit dem zutreffenden und die Tätigkeit des Unternehmens ausreichend kennzeichnenden Sachbestandteil „Bauunternehmung" zulässig ist.

Die gemischte Firma schließt manchmal durch die Wahl der Reihenfolge des Personen- und Sachbestandteils weitgehend eine Täuschungsmöglichkeit über die produzierende oder nur handelnde Tätigkeit eines Unternehmens aus. Häufig vermittelt die Voranstellung des Familiennamens den Eindruck auch der Herstellung eines Produkts (z. B. „Müller Möbel GmbH"); die Voranstellung der Sachbezeichnung dagegen spricht oft eher für ein Handelsunternehmen („Möbel Müller GmbH"); das gilt in verstärktem Ma-

---

313 *LG Stuttgart,* 22. 5. 1973 – 4 KfH T 5/73; ebenso *AG Stuttgart,* 30. 4. 1979 – GR 13 606/79 („Esslinger Verwaltungsgesellschaft mbH").

IV. Die Gründung der Gesellschaft mit beschränkter Haftung

ße, wenn die beiden Firmenbestandteile noch durch einen Bindestrich miteinander verbunden werden. Allgemeingültige Regeln lassen sich allerdings insoweit nicht aufstellen; es kommt immer auf den im Einzelfall entstehenden Eindruck an.

dd) Der Gesellschaftszusatz **316**

Nach dem Wortlaut des Gesetzes muß die Firma der GmbH einen das Vorhandensein eines Gesellschaftsverhältnisses andeutenden Zusatz – in aller Regel wird der Begriff „Gesellschaft" gewählt[314] –, außerdem die Bezeichnung „mit beschränkter Haftung" enthalten. Diese Vorschrift dient der Rechtssicherheit, um unklare Gesellschaftszusätze auszuschließen. Allerdings können die Bestandteile „Gesellschaft" und „mit beschränkter Haftung" auseinandergezogen werden; Firmierungen wie „Gesellschaft für ... mit beschränkter Haftung" sind also zulässig.

Die bisher in Rechtsprechung und Schrifttum vertretenen Meinungen über die Schreibweise des notwendigen Gesellschaftszusatzes auch im Handelsregister – ausgeschrieben oder abgekürzt – gaben mehr und mehr der abgekürzten Form den Vorzug[315]; die Streitfrage beschränkte sich schließlich nur noch auf die für die Praxis weniger bedeutende Form der E i n t r a g u n g im Handelsregister. Nachdem der Bundesgerichtshof auch die abgekürzte Schreibweise im Handelsregister für zulässig erklärt hat, ist dieses Problem gegenstandslos geworden[316].

Als ein Gesellschaftsverhältnis andeutende Zusätze kommen außer dem notwendigen und zugleich ausreichenden Begriff „GmbH" zusätzliche Hinweise in Betracht wie „& Co.", „& Cie.", „Partner", „Gebrüder", „& Sohn".

Beispiel:

Eine aus den Gesellschaftern Müller sen. und Müller jun. bestehende GmbH kann firmieren „Müller GmbH" oder „Müller & Co. GmbH" oder „Müller & Sohn GmbH", n i c h t jedoch „Müller

---

314 Vgl. dazu *Hachenburg*, § 4 Randnr. 53; *Scholz*, § 4 Randnr. 18.
315 Vgl. dazu *LG München*, 12. 9. 1963, BB 1963 S. 1400; *OLG Düsseldorf*, 18. 4. 1958, BB 1958 S. 1272 und 16. 4. 1968, GmbHR 1968 S. 222; *LG Ravensburg*, 12. 1. 1970, BB-Beilage 9 zu Heft 30/1971, III 5; *OLG Frankfurt*, 21. 1. 1974, BB 1974 S. 433; *Wessel*, BB 1969 S. 885 unter B I 3; *Wellmann*, BB 1970 S. 153 unter II.
316 Beschluß vom 18. 3. 1974, BB 1974 S. 622.

H. Was muß man zur Gründung einer Firma tun?

GmbH & Co." also mit nachgestelltem „& Co."-Zusatz –, da das auf eine Gesellschaft schließen lassen würde, an der die Firma „Müller GmbH" als persönlich haftende Gesellschafterin beteiligt ist (vgl. Randnrn. 233 ff.).

317 Wo in dem Firmennamen der Gesellschaftszusatz stehen muß, ist nicht vorgeschrieben. Daher sind durchaus Firmierungen wie „Primus GmbH Geographischer Verlag" zulässig. Auch das Argument, eine solche Reihenfolge der Firmenbestandteile verleite in der Praxis dazu, im Geschäftsverkehr nur unter „Primus GmbH" aufzutreten und den eigentlich wesentlichen Firmenbestandteil wegzulassen, ändert nichts an der Zulässigkeit einer solchen Firma. Wird sie im rechtsgeschäftlichen Verkehr nicht vollständig verwendet, so hat das Registergericht gemäß § 37 Abs. 1 HGB einzuschreiten; die Eintragung einer zulässigen Firma in das Handelsregister kann aber nicht wegen einer denkbaren oder mutmaßlichen falschen Verwendung verweigert werden.

c) Firmenzusätze

318 Abgesehen von dem notwendigen Gesellschaftszusatz (siehe Randnrn. 299, 316, 317), gilt auch für die GmbH die Vorschrift des § 18 Absatz 2 HGB, wonach Zusätze gestattet sind, sofern sie nicht zur Täuschung geeignet sind. Im einzelnen wird auf die entsprechenden Ausführungen unter den Randnrn. 134 ff. und 345 ff. verwiesen.

d) Deutliche Unterscheidbarkeit der Firma

319 Auch das Erfordernis der notwendigen Unterscheidung von anderen Firmen am selben Ort oder in derselben Gemeinde gem. § 30 HGB gilt für die GmbH; vgl. Randnrn. 145 ff.

e) Die Aufgabe des Registergerichtes

320 Das Registergericht hat dafür zu sorgen, daß die gesetzlich vorgeschriebenen Eintragungen in das Handelsregister erfolgen (§ 23 HRV; vgl. Randnr. 149). Das Gericht muß deshalb bei der Anmeldung einer GmbH prüfen, ob

aa) die Form der Anmeldung und Zeichnung den gesetzlichen Bestimmungen entspricht,

bb) der Gesellschaftsvertrag notariell beurkundet ist und gültige Vollmachten der bevollmächtigten Personen vorliegen,

IV. Die Gründung der Gesellschaft mit beschränkter Haftung

cc) der Gesellschaftsvertrag die gesetzlich vorgeschriebenen Bestimmungen enthält (§ 3 GmbHG),
dd) der Anmeldung die gesetzlich vorgeschriebenen Unterlagen beigefügt sind (§ 8 Abs. 1 GmbHG),
ee) die Vertretungsbefugnis der Geschäftsführer angegeben ist (§ 8 Abs. 3 GmbHG),
ff) die Versicherung abgegeben ist, daß auf jede Stammeinlage, soweit nicht Sacheinlagen vereinbart sind, ein Viertel eingezahlt bzw. insgesamt mindestens soviel eingezahlt ist, daß der Gesamtbetrag der eingezahlten Geldeinlagen zuzüglich Sacheinlagen DM 25 000,— erreicht, und daß sich der Gegenstand der Leistungen endgültig in der freien Verfügung der Geschäftsführer befindet (§ 8 Abs. 2 i. V. mit § 7 Abs. 2 und 3 GmbHG),
gg) die Versicherung der Geschäftsführer abgegeben ist, daß keine Umstände vorliegen, die ihrer Bestellung nach § 6 Abs. 2 Satz 2 und 3 GmbHG (Konkursstraftaten, Berufsverbot usw.) entgegenstehen und daß sie über ihre unbeschränkte Auskunftspflicht nach § 51 Abs. 2 des Bundeszentralregistergesetzes[316a] gegenüber dem Gericht belehrt worden sind (§ 8 Abs. 3 GmbHG),
hh) bei minderjährigen Gesellschaftern die Genehmigung des gesetzlichen Vertreters oder des Vormundschaftsgerichtes erteilt ist,
ii) die Unbedenklichkeitsbescheinigung des Kapitalverkehrsteueramtes vorliegt,
kk) bei der nur durch eine Person errichteten GmbH die Versicherung abgegeben ist, daß die für den ausstehenden Teil der Geldeinlage erforderliche Sicherheit bestellt ist (§ 8 Abs. 2 i. V. mit § 7 Abs. 2 GmbHG).

Fehlt eine dieser Voraussetzungen, so hat das Gericht die Eintragung in das Handelsregister abzulehnen (§ 9 c GmbHG). Hält dagegen das Registergericht eine Einzelbestimmung des Gesellschaftsvertrages für nichtig, ohne daß dadurch die Gültigkeit des Vertrages insgesamt in Frage gestellt wird, so darf es die Eintragung der GmbH in das Handels-   **321**

316a In der Fassung der Bekanntmachung vom 22. 7. 1976, BGBl. I S. 205.

H. Was muß man zur Gründung einer Firma tun?

register nicht von der Abänderung der nach seiner Meinung nichtigen Vertragsbestimmung abhängig machen[317].

Im übrigen wird auf die Ausführungen unter den Randnrn. 149 ff. verwiesen. Da es bei der GmbH für die Eintragung ins Handelsregister nicht auf Art und Umfang des Unternehmens ankommt, sind entsprechende Angaben – im Gegensatz zur Einzelfirma und zu den Personengesellschaften – bei der Anmeldung überflüssig.

322 Werden zum Zweck der Errichtung der Gesellschaft falsche Angaben gemacht, so haben die Gesellschafter und Geschäftsführer der Gesellschaft als Gesamtschuldner fehlende Einzahlungen sowie für den sonst entstehenden Schaden Ersatz zu leisten (§ 9 a Abs. 1 GmbHG). Ein Verzicht der Gesellschaft auf solche Ersatzansprüche ist unwirksam, wenn die Ersatzleistung zur Befriedigung von Gesellschaftsgläubigern erforderlich ist (§ 9 b GmbHG).

323 Das Registergericht ist verpflichtet, dem Kapitalverkehrsteueramt alsbald von der Eintragung der GmbH ins Handelsregister Kenntnis zu geben (vgl. im einzelnen § 8 KVStDV 1960).

f) Die Mitwirkung der Organe des Handelsstandes, des Handwerksstandes und des land- und forstwirtschaftlichen Berufsstandes bei der Handelsregistereintragung

324 Vgl. Randnrn. 159 ff.

Bei der Eintragung der GmbH in das Handelsregister entfällt die Prüfung von Art und Umfang des Unternehmens, da davon – im Gegensatz zur Einzelfirma oder Personengesellschaft – die Eintragung nicht abhängig ist. Ist die GmbH angemeldet und liegen die formalen Voraussetzungen vor, so muß sie eingetragen werden.

Die gutachtliche Äußerung der zuständigen Industrie- und Handelskammer und außer ihr – soweit es sich um ein handwerkliches Unter-

---

317 *LG Frankfurt*, 27. 10. 1975, NJW 1976 S. 522; vgl. dazu auch *LG Münster*, 23. 1. 1976, und *OLG Hamm*, 21. 4. 1977 – siehe Fußnote 230 –, wonach es dem Registergericht nicht gestattet ist, einen mittelbaren Zwang dadurch auszuüben, daß es das Handelsregister für weitere Eintragungen gleichsam sperrt, bis sich der Geschäftsinhaber dem gerichtlichen Verlangen – hier: nach einer Firmenänderung – gebeugt hat; so auch *OLG Hamm*, 2. 5. 1977, BB 1977 S. 967 = DB 1977 S. 1253 mit weiteren Rechtsprechungshinweisen. A. A. *OLG Köln*, 9. 9. 1975, und *OLG Celle*, 28. 10. 1976 – siehe Fußnote 230 –, wonach das Registergericht die Eintragung eines Gesellschafterwechsels von der gleichzeitigen Berichtigung der Firma abhängig machen kann.

IV. Die Gründung der Gesellschaft mit beschränkter Haftung

nehmen handelt oder handeln kann – der zuständigen Handwerkskammer oder – soweit es sich um einen land- und forstwirtschaftlichen Betrieb handelt oder handeln kann – der zuständigen Landwirtschaftskammer bzw. der nach Landesrecht zuständigen Stelle behandelt daher **nicht** die Eintragungsfähigkeit oder -pflicht, sondern beschränkt sich in der Regel auf eine Beurteilung der Zulässigkeit der Firma. Darüber hinaus kann sie sich bei Sachgründungen oder Umwandlungen auf eine GmbH in Zweifelsfällen auf eine Stellungnahme zur Bewertung der Sacheinlagen bzw. zu der der Umwandlung zugrunde gelegten Vermögensbewertung erstrecken, sofern insoweit nicht die Anhörung eines Sachverständigen notwendig erscheint.

g) Das Auftreten im Geschäftsverkehr

Vgl. Randnrn. 176 ff.

325

Auch dann, wenn der Gesellschaftszusatz „Gesellschaft mit beschränkter Haftung" in ausgeschriebener Form im Handelsregister eingetragen ist, darf im Geschäftsverkehr die abgekürzte Schreibweise „GmbH" verwendet werden[318].

Zu beachten ist schließlich § 35 a GmbHG, der vorschreibt, daß auf allen Geschäftsbriefen – zu diesen gehören auch Bestellscheine –, die an einen bestimmten Empfänger gerichtet werden, die Rechtsform und der Sitz der Gesellschaft, das Registergericht des Sitzes und die Nummer, unter der die Gesellschaft in das Handelsregister eingetragen ist, sowie alle Geschäftsführer mit dem Familiennamen und mindestens einem ausgeschriebenen Vornamen angegeben werden müssen. Dasselbe gilt für den Namen des Vorsitzenden des Aufsichtsrates, sofern ein solcher besteht. Werden Angaben über das Kapital der Gesellschaft gemacht, so müssen in jedem Fall das Stammkapital sowie – wenn nicht alle in Geld zu leistenden Einlagen eingezahlt sind – der Gesamtbetrag der ausstehenden Einlagen genannt werden. Wo sich die erforderlichen Angaben auf den Geschäftsbriefen befinden müssen, ist nicht vorgeschrieben[319].

326

Die erwähnten Angaben sind bei Mitteilungen oder Berichten, die im Rahmen einer bestehenden Geschäftsverbindung ergehen und für die

---

318 *LG München*, 12. 9. 1963, BB 1963 S. 1400; *OLG Düsseldorf,* 18. 4. 1958, BB 1958 S. 1272, und 16. 4. 1968, GmbHR 1968 S. 222. Zur Berechtigung der Eintragung der abgekürzten Form im Handelsregister siehe Fußnote 316.
319 Vgl. im einzelnen zu dieser Vorschrift *Kreplin,* BB 1969 S. 1112.

H. Was muß man zur Gründung einer Firma tun?

üblicherweise Vordrucke verwendet werden, in denen lediglich die im Einzelfall erforderlichen besonderen Angaben eingefügt zu werden brauchen, nicht erforderlich (§ 35 a Abs. 2 GmbHG). Darunter fallen beispielsweise genormte Angebotsschreiben, Auftragsbestätigungen, Lieferscheine, Rechnungen[320].

Geschäftsführer, die diese Bestimmung nicht befolgen, sind hierzu vom Registergericht durch Festsetzung von Zwangsgeld anzuhalten; das einzelne Zwangsgeld darf den Betrag von DM 10 000,— nicht übersteigen (§ 79 Abs. 1 GmbHG).

V. Die stille Gesellschaft

327 Die sogenannte stille Gesellschaft (§§ 335 ff. HGB) ist k e i n e eigentliche Handelsgesellschaft. Man versteht unter ihr die Beteiligung an dem Handelsgewerbe eines Dritten mit einer Einlage in der Weise, daß diese in das Vermögen des Inhabers des Handelsgeschäftes übergeht; dieser allein wird aus den in dem Betrieb geschlossenen Geschäften berechtigt und verpflichtet (§ 335 HGB)[321]. Der stille Gesellschafter nimmt jedoch am Gewinn und – je nach der vertraglichen Regelung – auch am Verlust teil. Man spricht dann von einer t y p i s c h e n stillen Gesellschaft. Es kann aber auch vereinbart werden, daß im Verhältnis der Parteien das ganze Geschäftsvermögen als gemeinsames Vermögen behandelt werden soll mit der Folge, daß im Falle der Auseinandersetzung der stille Gesellschafter auch an den stillen Reserven beteiligt wird; dann handelt es sich um eine a t y p i s c h e stille Gesellschaft.

328 Der Inhaber des Handelsgewerbes muß Kaufmann, wenn auch nicht Vollkaufmann sein. Es kann sich bei ihm also um einen Kleingewerbetreibenden, um einen vollkaufmännischen Einzelkaufmann, um eine Personengesellschaft (oHG, KG) oder um eine Kapitalgesellschaft

---

320 Vgl. *Hachenburg*, § 35 a, Randnr. 13
321 Vgl. *Buchwald/Tiefenbacher*, §§ 22, 43 und 4. Teil, IX und X (Vertragsmuster); *Böttcher/Zartmann*, Stille Gesellschaft und Unterbeteiligung; Heidelberger Musterverträge, Heft 8: Die Stille Gesellschaft. Zur stillen Beteiligung an Apotheken, die nach § 8 des Bundesapothekengesetzes als Gesellschaft nur in den Rechtsformen der BGB-Gesellschaft oder der offenen Handelsgesellschaft betrieben werden dürfen, vgl. *BGH*, 15. 11. 1971, NJW 1972 S. 338 mit Anmerkung von *Blaurock*, NJW 1972 S. 1119. – Die stille Beteiligung an einer Apotheke ist nach § 8 Satz 2 des Gesetzes zur Änderung des Gesetzes über das Apothekenwesen vom 4. 8. 1980, BGBl. I S. 1142, unzulässig.

V. Die stille Gesellschaft

(GmbH, AG, KGaA) handeln. Der stille Gesellschafter dagegen braucht nicht Kaufmann zu sein; auch wird er es nicht durch seine Beteiligung. Die stille Gesellschaft als solche ist weder gewerbepolizeilich noch steuerlich anzumelden; auch wird weder sie noch der stille Gesellschafter in das Handelsregister eingetragen. Die stille Gesellschaft tritt somit nach außen überhaupt nicht in Erscheinung. Daher ist sie am treffendsten als „Innengesellschaft" zu bezeichnen.

Der stille Gesellschafter hat an dem Handelsgewerbe, an dem er beteiligt ist, keine Geschäftsführungsrechte; auch haftet er nicht für dessen Verbindlichkeiten. Selbst im Falle einer Beteiligung am Verlust haftet er nicht über die Höhe seiner Einlage hinaus (§ 337 Abs. 2 HGB).

Nach § 338 HGB hat der stille Gesellschafter Anspruch auf die abschriftliche Mitteilung der jährlichen Bilanz und auf die Einsicht in die Bücher und Unterlagen.

Stiller Gesellschafter kann jede natürliche oder juristische Person, Handelsgesellschaft oder Gesellschaft bürgerlichen Rechtes sein. Beteiligt sich ein Minderjähriger als stiller Gesellschafter, so bedarf er einer vormundschaftsgerichtlichen Genehmigung nur, wenn er auch am Verlust beteiligt ist[322]. Liegt eine stille Beteiligung eines Minderjährigen an einer Personengesellschaft vor, so wird dadurch die Befugnis der persönlich haftenden Gesellschafter, die Gesellschaft zu vertreten, nicht eingeschränkt; insbesondere bewirkt die Beteiligung eines Minderjährigen nicht, daß Rechtsgeschäfte, zu denen Minderjährige der vormundschaftsgerichtlichen Genehmigung bedürfen, nunmehr auch von der Gesellschaft nur mit Genehmigung des Vormundschaftsgerichtes abgeschlossen werden können. Vielmehr können die vertretungsberechtigten Gesellschafter solche Geschäfte ohne weiteres im Namen der Gesellschaft vornehmen[323].

Das Vertragsverhältnis zwischen Geschäftsinhaber und stillem Gesellschafter kann weitgehend frei gestaltet werden.

---

322 Vgl. *BGH,* 28. 1. 1957, BB 1957 S. 346; vgl. auch *Knopp,* BB 1962 S. 939 mit weiteren Fundstellen; *Fischer,* JR 1962 S. 201; *Knopp,* NJW 1962 S. 2181; siehe auch *BFH,* 4. 7. 1968, DB 1968 S. 1651.
323 Vgl. *BGH,* 20. 9. 1962, BB 1962 S. 1260; *BGH,* 29. 6. 1970, BB 1971 S. 101 = NJW 1971 S. 375.

H. Was muß man zur Gründung einer Firma tun?

VI. Die Gründung der Zweigniederlassung

330 Ein Kaufmann kann am gleichen Ort oder an verschiedenen Orten mehrere voneinander unabhängige, selbständige Handelsgeschäfte unter verschiedenen Firmen betreiben. Andererseits kann er für ein und dasselbe Handelsgeschäft mehrere Geschäftslokale – Filialen – unterhalten, was vor allem in Großstädten bei Unternehmen, die mit Waren des täglichen Bedarfs Handel treiben, häufig ist. Diese Filialen haben den Charakter von unselbständigen Verkaufsstellen, die vom Hauptgeschäft, bei dem sich die zentrale Verwaltung befindet, in jeder Beziehung abhängig sind. Da man bei solchen Filialgeschäften nur von einem einheitlichen Geschäftsbetrieb – lediglich räumlich auf verschiedene Stellen verteilt – sprechen kann, entfällt die Möglichkeit einer eigenen Firmenführung solcher Filialen.

331 Zwischen diesen beiden Organisationsformen der Handelstätigkeit, nämlich dem Betrieb **mehrerer selbständiger** Handelsgewerbe durch einen Inhaber und dem Betrieb eines Handelsgewerbes mit mehreren **unselbständigen** Geschäftslokalen, liegt die Einrichtung des Handelsgewerbes in der Form der **Haupt- und Zweigniederlassung**. Bei einer solchen Zweigniederlassung im Sinne des Handelsrechts handelt es sich um eine von dem Hauptgeschäft räumlich getrennte Niederlassung, die als zusätzlicher, auf die Dauer gedachter Mittelpunkt des Betriebes geschaffen ist, von dem aus zwar nicht alle Geschäfte der Hauptniederlassung, aber doch die das Unternehmen **kennzeichnenden** Geschäfte selbständig getätigt werden. Die Zweigniederlassung muß daher eine gewisse Selbständigkeit aufweisen, die durch eine eigene Leitung mit einer gewissen Dispositionsfreiheit, eine eigene Buchführung, eine eigene Bilanzierung und ein eigenes Geschäftsvermögen begründet wird. Die Rechtsprechung hat diese Erfordernisse mehrfach dahin zusammengefaßt, daß die Zweigniederlassung so organisiert sein muß, daß sie beim Wegfall der Hauptniederlassung als eigene Handelsniederlassung fortbestehen könnte[324]. Keine Zweigniederlassung im Rechtssinne ist daher, von der bereits erwähnten Verkaufsfiliale abgesehen, ein bloßes Auslieferungslager oder lediglich die vom Sitz der Verwaltung räumlich getrennte Fabrikationsstätte eines Unternehmens. Selbstverständlich kann von dem Leiter der Zweigniederlassung keine völlige Selbständigkeit verlangt werden, denn es liegt schließlich im Wesen der Zweigniederlassung, daß sie von

---

324 Vgl. auch *BGH*, 8. 5. 1972, BB 1972 S. 1068.

VI. Die Gründung der Zweigniederlassung

der Hauptniederlassung abhängig ist. Eine Weisungsgebundenheit im Innenverhältnis steht daher der Selbständigkeit nicht entgegen; man wird aber erwarten müssen, daß der Leiter der Zweigniederlassung eine eigene Entscheidungsbefugnis im Rahmen des ihm unterstehenden Geschäftsbetriebes (Einstellung und Entlassung von Personal für die Zweigniederlassung, Lohn- und Gehaltszahlung, Anschaffung von Büromaterial, Geschäftsabschlüsse mit der Kundschaft usw.) und daher im allgemeinen zumindest Handlungsvollmacht besitzt.

Für ihre Eintragung im Handelsregister ist also allein der Grad ihrer organisatorischen Selbständigkeit maßgebend, nicht Art und Umfang ihrer Tätigkeit. Das Unternehmen – als G a n z e s betrachtet – muß allerdings die Voraussetzungen der Vollkaufmannseigenschaft erfüllen[325]. 332

Im Falle der völligen Verselbständigung einer Zweigniederlassung durch Veräußerung an einen Dritten und unter Beibehaltung der Firma – vgl. dazu Randnrn. 447 ff. – ist allerdings der vollkaufmännische Charakter allein der Zweigniederlassung zu verlangen, da sonst die Beibehaltung einer eigenen Firma nicht möglich ist.

Diese rechtliche Stellung einer Zweigniederlassung und die daraus resultierenden Aufgaben des Zweigstellenleiters machen eine entsprechende eigene Kapitalausstattung und ein eigenes Bankkonto der Zweigniederlassung notwendig. Angesichts der modernen Buchungsmethoden (elekronische Datenverarbeitung) wird heute zur Begründung der Selbständigkeit einer Zweigniederlassung zwar nicht mehr vorausgesetzt, daß deren Buchhaltung auch an ihrem Sitz eingerichtet ist, vielmehr genügt eine Zentralisierung der Buchführung für örtlich getrennte Niederlassungen am Ort der Hauptniederlassung oder an einem sonstigen Ort. Entscheidend ist, daß für jede Zweigniederlassung in dieser Zentrale eine gesonderte Buchführung ausgewiesen wird, so daß ein g e t r e n n t e r Überblick über die Vermögens- und Ertragslage der Hauptniederlassung einerseits und der Zweigniederlassung bzw. Zweigniederlassungen andererseits gewährleistet ist[326]. 333

Nicht erforderlich ist, daß sich Haupt- und Zweigniederlassung an verschiedenen Orten oder in verschiedenen Gemeinden befinden, wesentlich ist nur, daß sie räumlich – wenn auch am gleichen Ort – getrennt sind. Gleichfalls nicht notwendig ist, daß die Zweigniederlassung selbst 334

---

325 Vgl. *Schlegelberger,* § 13 Anm. 11; *Brüggemann/Würdinger,* § 13 Anm. 20, wonach das Registergericht der Zweigniederlassung keine Prüfung hinsichtlich der Vollkaufmannseigenschaft vorzunehmen hat.
326 Vgl. *BayObLG,* 11. 5. 1979, BB 1980 S. 335 = DB 1979 S. 1936.

H. Was muß man zur Gründung einer Firma tun?

Vollkaufmannseigenschaft besitzt, entscheidend ist, daß das gesamte Unternehmen Vollkaufmann ist.

335 Liegen die erwähnten Merkmale, durch die sich die Zweigniederlassung von der bloßen Filiale unterscheidet, vor, so ist sie zur Eintragung in das Handelsregister des Gerichtes der Zweigniederlassung anzumelden. Die Anmeldung hat jedoch beim Gericht der Hauptniederlassung zu erfolgen. Dieses für die Anmeldung zuständige Registergericht leitet sodann die Anmeldung mit einer beglaubigten Abschrift der bei ihm bestehenden Eintragungen, soweit sie nicht ausschließlich die Verhältnisse anderer Niederlassungen betreffen und daher unerheblich sind, an das Gericht der Zweigniederlassung weiter. Bei diesem werden auch die gesetzlich vorgeschriebenen Unterschriften aufbewahrt (§ 13 Abs. 1 und 2 HGB). Bei der Anmeldung der Zweigniederlassung einer GmbH ist darüber hinaus eine beglaubigte Abschrift des Gesellschaftsvertrages und der Liste der Gesellschafter beizufügen (§ 12 Abs. 1 GmbHG).

336 Für die Form der Anmeldung gelten dieselben Bestimmungen wie bei der Anmeldung der Hauptniederlassung. Das Gericht der Hauptniederlassung überzeugt sich nur vom Vorliegen der formalen Voraussetzungen der Eintragung, das Gericht der Zweigniederlassung hat dagegen zu prüfen, ob die Zweigniederlassung tatsächlich errichtet und die Vorschrift über die deutliche Unterscheidbarkeit von Firmen (§ 30 Abs. 3 HGB) beachtet ist. Sind beide Fragen zu bejahen, so trägt das Gericht die Zweigniederlassung in das Handelsregister ein und unterrichtet davon das Gericht der Hauptniederlassung, das seinerseits eine entsprechende Eintragung in seinem Handelsregister vornimmt (§ 13 Abs. 3 und 4 HGB).

337 Die Zweigniederlassung kann sowohl die Firma der Hauptniederlassung als auch eine davon abweichende Firma führen. Im ersten Fall kann ein Zusatz, der den Zweigniederlassungscharakter bezeichnet, hinzugefügt werden; notwendig ist das aber nicht[327], da letzten Endes Haupt- und Zweigniederlassung ein und dasselbe Unternehmen verkörpern.

---

327 Notwendig ist er aber dann, wenn eine Prokura auf den Betrieb einer Zweigniederlassung mit Wirkung gegenüber Dritten beschränkt werden soll (§ 50 Abs. 3 HGB); zur Firmierung der Zweigniederlassung vgl. im übrigen *Brüggemann/Würdinger*, § 30 Anm. 10; *Baumbach/Duden*, § 13 Anm. 2.

VI. Die Gründung der Zweigniederlassung

Beispiel:

Firma „Müller OHG Zweigniederlassung Xstadt".

Auf den Bestandteil „Zweigniederlassung Xstadt" könnte auch verzichtet werden, so daß man ohne Einsichtnahme in das Handelsregister der Firma der Zweigniederlassung nicht immer ansieht, ob es sich um die Haupt- oder um die Zweigniederlassung handelt. Ein unterscheidungskräftiger Zusatz wird dann aber gefordert, wenn an dem Ort oder in der Gemeinde, wo eine Zweigniederlassung errichtet wird, bereits eine gleiche eingetragene Firma besteht (§ 30 Abs. 3 HGB).

Führt die Zweigniederlassung eine von der Firma der Hauptniederlassung abweichende Firma, so muß in ihr die Firma der Hauptniederlassung mit einem Zusatz, der das Unternehmen als Zweigniederlassung erkennen läßt, enthalten sein[328].

Würde man eine völlig selbständige Firmierung zulassen, so würde das im Ergebnis bedeuten, daß ein und dasselbe Unternehmen zwei Firmen führen könnte; die relative Selbständigkeit der Firma darf nicht weiter gehen als die – ebenfalls relative – Selbständigkeit der Zweigniederlassung[329].

In der Praxis spielt dieser Fall einer abweichenden Firma vor allem eine Rolle bei der Übernahme eines bisher selbständigen Unternehmens, das nunmehr als Zweigniederlassung des übernehmenden Betriebes fortgeführt werden soll.

Beispiel:

Die Firma Friedrich Maier GmbH hat die Firma Schulze & Co. übernommen, legt aber Wert auf die Beibehaltung deren gut eingeführten Namens. Sie betreibt sie daher als Zweigniederlassung unter der Firma „Schulze & Co., Zweigniederlassung der Friedrich Maier GmbH" weiter.

Aber auch dann, wenn etwa die typische Tätigkeit der Zweigniederlassung in ihrem Firmennamen zum Ausdruck kommen soll, ist ein entsprechender Zusatz möglich – vorausgesetzt, daß der Zweigniederlassungscharakter erkennbar ist.

---

328 Vgl. *Baumbach/Duden*, § 13 Anm. 2; *Brüggemann/Würdinger*, § 30 Anm. 10; *Schlegelberger*, § 13 Randnrn. 7 und 8; *Hachenburg*, § 4 Randnrn. 67 und 68.
329 Vgl. dazu *Richert*, MDR 1956 S. 339 mit weiteren Rechtsprechungs- und Schrifttumshinweisen.

H. Was muß man zur Gründung einer Firma tun?

Beispiel:

Die Zweigniederlassung der Firma „Möbel-Müller & Co." soll in erster Linie Kinderzimmer-Möbel führen; als Firma wäre beispielsweise zulässig „Das Kinderzimmer Zweigniederlassung der Möbel-Müller & Co.".

339 Das Unternehmen der Zweigniederlassung einer GmbH muß auf seinen Briefbogen die gemäß § 35 a GmbHG erforderlichen Angaben hinsichtlich der **Hauptniederlassung** enthalten[330].

340 Auch ein ausländisches Unternehmen kann eine Zweigniederlassung im Inland errichten. Gemäß § 13 b Abs. 1 HGB hat jedoch in einem solchen Fall die Anmeldung zur Eintragung in das Handelsregister unmittelbar bei dem Gericht zu erfolgen, in dessen Bezirk die Zweigniederlassung errichtet werden soll. Das Gericht der Zweigniederlassung hat die Anmeldung in vollem Umfange zu prüfen, also nicht nur, ob die Zweigniederlassung tatsächlich errichtet und ob § 30 HGB beachtet ist. Die Zweigniederlassung eines ausländischen Unternehmens wird also so behandelt, als wäre sie eine Hauptniederlassung[331].

Der Wortlaut der Firma der Zweigniederlassung richtet sich nach dem Recht des Staates, in dem sich die Hauptniederlassung befindet. Nur dann, wenn trotzdem die Firma nach deutscher Rechtsauffassung täuschend wäre, ist ihre Eintragung abzulehnen[332].

Da davon auszugehen ist, daß der zur Firma gehörende ausländische Rechtsformzusatz, vor allem sein materieller Inhalt dem Inländer nicht geläufig ist, erscheint zur Vermeidung möglicher Irrtümer vor allem über den Haftungsumfang ein Zusatz zur ausländischen Firma der Zweigniederlassung wie „Gesellschaft . . . (beispielsweise: französischen) . .Rechtes" geboten, um auf diese Weise zur Aufmerksamkeit und zur Einholung entsprechender Informationen anzuregen.

Soweit es sich bei dem ausländischen Unternehmen um eine Kapitalgesellschaft handelt, ist § 12 GewO zu beachten, wonach für den Betrieb eines Gewerbes im Inland eine Genehmigung erforderlich ist; diese Vorschrift gilt gemäß § 12 a GewO nicht für Kapitalgesellschaften aus Mitgliedstaaten der EG.

---

330 Vgl. *Kreplin*, BB 1969 S. 1112.
331 Vgl. im einzelnen *Brüggemann/Würdinger*, § 13 b Anm. 1 ff.; *Schlegelberger*, § 13 b Anm. 1 ff.; *Baumbach/Hueck*, § 12 Anm. 4; vgl. die für Aktiengesellschaften bestehende Sondervorschrift des § 44 AktG.
332 Artikel 30 EGBGB; *Brüggemann/Würdinger*, Allgemeine Einleitung Anm. 42.

VI. Die Gründung der Zweigniederlassung

Gründet ein unter einer abgeleiteten Firma (vgl. Randnrn. 421 ff.) weitergeführtes Unternehmen eine Zweigniederlassung unter einer gesonderten Firma, so muß, obwohl es sich um eine „Neugründung" handelt, in ihr die abgeleitete Firma der Hauptniederlassung enthalten sein. **341**

Beispiel:

Inhaber der Firma „Möbel-Müller & Co." sind die Herren Schulze und Schmidt. Sie errichteten eine Zweigniederlassung, die die Firma „Haus- und Heim-Einrichtungen Zweigniederlassung der Firma Möbel-Müller & Co." führen soll. Diese Firmierung ist zulässig. Es ist nicht notwendig, daß der Name wenigstens eines der jetzigen persönlich haftenden Gesellschafter in der Firma der Zweigniederlassung enthalten sein muß; da Inhaber der Zweigniederlassung die Firma „Möbel-Müller & Co." ist, ist lediglich erforderlich, daß deren Name in der Firma der Zweigniederlassung erscheint, was auch der Fall ist.

Das Geschäft der Zweigniederlassung kann mit dem Recht zur Beibehaltung der bisherigen Firma – ohne den ausdrücklichen Zweigniederlassungszusatz – veräußert werden. Durch eine solche Veräußerung tritt dann eine Vervielfältigung der Firma ein, was besonders augenfällig wird im Falle der Veräußerung mehrerer Zweigniederlassungen an verschiedene Erwerber. In einem solchen Falle muß der Namensträger einer derartigen Vervielfältigung der seinen Namen enthaltenden Firma zustimmen. Das gilt nach herrschender Meinung auch dann, wenn dem Erwerber eines Unternehmens oder im Falle des Ausscheidens des betreffenden Namenträgers den übrigen Gesellschaftern die Beibehaltung der bisherigen Firma gestattet worden ist. So hat das Reichsgericht bereits im Jahre 1922 entschieden, daß die Zustimmung eines früheren Inhabers zur Fortführung der Firma seines veräußerten Unternehmens im Zweifel zwar die Ermächtigung umfasse, die Firma auch für Zweigniederlassungen zu gebrauchen, dagegen nicht auch die Ermächtigung, diese Zweigniederlassungen mit Firma als selbständige Geschäfte weiterzuveräußern; vielmehr wäre für eine solche Vervielfältigung der Firma das ausdrückliche Einverständnis des Namensträgers erforderlich[333]. **342**

Diese bisher nur für Zweigniederlassungen von Einzelunternehmen und Personengesellschaften unstreitige Rechtslage ist nunmehr durch eine BGH-Entscheidung auch für die Veräußerung der Zweigniederlas-

---

[333] *RG*, 16. 5. 1922, RGZ 104 S. 341 ff. (343).

H. Was muß man zur Gründung einer Firma tun?

sung einer Kapitalgesellschaft, die in ihrer Firma einen Eigennamen führt, bestätigt worden[334].

343 Ob eine Zweigniederlassung verlegt werden kann oder ob statt dessen eine Aufhebung der bisherigen und Errichtung einer neuen Zweigniederlassung erfolgt, wird in Rechtsprechung und Schrifttum unterschiedlich beurteilt. Diese Frage ist dann von praktischer Bedeutung, wenn eine Zweigniederlassung eine – von der Hauptniederlassung abweichende – abgeleitete Firma führt, die bei der Annahme einer „Verlegung" beibehalten werden kann, dagegen durch die „Aufhebung" der Zweigniederlassung untergehen würde und im Hinblick auf § 22 HGB durch die erneute „Errichtung" nicht beibehalten werden könnte. Die eine Verlegung verneinende Auffassung wird mit dem Wortlaut des Gesetzes begründet, da § 13 Abs. 1 und 5 HGB lediglich von der „Errichtung" und „Aufhebung" einer Zweigniederlassung handeln, § 13 c HGB dagegen die „Verlegung" – aber die Verlegung lediglich der Hauptniederlassung – zum Gegenstand hat. Folglich sei eine Verlegung der Zweigniederlassung gesetzlich nicht vorgesehen.

Das OLG Stuttgart hat sich in überzeugender Weise gegen diese enge Gesetzesauslegung gewandt und den Standpunkt vertreten, daß es auf den Einzelfall ankomme; nur wenn die Identität des Betriebes einer Zweigniederlassung durch die örtliche Veränderung nicht mehr gegeben sei – wenn also eine Zweigniederlassung geschlossen und unabhängig davon eine andere gegründet wird –, liege eine Aufhebung und erneute Errichtung vor; dagegen handele es sich um eine Verlegung, wenn eine Zweigniederlassung nur „umziehe", ihr Arbeitsbereich und Kundenkreis – damit ihre Identität– also erhalten bleiben[335].

344 Auch vor der Eintragung einer Zweigniederlassung wird vom Registergericht das Gutachten der für den Ort der Zweigniederlassung zuständigen Industrie- und Handelskammer und außerdem – wenn es sich um

---

334 *BGH*, 13. 10. 1980, BB 1980 S. 1658 = DB 1980 S. 2434. Der BGH will danach seine Entscheidung vom 20. 4. 1972, BB 1972 S. 981 (vgl. unter Randnr. 424 und Fußnote 437) auf den Fall des Ausscheidens eines Gesellschafters aus einer GmbH beschränkt und nicht ausdehnend angewandt wissen auf den Fall einer Firmenvervielfältigung durch die Veräußerung einer Zweigniederlassung; ebenso *OLG Karlsruhe*, 28. 6. 1978, WRP 1978 S. 830; anders die Vorinstanz *OLG Nürnberg*, 13. 3. 1979, DB 1979 S. 1267, und auch *OLG Frankfurt*, 16. 5. 1978, DB 1980 S. 250. Zur Haftung des Übernehmers einer Zweigniederlassung mit Firma vgl. *BGH*, 5. 2. 1979, NJW 1979 S. 2245.
335 *OLG Stuttgart*, 31. 7. 1963, BB 1963 S. 1152 mit Anm. von *Wessel*.

VI. Die Gründung der Zweigniederlassung

ein handwerkliches Unternehmen handelt oder handeln kann – der Handwerkskammer oder – wenn es sich um einen land- oder forstwirtschaftlichen Betrieb handelt oder handeln kann – der Landwirtschaftskammer bzw. der nach Landesrecht zuständigen Stelle eingeholt.

noch
344

Die Kammer bzw. zuständige Stelle überzeugt sich davon – im allgemeinen durch eine Besichtigung an Ort und Stelle –, ob die Zweigniederlassung tatsächlich besteht und die notwendigen Merkmale der relativen Selbständigkeit aufweist; ferner äußert sie sich dazu, ob ihres Erachtens die Firmierung der Zweigniederlassung zulässig ist. Nicht Gegenstand ihres Gutachtens ist jedoch die Firma der Hauptniederlassung oder die bereits bestehende Firma eines übernommenen, als Zweigniederlassung weitergeführten Unternehmens. Bei der Firmenprüfung der Zweigniederlassung sind daher der gutachtlichen Tätigkeit der Kammer enge Grenzen gesetzt; sie ist beschränkt auf die Beurteilung eines möglichen Firmenzusatzes, der die Zweigniederlassung als solche kennzeichnet und auf die Beurteilung der deutlichen Unterscheidbarkeit von an demselben Ort oder in derselben Gemeinde bereits bestehenden Firmen.

J. Unzulässige Firmenzusätze

345 Nach § 18 Abs. 2 HGB darf der Firma kein Zusatz beigefügt werden, der ein Gesellschaftsverhältnis andeutet oder sonst geeignet ist, eine Täuschung über die Art oder den Umfang des Geschäfts oder die Verhältnisse des Geschäftsinhabers herbeizuführen.

Diese Vorschrift gilt für Unternehmen aller Rechtsformen; ihr Grundgedanke – Vermeidung von Irreführungen des Geschäftsverkehrs – ist auch auf die Sachfirma der GmbH anzuwenden.

Das Verbot täuschender Zusätze gilt uneingeschränkt für Neugründungen von Unternehmen; lediglich für abgeleitete Firmen sind aufgrund der §§ 22 und 24 HGB gewisse Ausnahmen zulässig (s. unter K, Randnrn. 421 ff.).

Nochmals sei betont, daß es nicht auf die Täuschungsabsicht oder eine bereits eingetretene Täuschung ankommt, sondern darauf, ob der betreffende Firmenzusatz o b j e k t i v geeignet ist, eine Täuschung hervorzurufen. Es genügt also für die Annahme der Unzulässigkeit eines Firmenzusatzes, wenn nach vernünftiger Abwägung aller Gesichtspunkte zu erwarten ist, daß eine nicht nur unbeachtliche Minderheit des Publikums mit einem Firmenzusatz falsche Vorstellungen verbindet.

Aufgrund der Vielfalt der Möglichkeiten des nahezu unbegrenzten Einfallsreichtums, des Wechsels der Anschauungen und der unterschiedlichen Auffassungen der Beteiligten und der Gerichte ist eine erschöpfende Darstellung unzulässiger Firmenzusätze ausgeschlossen. Die folgenden Beispiele, nach der Art der möglichen Täuschung gegliedert, können daher nur einen groben Überblick und damit allenfalls Anhaltspunkte für die eigene Beurteilung oder Entscheidung geben[336].

---
336 Vgl. *Brüggemann/Würdinger* § 18 Anm. 16 ff., *Baumbach/Duden,* §§ 18, 19, Anm. 2 ff.; *George* in Rechts- und Wirtschaftspraxis, 4. Wirtschaftsrecht, D Firmenrecht I 1, ABC der Firmenzusätze, S. 21 ff.; *Haberkorn,* Firma, Firmenwahrheit, Firmenzusätze, C. E. Poeschel Verlag, Stuttgart 1970; *Bokelmann,* Das Recht der Firmen- und Geschäftsbezeichnungen, Rudolf Haufe Verlag, Freiburg 1974; *Hofmann,* Juristische Schulung, Zeitschrift für Studium und Ausbildung 1972 S. 233; ferner: Leitsätze des Deutschen Industrie- und Handelstages (DIHT) in Firmenbezeichnungsfragen, BB 1949 S. 584, BB 1957 S. 835, BB 1965 S. 303, BB 1966 S. 475, 1370, BB 1967 S. 1100, BB 1968 S. 439, BB 1969 S. 418; *Ebert,* BB 1958 S. 611 ff.; *Spindler*, „Mit einer Abkürzung ist es nicht getan", Blick durch die Wirtschaft vom 15. 3. 1979; *Reuss* „Eng und streng wie eh und je", Blick durch die Wirtschaft vom 11. 1. 1980 und Erwiderung von *Swoboda* „Mit Absicht soll es eng und streng sein", Blick durch die Wirtschaft vom 26. 1. 1980, sowie die in den Fußnoten 337 ff. angeführten Entscheidungen; siehe auch Anhang III.

II. Vortäuschung der besonderen Art eines Zusammenschlusses

Als unzulässig sind anzusehen:

I. Zusätze, die ein tatsächlich nicht bestehendes Gesellschaftsverhältnis vortäuschen. 346

Damit sind Begriffe gemeint wie „Gesellschaft", „& Co.", „& Sohn", „Gebrüder", „& Partner", „Erben", „Team"[337].

Zur Beurteilung derartiger Gesellschaftszusätze in den Fällen, in denen eine bestehende Gesellschaft mit einem solchen Zusatz von einem Einzelkaufmann erworben wurde, oder wenn infolge des Ausscheidens von Gesellschaftern nur noch ein Inhaber übriggeblieben ist (§§ 22, 24 (HGB), ist auf die Ausführungen unter den Randnrn. 436 ff. zu verweisen.

II. Zusätze, die – über die Aussage eines Gesellschaftsverhältnisses hinaus – eine besondere, aber tatsächlich nicht vorhandene Art eines Zusammenschlusses vortäuschen. 347

Darunter fallen Begriffe wie etwa „Union", „Ring", „Gruppe", „Team".

Ähnlich wie „Union" den Eindruck einer kapitalkräftigen Verbindung mehrerer Unternehmen erweckt[338], rufen auch Zusätze wie „Ring" und „Gruppe"[339] die Vorstellung bedeutender Vereinigungen hervor. Sie sind daher kein Synonym für „Gesellschaft", sondern drücken darüber hinaus ein besonderes wirtschaftliches, kapitalmäßiges, zahlenmäßiges Gewicht aus. Hinzu kommt bei dem Begriff „Ring", daß er zwar als Hinweis auf einen Zusammenschluß – zur Erreichung eines bestimmten gemeinsamen Zweckes –, aber unter Aufrechterhaltung der Selbständigkeit der „Mitglieder" (Gesellschafter) zu verstehen ist.

Was den Begriff „Team" anbetrifft, so deutet er nicht nur eine Mehrzahl von Gesellschaftern an, weshalb er für ein Einzelunternehmen un-

---

337 *OLG Hamm*, 6. 10. 1953, BB 1953 S. 989 („GmbH & Co.") und vom 1. 4. 1960, BB 1960 S. 959 unter 2 k („Gebr. M") sowie vom 14. 1. 1958, BB 1958 S. 929 unter III („... Inh. Gebr. H") und *OLG Oldenburg i. O.*, 10. 12. 1957, BB 1959 S. 251 („Gebr. X" bei Kleingewerbe; „Team" als Zusatz für ein Einzelunternehmen unzulässig, *AG Stuttgart*, HRA 8676, GR. Nr. 19 722/75 (siehe auch Randnr. 347).
338 Vgl. firmenrechtlicher Leitsatz „Union" des DIHT, BB 1967 S. 1100; siehe Anhang III; ferner *LG Stuttgart*, 5. 12. 1972, BB-Beilage 12 zu Heft 29/1975, III 33.
339 *LG Lüneburg*, 20. 6. 1978, BB 1979 S. 135 („Baugruppe" erweckt danach den Eindruck einer besonders leistungsfähigen Verschmelzung mehrerer einschlägiger Unternehmen).

J. Unzulässige Firmenzusätze

zulässig ist[340], sondern er bezieht sich auf die Art der Ausübung der Tätigkeit des Unternehmens, nämlich durch m e h r e r e Mitarbeiter, auch wenn diese nicht Gesellschafter sind. So erscheint eine Firma „X Werbeteam GmbH" täuschend, wenn an dem Unternehmen zwar die Eheleute X beteiligt sind, der e i n z i g e beruflich tätige Werbeberater aber der Gesellschafter X – ohne weitere Mitarbeiter – ist.

348 **III. Auf „-ag" endende Phantasiebezeichnungen, sofern sie nicht für die Firma einer Aktiengesellschaft verwendet werden, denn sie lassen auf diese Rechtsform schließen[341].**

Zwar wird immer wieder geltend gemacht, aus dem Gesamtfirmennamen gehe in der Regel genügend deutlich die tatsächliche Rechtsform des Unternehmens hervor, andererseits ist aber zu bedenken, daß auf „-ag" endende Phantasiebegriffe häufig zur schlagwortartigen Kennzeichnung des Unternehmens verwendet werden und daher – losgelöst vom Firmennamen – auf die Rechtsform des betreffenden Unternehmens bezogenen Täuschungscharakter bekommen.

Daß dasselbe auch für eine Endung „agg" gilt, hat das Landgericht Hannover durch Beschluß vom 10. 10. 1954 festgestellt, da es auch auf die Täuschungsmöglichkeit bei mündlicher und fernmündlicher Verwendung ankomme[342]. Dieses Argument erscheint allerdings nicht überzeugend, da die Benutzung abgekürzter Firmierungen im Gespräch sowohl häufig als auch verständlich ist, so daß daraus kaum firmenrechtliche Folgerungen gezogen werden sollten. Die Beurteilung einer Täuschungsgefahr hätte sich daher in erster Linie nach dem schriftlichen Erscheinungsbild eines Firmennamens zu orientieren mit dem Ergebnis, daß dann möglicherweise die Endung „agg" täuschend wirkt, kaum jedoch – wegen der stärker abweichenden Schreibweise – auf „ak" oder „ac" endende Firmenbestandteile. Deswegen erscheint auch ein einsilbiger Begriff wie beispielsweise „VAG" weniger bedenklich, vor allem,

---

340 Siehe *AG Stuttgart* in Fußnote 337.
341 *LG Hannover*, 10. 10. 1954, BB 1955 S. 76 f. (Firmenendung „. . . ag" und „. . . agg" nicht für GmbH); *BGH*, 25. 10. 1956, BB 1956 S. 1046 f. = JZ 1957 S. 22 f. = NJW 1956 S. 1873 (Firmenendung „AG" für GmbH); *LG Göttingen*, 15. 9. 1958, BB 1959 S. 899 unter Nr. 4 (Firmenendung „ag" für GmbH); *OLG Stuttgart*, 25. 6. 1962 S. 935 („AG" für Agentur); *OLG Karlsruhe*, 11. 7. 1966, GmbH-Rundschau 1967, S. 122; *BayObLG*, 7. 3. 1978, BB 1979 S. 1465 = DB 1978 S. 1269; *LG Ulm*, 19. 9. 1979 – I KfH T 3/79. Vgl. auch – unter Einbeziehung wettbewerbsrechtlicher Überlegungen – *OLG Hamm*, 30. 6. 1964, BB 1965 S. 519.
342 Vgl. unter Fußnote 341.

IV. Vortäuschung bestimmter Beziehungen

wenn er auch noch mit dazwischen gesetzten Punkten verwendet wird (V.A.G.). Dennoch bestehende Einwendungen lassen sich dann ausräumen, wenn eine derartige Phantasiebezeichnung durch eine massive Werbung in der Allgemeinheit als Hinweis auf ein Produkt oder – wie im vorliegenden Fall – auf eine Vertriebsgemeinschaft eingeführt ist, so daß diese Buchstabenkombination überhaupt nicht mit der Rechtsform des Unternehmens in Verbindung gebracht wird; dann entfällt auch eine Täuschungsgefahr.

IV. Zusätze, die die Annahme bestimmter sachlicher, örtlicher, historischer oder sonstiger besonderer Beziehungen des Unternehmens begründen, ohne daß solche Beziehungen vorliegen.

So hat das OLG Oldenburg – wie auch die Vorinstanzen – den Firmenbestandteil „Universität" in dem Wort „Universitätsverlag" für unzulässig erklärt, da er geeignet sei, bei Außenstehenden den Eindruck eines staatlich privilegierten Unternehmens hervorzurufen, zumindest auf besondere Beziehungen zwischen der Universität und dem Verlagsunternehmen hinzuweisen[343].

Dasselbe kann für die Abkürzung „Uni" gelten, auch wenn sie im Einzelfall als Ableitung von dem Begriff „Universal" verstanden werden soll („Uni-Anlageberatungs GmbH", Gegenstand des Unternehmens ist die universelle Anlageberatung...). Sofern der Firmenname die eigentliche Bedeutung (Uni = Universal) nicht erkennen läßt, ist diese zur Kennzeichnung einer „Universität" gängige Kurzform täuschungsgeeignet, zumindest wenn sich der Sitz des Unternehmens in einer Universitätsstadt befindet; diese Kurzform läßt möglicherweise auf einen rechtlichen oder örtlichen Zusammenhang mit der Universität schließen.

Ähnliche Erwägungen lagen einer Entscheidung des OLG Hamm zugrunde, das den Zusatz „Apotheke im Ärztehaus" untersagt hat, da das betreffende Gebäude nicht „Ärztehaus" genannt werde, so daß beim Publikum durch den gewählten Firmenzusatz – wenn auch vielleicht nur unterschwellig – der Eindruck entstehen könne, daß die Apotheke mit der ärztlichen Organisation oder mit den in dem genannten Haus praktizierenden Ärzten irgend etwas zu tun habe (Einflußnahme auf die Auswahl der Medikamente, Diätmittel, Kindernährmittel usw., Überwachung des Apothekenbetriebes durch Ärzte oder sonst nicht genau greifbare Verbindungen zwischen Apotheke und Ärzten). Darüber hin-

---

343 5. 10. 1972, BB-Beilage 12 zu Heft 29/1975, II 34.

J. Unzulässige Firmenzusätze

aus könne von der Aufnahme eines Hinweises in der Firma der Apotheke auf die Berufsgruppe der Ärzte – ein solcher Hinweis liege in der Bezeichnung „Ärztehaus" – auf weite Bevölkerungskreise eine Werbewirkung ausgehen[344].

Vorsicht ist auch bei Wortverbindungen mit „Stadt-" geboten, da die Annahme nicht auszuschließen ist, hinter dem Unternehmen stehe eine öffentliche Institution, oder es handle sich um ein alteingesessenes Unternehmen („Stadt-Apotheke"). Ähnliches gilt für Wortverbindungen mit Begriffen wie „Kloster-" oder „Rathaus-" usw.; eine tatsächliche Beziehung zu diesen Einrichtungen muß bestehen.

Auch eine Firmierung wie „Amerika Import Gesellschaft mbH" ist geeignet, falsche Vorstellungen über die Art des betreffenden Unternehmens hervorzurufen, sofern nur ein begrenztes Warensortiment aus den USA eingeführt wird und der Umfang des Unternehmens relativ unbedeutend ist[345].

350 V. Zusätze, die eine abgeleitete Firma vortäuschen, also den Eindruck eines Inhaberwechsels und damit unter Umständen eines schon länger bestehenden Unternehmens erwecken.

Als ein solcher Zusatz kommt in erster Linie die Bezeichnung „Nachfolger" in Betracht, da sie begrifflich eindeutig auf einen oder mehrere Vorgänger hinweist. Für eine Neugründung scheidet daher dieser Zusatz – ob mit oder ohne Namensangabe – aus.

Dasselbe gilt mit gewissen Einschränkungen auch für den Zusatz „Inhaber (mit Namensangabe)". Hier ist jedoch zu differenzieren[346]:

a) In Verbindung mit einer Etablissementsbezeichnung, wie sie vor allem bei Hotels, Gaststätten, Apotheken häufig ist – also z. B. „Hotel Stern Inhaber Karl Müller" oder „Apotheke am Schwanenplatz Inhaber Dr. Fritz Schulze" oder „Theater der Jugend Inhaber Gebr. Maier" –, ist der Begriff „Inhaber" lediglich als Hinweis auf den oder die Gewerbetreibenden zu verstehen, dem oder denen der betreffende Geschäftsbetrieb gehört. Eine weitergehende Vorstellung, daß es sich dabei um ein durch einen Vorgänger gegründetes Unternehmen handelt, erscheint ausgeschlossen, zumindest wenig naheliegend zu sein.

---

344 28. 1. 1972, GewArch. 1972 S. 168.
345 *AG Hamburg*, 66 AR 3121/78.
346 Vgl. Übersicht von *Barfuß*, GewArch. 1974 S. 52 mit weiteren Fundstellen.

V. Vortäuschung einer abgeleiteten Firma

Problematischer wird die Beurteilung dieses an sich wertneutralen Begriffes „Inhaber" aber bereits dann, wenn er in Verbindung mit einer Etablissementsbezeichnung verwendet wird, die ihrerseits den Eindruck eines alteingeführten Unternehmens zu vermitteln geeignet ist, z. B. „Rats-Apotheke Inhaber Dr. Fritz Schulze". Handelt es sich bei der „Rats-Apotheke" (beim Rathaus gelegen) um eine Neugründung, so wird diese Tatsache durch die Verwendung des nicht notwendigen Inhaber-Begriffes verwischt; vorzuziehen wäre daher „Rats-Apotheke Dr. Fritz Schulze".

noch
350

b) Zumindest täuschungsgeeignet ist der Inhaber-Zusatz dann, wenn er an eine zur Kennzeichnung des Geschäfts vorangestellte Bezeichnung angefügt wird, die ihrerseits den Eindruck einer Firma erwecken kann[347]. So kommt es immer wieder zu Firmenanmeldungen wie „Spielwaren Maier Inhaber Friedrich Maier". Der gesetzlich notwendige Firmenbestandteil – Familienname mit einem ausgeschriebenen Vornamen – wird also in einen Inhaberzusatz gekleidet, während der eigentliche, firmenrechtlich nicht notwendige Zusatz „Spielwaren Maier" durch die Voranstellung hervorgehoben wird und den Charakter des Firmenkerns bekommt. Für mit dem Firmenrecht vertraute Betrachter wird der Eindruck einer Täuschung insofern verstärkt, als vor Inkrafttreten unseres Handelsgesetzbuches – also vor dem 1. 1. 1900 – die Aufnahme eines Vornamens in die Firma des Einzelkaufmannes nicht zwingend war; man könnte also annehmen, eine Firma „Spielwaren-Maier" sei bereits vor 1900 gegründet worden und befinde sich nunmehr – zulässigerweise unverändert fortgeführt – im Eigentum des Gründer-Nachfolgers Friedrich Maier. Auch wäre die Vorstellung denkbar, ein als Gesellschaft gegründetes Unternehmen („Spielwaren-Maier GmbH", „Spielwaren Maier oHG", „Spielwaren-Maier KG", „Spielwaren Maier &

---

347 A. A. *OLG Köln*, 21. 11. 1952, NJW 1953 S. 345; *LG Dortmund*, 1. 12. 1969 (im Gegensatz zur Vorinstanz), BB-Beilage 9 zu Heft 30/1971, I 8. Das *LG Dortmund* ist der Auffassung, daß eine Irreführung nur dann gegeben sei, wenn der Firmenzusatz den Vor- und Familiennamen eines anderen Kaufmannes enthalte. Vgl. dazu auch *Barfuß*, GewArch. 1974 S. 52 mit weiteren Fundstellen, ferner *LG Nürnberg*, 14. 8. 1980 – 4 HK T 5 002/80 – („Reisebüro Klaus, Inhaber Klaus X" unzulässig als ursprüngliche Firma); *LG Mannheim*, 20. 8. 1980 – 23 T 6/80 – (Fahrschule Werner X Inhaber J. Müller" unzulässig, da Werner X nicht im Handelsregister eingetragen und damit gem. § 2 HGB Nichtkaufmann war).

J. Unzulässige Firmenzusätze

Co.") sei unter Weglassung des Gesellschaftszusatzes[348] in die Hände des Friedrich Maier übergegangen.

Im Beispielsfalle könnte die Firma daher lauten „Friedrich Maier" oder „Spielwaren-Maier Friedrich Maier". Wenn auch die letztere Form – Aufnahme des Geschäftszweiges in die Firma unter Verbindung mit dem Familiennamen – nicht unzulässig ist, so ist sie aber mitunter doch unzweckmäßig (s. dazu Randnrn. 136 ff.).

c) In vielleicht noch stärkerem Maße ist eine Irreführung durch die Kombination einer reinen Sachbezeichnung mit einem Inhaber-Zusatz vorstellbar, also etwa „Schwäbische Eisenhandelsgesellschaft Inhaber Gebr. Müller". In einem solchen Fall ist der Inhaber-Zusatz nahezu einem Nachfolgehinweis gleichzusetzen, denn die Annahme ist keineswegs abwegig, daß es sich um die abgeleitete Sachfirma einer ursprünglichen Kapitalgesellschaft handelt („Schwäbische Eisenhandelsgesellschaft mbH").

Zur Vermeidung derartiger möglicher Irreführungen sollte in der ursprünglichen Firma grundsätzlich auf einen Inhaber- oder inhaberähnlichen Zusatz verzichtet werden.

351 VI. Zusätze, die auf eine tatsächlich nicht vorhandene amtliche Einrichtung oder Aufgabe hinweisen, es sei denn, eine Wortverbindung oder der Gesamtfirmenname schließen eine Irreführung über den Charakter und die Tätigkeit des Unternehmens aus.

Beispiele dafür sind Bezeichnungen wie „Überwachungsdienst", „Revisionsdienst", „Betreuungsstelle", „Anstalt", „Institut", „Akademie". Gerade der Begriff „Institut" war schon wiederholt Gegenstand gerichtlicher Entscheidungen[349]. Häufig läßt dieser Firmenbestandteil als solcher ein öffentliches oder unter öffentlicher Aufsicht stehendes, der wissenschaftlichen Forschung dienendes Unternehmen erwarten; das gilt ionsbesondere dann, wenn der Institutsbegriff mit der Bezeichnung einer üblicherweise an einer Universität gelehrten wissenschaftlichen Disziplin verbunden wird („Institut für Römisches Recht GmbH")

---

348 Vgl. dazu *BGH*, 10. 11. 1969, BB 1970 S. 318 mit Anmerkung von *Wessel;* siehe auch Randnrn. 436 ff.
349 Vgl. *OLG Stuttgart,* 20. 5 1960, BB 1961 S. 500; *AG Mannheim,* 18. 12. 1961, BB 1962 S. 388; *OLG Hamm,* 20. 10. 1964, BB 1965 S. 520; *AG Berlin,* 23. 9. 1966 – 93 AR 67/66; *BayObLG,* 19. 4. 1966 – 2 Z 11/66; *AG Mainz,* 9. 7. 1969, BB-Beilage 10 zu Heft 34/1969, III 8; ferner Der Wettbewerb, Sonderdruck aus WRP Heft 5/76 S. 349 („. . . Institut für Sportförderung").

VI. Vortäuschung eines amtlichen Charakters

und sich an dem Ort der Niederlassung eine Universität befindet, mit der erfahrungsgemäß nach der Vorstellung des Verkehrs ein „Institut" in Zusammenhang gebracht wird[349a].

noch **351**

Mit dem Begriff „Akademie" hatte sich das OLG Bremen zu befassen. In Übereinstimmung mit den Vorinstanzen hat es die Frage dahingestellt sein lassen, ob aus der Verwendung des Begriffes „Akademie" – in Verbindung mit dem Fakultätsbegriff „Betriebswirtschaft" – auf eine zumindest unter öffentlicher Aufsicht stehende Einrichtung zu schließen sei, vielmehr liege das Täuschungsmoment darin, daß unter einer „Akademie" eine Einrichtung zu verstehen sei, die ohne Rücksicht auf Gegenleistungen der Erreichung eines besonderen Leistungsniveaus diene; Gebühren und Abgaben würden allenfalls zur Kostendeckung, nicht aber zur Gewinnerzielung erhoben. Im letzteren Falle sei daher der Begriff „Akademie" unzulässig[350]. Derartige, aufgrund der tatsächlichen Verhältnisse unbegründete Vorstellungen dürften sich vermeiden lassen durch Wortverbindungen wie „Private Akademie.."

Ob die Angabe der Rechtsform – im konkreten Fall „GmbH" – ausreiche, um den Eindruck einer öffentlichen Institution und damit die Täuschungsgefahr auszuschließen, hat das OLG Oldenburg verneint. Denn die in den Firmennamen aufgenommene Gesellschaftsform sei zur Korrektur eines durch die Firma im übrigen hervorgerufenen Irrtums ebensowenig geeignet wie zum Ausschluß der Firmengleichheit; die Gesellschaftsform nehme an dem Erscheinungs-und Klangbild einer Firma nicht in einer solchen Weise teil, daß dadurch die Eignung zur Täuschung durch die Bezeichnung „Akademie" ausgeräumt werde. Die gegenteilige Auffassung hat das Bayerische Oberste Landesgericht bei der Beurteilung der Firma „Institut für Kraftfahrtechnische Datenverarbeitung GmbH" vertreten[351]. Sie ist wenig überzeugend, da in der Praxis nicht nur der Gesellschaftszusatz häufig überlesen wird, sondern da es durchaus auch Gesellschaften mit beschränkter Haftung gibt, deren Anteile ganz oder teilweise der öffentlichen Hand gehören; die Rechtsform der GmbH ist also nicht privaten Unternehmen vorbehalten.

349a So *LG Marburg*, 6. 8. 1980 – 4 T 2/80 –, sofern die mit dem Institutsbegriff verbundene Tätigkeitsbezeichnung in den Aufgabenbereich eines wissenschaftlichen Universitätsbetriebes fallen könnte.
350 8. 9. 1971, BB 1971 S. 1259 = NJW 1972 S. 164.
351 *BayObLG,* 19. 4. 1966 – 2 Z 11/66 mit weiteren Fundstellen. Das *LG Marburg* (siehe Fußnote 349a) folgt insoweit der strengeren Auffassung des *OLG Bremen* (siehe Randnr. 351 und Fußnote 350).

J. Unzulässige Firmenzusätze

Die Verwendung der Bezeichnung „Polizei" als Firmenzusatz ist täuschungsgeeignet, wenn sie durch die Art der Firmierung auf eine relevante Verbindung des Unternehmens mit der Polizei als staatlicher Stelle hindeutet. Das hat das OLG Hamm[351a] bei einer Firmierung „Polizei-Verlags- und Anzeigenverwaltungs-GmbH" eines privaten Unternehmens angenommen, das mit Anzeigen finanzierte Broschüren herausgibt und sich für deren Inhalt polizeilicher Informationen bedient.

Wortverbindungen wie z. B. „Markisendienst", „Gravieranstalt", „Graphische Kunstanstalt", „Institut für Schönheitspflege", „Bestattungsinstitut" schließen dagegen eine Irreführung über den Charakter und die Tätigkeit des betreffenden Gewerbebetriebes aus; solche Wortverbindungen sind daher zulässig, sofern sie dem Gegenstand des Unternehmens entsprechen.

352 **VII. Zusätze, die über den Gegenstand oder den sachlichen Umfang der Tätigkeit des Unternehmens irreführen.**

Beispiele:

353 1. „Agentur", wenn nicht Geschäfte für fremde Rechnung abgeschlossen werden; der Verkauf von Waren auf eigene Rechnung – wenn auch Lagerhaltung und Versand beim Zulieferer verbleiben (sog. Streckengeschäfte) – genügen nicht[352].

354 2. „Architekturbüro", s. unter „Ingenieurbüro", die dortigen Ausführungen gelten sinngemäß (Randnr. 368).

355 3. „Autohaus", wenn nicht vornehmlich Neuwagen, sondern ausschließlich Gebrauchtwagen gehandelt werden. In letzterem Fall müßte ein ausdrücklicher Hinweis auf den Gebrauchtwagenhandel in den Firmenzusatz aufgenommen werden (zum Firmenbestandteil „-haus" siehe unter Randnr. 401).

356 4. „Bankgeschäft", „Bankhaus", „Bank", wenn nicht Bankgeschäfte im Sinne des § 1 Abs. 1 KWG vom 10. 7. 1961 in der Fassung vom 3. 5. 1976 getätigt werden[353]; zu den Größenmerkmalen der einzelnen Bezeichnungen vgl. unter Randnr. 388 („Bank").

351a Beschluß vom 7. 8. 1980 – 15 W 75/80.
352 *AG Gemünd*, 27. 11. 1974 – 2 AR 11/74.
353 BGBl. 1976 I S. 1121; vgl. firmenrechtlicher Leitsatz „Bank" des DIHT, BB 1966 S. 1370; siehe Anhang III.

VII. Irreführung über Gegenstand und Umfang der Tätigkeit

5. „Bau" – als für sich alleinstehender oder mit Zusätzen wie „-geschäft" oder „-unternehmung" oder mit einer bloßen Phantasiebezeichnung verbundener Begriff, sofern es sich nicht um ein bauausführendes Unternehmen handelt[354].

357

Nicht zulässig ist dieser Zusatz für die Firma eines Unternehmens, das sich mit dem Baustoffhandel befaßt[355].

Firmenbezeichnungen mit dem Bestandteil „Wohnbau" dagegen haben sich weitgehend eingebürgert als Hinweis nicht auf bauausführende, sondern auf Bauträgerunternehmen, die also lediglich als Treuhänder für eine Vielzahl von Käufern als Bauherren auftreten und als solche durch Bauunternehmen für die Treugeber bauen lassen. Dasselbe gilt für Wortzusammensetzungen wie etwa „Hausbau" oder „Gewerbebau".

Ein weiteres Beispiel einer unzulässigen Wortverbindung mit dem Begriff „Bau-" ist der Zusatz „Bauhaus" in der Firma eines Bauplanungsbüros. Das LG Nürnberg[356] hat darin eine durch die Umstände des konkreten Falles nicht gerechtfertigte Bezugnahme auf das berühmte, von dem Architekten Walter Gropius gegründete „Bauhaus" (1919 in Weimar gegründete Schule für Architektur und bildende Künste) gesehen.

6. „Börse", wenn nicht eine regelmäßige Zusammenkunft von Kaufleuten zum Abschluß von Handelsgeschäften in vertretbaren Sachen an einem bestimmten Ort zur Zusammenführung von Angebot und Nachfrage erfolgt, sondern ein normales Einzelhandelsgeschäft betrieben wird[357].

358

Wesen einer „Börse" ist die Regulierung der Preise eines Marktes und die Gewährung eines Überblicks über dessen Lage.

7. „Buchhaltungs-Service", sofern das betreffende Unternehmen nicht sämtliche auf dem Gebiet der Buchhaltung anfallenden Arbeiten übernimmt, insbesondere auch die eigentliche, herkömmliche Buchhaltungstätigkeit wie z. B. das Kontieren von Belegen. Daran ändert nach

359

---

354 *AG Fulda*, 29. 6. 1979 – 5 AR 57/79.
355 So *OLG Hamm*, 10. 1. 1974, BB-Beilage 12 zu Heft 29/1975, III 23 = DB 1974 S. 868; vgl. auch *OLG Stuttgart*, 29. 12. 1972, BB 1973 S. 861 („Projektbau").
356 Beschluß vom 24. 4. 1978 – 4 HK T 117/78.
357 *LG Wuppertal*, 2. 2. 1960, BB 1961 S. 1026; *AG Berlin-Charlottenburg*, 2. 2. 1965, BB 1965 S. 805; *OLG Frankfurt*, 21. 6. 1966, BB 1966 S. 1245 mit weiteren Rechtsprechungs- und Schrifttumshinweisen; *OLG Zweibrücken*, 24. 2. 1967, BB 1968 S. 311; *LG Tübingen*, 14. 9. 1971 – I HGR 3/71.

J. Unzulässige Firmenzusätze

der Auffassung des LG Hamburg[358] auch nichts, wenn vor den Begriff „Buchhaltungs-Service" die Abkürzung „EDV" gesetzt wird, um damit zum Ausdruck zu bringen, daß lediglich Buchungstätigkeit nach vorkontierten Belegen bzw. deren EDV-mäßige Erfassung durchgeführt werde, denn der Begriff „EDV" biete keine genügende Aufklärung über die Beschränkung des Leistungsangebots, sondern beschreibe nur die angewandte Arbeitstechnik.

360 8. „Central Shopping", wenn etwa vorwiegend nur Lebens- und Genußmittel und nicht in bedeutendem Umfang Erzeugnisse mehrerer Branchen angeboten werden[359]; vgl. auch unter Randnr. 405 („Zentrale", „Zentrum", „Center").

361 9. „Einrichtungshaus", wenn nicht ein besonders reichhaltiges Sortiment an Möbeln, Dekorationsstoffen, Teppichen, Bodenbelägen, Beleuchtungskörpern und Wohnschmuck (Bilder, kunstgewerbliche Gebrauchsgegenstände, Plastiken, Gardinen) – und zwar in mittleren und besseren Qualitäten – geführt wird; die Möbel müssen – mindestens zum Teil – als fertige Zimmereinrichtungen besichtigt werden können[360]; vgl. auch unter Randnr. 401 („Haus").

362 10. „Fabrikation", „Herstellung", „Fabrik" usw., wenn ausschließlich Handel betrieben wird; vgl. im übrigen unter Randnr. 390 („Fabrik", „Werk(e)", „Industrie").

363 11. „Färberei", wenn das Unternehmen nicht selbst färbt, sondern lediglich entsprechende Kundenaufträge an eigentliche Färbereibetriebe weiterleitet[361].

364 12. „Finanz-", „Finanzierungen", „Finanzkontor" u. ä. Wortverbindungen, wenn das Unternehmen nicht selbst Finanzierungen, also Bankgeschäfte betreibt, die nach § 32 Abs. 1 i. V. mit § 1 KWG erlaubnispflichtig sind, sondern lediglich Finanzierungen vermittelt oder über

---

358 19. 12. 1979, DStR 1980 S. 264; vgl. auch *OLG Hamm*, 21. 11. 1978, DStR 1979 S. 627 und zum „Kontieren" *BGH*, 15. 6. 1977, WRP 1977 S. 702, vor allem aber der diese Entscheidung aufhebende Beschluß des Bundesverfassungsgerichts, 18. 6. 1980, BB Beilage 11 zu Heft 31/1980.
359 *KG*, 13. 11. 1967, BB-Beilage 10 zu Heft 34/1969, III 2.
360 *LG Freiburg i. Br.*, 21. 5. 1968, BB-Beilage 10 zu Heft 34/1969, III 4; ebenso *OLG Oldenburg i. O.*, 2. 7. 1970, BB-Beilage 9 zu Heft 30/1971, II 9.
361 *AG Wilhelmshaven*, 26. 10. 1962, BB 1963 S. 326.

VII. Irreführung über Gegenstand und Umfang der Tätigkeit

Finanzierungsmöglichkeiten berät[362]. Bedenklich sind auch aus mehreren Sachbegriffen zusammengesetzte Firmenbestandteile, die sowohl die Annahme der Vermittlungstätigkeit als auch der eigenen Kreditgewährung rechtfertigen, wenn tatsächlich nur die **Kreditvermittlung** betrieben wird[363].

13. „Galerie", sofern nicht Ausstellungen von Kunstgegenständen durchgeführt werden; ein zusätzlicher Handel damit steht der Verwendung dieser Bezeichnung nicht entgegen.   365

14. „Garage(n)", wenn etwa nur Wagenpflege betrieben wird, aber keine Unterstellmöglichkeiten bestehen.   366

15. „Herstellung und Vertrieb", wenn nicht zumindest ein nennenswerter Teil des Sortiments selbst hergestellt wird, darunter auch ein Teil jener Waren, die im Sortiment eine gewisse Bedeutung nach Umsatz und werblicher Herausstellung haben[364].   367

16. „Ingenieurbüro", sofern keine ingenieurmäßige planende und beratende Tätigkeit ausgeübt wird. Da eine solche freiberuflich ist, ist dieser Zusatz für ein Einzelunternehmen oder eine Personengesellschaft nicht möglich, es sei denn, die Handelsregistereintragung wäre durch daneben ausgeübte gewerbliche Tätigkeiten (z. B. Handelsvertretungen, Handel mit technischen Produkten) gerechtfertigt. Dann täuscht aber der Begriff „Ingenieurbüro" über die Art der ausgeübten Geschäftstätigkeit.   368

Das OLG Stuttgart[365] hat den Firmenbestandteil „Ingenieurbüro" für ein Unternehmen für irreführend und damit unzulässig erklärt, das ein Ingenieurbüro für Beratung und den Verkauf technischer Artikel betreibt; die Bezeichnung „Ingenieurbüro" ohne einen weiteren Hinweis auf die überwiegende rein gewerbliche Tätigkeit sei geeignet, im Ge-

---

362 Vgl. *AG Wuppertal*, 11. 9. 1970, BB 1979 S. 391; *AG Bremerhaven*, 24. 7. 1974, BB 1979 S. 758; *AG Hamburg*, 20. 2. 1976, BB 1977 S. 1116; *AG Rothenburg*, 4. 3. 1976, BB 1977 S. 462; *LG Düsseldorf*, 6. 3. 1979, BB 1979 S. 905; a. A. *Hans.* OLG *Bremen*, 27. 1. 1977, WRP 1977 S. 267 (bedenklich, zumal im Einstweiligen-Verfügungsverfahren ergangen und das Gericht der Entscheidung seine eigene Annahme über die Wirkung auf das „einschlägige hiesige Publikum" zugrunde gelegt hat).
363 So z. B. die Firma einer GmbH „Grundstücks- und Kapitalvermittlungsgesellschaft Bau und Finanz GmbH", *AG Oldenburg i. O.*, 25. 10. 1966, BB 1968 S. 312 = DB 1966 S. 1885; desgleichen die Firma „prokredit Geldvermittlung GmbH", *OLG Köln*, 10. 3. 1980, BB 1980 S. 652.
364 *BGH*, 24. 10. 1975, DB 1976 S. 143 = GRUR 1976 S. 197.
365 30. 1. 1973, BB 1973 S. 909 mit Anmerkung von *Wessel* = GewArch. 1973 S. 114.

J. Unzulässige Firmenzusätze

schäftsverkehr unrichtige Vorstellungen über die Art des Unternehmens zu erwecken, denn auch bei der Unterstellung einer gewissen Verwässerung des Begriffs „Ingenieurbüro" denke nach wie vor ein beachtlicher Teil der Verkehrskreise dabei an eine freiberufliche Tätigkeit (eine solche kann aber keine Handelsregistereintragung begründen).

Die Voranstellung des rechtmäßig erworbenen Ingenieurtitels vor den Eigennamen des Inhabers kann jedoch eine solche Irreführung nicht begründen, da der Titel nicht auf die Art der Tätigkeit des Unternehmens, sondern auf die fachliche Qualifikation des Namensträgers bezogen ist.

Verwendet eine GmbH den Sachbegriff „Ingenieurbüro" in ihrer Firma, so genügt es, daß die erforderliche persönliche Qualifikation mindestens durch einen verantwortlichen Betriebsleiter vermittelt wird[366].

Davon abgesehen, kann aber eine Täuschung auch über den sachlichen Umfang der Unternehmenstätigkeit hervorgerufen werden, da der Begriff „Ingenieurbüro" auf eine Ingenieurtätigkeit schlechthin hindeutet, die also sämtliche technischen Sparten – angefangen von der Baustatik bis hin zum Atomkraftwerk – umfaßt. Dieses breite Spektrum kann allenfalls von einer großen Gesellschaft mit zahlreichen Ingenieuren aller Fachrichtungen als Mitarbeiter abgedeckt werden. Beschränkt sich jedoch die Tätigkeit des Unternehmens auf einzelne Fachbereiche, was die Regel sein dürfte, so muß ein entsprechender Zusatz angefügt werden, also etwa „Ingenieurbüro für Maschinenbau GmbH" oder „Bauingenieurgesellschaft mbH" o. ä.

369 17. „Invest", „Investment", „Investor", „Kapitalanlage", wenn es sich nicht um eine Kapitalanlagegesellschaft im Sinne des § 1 des Gesetzes über Kapitalanlagegesellschaften (KAGG) in der Fassung der Bekanntmachung vom 14. 1. 1970[367] handelt (Kapitalanlagegesellschaften sind nur in der Rechtsform der Aktiengesellschaft oder der Gesellschaft mit beschränkter Haftung zulässig) oder diese Begriffe in einem Zusammenhang geführt werden, der den Anschein ausschließt, der Geschäftsbetrieb sei auf die Anlage von Geldvermögen gerichtet (§ 7 Abs. 3 KAGG).

---

366 So *LG Nürnberg-Fürth*, 15. 6. 1977 – 4 HK T 9635/76 zur Bezeichnung „Architekten" in der Firma einer GmbH; sinngemäß dasselbe muß auch für den Begriff „Ingenieure" oder „Ingenieurbüro" gelten.
367 BGBl. 1970 I S. 127, zuletzt geändert durch Gesetz vom 8. 9. 1980, BGBl. I S. 1653; vgl. auch *BayObLG*, 18. 8. 1969, BB 1969 S. 1026.

VII. Irreführung über Gegenstand und Umfang der Tätigkeit

18. „Kaufhaus", wenn nicht ein größerer Einzelhandelsbetrieb vorliegt, der überwiegend im Wege der Bedienung Waren aus mindestens zwei oder mehr Branchen, davon wenigstens aus einer Branche in tiefer Gliederung, anbietet, ohne daß ein warenhausähnliches Sortiment vorliegt, das auch eine Lebensmittelabteilung einschließt. Von einem „Kaufhaus" in einem kleineren Ort wird man nicht den gleichen Umfang erwarten können wie von einem „Kaufhaus" in einer Großstadt. Doch muß in jedem Fall ein größeres Unternehmen vorliegen, das über den Durchschnitt der am Ort betriebenen gleichartigen Geschäfte erheblich hinausragt[368].   370

19. „Kellerei" – im Zusammenhang mit Wein, sofern das betreffende Unternehmen nicht selbst Weine herstellt, lagert und bearbeitet[369].   371

20. „Kredit", s. unter „Finanz-", „Finanzierungen", „Finanzkontor"; die dortigen Ausführungen gelten sinngemäß (Randnr. 364).   372

21. „Lohnsteuerhilfe", sofern es sich bei dem betreffenden Unternehmen nicht um einen Lohnsteuerhilfeverein im Sinne des § 13 StBerG handelt; denn der bloße Begriff „Lohnsteuerhilfe" ist der gesetzlich geschützten Bezeichnung „Lohnsteuerhilfeverein" zum verwechseln ähnlich und daher aufgrund der Spezialvorschrift des § 161 StBerG unzulässig[370].   373

22. „Markt" und Wortverbindungen mit „-markt", wenn nicht folgende Kriterien berücksichtigt sind: Der ursprüngliche Marktbegriff bedeutete die zeitliche und örtliche Zusammenführung einer Mehrheit von Verkäufern und Käufern (Letztverbrauchern). In den letzten Jahren hat der Begriff einen Bedeutungswandel erfahren, der möglicherweise noch nicht abgeschlossen ist. Gegenwärtig sind etwa folgende Gesichtspunkte maßgebend: 374

Vor allem in der Lebensmittelbranche versteht man unter einem Unternehmen mit dem Firmenbestandteil „-markt", der – falls das Unternehmen einer Handelskette angehört – in Verbindung mit deren Namen, sonst in Verbindung mit der Branchenbezeichnung verwendet wird, ein Einzelhandelsgeschäft, das eine nicht unbedeutende Größe, eine volle Sortimentsbreite aufweist und seine Waren im Wege der Selbstbedienung anbietet. Durch die Ausgestaltung der Gesamtfirma muß eine Verwechslungsmöglichkeit mit einem öffentlichen Markt ausgeschlos-

---
368 *LG Gießen, 7. 9. 1959,* BB 1960 S. 958; vgl. Katalog E S. 19.
369 *LG München I, 6. 2. 1980* – 1 HKT 972/80.
370 *OLG Frankfurt, 23. 3. 1979,* BB 1979 S. 1117.

J. Unzulässige Firmenzusätze

sen werden (was in aller Regel bei Einzelunternehmen und Personengesellschaften infolge der zwingend vorgeschriebenen Führung von Eigennamen in der Firma und bei GmbHs durch die Verbindung des „-markt"-Begriffes mit weiteren Firmenbestandteilen der Fall ist).

Auch in andere Branchen des Einzelhandels hat der „Markt"-Begriff allmählich Eingang gefunden, z. B. „Möbelmarkt"[371], „Heimwerkermarkt", „Drogeriemarkt", „Baumarkt", wobei zu berücksichtigen ist, daß – je nach der Branche – mit dem „Markt"-Begriff eine gewisse Sortimentsbeschränkung auf gängige, „problemlose" Artikel einhergeht, für deren Verkauf eine individuelle Beratung nicht notwendig ist. Die firmenrechtliche Entwicklung ist insoweit noch nicht abgeschlossen.

Der Begriff „Markt" setzt im übrigen ein Warenangebot voraus; für die Erbringung von Dienstleistungen ist er nicht geeignet, da es infolge des Wesens einer Dienstleistung an dem Erfordernis der Selbstbedienung und der damit verbundenen Bewegungsfreiheit des Kunden in den Geschäftsräumen, um seine Kaufwahl zu treffen, fehlt[372].

Unter einem „Supermarkt" sind Einzelhandelsbetriebe zu verstehen, die auf einer Verkaufsfläche von mindestens 400 qm Nahrungs- und Genußmittel aller Art und ergänzende Nichtlebensmittel („nonfood-Artikel"), vorwiegend in der Form der Selbstbedienung, anbieten und preislich als besonders leistungsfähig – zu Lasten der individuellen fachlichen Beratung – gelten. Die Abgrenzung gegenüber dem bloßen „Lebensmittelmarkt" ist jedoch fließend[373].

Ein „Verbrauchermarkt" ist ein Einzelhandelsbetrieb, der auf weiträumiger Verkaufsfläche – mindestens 1 000 qm – ein warenhausähnliches Sortiment einschließlich Nahrungs- und Genußmittel, vorwiegend in der Form der Selbstbedienung anbietet. Verbrauchermärkte befinden sich – ein entscheidendes Kriterium gegenüber dem auch flä-

---

371 *LG Köln,* 20. 12. 1967 („Möbelmarkt"), BB-Beilage 10 zu Heft 34/1969, III 8; nicht überzeugend ist die Entscheidung des *OLG Karlsruhe* (30. 5. 1969, BB-Beilage 10 zu Heft 34/1969 III 12) zum Firmenzusatz „Schuhmarkt", da sie noch den alten Markt-Begriff – Zusammentreffen einer Vielzahl von Verkäufern und Käufern an einem bestimmten Ort – zugrunde legt; ebenso überholt *LG Oldenburg i. O.,* 19. 7. 1963, BB 1963 S. 1399.
372 *LG Freiburg,* 15. 8. 1980 – 10 T 1/80 – zum Begriff „Friseurmarkt" für ein großes Friseurgeschäft mit 25 Bedienungsplätzen.
373 Vgl. Katalog E S. 21; zum Begriff „Möbel-Supermarkt" *LG Siegen,* 17. 2. 1970 – 4 T 185/69 –, das darüber hinaus eine besonders günstige Preisstellung verlangt.

VII. Irreführung über Gegenstand und Umfang der Tätigkeit

chenmäßig kleineren „Supermarkt" – meistens in Stadtrandlagen und verfügen über umfangreiche Kundenparkplätze[374].

Der Firmenzusatz „Großmarkt" dagegen weist auf ein Geschäft der Großhandelsstufe hin; diese Bezeichnung ist daher für ein Einzelhandelsunternehmen unzulässig[375].

23. „Pressehaus", wenn in diesem Unternehmen nicht überwiegend Presseerzeugnisse hergestellt und verlegt und nicht nur vertrieben werden[376]; vgl. auch unter Randnr. 401 („Haus"). **375**

24. „Rechenzentrum", wenn das Unternehmen lediglich Programme entwickelt und Daten erfaßt, aber selbst nicht elektronisch auswertet; es muß also selbst eine Rechenanlage betreiben – sei es als ihr Eigentümer, sei es als ihr Mieter. Liegt diese Voraussetzung vor, dann sagt allerdings der Wortbestandteil „-zentrum" nichts über Größe, Bedeutung oder örtliche Lage des betreffenden Unternehmens aus, da die Zusammensetzung „Rechenzentrum" zum Begriff für eine bestimmte Tätigkeit, für einen bestimmten Unternehmenstyp geworden ist; vgl. auch unter Randnr. 405 („Zentrale", „Zentrum", „Center"). **376**

25. „Reinigung"; nicht ausreichend zur Kennzeichnung einer chemischen Reinigung, da der allgemeine Ausdruck „Reinigung" auch auf die Reinigung von Gebäuden oder Gehwegen bezogen werden kann. **377**

26. „Reisebüro", sofern nicht Fahrausweise für Bahn-, Flug-, Schiffs- und Omnibusreisen beschafft, Auskünfte über diese Reisedienstleistungen erteilt, Gesellschafts- und Einzelreisen vermittelt werden[377]. **378**

27. „Revisions-", wenn das betreffende Unternehmen nicht zur Vornahme von Betriebs- und Buchprüfungen im umfassendsten Sinne in der Lage und auch berechtigt ist, also einschließlich der Pflichtprüfungen nach dem Aktienrecht. Daraus ist zu folgern, daß dieser Zusatz nur für eine Wirtschaftsprüfungsgesellschaft zulässig ist[378]. Eine Irreführungsmöglichkeit kann aber auch nicht durch den weiteren Firmenbestandteil „Steuerberatungsgesellschaft" korrigiert werden, um dadurch **379**

---

374 Vgl. Fußnote 373.
375 Vgl. *LG Itzehoe*, 12. 7. 1968, und *AG Daume*, 30. 1. 1969, BB-Beilage 10 zu Heft 34/1969, III 10 und 9.
376 *AG Aachen*, 5. 10. 1972, BB-Beilage 12 zu Heft 29/1975, III 31.
377 Vgl. im einzelnen firmenrechtlicher Leitsatz „Reisebüro" des DIHT, BB 1966 S. 475, siehe Anhang III.
378 *OLG Düsseldorf*, 9. 7. 1976, BB 1976 S. 1192 = DB 1976 S. 2009; a. A. *AG Rinteln*, 28. 7. 1977, DStR 1977 S. 538.

J. Unzulässige Firmenzusätze

zweifelsfrei die Beschränkung der Revisionstätigkeit auf die auch für einen Steuerberater zulässigen Überprüfungen betrieblicher bzw. buchungstechnischer Vorgänge zum Ausdruck zu bringen; allerdings hält das OLG Frankfurt, 24. 9. 1979[379], insoweit die Ermittlung sowohl der allgemeinen Verkehrsauffassung als auch der Auffassung gerade des engeren Kreises von Kaufleuten, die solche Dienstleistungen in Anspruch nehmen und auf deren Meinung es namentlich ankomme, noch nicht für ausreichend vorgenommen.

Unbedenklich ist die Verwendung des Wortes „Revision" in Begriffszusammenhängen, deren Sinn eine Täuschung über die Art des Unternehmens ausschließt, wie z. B. „Revision von Blitzschutzanlagen".

380 28. „Sportwerbung", wenn der Gegenstand des betreffenden Unternehmens nicht die Werbung für den Sport ist. Das OLG Frankfurt hat durch Beschluß vom 27. 11. 1975[380] entschieden, daß eine Firmierung „Deutsche Sportwerbung" den falschen Eindruck erwecke, Gegenstand der Werbung sei der deutsche Sport, etwa autorisiert durch den Deutschen Sportbund oder eine sonstige Organisation des deutschen Sports. Tatsächlich bestand der Geschäftsbetrieb des betreffenden Unternehmens darin, bei der Ankündigung von Sportveranstaltungen Werbung für Unternehmen der gewerblichen Wirtschaft und deren Erzeugnisse zu betreiben.

381 29. „Studio", wenn nicht im Rahmen des Gewerbebetriebes eine schöpferische, künstlerische Tätigkeit entfaltet wird, wobei die Anforderungen an den Grad dieser Tätigkeit je nach Branche unterschiedlich sein dürften. So hat das Bayerische Oberste Landesgericht[381] die Auffassung vertreten, daß der Zusatz „Modestudio" auf ein Unternehmen hindeute, in dem Entwürfe für Damenbekleidung erstellt werden oder Damenbekleidung individuell gefertigt wird. Für die Berechtigung des Zusatzes „Küchenstudio" dürfte es genügen, wenn außer dem Vertrieb von Küchen einschließlich dazugehöriger Einrichtungsgegenstände die Beratung und Planung bei der Einrichtung von Küchen betrieben werden.

Die Erwartung einer wissenschaftlichen oder einer sonst überdurchschnittlichen Ausbildung des Geschäftsinhabers oder einer überdurchschnittlichen personellen oder sachlichen Ausstattung des Unterneh-

---

379 DB 1980 S. 495 = NJW 1980 S. 1758 = Rpfleger 1980 S. 154.
380 Der Wettbewerb, Sonderdruck aus WRP Heft 5/1976 S. 349.
381 23. 11. 1971, BB-Beilage 12 zu Heft 29/1975, III 29 = NJW 1972 S. 165.

VII. Irreführung über Gegenstand und Umfang der Tätigkeit

mens wird durch den vielfach entwerteten Begriff „Studio" nicht begründet[382].

30. Wortverbindungen mit „-technik", wenn sich das betreffende Unternehmen nicht mit der Forschung, Entwicklung oder Lösung technischer Probleme sowie der Beratung auf dem genannten Sachgebiet befaßt. Der Grad der insoweit zu stellenden Anforderungen ist allerdings je nach der Branche unterschiedlich. Die Produktion allein, oder nur einfache Montage- und Kundendienstleistungen, oder eine bloße Handelstätigkeit rechtfertigen die Verwendung des Bestandteiles „-technik" in der Firma nicht.

So hat das Landgericht Regensburg die Auffassung vertreten, daß der Zusatz „Küchentechnik" nur im Bereich der Forschung, Entwicklung und Konstruktion bzw. auf der Ebene der Hersteller und Verarbeiter und im Montagebetrieb zulässig sei, nicht jedoch für reine Handelsunternehmen, auch wenn ihre Verkaufstätigkeit mit technischer Beratung verbunden sei; denn mit diesem Zusatz verbinde man die Vorstellung, daß Küchen mit allen dazugehörigen Geräten entwickelt, konstruiert, hergestellt, verkauft und montiert würden[383].

Auch für die Zulässigkeit des Zusatzes „Bürotechnik" hat das Landgericht Oldenburg besondere Anforderungen gestellt; ein gehobenes technisches Wissen bei der Planung, Vorbereitung und Ausführung von Arbeiten, die über die üblichen Leistungen und Fähigkeiten eines Büromaschinenmechanikers hinausgingen, sei Voraussetzung[384].

Diese beiden Beschlüsse waren richtungsweisend für weitere registergerichtliche Eintragungsentscheidungen bezüglich des Zusatzes „-technik", nämlich beispielsweise „Gesundheitstechnik" (Entwicklung und Herstellung von Geräten im Bereich des Gesundheitswesens), „Kunststofftechnik" (Auftragung handelsüblicher Kunststoffolien auf abgeschliffene Holztüren genügt nicht, da ein gehobenes technisches Wissen bei der Planung, Vorbereitung und Ausführung der Arbeiten fehle und auch nicht notwendig sei)[385].

---

382 *OLG Hamm*, 7. 11. 1978, WRP 1979 S. 320.
383 20. 7. 1971, BB-Beilage 12 zu Heft 29/1975, III 27.
384 13. 6. 1975, BB 1976 S. 153.
385 *AG Waiblingen*, 3. 12. 1975 – GR II 1541/74 – und 15. 12. 1975 – GR II 300/75; *OLG Stuttgart*, 20. 1. 1977 – 8 W 580/76 („Zerspannungstechnik"; dieser Begriff ist außerdem nicht konkret genug).

J. Unzulässige Firmenzusätze

Der Zusatz „Datentechnik" ist dann gerechtfertigt, wenn das betreffende Unternehmen Programme für Datenverarbeitungsanlagen (software) erstellt[386].

Zu beachten ist die Notwendigkeit einer genügend deutlich der Unternehmenstätigkeit entnommenen Wortverbindung mit dem Begriff „-technik"[387].

383 31. „Treuhand", wenn keine treuhänderische Tätigkeit ausgeübt wird. Treuhänderisch sind Geschäfte, wenn sie im eigenen Namen, aber im fremden Interesse bzw. für fremde Rechnung getätigt werden[388]. Die Treuhandtätigkeit umfaßt in materieller Hinsicht in erster Linie die Anlage und Verwaltung von Vermögen Dritter, die Fürsorge für Gläubiger bei Verlustgefahr, die Wirtschaftsberatung in Vermögensangelegenheiten sowie – das gilt vor allem für Wirtschaftsprüfer und Steuerberater – die Revision von Büchern und Bilanzen und die steuerliche Beratung. Da diese Tätigkeiten Genehmigungen nach dem Kreditwesengesetz, nach dem Rechtsberatungsgesetz, nach der Wirtschaftsprüferordnung sowie nach dem Steuerberatungsgesetz voraussetzen, würde die Wahrnehmung von Treuhandaufgaben lediglich im erlaubnisfreien Bereich nicht den allgemeinen Zusatz „Treuhand" schlechthin rechtfertigen; er würde dann also über den Umfang der Tätigkeit täuschen können.

Durch die Verbindung mit anderen Begriffen kann eine einschränkende Wirkung erreicht und damit eine sonst mögliche Täuschungsgefahr beseitigt werden, z. B. „Immobilien-Treuhand", sofern etwa fremde Vermögensinteressen beim An- und Verkauf von Grundstücken wahrgenommen werden.

384 32. „Warenhaus", sofern es sich nicht um einen Einzelhandelsgroßbetrieb handelt, der Waren aus zahlreichen Branchen (vor allem Bekleidung, Textilien, Hausrat, Wohnbedarf sowie Nahrungs- und Genußmittel) anbietet[389].

---

386 *LG Hagen*, 17. 5. 1979, BB 1979 S. 1212.
387 So hat das *LG Dortmund*, 15. 5. 1979 – 19 T 7/79 – den Firmenbestandteil „Intertechnic Planung und Vertrieb technischer Anlagen" für ein kleineres Unternehmen für unzulässig gehalten, weil er die im konkreten Fall falsche Vorstellung hervorrufe, es befasse sich mit der Forschung, Entwicklung und Lösung technischer Probleme auf einem, weil nicht weiter konkretisiert, weiten Feld.
388 RGZ 99 S. 23, bestätigt durch *OLG Frankfurt*, 7. 3. 1980, BB 1980 S. 652 = DB 1980 S. 1641.
389 Vgl. Katalog E S. 19

VIII. Irreführung über Größe, Bedeutung, Leistungsfähigkeit

33. „Weltmode", wenn nicht ein in quantitativer und qualitativer Hinsicht umfassendes Angebot gehobenen internationalen Stils bereitgehalten wird[390].

34. „Wirtschaftsbüro", wenn sich die Tätigkeit auf die Vermittlung von Finanzierungen und Versicherungen beschränkt, denn der Begriff „Wirtschaftsbüro" läßt an eine umfassende beratende Tätigkeit auf wirtschaftlichem Gebiet schlechthin denken.

VIII. Zusätze, die den Eindruck einer – tatsächlich nicht vorhandenen – besonderen Größe, Bedeutung oder Leistungsfähigkeit des Unternehmens vermitteln.

Beispiele:

1. „Bank" ist ein Begriff, an den innerhalb der Stufenleiter „Bankgeschäft", „Bankhaus", „Bank" die höchsten Anforderungen hinsichtlich der Kapitalausstattung und damit der Bedeutung des Unternehmens gestellt werden, es sei denn, es handle sich um eine Genossenschaftsbank, die eine entsprechende Wortverbindung verwendet („Volksbank", „Gewerbebank")[391]; vgl. auch unter Randnr. 356 („Bankgeschäft", „Bankhaus", „Bank").

Außerdem bringt die Bezeichnung „Bank" zum Ausdruck, daß es sich um ein Bankinstitut mit einer von dem zuständigen Bundesaufsichtsamt für das Kreditwesen erteilten „Vollkonzession" handelt, die also das Betreiben des Einlagengeschäftes einschließt. Liegt nur eine „Teilkonzession" (ohne Berechtigung zum Betreiben des Einlagengeschäftes) vor, so darf das betreffende Institut sich nicht schlechthin „Bank" nennen, sondern aus seinem Firmennamen muß die Beschränkung zu erkennen sein (z. B. „Teilzahlungsbank", „Kreditbank", „Finanzierungsbank").

2. Sachzusätze unter Voranstellung des bestimmten Artikels, wobei es allerdings in besonderem Maße auf die Verhältnisse des Einzelfalls ankommt. Grundsätzlich wird man davon ausgehen können, daß der bestimmte Artikel beim Publikum die Vorstellung einer Sonderstellung, einer Hervorhebung gegenüber Wettbewerbern erzeugt, wie z. B. „Der Verbrauchermarkt" oder „Friedrich Müller Das Autohaus". Im

---

390 *AG Gütersloh*, 21. 12. 1965, BB 1966 S. 1246.
391 Vgl. firmenrechtlicher Leitsatz „Bank" des DIHT, BB 1966 S. 1370; siehe auch Anhang III.

J. Unzulässige Firmenzusätze

zweiten Beispielsfall würde bereits die Umstellung „Das Autohaus Friedrich Müller" abschwächend wirken. Auch die Wortwahl bei der Kennzeichnung der Branche kann zu einer milderen Beurteilung führen; das gilt z. B. für Firmenbezeichnungen wie „Friedrich Müller Der Fell-Laden" oder „Helga Maier Die Modeboutique", weil beiden Sachbegriffen von vornherein ein sehr beschränktes Warensortiment oder eine schon in der Bezeichnung („-boutique") liegender bescheidener Umfang innewohnt. Das gilt insbesondere auch dann, wenn es sich bei dem Zusatz um eine Phantasiebezeichnung handelt wie etwa in der Firma „Die Schatzinsel Geschenkartikel Herbert Schulze".

390 3. „Fabrikation", „Fabrik", „Werk(e)", „Industrie". Dabei handelt es sich um Begriffe für Herstellerbetriebe, die zwar nicht die Vorstellung zahlenmäßig bestimmbarer Merkmale, aber doch eindeutig die Vorstellung unterschiedlicher Größen hervorrufen. Die geringsten Anforderungen sind an die Zulässigkeit des Zusatzes „F a b r i k a t i o n" zu stellen – er bringt nicht mehr zum Ausdruck, als daß etwas produziert wird; eine „Fabrik" ist sowohl hinsichtlich der räumlichen Größe als auch der Betriebseinrichtung, der Beschäftigtenzahl und des Umsatzes ein Mehr gegenüber der „Fabrikation", aber ein Weniger gegenüber einem „Werk" oder – bei einer Verteilung auf mehrere größenmäßig bedeutende Betriebsstätten – gegenüber „Werken". Die Spitzenstellung als Firmenzusatz nimmt der Begriff „Industrie" ein[392].

Für die Beurteilung sind die g e g e n w ä r t i g e n Verhältnisse, nicht die Erwartungen maßgebend, die der Firmeninhaber bezüglich der zukünftigen Entwicklung seines Unternehmens hat. Ausnahmen sind in sol-

---

[392] Zum Firmenzusatz „Fabrik": vgl. *OLG Hamm*, 23. 9. 1954, BB 1954 S. 977; *OLG Karlsruhe*, 11. 1. 1957, BB 1957 S. 165 und 18. 11. 1958, BB 1959 S. 899 f.; *OLG Stuttgart*, 27. 11. 1959, BB 1960 S. 958 unter 2 b = WRP 1960 S. 322 f.; *AG Rotenburg/Hann.*, 10. 2. 1960, BB 1960 S. 957 f.; *LG Mannheim*, 27. 2. 1961, BB 1961 S. 1101 f; *OLG Karlsruhe*, 6. 9. 1961, BB 1962 S. 387 f.; *OLG Oldenburg i. O.*, 4. 2. 1965, BB 1965 S. 348; *OLG Celle*, 28. 5. 1965, BB 1966 S. 1244; *OLG Celle*, 5. 4. 1968, BB 1969 S. 1103 mit Rechtsprechungs- und Schrifttumshinweisen. Zum Firmenzusatz „Werk": *AG Cloppenburg*, 19. 11. 1962, BB 1963 S. 327; *OLG Frankfurt*, 2. 7. 1964, BB 1965 S. 803 mit weiteren Fundstellen; *LG Stuttgart*, 3. 5. 1966, BB 1966 S. 1245; *OLG Hamm*, 31. 7. 1967 – 15 W 282/1967; *OLG Stuttgart*, 29. 8. 1969 S. 1194, mit Anmerkung von *Wessel*; *AG Solingen*, 19. 5. 1972, BB-Beilage 12 zu Heft 29/1975, III 20; *LG Ulm*, 28. 9. 1972, BB-Beilage 12 zu Heft 29/1975, III 19. Zum Firmenzusatz „Werke": Das *OLG Frankfurt* macht in seiner zuvor zitierten Entscheidung vom 2. 7. 1964 keinen Unterschied zwischen „Werk" und „Werke". Zum Firmenzusatz „Industrie": *LG Göppingen*, 13. 11. 1963, BB 1965 S. 804; *OLG Karlsruhe*, 4. 7. 1969, BB-Beilage 10 zu Heft 34/1969, III 6. Siehe auch Anhang III.

VIII. Irreführung über Größe, Bedeutung, Leistungsfähigkeit

chen Fällen denkbar, in denen die unmittelbar bevorstehende Verwirklichung solcher Erwartungen – etwa durch die Vorlage entsprechender Verträge oder Aufträge – nachgewiesen wird[393].

Ausnahmen gelten auch dann, wenn die Wortverbindung nach der Verkehrsanschauung keine Größenvorstellung hervorruft, sondern im Laufe der Zeit zur Gattungsbezeichnung, zur bloßen Tätigkeitsbezeichnung geworden ist. Das trifft ganz eindeutig für Begriffe zu wie „Sägewerk", „Hammerwerk" oder „Elektrizitätswerk", vornehmlich auch für Betriebe der Steine- und Erdenindustrie („Marmorwerk", „Betonwerk").

Was den Zusatz „-betriebe" anbetrifft, so bedeutet dieser Begriff – ohne Branchenverbindung –, daß Geschäfte größeren Umfangs an verschiedenen Stellen betrieben werden; er besagt aber nichts darüber, ob in den verschiedenen Betriebsstätten Geschäfte derselben Branche oder verschiedener Branchen betrieben werden und hat auch keine Aussagekraft über den oder die Geschäftszweige, zu denen die einzelnen Betriebe gehören[394].

4. „Fachgeschäft"; vgl. unter „Spezialgeschäft", Randnr. 404.

5. Geographische Bezeichnungen; sie sind nur dann gerechtfertigt, wenn das betreffende Unternehmen sowohl absolut eine gewisse Größe aufweist als auch auf dem im Firmennamen genannten Gebiet im Vergleich zu seinen Wettbewerbern eine Sonderstellung einnimmt[395]. Eine bloße wirtschaftliche Betätigung auf dem betreffenden Gebiet genügt zur Rechtfertigung derartiger Zusätze nicht. Die Voraussetzung einer somit nicht nur relativen, sondern auch absoluten Größe erscheint deshalb notwendig, weil sich sonst ein Unternehmen, das einen völlig neuen Geschäftszweig – auch nur in kleinem Umfang – auf einem für diese Branche bis dahin fremden Gebiet beginnt, einen äußerst anspruchsvollen geographischen Zusatz zulegen könnte (z. B. „Süddeutsche Bernsteinmanufaktur", wenn bis dahin in Süddeutschland Bernsteine überhaupt nicht be- bzw. verarbeitet wurden).

391

392

---

393 Vgl. *LG München I*, 7. 3. 1967, BB-Beilage 1 zu Heft 34/1969, I 2.
394 So *OLG Stuttgart*, 8. 12. 1972, BB-Beilage 12 zu Heft 29/1975, III 30 zu der Wortverbindung „Palast-Betriebe", die als nicht täuschend bezeichnet wurde, da das betreffende Unternehmen viele Lichtspieltheater in verschiedenen Städten betreibe.
395 Vgl. firmenrechtlicher Leitsatz „Geographische Zusätze" des DIHT, BB 1967 S. 1100; siehe auch Anhang III. Vgl. auch *Becker-Bender*, BB 1960 S. 673 ff.

J. Unzulässige Firmenzusätze

Als geographische Bezeichnungen kommen in Betracht:

393 Begriffe wie „Europa", „Europäisch"[396], „Kontinent"[397], „EWG"[398], „International"[399]; genauso sind Wortverbindungen mit „Euro-" oder „Inter-" zu behandeln, da sie vom Verkehr nicht anders als Hinweis auf „Europa" und damit auf eine besondere Bedeutung in Europa bzw. auf eine „internationale Stellung" verstanden werden[400]. Dasselbe gilt grundsätzlich auch für abgewandelte Bezeichnungen wie etwa „Continental" oder die Kurzform „Conti[401] sowie für abgewandelte, einen geographischen Bestandteil enthaltende Phantasiebezeichnungen wie etwa „Eurimex", „Jurop", „Europ-"[402], „Eugra"[403];

---

396 *LG Wiesbaden*, 9. 4. 1953, BB 1953 S. 717 („Europa"); *OLG Köln*, 18. 4. 1966, BB 1966 S. 1247 („Europa"); *AG Aachen*, 23. 6. 1970 – 20 AR 224/1967 („Europa"); *LG Oldenburg i. O.*, 7. 7. 1971, BB-Beilage 12 zu Heft 29/1975, III 4 („Europa"), *LG München I*, 6. 3. 1972, GRUR 1973 S. 322 („Europa" unzulässig, wenn nach dem Ergebnis einer Meinungsumfrage die Vorstellung einer europäischen Marktgeltung erweckt wird); *OLG Köln*, 6. 11. 1972, BB-Beilage 12 zu Heft 29/1975, III 3 = DB 1973 S. 614 („Europa").
397 *BGH*, 6. 4. 1979, BB 1979 S. 1212 = WRP 1979 S. 639.
398 *OLG Celle*, 1. 2. 1979 – 1 Wx 2/79.
399 Vgl. *LG Siegen*, 16. 2. 1965, BB 1966 S. 1246 („Internationale..."); *BayObLG*, 2. 4. 1965, BB 1966 S. 1246 („International"); *AG Dortmund*, 3. 2. 1972 – 3 AR 424/71; *OLG Hamm*, 1. 7. 1974, BB-Beilage 12 zu Heft 29/1975, III 1 = DB 1974 S. 1619 („International", „Hotel-Restaurant international").
400 Vgl. *AG Duisburg*, 25. 8. 1965, BB 1966 S. 1247 („Eurocat"); *OLG Oldenburg i. O.*, 14. 9. 1967, BB 1968 S. 312 = MDR 1968 S. 502 = WRP 1968 S. 120 („Euro"); *AG Essen*, 15. 5. 1968 – 7 T 1/1968 („Euro"); *OLG Stuttgart*, 28. 11. 1968, GRUR 1970 S. 36 („Interbau"); *BGH*, 29. 10. 1969, BB 1970 S. 727 = DB 1970 S. 1218 = NJW 1970 S. 1301 = MDR 1970 S. 658 = WRP 1970 S. 254; *OLG Hamm*, 2. 7. 1970, BB-Beilage 9 zu Heft 30/1971, II 2 = DB 1970 S. 1531 = NJW 1970 S. 2171 mit weiteren Fundstellen; *BGH*, 26. 11. 1971, BB 1972 S. 810 = DB 1972 S. 283 = NJW 1972 S. 255 („Euro" als täuschender Bestandteil eines Warenzeichens); *BayObLG*, 19. 12. 1972, BB 1973 S. 305 = DB 1973 S. 229 = NJW 1973 S. 371 („Interhandelsgesellschaft mbH"); *LG Berlin*, 28. 3. 1973, WRP 1973 S. 675 („Inter"); *LG München*, 18. 8. 1976, WRP 1976 S. 797 („Euro"); *LG Dortmund*, 7. 7. 1977 – 19 T 4/77 („Inter"); *BGH*, 2. 12. 1977, MDR 1978 S. 639 = WRP 1978 S. 209 („Euro"); *AG Freiburg i. Br.*, 18. 2. 1980 – HRB 243/78 („Interwear"); siehe auch *Völp*, WRP 1971 S. 2 unter Nummer 4.
401 *LG Baden-Baden*, 25. 8. 1976 – 4 T 1/75 („Conti").
402 *OLG Hamm*, 1. 3. 1973, BB 1973 S. 1042 („Europ-Air"); sinngemäß ebenso *LG Aachen*, 14. 7. 1977 – 8 T 1/77 („Interma"). Dagegen haben das *LG Hagen*, 8. 6. 1976 – 21 HT 3/76, „Europrisma" als Hinweis auf das Sortiment, nicht auf die Größenverhältnisse, und das *OLG Bamberg*, 21. 4. 1971, 1 U – 24/71, „Interdekt" als zulässige Etablissementsbezeichnung für ein Detektivbüro angesehen.
403 *OLG Hamm*, 29. 12. 1972 – 15 W 152/72.

VIII. Irreführung über Größe, Bedeutung, Leistungsfähigkeit

Länderbezeichnungen wie „Deutsch"[404], „Baden-Württembergisch", „Bayerisch", „Hessisch"[405].;

Gebietsbezeichnungen wie „Süddeutsch", „Westdeutsch"[406];

Ortsbezeichnungen wie „Stuttgarter", „Berliner"[407] und schließlich

Stadtteilbezeichnungen wie „Gablenberger"[408].

Häufig kann auch bereits durch eine relativ geringfügige Änderung des Firmenwortlauts ein irreführender Eindruck vermieden werden. Ein Unternehmen, das etwa Textilhandel mit Südamerika betreibt, wird nicht – es sei denn, es wäre auf diesem Gebiet führend – den Zusatz „Deutsch-Südamerikanisches Textilhandelsunternehmen" oder „Deutsch-Südamerikanische Textilhandelsgesellschaft" wählen kön-

---

404 Pfälzisches Industrie- und Handelsblatt 1956 S. 107 („Deutscher") und 1961 S. 578 („Deutsche..."); *BayObLG*, 9. 9. 1958, BB 1958 S. 1001 = MDR 1959 S. 41 = NJW 1959 S. 47 („Deutsch"); *OLG Stuttgart*, 20. 5. 1960, BB 1961 S. 500 („Deutsches..."); *LG Mannheim*, 25. 11. 1965, BB 1966 S. 1247 („Deutsche..."); *AG Iserlohn*, 15. 1. 1971 – 8 AR 331/70 („... Germany"); *LG Münster*, 28. 2. 1974 – 7 b T 5/73 („Deutsches"). Vgl. auch zur Führung des Firmenzusatzes „Deutsch" *Müller*, GRUR 1971 S. 141.
405 *AG Rendsburg*, 25. 9. 1968, BB-Beilage 10 zu Heft 34/1969, III 19 („Schleswig-Holstein"); *LG München I*, 14. 12. 1970, DNotZ 1971 S. 682 („Bayerisch"); *BGH*, 23. 3. 1973, BB 1973 S. 813 („Bayerische"); *OLG Saarbrücken*, 13. 10. 1975 – 5 W 123/75 („Saarländische").
406 *LG Ellwangen*, 4. 12. 1961, BB 1962 S. 388 („Süddeutsch"); *AG Gladbeck*, 17. 11. 1970, BB-Beilage 9 zu Heft 30/1971, II 5 („Westdeutsch"); *AG Oelde*, 24. 4. 1973 – 5 AR 133/72 („Westdeutsch"); *AG Bremen*, 7. 11. 1973 – 38 AR 227/73 („Nordwestdeutsche").
407 *LG Berlin*, 10. 2. 1959 S. 898 („Berliner Werkstätten"); *LG Oldenburg i. O.*, 6. 11. 1961, BB 1962 S. 386 („Oldenburger Klinkerwerke"); *AG Mannheim*, 18. 12. 1961, BB 1962 S. 388 („... Heidelberg"); *OLG Hamm*, 25. 2. 1964, BB 1964 S. 1144 („Berliner..."); *LG Berlin*, 12. 7. 1966, BB 1966 S. 1248 („Berlin"); *LG Braunschweig*, 18. 8. 1965, BB 1966 S. 1249 („Braunschweig"); *LG Oldenburg i. O.*, 17. 12. 1965, BB 1966 S. 1249 („Oldenburger"); *OLG Braunschweig*, 7. 11. 1967 – 2 Wx 21/67 („Wolfenbüttler"); *BGH*, 12. 7. 1968, BB 1968 S. 972 („Hamburger..."); *AG Wilhelmshaven*, 27. 1. 1970 – 8 AR 309/1969; *KG*, 5. 6. 1969, BB-Beilage 10 zu Heft 34/1969 III 17 = NJW 1969 S. 1539 („Berliner..."), *OLG Stuttgart*, 18. 8. 1971 – 8 W 439/70 („Sindelfinger"); *OLG Celle*, 19. 3. 1971, BB-Beilage 9 zu Heft 30/1971, II 6 („Rotenburger"); *OLG Düsseldorf*, 27. 8. 1971, DB 1972 S. 332 („Moerser..."); *OLG Stuttgart*, 7. 9. 1973, BB-Beilage 12 zu Heft 29/1975, III 9 („... X Stadt"); *OLG Celle*, 8. 9. 1977 – 1 Wx 7/77 („Buxtehuder..."); *LG Bonn*, 24. 7. 1979 – 11 T 12/79 („Euskirchener"); *OLG Zweibrücken*, 12. 10. 1979 – 3 W 103/79 („Frankenthaler" und Ludwigshafener").
408 *OLG Stuttgart*, 24. 8. 1964, BB 1964 S. 1145 („Gablenberger...").

J. Unzulässige Firmenzusätze

nen, weil darin eine Alleinstellungsbehauptung liegt oder darunter verstanden werden kann; zulässig wäre aber die Formulierung „Deutsch-Südamerikanischer Textilhandel" oder „Gesellschaft für deutsch-südamerikanischen Textilhandel".

Ein hinten angefügter Ortszusatz rangiert hinsichtlich des Gewichtes seiner Aussage in der Regel eine Stufe unterhalb der eine Alleinstellung zum Ausdruck bringenden vorangestellten Ortsbezeichnung: „...Südfrüchtehandel Stuttgart" setzt zwar – absolut betrachtet – ein bedeutendes Unternehmen seiner Branche im Verhältnis zu den örtlichen Wettbewerbern voraus, nicht aber unbedingt das führende Unternehmen; diese Eigenschaft beinhaltet jedoch die Bezeichnung „Stuttgarter Südfrüchtehandel..".

Ein unzulässiger Firmenzusatz „Südfrüchtehandel X-Stadt" – weil es sich nicht um eines der dominierenden, sondern um eines mehrerer Fachgeschäfte der Branche in der betreffenden Stadt handelt – wird durch die Einfügung des Wortes „in" zulässig, so daß die Firma dann – die Eintragungsfähigkeit des Unternehmens unterstellt – unter Verwendung des Zusatzes „Südfrüchtehandel in Stuttgart" in das Handelsregister eingetragen werden kann.

Eine weitere Einschränkung ergibt sich bei der Anfügung eines Ortszusatzes an den Personennamens-Bestandteil in einer Firma: In einer Firma „Fritz Müller X-Stadt" oder „Maier & Müller X-Stadt GmbH" wird der hinten angefügte Ortsname kaum als Berühmung einer besonderen Bedeutung, vielmehr als Betonung des Geschäftssitzes verstanden werden; eine solche Firmengestaltung ist daher in der Regel nicht zu beanstanden.

Daß sich keine festen Regeln bilden lassen, wird an dem folgenden Beispiel deutlich: Von einem Unternehmen, das in seiner Firma den Bestandteil „Main-Hausbau" führt, wird man zwar erwarten, daß es am Main ansässig ist, nicht aber, daß ihm eine besondere Bedeutung zukommt. Der Flußname hat also in diesem Fall den Charakter einer bloßen Lagebezeichnung. Anders ist es bereits bei der Wortverbindung „Rhein-Main-Hausbau". Weil das „Rhein-Main"-Gebiet einen leistungsstarken Wirtschaftsraum kennzeichnet, bekommt ein Unternehmen, das diese Bezeichnung in seiner Firma verwendet, ebenfalls den Anstrich einer für diesen Wirtschaftsraum maßgebenden Bedeutung innerhalb seiner Branche[409]. Entspricht das nicht den tatsächlichen Verhältnissen, so ist dieser Firmenzusatz täuschend.

---

409 *LG Mainz*, 1. 9. 1967, BB 1968 S. 310 („Rhein-Main"); *OLG Koblenz*, 16. 8. 1974 – 2 U 221/73 („Rhein-Lahn").

VIII. Irreführung über Größe, Bedeutung, Leistungsfähigkeit

Ein ähnlicher Unterschied besteht zwischen Firmenzusätzen wie „Ahr" einerseits und „Ahrtal" andererseits. Während im ersten Fall lediglich die Lage an der Ahr ausgedrückt wird, ist „Ahrtal" bereits ein geographischer Zusatz; er erfordert die maßgebende Bedeutung des betreffenden Unternehmens im gesamten Tal der Ahr[410].

Ausnahmen sind denkbar, wenn sich aus dem Zusammenhang des Firmennamens ergibt, daß der geographische Begriff nicht geeignet ist, eine besondere Größe und Bedeutung zu dokumentieren, sondern unmißverständlich dem Zweck der Kennzeichnung der Tätigkeit (z. B. „Internationale Spedition", „Internationale Flugreisen") oder dem Zweck der regionalen Unterscheidung, d. h. der Kennzeichnung des Tätigkeitsgebietes dient, was besonders für die Firmennamen von Tochtergesellschaften ausländischer Unternehmen gilt (etwa „Deutsche XYZ-System GmbH", „ABC Deutschland GmbH"); dennoch ist auch in diesen Fällen erforderlich, daß die ausländische Muttergesellschaft, deren Tochtergesellschaft ihren Firmennamen mit dem geographischen Begriff „Deutsche" verbindet, in Deutschland Verkehrsgeltung genießt bzw. daß die Tochtergesellschaft, die ihre Firmenbezeichnung mit dem angefügten Zusatz „Deutschland" verbindet, in der Lage ist, den gesamten deutschen Markt zu bedienen[411]. Eine Ausnahme gilt auch dann, wenn eine Wortverbindung mit einem geographischen Begriff zur Gattungsbezeichnung geworden ist, wie etwa „Nürnberger Lebkuchen", „Solinger Stahlwaren", „Berliner Pfannkuchen". In solchen Fällen kommt es für die Rechtfertigung der geographischen Bezeichnung nicht auf die Größe und die Bedeutung des Unternehmens an, das sie in seiner Firma führt.

399

Nicht einheitlich ist die Beurteilung von Regional-, Landschafts-, Gebiets- oder Himmelsrichtungsbezeichnungen wie beispielsweise „Nordsee", „Grenzland", „Schwäbisch", „Main-", „Süd". Wenngleich es sich dabei um keine eigentlichen geographischen Begriffe han-

400

---

410 *LG Koblenz*, 22. 9. 1979 – 2 HT 2/78.
411 Vgl. firmenrechtlicher Leitsatz „Geographische Zusätze" des DIHT, Fußnote 395; siehe auch Anhang III.

J. Unzulässige Firmenzusätze

noch **400** delt, werden sie von der Rechtsprechung diesen überwiegend gleichgestellt[412].

Das hat vor allem in Branchen, in denen eine regionale Schwerpunkttätigkeit wesensbedingt ist, durchaus seine Berechtigung. So ist es üblich, daß Genossenschaftsbanken (Volksbanken, Raiffeisenbanken) Orts-, Gebiets- oder Landschaftsbezeichnungen als Firmenzusatz führen. Diese Zusätze kennzeichnen im allgemeinen den Standort und den räumlichen Tätigkeitsbereich – als Abgrenzung gegenüber Wettbewerbsunternehmen – und vermitteln daher in besonderem Maße die Vorstellung einer Alleinstellung in dem bezeichneten Gebiet, je nach dessen Umfang auch durch die Unterhaltung eines entsprechenden Netzes von Geschäftsstellen[413].

Es gibt aber auch weniger strenge Entscheidungen mit der Begründung, mit dem betreffenden Gebietshinweis müsse eine festumrissene Vorstellung verbunden werden, oder es handle sich um eine Himmelsrichtung, die lediglich etwas über die geographische Lage des Unternehmens, nichts aber über dessen Bedeutung aussage[414]. Bei grundsätzlich strenger Beurteilung wird man hier in besonderem Maße auf den Wortlaut des gewählten Zusatzes, auf die Gesamtumstände des Einzelfalles und auch auf die Verkehrsauffassung abstellen müssen.

---

412 *LG Würzburg*, 29. 7. 1959, BB 1960 S. 958 („Franken"); *AG Löningen*, 19. 4. 1961, BB 1961 S. 1026 („Nordwest"); *LG Osnabrück*, 15. 2. 1962 S. 387 („Emsland"); *AG Wilhelmshaven*, 14. 12. 1965, BB 1966 S. 1247 („Nordsee"); *OLG Hamm*, 12. 7. 1966, BB 1966 S. 1248 („Sauerland"); *AG Ansbach*, 29. 10. 1965, BB 1966 S. 1248 („Fränkische"); *LG Braunschweig*, 3. 8. 1970, BB-Beilage 9 zu Heft 30/1971, II 4 („Grenzland"), a. A. zu diesem Zusatz *OLG Oldenburg i. O.*, 22. 8. 1967, BB 1967 S. 309; *LG Aurich*, 29. 9. 1971 – 3 b T 146/71 („Ostfriesischer"); *LG Saarbrücken*, 16. 4. 1971 – 7 O 482/70 („Saar"); *LG Hechingen*, 28. 9. 1977 – 1 HT 4/77 („Süd"); *OLG Zweibrücken*, 16. 1. 1968, BB-Beilage 10 zu Heft 34/1969, III 18 („Pfalz"); *OLG Celle*, 7. 7. 1971, BB 1971 S. 1298 („Nord-Süd"); *OLG Oldenburg i. O.*, 5. 6. 1973, BB-Beilage 12 zu Heft 29/1975, III 6 („Nord"). *OLG Celle*, 1. 4. 1976 – 9 Wx 9/76 („Hanseat"); *BayObLG*, 31. 1. 1978, MDR 1978, S. 848 („Chiemgau"); *BGH*, 24. 1. 1975, DB 1975 S. 2178 („Oberhessische..."); *BGH*, 3. 12. 1976, GRUR 1977 S. 503 („Nord").

413 Vgl. *BGH*, 24. 1. 1975, DB 1975 S. 2178 („Oberhessische Bank AG"), ausführlich wiedergegeben in WM 1975 S. 249; *AG Backnang*, 28. 1. 1980 – GR II 1492/79 („Raiffeisenbank Schwäbischer Wald e. G.").

414 *OLG Frankfurt*, 26. 3. 1973, BB-Beilage 12 zu Heft 29/1975, III 8 = GmbHR 1973 S. 223 („Main-Car"); *OLG Stuttgart*, 15. 11. 1974, BB-Beilage 12 zu Heft 29/1975, III 7 („Süd"); *OLG Frankfurt*, 28. 6. 1976 – 20 W 134/76 („Süd"); *BayObLG*, 31. 1. 1978, BB 1978 S. 1335 („Bodensee" als Zusatz zu einem Sanatorium nur Hinweis auf die klimatische Lage); *BayObLG*, 22. 5. 1978, BB 1979 S. 184 = DB 1979 S. 83 („Süd").

VIII. Irreführung über Größe, Bedeutung, Leistungsfähigkeit

6. „Haus". Vor allem für Einzelhandelsgeschäfte wird dieser Begriff gerne in Verbindung mit der Branchenkennzeichnung als Firmenzusatz verwendet („Modehaus", „Schuhhaus", „Farbenhaus"). Er erfordert jedoch, daß das betreffende Unternehmen nach Sortimentsbreite und Verkaufsfläche über den Durchschnitt der örtlichen vollkaufmännischen Wettbewerber hinausragt und – je nach Branche – eine gewisse repräsentative Aufmachung aufweist; eine örtlich führende Stellung ist dagegen nicht notwendig[415]. Die Mehrzahl „Häuser" setzt darüber hinaus mehrere selbständige Verkaufsstellen von nicht unerheblicher Bedeutung voraus, in denen ständig Personal vorhanden ist und in denen in erheblichem Umfang die betreffenden Waren ausgestellt sind und Verkaufsgeschäfte vollständig durchgeführt werden können[416]. 401

Ausnahmen bestehen auch bei diesem Zusatz. Manche Wortverbindungen mit „Haus" sind zur Gattungsbezeichnung geworden, wie etwa „Reformhaus", „Zigarrenhaus". Sie werden nur als schlichte Unternehmensbezeichnung verstanden, ohne etwas über Größe, Bedeutung, Aufmachung auszusagen.

7. „-hof". Je nach der auf die Branche hinweisenden Wortverbindung werden auch besondere Erwartungen an den Umfang des betreffenden Unternehmens gestellt. So hat das LG Hagen dem Begriff „Autohof" eine ähnliche Bedeutung wie dem Begriff „Autohaus" beigemessen[417]. 402

Eine besondere Bedeutung kommt dem Begriff „-hof" in der Weinhandelsbranche zu. Dieser Firmenbestandteil kann im Zusammenhang mit Wein auf ein eigenes Weingut hindeuten. Wird daher lediglich der Weinhandel betrieben, so ist in der Regel eine Täuschungsgefahr zu bejahen[418].

8. „Kontor"; darunter wird nach der Auffassung des OLG Karlsruhe[419] – jedenfalls im Binnenland – ein besonders leistungsfähiges, in seiner 403

---

415 Vgl. firmenrechtlicher Leitsatz „Haus" des DIHT, BB 1969 S. 418 mit umfangreichen Rechtsprechungs- und Schrifttumshinweisen; siehe auch Anhang III, ferner *OLG Oldenburg i. O.*, 22. 8. 1967, BB 1968 S. 310 („Haar-Haus Grenzland"); *OLG Hamm*, 1. 7. 1969, BB 1969 S. 1195 („Textil-Haus"); *LG Rottweil*, 30. 10. 1969, BB-Beilage 9 zu Heft 30/1971, II 11 („Uhrenhaus"); *AG Mannheim*, 15. 12. 1969, BB-Beilage 9 zu Heft 30/1971, II 10 („Reifenhaus"); *LG Freiburg i. Br.*, 17. 12. 1970, BB-Beilage 9 zu Heft 30/1971, II 8 („Autohaus"); *AG Aachen*, 5. 10. 1972, BB-Beilage 9 zu Heft 29/1975, III 31 („Pressehaus").
416 *BGH*, 6. 7. 1979, BB 1979 S. 1734 = DB 1979 S. 2483 = WRP 1979 S. 853.
417 24. 11. 1971, BB-Beilage 12 zu Heft 29/1975, III 17.
418 *LG München I*, 6. 2. 1980 – 1 HKT 972/80 („Sickinger Hof").
419 9. 7. 1973 – 5 W 75/73; desgleichen *LG Mainz*, 1. 9. 1967, BB 1968 S. 310.

J. Unzulässige Firmenzusätze

Branche herausragendes Unternehmen erwartet. Der Begriff wird jedoch manchmal auch als bloßer Hinweis auf ein Handelsunternehmen verstanden, ohne daß damit besondere Größenvorstellungen verbunden werden (z. B. „Kohlen-Kontor").

404 9. „Spezialgeschäft", wenn nicht eine Warengattung besonders gepflegt, d. h. innerhalb derselben eine besonders reichhaltige Auswahl angeboten wird; auch wird vom Publikum eine fachkundige Beratung, wenn auch nicht unbedingt eine fachkundige Geschäftsleitung erwartet. Ein „Spezialgeschäft" und ein „Fachgeschäft" sind kaum voneinander zu unterscheiden. Teilweise wird beim „Fachgeschäft" – im Gegensatz zum „Spezialgeschäft" – eine fachkundige Geschäftsleitung für erforderlich gehalten. Nach einer Entscheidung des OLG Stuttgart vom 15. 6. 1973[420] ist die Bezeichnung „Küchenspezialgeschäft" berechtigt, wenn das betreffende Unternehmen hinsichtlich Auswahl und Vorrat an Küchenmöbeln die allgemeinen Möbelgeschäfte übertrifft und in Bezug auf Kücheneinrichtungen eine besonders fachkundige Beratung bieten kann.

405 10. „Zentrale", „Zentrum", „Center". Diese Begriffe, die als gleichwertig anzusehen sind, setzen – ähnlich wie der Zusatz „Haus" – ein Unternehmen voraus, das nach Umfang, Warensortiment, Kapitalausstattung und wirtschaftlicher Bedeutung deutlich über den Durchschnitt der Wettbewerber am Ort oder in einem größeren Einzugsgebiet hinausragt. Darüberhinaus muß der betreffende Gewerbebetrieb räumlich und sachlich als Mittelpunkt des einschlägigen Marktes angesprochen werden können. Je stärker die Spezialisierung auf eine bestimmte Wa-

---

420 BB 1974 S. 196 mit Übersicht über Rechtsprechung und Schrifttum; *LG Berlin*, 2. 3. 1970, WRP 1970 S. 367; *OLG Bremen*, 10. 3. 1970, BB-Beilage 9 zu Heft 30/1971, II 7 („Immobilienfachagentur" – zulässig, da diese Bezeichnung nur einen Hinweis auf das Fachgebiet „Immobilien" beinhaltet; vgl. auch Katalog E S. 19). Vgl. auch *Tetzner*, WRP 1979 S. 270, der sich mit einer Entscheidung des *OLG München*, 16. 3. 1978 (WRP 1979 S. 156), das zur Rechtfertigung der Bezeichnung „Fachgeschäft" lediglich auf die angebotenen Warengruppen, nicht aber auf die fachkundige Beratung abstellt, kritisch auseinandersetzt.

IX. Vortäuschung einer besonderen fachlichen Ausbildung

rengattung ist, desto größer werden die Anforderungen an die Vollständigkeit des Sortiments sein müssen[421].

Im Gegensatz zu geographischen Bezeichnungen umreißen die Begriffe „Zentrale" („Zentrum", „Center") kein bestimmt umgrenztes Gebiet; vielmehr kommt es auf die örtlichen Verhältnisse des Einzelfalles an. In einer Großstadt einschließlich ihrer Vororte kann es also durchaus mehrere „Zentren" („Centers") derselben Branche geben.

Die Wortverbindung „Rechenzentrum" dagegen ist als Gattungsbezeichnung anzusehen, ohne daß eine Sonderstellung innerhalb der Branche bezüglich Größe und Bedeutung erwartet wird (vgl. in Randnr. 376).

IX. Zusätze, die den Eindruck einer tatsächlich nicht vorhandenen besonderen fachlichen Ausbildung oder Qualifikation des Firmeninhabers erwecken.

Hierher gehören nicht nur den Tatsachen nicht entsprechende Titel und Hinweise – wie etwa „Dr.", „Dipl. Ing.", „Staatlich geprüft", „Meister-

---

421 Vgl. firmenrechtlicher Leitsatz „Zentrale", „Zentrum" (Center) des DIHT, BB 1965 S. 303 mit Rechtsprechungs- und Schrifttumshinweisen; siehe auch Anhang III; ferner *AG Braunschweig*, 6. 6. 1962, BB 1963 S. 325 („Möbel- und Verkaufszentrale"); *AG Delmenhorst*, 19. 5. 1964, BB 1965 S. 803 („Fleich-Zentrale"); *LG Oldenburg i O.*, 8. 5. 1965, BB 1966 S. 1244 („Einkaufs-Zentrum"); *AG Jever*, 6. 8. 1965, BB 1966 S. 1244 („Auto-Funk-Zentrale"); *OLG Nürnberg*, 19. 10. 1965, BB 1966 S. 1243 = WRP 1967 S. 376 („Waschmaschinen-Zentrale"); *OLG Zweibrücken*, 14. 7. 1966, BB 1966 S. 1244 („Last-Taxi-Zentrale"); *LG Ravensburg*, 12. 1. 1970, BB-Beilage 9 zu Heft 30/1971, II 13 („Möbel-Center"); *LG Braunschweig*, 3. 8. 1970, BB-Beilage 9 zu Heft 30/1971, II 17 („Motorradzentrale"); *LG Dortmund*, 19. 10. 1970, BB-Beilage 9 zu Heft 30/1971, II 16 („Modezentrum"); *AG Plettenberg*, 15. 2. 1971, BB-Beilage 9 zu Heft 30/1971, II 15 („Heimwerker-Zentrale"); *LG Hagen*, 24. 11. 1971, BB-Beilage 12 zu Heft 29/1975, III 12 („Blumen-Center"); *LG Oldenburg i. O.*, 7. 6. 1972, BB-Beilage 12 zu Heft 29/1975, III 13 („Musik-Center"); *LG Trier*, 9. 10. 1972 – 7 HT 2/72 – („Autozentrale"); *LG Stuttgart*, 18. 5. 1976 – 4 KfH T 13/76 („Möbel-Center"); *OLG Stuttgart*, 16. 12. 1971, BB-Beilage 12 zu Heft 29/1975, III 14 („Photo-, Phono-Center"), *OLG Hamm*, 28. 1. 1972, BB-Beilage 12 zu Heft 29/1975, III 15 („Autozentrale"); *OLG Zweibrücken*, 22. 10. 1973, BB-Beilage 12 zu Heft 29/1975, III 11 („Atomic-Center"); *OLG Stuttgart*, 19. 9. 1975 – 8 W 183/75 („Möbel-Center"); *OLG Hamm*, 30. 6. 1978 – 15 W 169/78 („Reise-Center"); *LG Koblenz*, 22. 2. 1979 – 2 HT 2/78 („SB-Center"); *OLG Köln*, 6. 6. 1979, WRP 1979 S. 759 („Garten-Center"); ebenso „Center" als Zusatz in der Firma der Zweigniederlassung, *OLG Stuttgart*, 20. 8. 1976 – 2 U 80/76. Vgl. auch *BGH*, 3. 12. 1976, DB 1977 S. 1046 = WRP 1977 S. 180 = GRUR 1977 S. 503 (zur Frage, welche Vorstellung der Verkehr mit dem Firmenbestandteil „Datenzentrale" verbindet).

J. Unzulässige Firmenzusätze

noch **406** betrieb" –, sondern auch etwa zu Recht geführte Titel, die aber durch ihre Verwendung im Firmennamen zu irrigen Vorstellungen führen können. So erwartet der Verkehr von einer Firma „Dr. Maier Pharmazeutische Fabrik", daß der Inhaber den pharmazeutischen oder den medizinischen Dr.-Grad führt; ist er aber in Wirklichkeit Philologe oder Ingenieur, so ist zur Vermeidung einer Täuschung die Angabe der Fakultät zu verlangen („Dr. phil. [oder Dr. Ing.] Maier, Pharmazeutische Fabrik"). Ist dagegen der Dr.-Titel ohne Fakultätszusatz nicht täuschungsgeeignet, so besteht auch kein Anlaß, seine Hinzufügung zu verlangen; eine Firma „Dr. Maier Schuhgroßhandel" ist daher – selbstverständlich vorausgesetzt, daß der Firmengründer den Dr.-Grad überhaupt zu Recht führt – nicht zu beanstanden, da der Verkehr insoweit keine akademische Ausbildung erwartet und daher auch die Kenntnis der Fakultät, auf die sich der Dr.-Grad des Inhabers bezieht, ohne Bedeutung ist[422]. Maßgebend sind immer die Verhältnisse im Einzelfall; auch ist auf die sich möglicherweise wandelnde Verkehrsauffassung Rücksicht zu nehmen.

Auch bei der abgeleiteten Firma (vgl. Randnrn. 421 ff.), die einen Dr.-Titel – mit oder ohne Fakultätszusatz – enthält, ist die Berechtigung der unveränderten Weiterführung bzw. die Notwendigkeit der Ergänzung durch einen Nachfolgezusatz unter dem Gesichtspunkt der Täuschungsmöglichkeit zu beurteilen[423].

Ob es allerdings bei der Fortführung eines Unternehmens, das in seiner Firma den Dr.-Titel führt, genügt, daß nicht der bzw. einer der Übernehmer promoviert haben muß, sondern ein leitender Angestellter, der den betreffenden Unternehmenszweig überwacht, den Doktor-Titel in

---

422 *OLG München*, 14. 11. 1957, BB 1958 S. 317 unter I; *BGH*, 13. 4. 1959, BB 1959 S. 464 = MDR 1959 S. 551, und 19. 12. 1960, BB 1961 S. 268 = GRUR 1961 S. 288 ff. mit Anmerkung von *Droste* = MDR 1961 S. 295 = WRP 1961 S. 113 ff.; *LG Berlin*, 25. 7. 1961, BB 1961 S. 1026 ff.; *AG Buxtehude*, 24. 2. 1969 – HRA 1139 („Dr. R. X. Textilversandgeschäft"); *Wessel*, BB 1965 S. 1379.
423 *Wessel*, BB 1965 S. 1379; *BGH*, 10. 11. 1969, BB 1970 S. 318 mit Anmerkung von *Wessel*. Der *BGH* geht in dieser Entscheidung davon aus, daß der Dr.-Grad allgemein den Anschein besonderer Vertrauenswürdigkeit und Solidität des Unternehmens hervorrufe, worauf gerade das Publikum eines Maklers Wert lege, so daß ein Makler, der selber den Dr.-Grad nicht erworben habe, entweder den Dr.-Titel in der von ihm weitergeführten Firma streichen oder aber der Firma einen klarstellenden Nachfolgezusatz anfügen müsse. Vgl. auch zur Wertschätzung des in der Firma enthaltenen akademischen Titels im Geschäftsverkehr der Branche Druck und Papier *OLG Frankfurt*, 15. 3. 1977, DB 1977 S. 1253.

XI. Vortäuschung einer besonderen Qualität, Preiswürdigkeit

der maßgebenden Fachrichtung führt, erscheint zumindest zweifelhaft[424].

X. Zusätze wie „Erste", „Älteste", wenn nicht der Wahrheitsbeweis für diese Behauptung erbracht werden kann[425].

Zu beachten ist, daß die Bezeichnung „Erste" doppeldeutig und damit auch deswegen irreführend ist; darunter kann sowohl das zeitlich erste (= älteste) Unternehmen, als auch das „beste" Unternehmen dieser Branche am Ort verstanden werden. Derartige Qualitäts- bzw. Werbebehauptungen oder als solche zu verstehende Begriffe sind aber grundsätzlich als Firmenbestandteil ungeeignet; einmal ist in der Regel die Richtigkeit solcher Behauptungen nicht nachprüfbar und nicht nachweisbar, zum anderen ist dem Firmennamen die Werbefunktion nicht wesentlich (vgl. Randnrn. 408, 419), obwohl er eine solche durchaus haben oder erhalten kann. Da der Firmenname in der Regel auf die Dauer gerichtet ist, werden Werbeausdrücke folglich durch die Aufnahme in die Firma „zementiert"; trifft die Werbebehauptung im Laufe der Zeit nicht mehr zu (angenommen, das „erste" = „beste" Geschäft wird nachweislich durch die Konkurrenz überflügelt), so wird die Firma unwahr, was zu ihrer Änderung nötigt und außerdem wettbewerbsrechtliche Ansprüche begründet. Soll also in der Firma – der Wahrheit gemäß – zum Ausdruck gebracht werden, daß es sich um das zeitlich erste Unternehmen dieser Art oder dieser Branche handelt, empfiehlt sich eine unmißverständliche Bezeichnung („Älteste" oder „Gegründet 19...").

XI. Zusätze, die eine tatsächlich nicht vorhandene besondere Qualität oder Preiswürdigkeit der angebotenen Waren oder Dienstleistungen vortäuschen.

Derartige Zusätze dienen in aller Regel Werbezwecken. Dieses Motiv allein ist zwar noch kein ausreichender Grund, ihre Zulässigkeit zu verneinen, sofern die betreffende Werbebehauptung der Wahrheit entspricht. Hier aber liegt gerade die Problematik. Denn die Fragwürdigkeit der firmenrechtlichen Verwendung von Werbeaussagen ist darin zu sehen, daß der Firmenname seinem Wesen nach etwas Statisches, etwas Bleibendes, Beständiges ist; die Werbung dagegen ist etwas Dynamisches, Wechselndes; sie muß und wird sich jeweils den gegenwärtigen

---

424 Nach der Auffassung des *OLG Düsseldorf* jedoch ausreichend, 30. 3. 1973 – 3 W 247/72; ebenso – in derselben Sache nach erfolgter Zurückweisung – *LG Wuppertal*, 26. 6. 1973 – 13 T 10/73.
425 Vgl. *BGH*, 18. 1. 1957, LM Nr. 21 zu § 3 UWG („Erste Kulmbacher").

J. Unzulässige Firmenzusätze

Zeit- und Betriebsverhältnissen anpassen, um wirksam zu sein. Was heute wahr ist und wichtig genug erscheint, in der Werbung herausgestellt zu werden, kann morgen überholt und uninteressant sein. Auch ist der objektive Wahrheitsgehalt von Werbebehauptungen im allgemeinen schwer nachprüfbar, weil er eine Wertung erfordert.

409 Daher hat das Amtsgericht Warendorf[426] den Firmenzusatz „Mini-Preis", der auf eine besondere Preisgünstigkeit des Angebots hinweise, als nicht eintragungsfähig bezeichnet, da „nach der Lebenserfahrung der Wahrheitsgehalt generell nicht nachprüfbar ist, und die Firma nach erfolgter Eintragung zu einer Kalkulation kommen kann, die dem Kunden keine besonderen Preisvorteile bietet".

Weitere Beispiele:

410 1. „1 a" ist als wertende Aussage im Sinne einer besonderen Qualität zu verstehen.

411 2. „Discont", „Discount", „Diskont", Begriffe, die – sei es als Ausdruck eines besonderen Verkaufssystems oder nicht – vom Verkehr als Hinweis auf eine „niedrige Preisstellung" verstanden werden und deren Wahrheitsgehalt daher in der Regel ebenfalls schwer nachprüfbar sein wird[427].

412 3. Zum Firmenbestandteil „DM" in einer Firma „DM-Schuh-Einzelhandels-GmbH" hat in Übereinstimmung mit der Deutschen Bank die zuständige Industrie- und Handelskammer den Standpunkt vertreten, daß diese Abkürzung – gewissermaßen als Symbol für Preisstabilität – zu irrigen Vorstellungen über eine besondere Preiswürdigkeit, Vertrauenswürdigkeit, marktwirtschaftliche Orientierung u. ä. führen könne.

---

426 Beschluß vom 9. 7. 1969, BB-Beilage 10 zu Heft 34/1969, III 13; vgl. auch *AG Trier*, 13. 7. 1965 – 14 AR 40/1965 („Minipreis-Einkaufsgesellschaft mbH"); *LG Stuttgart*, 8. 7. 1964 – 3 KfH T 2/1964, das allerdings keine Bedenken gegen die Eintragung einer Firma „Preiswert-Schuh GmbH" hatte, weil der Begriff „Preiswert" ohnehin nur einen beschränkten Aussagewert habe, der sich im Laufe der Zeit durch seinen alltäglichen und übermäßigen Gebrauch im kaufmännischen Leben abgenützt, ja verflüchtigt habe; deswegen werde der schlagwortartige Gebrauch dieses Wortes heute nicht mehr ernstgenommen; *LG Saarbrücken*, 4. 6. 1971 – 7 O 572/70 („Mini-Car").
427 Vgl. *LG Berlin*, 14. 5. 1965, BB 1966 S. 1243 mit weiteren Rechtsprechungen und Schrifttumshinweisen und Anmerkung von *George; LG Frankfurt*, 2. 9. 1965, BB 1966 S. 1242; *LG Verden*, 1. 7. 1968, BB-Beilage 10 zu Heft 34/1969, III 3; siehe auch *BGH*, 13. 11. 1970, BB 1971 S. 144 = DB 1971 S. 230.

XII. Werbesprüche als Firmenzusatz

4. „Lager", „Großlager"; die Bezeichnung „Lager" vermittelt in der Regel den Eindruck des Kaufes bei einer dem Einzelhandel vorgeschalteten Wirtschaftsstufe und damit einer überdurchschnittlich großen Vorratshaltung und besonders günstigen Einkaufsmöglichkeit. Diese Vorstellung des Kaufes beim „Großhändler" wird durch den Begriff „Großlager" noch gefördert[428]. 413

5. „Magazin" ist nach der Auffassung des LG Oldenburg[429] als Zusatz zur Firma eines Einzelhandelsunternehmens unzulässig, weil dieser Begriff auf ein Großhandels- oder Fabrikauslieferungslager hinweise. 414

6. „Mehrwert", wenn das Warenangebot nicht insgesamt preisgünstiger ist als bei anderen Kaufhäusern[430]. 415

7. „Möbelsparkauf", da der Firmenbestandteil „-spar" zur Täuschung geeignet ist, denn er vermittelt den Eindruck, in dem betreffenden Geschäftsbetrieb würden Möbel ständig zu „Billigpreisen" verkauft. Der Wahrheitsgehalt dieser Anpreisung ist aber weder allgemein von den Kunden noch von einer behördlichen Einrichtung im Einzelfall nachprüfbar[431]. 416

8. „Netto-...", ein Begriff, der nicht eindeutig zu definieren ist, aber vermutlich zu dem Schluß einer für den Kunden besonders günstigen Kalkulation bzw. verhältnismäßig niedriger Preise führt[432]. 417

9. „Wertfoto", obwohl im konkreten Fall – entgegen dieser Wortaussage – weder besonders wertvolle Fotoartikel angeboten noch qualitätsmäßig überdurchschnittliche Fotoarbeiten ausgeführt werden[433]. 418

XII. Werbesprüche als Firmenzusatz 419

Auf die Ausführungen unter XI kann verwiesen werden. Mit der dort erwähnten Begründung – mangelnde Nachprüfbarkeit – sind auch son-

---

428 Vgl. firmenrechtlicher Leitsatz „Lager" des DIHT, BB 1968 S. 439; siehe auch Anhang III; *OLG Hamburg*, 7. 12. 1967, WRP 1968 S. 119; *LG Oldenburg i. O.*, 14. 1. 1970, BB-Beilage 9 zu Heft 30/1971, II 12 („Möbel-Großlager"); a. A. jedoch *OLG Oldenburg i. O.*, das in diesem Firmenzusatz lediglich einen Hinweis auf eine große Auswahl an Möbelstücken sieht, die in Augenschein genommen werden können, sei es auf der Einzel-, sei es auf der Großhandelsstufe, 25. 11. 1971, BB-Beilage 12 zu Heft 29/1975, III 18.
429 25. 4. 1964, BB 1964 S. 1143.
430 *BGH*, 25. 10. 1972, BB 1973 S. 59 = DB 1973 S. 64 = NJW 1973 S. 93.
431 *AG Leonberg*, 7. 5. 1974 – GR 2084/72.
432 Vgl. *AG Dorsten*, 9. 5. 1968, BB-Beilage 10 zu Heft 34/1969, III 11.
433 *OLG Hamm*, 9. 9. 1968, BB-Beilage 10 zu Heft 34/1969, III 16 = NJW 1968 S. 2381.

J. Unzulässige Firmenzusätze

stige Werbesprüche, die nicht auf eine besondere Qualität oder besondere Preisvorteile schließen lassen, sondern andere Vorzüge des Unternehmens anbieten, als Firmenzusatz bedenklich. Das gilt etwa für die bei einem Amtsgericht angemeldete Firmenbezeichnung „Kein Bild – kein Ton, ich komme schon! Radio-XY". In diesem Beispiel ist auch ohne den Versuch einer tatsächlichen Nachprüfung – nämlich der mit dem Firmennamen zum Ausdruck gebrachten „sofortigen" Dienstleistung – erkennbar, daß die Werbebehauptung zumindest nicht in allen denkbaren Fällen der Wahrheit entspricht. So müssen sich bei gleichzeitiger Inanspruchnahme durch mehrere Auftraggeber zwangsläufig Wartezeiten ergeben. Abgesehen von diesen rechtlichen Vorbehalten ist ein derartiger Werbeslogan als Firma auch äußerst unpraktikabel, denn der Kaufmann ist im Geschäftsverkehr zur Verwendung seiner v o l l s t ä n d i g e n Firma und zur Zeichnung mit seiner v o l l s t ä n d i g e n Firma verpflichtet; je länger ein Firmenname ist, desto schwerer kann dieser Verpflichtung nachgekommen werden.

420 XIII. Fremdsprachliche Zusätze

Ob fremdsprachliche Zusätze („Cooperation", „Agency", „Technical", „Service", „Development", „Engineering", „Holding", „Marketing", „Trade", „Trading", „Germany"[434]) geeignet sind, über die Art des Geschäftes oder die Verhältnisse des Geschäftsinhabers zu täuschen, etwa im Sinne der Vorstellung, es handle sich um einen mit einem ausländischen Unternehmen in irgendeiner Weise verbundenen Gewerbebetrieb, läßt sich nicht generell bejahen oder verneinen, sondern hängt vom Einzelfall ab. Bei der Beurteilung ist zu berücksichtigen, daß vielfach ein verständliches Interesse des Anmelders an Firmenbezeichnungen besteht, die auch vom ausländischen Lieferanten oder Kunden verstanden werden. Daher erscheint in Anbetracht der zunehmenden Wirtschaftsverbindungen mit dem Ausland die Anlegung eines großzügigen Maßstabes angebracht.

---

434 Das *AG Iserlohn* hat den Zusatz „Germany" in einer Firma „Rocky Mountain Germany GmbH Dental-Vertrieb" als unzulässig angesehen, da für den unbefangenen Interessenten im Wirtschaftsverkehr der Eindruck erweckt werden könne, daß es sich bei dem betreffenden Gewerbebetrieb um ein Tochterunternehmen einer ausländischen Muttergesellschaft handelt, das also im Inland die Muttergesellschaft repräsentiert, was jedoch nicht den Tatsachen entsprach, 12. 1. 1971, BB-Beilage 9 zu Heft 30/1971, II 3.

K. Die abgeleitete Firma

I. Allgemeines

1. Die gesetzliche Regelung

Das Gesetz regelt vier Fälle einer zulässigen Abweichung vom Grundsatz der Firmenwahrheit: **421**

a) Einmal bestimmt § 21 HGB, daß im Falle der Änderung des Namens des Geschäftsinhabers oder des in der Firma enthaltenen Namens eines Gesellschafters die bisherige Firma beibehalten werden kann. **422**

Hier ist in erster Linie an die Namensänderung infolge Eheschließung zu denken.

Beispiel:

Fräulein Schulze ist Gesellschafterin der nach ihr benannten Firma „Schulze oHG". Fräulein Schulze heiratet und heißt nunmehr Frau Maier. Dennoch kann die Firma „Schulze oHG" unverändert fortgeführt werden.

Unter dieser Vorschrift fallen aber auch die Namensänderungen bei bestehenden Ehen aufgrund des Gesetzes über die Änderung des Ehenamens vom 27. 3. 1979 (s. Randnr. 126, Fußnote 133).

Beispiel:

Eheleute, die vor dem 1. 7. 1976 geheiratet haben, führten den Namen des Mannes „Müller" als Ehenamen; sie betrieben zusammen eine offene Handelsgesellschaft unter der Firma „Müller oHG". Durch gemeinsame Erklärung vom 1. 2. 1980 gegenüber dem Standesbeamten bestimmten sie den Geburtsnamen der Ehefrau „von Grafenstein" zum neuen Ehenamen. Ihr Unternehmen kann weiterhin „Müller oHG" firmieren; eine Änderung in „von Grafenstein oHG" ist ebenfalls zulässig.

Nicht zulässig dagegen erscheint in einem solchen Fall die Anfügung eines Nachfolgezusatzes an die unveränderte Firma, also „Müller oHG Inh. A. & B. von Grafenstein", da dadurch eine tatsächlich nicht vorhandene abgeleitete Firma, also ein in andere Hände

K. *Die abgeleitete Firma*

übergegangenes Unternehmen vorgetäuscht wird (s. im folgenden unter Randnrn. 423 ff., ferner auch 350).

423 b) Nach § 22 HGB kann ein unter Lebenden (z. B. durch Kauf oder Schenkung) oder von Todes wegen (also infolge Erbgangs) erworbenes Handelsgeschäft unter seiner bisherigen Firma mit oder ohne Beifügung eines Nachfolgezusatzes fortgeführt werden, wenn der bisherige Geschäftsinhaber oder dessen Erben ausdrücklich in die Fortführung der Firma einwilligen.

Hier liegt ein Fall einer abgeleiteten Firma vor.

Beispiel:

Der Kaufmann Müller verkauft sein unter der Firma „Fritz Müller" im Handelsregister eingetragenes Handelsgeschäft an Karl Schulze. Dieser kann die Firma „Fritz Müller" beibehalten, sofern der Verkäufer damit einverstanden ist.

Die Bedeutung dieser Vorschrift geht aus den §§ 25 bis 27 HGB hervor. Danach haftet derjenige, der ein unter Lebenden erworbenes Handelsgeschäft unter der bisherigen Firma fortführt, für alle im Betrieb des Geschäfts begründeten Verbindlichkeiten des früheren Inhabers, es sei denn, eine abweichende Vereinbarung ist in das Handelsregister eingetragen und bekanntgemacht oder dem Dritten vom Erwerber oder Veräußerer mitgeteilt worden[435]. Ähnlich regelt § 27 HGB den Haftungsübergang auf den Erben, es sei denn, die Fortführung des Geschäftes wird vor dem Ablauf von 3 Monaten nach dem Zeitpunkt, in welchem der Erbe von dem Anfall der Erbschaft Kenntnis erlangt hat, eingestellt; ist bei dem Ablauf der 3 Monate das Recht zur Ausschlagung der Erbschaft noch nicht verloren, so endigt die Frist nicht vor dem Ablauf der Ausschlagungsfrist.

Im einzelnen wird auf den Wortlaut der genannten Vorschriften verwiesen.

Die erwähnte ausdrückliche Einwilligung des bisherigen Geschäftsinhabers oder dessen Erben kann nur für die Firma als Ganzes, nicht für einen bloßen Bestandteil derselben gegeben werden. Ist sie einmal erfolgt, so kann sie grundsätzlich nicht rückgängig gemacht werden; nur dann müßte ein Widerruf möglich sein, wenn der Erwerber die Firma etwa zu sittenwidrigen Geschäften mißbraucht und da-

---

[435] Vgl. aber zur Haftung des Betriebsübernehmers für betriebliche Steuern § 75 Abs. 1 AO.

I. Allgemeines

durch den Ruf des Namensträgers schädigt[436]. Zulässig ist jedoch eine vertragliche Einschränkung der Einwilligung, sei es, daß diese etwa nur befristet oder nur für den Ersterwerber gegeben wird, so daß sie also bei einem erneuten Inhaber- bzw. Gesellschafterwechsel gegenstandslos wird.

c) § 24 HGB sieht vor, daß eine Firma dann beibehalten werden kann, wenn jemand in ein bestehendes Handelsgeschäft als Gesellschafter eintritt oder aus einer Handelsgesellschaft ausscheidet, also auch dann, wenn der Name des Ausscheidenden in der Firma enthalten ist. Allerdings muß dann die ausdrückliche Einwilligung des ausscheidenden Gesellschafters oder seiner Erben zur Fortführung der Firma vorliegen (§ 24 Abs. 2 HGB).

424

Das ist der zweite Fall einer abgeleiteten Firma.

Beispiel:
Aus der aus zwei Gesellschaftern bestehenden offenen Handelsgesellschaft „Müller oHG" scheidet Herr Müller aus, ein Herr Schulze tritt ein. Der Firmenname „Müller oHG" kann – sofern Herr Müller einverstanden ist – beibehalten werden.

Was die Haftung des eintretenden Gesellschafters anbetrifft, so sind die §§ 28 und 130 HGB von Bedeutung; sie begründen ohne Rücksicht auf die Fortführung der bisherigen Firma die Haftung für bereits bestehende Verbindlichkeiten, sei es, daß ein Gesellschafter in ein von einem Einzelkaufmann betriebenes Unternehmen, sei es, daß er in eine bereits bestehende Gesellschaft eintritt.

§ 24 Abs. 2 HGB findet keine Anwendung bei Kapitalgesellschaften. Da sie eigene Rechtspersönlichkeiten sind, ist ihre Firma – falls sie aus Personennamen besteht – stärker als bei Einzelunternehmen und Personengesellschaften vom ursprünglichen Namensgeber gelöst und bleibt daher von einem Gesellschafterwechsel unberührt. Dazu kommt, daß bei Aktiengesellschaften die Personenfirma ohnehin die Ausnahme ist (§ 4 Abs. 1 Satz 1 AktG) und daß auch bei Gesellschaften mit beschränkter Haftung nach § 4 Abs. 1 GmbHG keine Notwendigkeit zur Wahl einer Personenfirma besteht, so daß die bei Einzelunternehmen und Personengesellschaften bestehende Zwangslage entfällt, daß der Einzelkaufmann, bzw. mindestens ein persönlich haftender Gesellschafter seinen Eigennamen zur Firmenbildung zur Verfügung stellen muß; gerade diese Zwangslage

---

[436] So *Schlegelberger,* § 22 Randnr. 14.

K. Die abgeleitete Firma

begründet aber das Recht, beim Ausscheiden die Weiterverwendung des eigenen Namens zu unterbinden[437].

425 d) Außer den unter a) - c) behandelten und im Handelsgesetzbuch geregelten Fällen einer zulässigen Abweichung vom Grundsatz der Firmenwahrheit gibt es noch eine weitere Möglichkeit auf Grund des handelsrechtlichen U m w a n d l u n g s g e s e t z e s vom 15. 8. 1969[438]. Dieses Gesetz hat den Zweck, den Wechsel der Rechtsform eines Unternehmens zu erleichtern. Motiv dafür können personelle, haftungs- und erbrechtliche oder auch steuerliche Überlegungen sein.

Wenn beispielsweise eine GmbH in eine Personengesellschaft „umgewandelt" werden soll, so müßte das o h n e Umwandlungsgesetz in der Weise geschehen, daß die GmbH aufgelöst und liquidiert wird, indem ihr Vermögen im Wege der E i n z e l r e c h t s n a c h f o l g e auf die neue Gesellschaft übertragen wird, d. h. Grundstücke müßten aufgelassen und im Grundbuch auf den Namen der neuen Gesellschaft eingetragen werden, Forderungen müßten abgetreten, bewegliche Sachen nach entsprechender Einigung übergeben und Schulden übernommen werden.

Das handelsrechtliche Umwandlungsgesetz setzt an die Stelle dieser Einzelrechtsnachfolge die sogenannte G e s a m t r e c h t s n a c h f o l g e ; das bedeutet, daß der Übergang aller Aktiven und Passiven auf den Erwerber unter Verzicht auf die Übertragungsformalitäten bei der Einzelrechtsnachfolge i n e i n e m Akt erfolgt. Es bedarf zur Wirksamkeit nur des Umwandlungsbeschlusses der Gesellschafter und der Eintragung im Handelsregister.

Das Gesetz ermöglicht die Umwandlung einer Kapitalgesellschaft (AG, KGaA, GmbH) in eine oHG, KG, BGB-Gesellschaft oder in ein Einzelunternehmen, ferner die Umwandlung einer Personengesellschaft in eine AG, KGaA oder in eine GmbH sowie eines Einzelunternehmens in eine GmbH, AG oder KGaA. Das Aktiengesetz sieht darüber hinaus die Umwandlung von einer Kapitalgesellschaft in eine andere vor (§§ 362 ff. AktG).

Die erwähnte Möglichkeit der erleichterten Umwandlung eines Einzelunternehmens in eine GmbH wurde erst durch das Gesetz zur Änderung des Gesetzes betreffend die Gesellschaften mit beschränkter Haf-

---

437 *BGH*, 20. 4. 1972, BB 1972 S. 981 mit Anmerkung von *Wessel*. Siehe auch *Schlegelberger*, § 24 Randnr. 1, ferner Fußnote 334.
438 BGBl. I S. 1171, in der Fassung vom 4. 7. 1980, BGBl. I S. 836 (843).

I. Allgemeines

tung und anderer handelsrechtlicher Vorschriften mit Wirkung ab 1. 1. 1981 geschaffen[439].

Da die Änderung der Rechtsform eines Unternehmens zu steuerlichen Nachteilen führen und damit den Anreiz zur Umwandlung wieder aufheben kann, gewährt das „Umwandlungssteuergesetz 1977" vom 6. 9. 1976[440] Steuererleichterungen, sofern eine Umwandlung nach dem handelsrechtlichen Umwandlungsgesetz erfolgt.

Beide Gesetze ergänzen sich daher. Wegen der Regelungen im einzelnen ist auf ihren Inhalt und das einschlägige Schrifttum zu verweisen[441].

Häufig beginnt eine gewerbliche Tätigkeit durch den Erwerb eines bestehenden Unternehmens oder durch den Eintritt in ein bestehendes Unternehmen, so daß das Thema der „abgeleiteten Firma" gemäß den §§ 22 und 24 HGB – je nach der Warte, von der aus man es betrachtet – also nicht nur am Ende einer geschäftlichen Laufbahn oder Zusammenarbeit, sondern auch an deren A n f a n g Bedeutung gewinnen kann. Diese Bedeutung ist nicht zu unterschätzen, denn der Erwerber eines Unternehmens wird an der unveränderten Firmenfortführung vor allem dann ein großes Interesse haben, wenn es sich um ein gut eingeführtes Geschäft handelt; er wird dann auch bereit sein, für diesen im Firmennamen liegenden Wert oder „Goodwill" einen Preis zu zahlen. Auch im Falle des Eintritts in ein Unternehmen ist das Interesse aller Beteiligten – also sowohl des bisherigen Inhabers oder der verbleibenden Gesellschafter als auch des neuen Gesellschafters – an der Kontinuität des Firmennamens offensichtlich. Wenn der Gesetzgeber daher mit den Vorschriften über die abgeleitete Firma eine Durchbrechung des unser Firmenrecht beherrschenden Grundsatzes der Firmenwahrheit (s. Randnr. 40) gestattet hat, so hat er sich dabei von dem Gedanken leiten lassen, daß das wirtschaftliche Interesse an der E r h a l t u n g eines Firmennamens und der darin liegenden immateriellen und auch materiellen Werte dem Bedürfnis nach einer w a h r e n Firma grundsätzlich vorzuziehen ist, zumal sich jedermann durch Einsichtnahme in das Handelsregister von den tatsächlichen Inhaberverhältnissen eines

426

---

439 Siehe Fußnote 245; Art. 5 (Änderungen des Umwandlungsgesetzes), §§ 56 a ff. UmwG.
440 Einführungsgesetz zum Körperschaftsteuerreformgesetz, Art. 1, BGBl. 1976 S. 2641 (2643).
441 Zum Beispiel *Böttcher/Beinert*, Wechsel der Unternehmensform, 1969, Forkel-Verlag Stuttgart; *Stehle/Stehle*, Die Gesellschaften, 1977, Richard Boorberg Verlag, Stuttgart.

K. *Die abgeleitete Firma*

Unternehmens überzeugen kann. Ähnliche Überlegungen gelten für die Ausnahmeregelungen der §§ 21 HGB und 6 UmwG.

Das bedeutet jedoch nicht, daß mit der Zulässigkeit der abgeleiteten Firma der Grundsatz der Firmenwahrheit insoweit völlig aufgegeben worden wäre; die Grenzen, die die Rechtsprechung in diesem zwangsläufigen Widerstreit zwischen dem Recht der Beibehaltung der unveränderten Firma und dem Postulat der Firmenwahrheit gesteckt hat, werden im folgenden aufgezeigt werden (s. Randnrn. 432 ff.), eine Entwicklung, die noch nicht abgeschlossen sein dürfte und möglicherweise eines Tages den Gesetzgeber auf den Plan rufen wird.

2. Eine Firma muß bestehen

427 Da nur der Vollkaufmann eine Firma führt (Randnr. 3), ist die Übernahme des Namens eines Kleingewerbetreibenden oder eines Nichtkaufmannes durch einen Dritten unmöglich.

Beispiel:

Wenn der Kleingewerbetreibende Fritz Müller sein Lebensmittelgeschäft oder der nicht im Handelsregister eingetragene Immobilienmakler Karl Schulze sein Immobilienbüro verkauft, können die Erwerber nicht die Namen „Fritz Müller" bzw. „Karl Schulze" weiterführen. Vielmehr müssen sie unter ihrem eigenen Namen auftreten.

Eine Umgehung dieses Grundsatzes ist auch nicht dadurch möglich, daß der Erwerber durch die Anfügung „vormals X Y" an seinen eigenen Namen auf den früheren Geschäftsinhaber hinweist. Denn jede Form eines solchen Hinweises auf den Vorgänger ist ein Nachfolgezusatz im Sinne des § 22 HGB und daher ausschließlich Vollkaufleuten vorbehalten. Um jedoch auch in diesen Fällen dem verständlichen Wunsch des Geschäftsnachfolgers einigermaßen gerecht zu werden, sich den bei der Kundschaft erworbenen guten Namen seines Geschäftsvorgängers ebenfalls zunutze zu machen, kann man allenfalls empfehlen, etwa durch ein Rundschreiben oder auch durch ein mit dem Vorgänger gemeinsam abgefaßtes Rundschreiben der Kundschaft die Geschäftsübernahme mitzuteilen und sie zu bitten, das bisher dem Geschäftsinhaber erwiesene Vertrauen auch dem Nachfolger entgegenzubringen.

Die verschiedenen Arten der Begründung der Vollkaufmannseigenschaft sind für die abgeleitete Firma von besonderer Bedeutung:

I. Allgemeines

a) Der Vollkaufmann, der ein Grundhandelsgewerbe betreibt, führt eine Firma von dem Zeitpunkt an, in dem der Umfang seines Gewerbes eine vollkaufmännische Einrichtung erfordert, auch wenn eine Eintragung im Handelsregister noch nicht erfolgt ist. Daher kann der Erwerber dieses Geschäftsbetriebes – ungeachtet der nach § 14 HGB bestehenden Pflicht des Vorgängers, seine Firma zur Eintragung in das Handelsregister anzumelden – den Namen des Vorgängers als Firma weiterführen; denn die Handelsregistereintragung wirkt nur deklaratorisch[442]; siehe auch Randnr. 16.

428

b) Der Gewerbetreibende, der ein sonstiges Gewerbe (§ 2 HGB) vollkaufmännischen Umfangs ausübt, wird erst Vollkaufmann – dann allerdings vom Nichtkaufmann direkt Vollkaufmann – im Zeitpunkt der Eintragung in das Handelsregister (s. Randnr. 17). Diese konstitutive Wirkung der Eintragung ist unter Umständen sowohl für den bisherigen, als auch für den neuen Inhaber eines solchen Unternehmens nachteilig, wenn bislang die Handelsregistereintragung versäumt wurde[443]; denn dieses Versäumnis kann nicht rückwirkend nachgeholt werden. Das bedeutet, daß es dem Unternehmensnachfolger verwehrt ist, den Namen des Vorgängers als Firma zu verwenden, und der Vorgänger kann keine Vergütung für einen Firmenwert verlangen (ein Firmenwert setzt eine Firma voraus; an einer Firma fehlt es aber hier gerade).

429

Beispiel: Vgl. Randnr. 20.

c) Für die Personengesellschaften gilt sinngemäß dasselbe.

430

d) Bei der GmbH – wie auch bei den sonstigen juristischen Personen – wirkt die Eintragung in das Handelsregister ebenfalls konstitutiv (vgl. Randnr. 75); vor der Eintragung ist also eine abgeleitete Firma einer GmbH nicht möglich.

431

---

442 In einem solchen Fall vertritt das *BayObLG*, 6. 7. 1978, die Auffassung, daß in der Handelsregisterspalte „Rechtsverhältnisse" die der Firmenfortführung zugrunde liegenden Rechtsvorgänge ebenfalls einzutragen sind, also der ursprüngliche Beginn des Unternehmens. Denn „die gesetzeswidrig verspätete Anmeldung einer Firma darf aber nicht zu einer Verschleierung der bisherigen für den Rechtsverkehr wesentlichen Verhältnisse der einzutragenden Firma führen", DB 1978 S. 1880.
443 Zur Kritik an dieser gesetzlichen Regelung vgl. Fußnote 17; siehe auch *OLG Frankfurt*, 27. 9. 1968, NJW 1969 S. 330 mit Anmerkung von *Welsch* = BB-Beilage 10 zu Heft 34/1969, V 1.

K. *Die abgeleitete Firma*

3. Die unveränderte Beibehaltung der bisherigen Firma

432 Einigkeit besteht in Rechtsprechung und Schrifttum darüber, daß in allen vom Gesetz tolerierten Fällen der Beibehaltung der „bisherigen" Firma die u n v e r ä n d e r t e Firma gemeint ist, denn nur diese ist auf Kosten der Firmenwahrheit schutzwürdig. Da es sich um A u s n a h m e vorschriften handelt – sie regeln Ausnahmen von der Anwendung des Firmenwahrheitsprinzips – und es in der Natur einer jeden Ausnahmevorschrift liegt, sie eng auszulegen, sind grundsätzlich auch strenge Anforderungen an die Unveränderbarkeit der abgeleiteten Firma zu stellen. Das schließt nicht aus, daß in den Fällen der §§ 22 und 24 HGB in der Praxis gewisse unwesentliche Änderungen möglich, gegebenenfalls sogar geboten sind[444].

433 Als unwesentliche und folglich z u l ä s s i g e Änderungen gelten seit jeher Veränderungen von Gesellschaftszusätzen, also die Auswechselung von Rechtsformhinweisen („& Co.", „& Cie.", „& Partner", „oHG", „KG", „GmbH") oder deren Weglassung, wenn sie den tatsächlichen Rechtsverhältnissen entspricht, da diese Gesellschaftszusätze „nicht am Klangbild der Firma" teilnehmen[445].

Auch geringfügige Änderungen innerhalb des sonstigen Firmenwortlauts mögen hingenommen werden können, etwa die Anpassung der altmodischen Schreibweise an die heutige Rechtschreibung oder Schreibweise („Fabrikation" statt „Fabrication", „Foto" statt „Photo", „Kontor" statt „Contor"); dagegen scheint die Auswechslung von Wörtern bereits bedenklich („Fabrikation" statt „Manufactur"), da sich dadurch in der Regel das Klangbild, und zwar meist gerade das für das Alter eines Unternehmens typische Klangbild einer Firma erheblich verändert (s. aber unter Randnr. 434, wonach unter bestimmten Voraussetzungen weitergehende Änderungen zulässig sind). Das gilt ganz eindeutig für die Änderung oder das Weglassen von Eigennamen oder Namensteilen, weshalb beispielsweise auch die Ersetzung eines ausgeschriebenen Vornamens in der Firma durch den bloßen Anfangsbuchstaben als wesentliche und damit unzulässige Änderung einer abgeleiteten Firma zu gelten

---

[444] Vgl. *Brüggemann/Würdinger*, § 22 Anm. 41 mit zahlreichen Rechtsprechungs- und Schrifttumshinweisen; *Baumbach/Duden*, §§ 22, 23 Anm. 2 B; ferner *Wessel*, BB 1964 S. 1365. Zur Haftung gemäß § 25 Abs. 1 HGB vgl. u. a. *OLG Stuttgart*, 29. 9. 1967, BB-Beilage 10 zu Heft 34/1969, V 2 mit weiteren Rechtsprechungshinweisen; *BGH*, 29. 1. 1979, BB 1979 S. 1117.

[445] Siehe Fußnote 444, ferner *OLG Zweibrücken*, 28. 4. 1972, BB-Beilage 12 zu Heft 29/1975, V 1 mit zahlreichen weiteren Fundstellen.

I. Allgemeines

hat[446]. Letzten Endes kommt es auf den Einzelfall und das Ermessen des Betrachters an, so daß sich feste oder gar erschöpfende Regeln nicht aufstellen lassen.

Durch eine Entscheidung vom 12. 7. 1965[447] hat der Bundesgerichtshof die bis dahin zur Unwesentlichkeit einer Firmenänderung überwiegend in der Praxis als maßgebend anerkannten Grundsätze gelockert, aber auch präzisiert, so daß unter bestimmten Voraussetzungen sogar auch wesentliche Änderungen einer abgeleiteten Firma unschädlich sein können. Der Bundesgerichtshof hat die Auffassung vertreten, daß die nachträgliche Änderung einer abgeleiteten Firma dann zulässig ist,

434

a) wenn sie infolge Erweiterung oder Einschränkung des Geschäftsumfanges, durch Fallenlassen eines bisherigen oder Aufnahme eines neuen Geschäftszweiges, durch Umbenennung des Firmensitzes oder durch Sitzverlegung im Interesse der Allgemeinheit notwendig oder wünschenswert ist bzw.

b) wenn – bei Fehlen eines solchen allgemeinen Interesses –

    aa) sich die Verhältnisse inzwischen geändert haben und

    bb) deshalb die Änderung der Firma vom Standpunkt des Firmeninhabers bei objektiver Beurteilung ein sachlich berechtigtes Anliegen ist und

    cc) die Änderung den Grundsätzen der Firmenbildung entspricht und

    dd) kein Zweifel an der Identität mit der bisherigen Firma aufkommen kann.

Das bedeutet, daß bei Bejahung eines „Interesses der Allgemeinheit" auch wesentliche Änderungen der abgeleiteten Firma möglich sind; man wird jedoch unter Berücksichtigung des Ausnahmecharakters der Durchbrechung des Grundsatzes der Firmenwahrheit – auch sie liegt schließlich im allgemeinen Interesse – einen strengen Maßstab an das Allgemeininteresse anlegen müssen.

Besteht dagegen ein solches „Interesse der Allgemeinheit" nicht, so ergibt eine nähere Prüfung der vom Bundesgerichtshof entwickelten Merkmale einen nach wie vor eng begrenzten Spielraum, nämlich:

Zu aa) Die Verhältnisse müssen sich g e ä n d e r t haben. In Betracht kommt eine Änderung sowohl der tatsächlichen als auch der rechtlichen

---

446 So *LG Bielefeld*, 9. 10. 1978 – 13 T 12/78.
447 BB 1965 S. 1047 mit Anmerkung von *Wessel*, BB 1965 S. 1422.

K. Die abgeleitete Firma

noch **434** Verhältnisse des betreffenden Unternehmens. Bei gleichgebliebenen Verhältnissen ist also für eine Firmenänderung kein Raum.

Zu bb) Durch die Änderung der Verhältnisse muß ein nach o b j e k t i v e n Gesichtspunkten s a c h l i c h b e r e c h t i g t e s Anliegen des Firmeninhabers begründet sein. Das bedeutet einmal, daß die beabsichtigte Firmenänderung nicht über den Rahmen der veränderten Verhältnisse hinausgehen darf, zum anderen, daß die Veränderung der Verhältnisse allein nicht ausreicht, sondern z u s ä t z l i c h Gründe für die beabsichtigte Firmenänderung vorliegen müssen, die schließlich – als weiteres einschränkendes Merkmal – o b j e k t i v berechtigt sein müssen.

Somit bleibt für die Berücksichtigung s u b j e k t i v e r Voraussetzungen – sieht man von der zwangsläufig erforderlichen Absicht des Inhabers, die Firma zu ändern, ab – kein Raum.

In dem vom Bundesgerichtshof entschiedenen Fall ist unter Beachtung dieser Gesichtspunkte der nachträgliche Firmenzusatz „Frankona" gestattet worden, da dieses Wort der Beschwerdeführerin als Warenzeichen geschützt worden sei, sie es als solches benutze und die Verwendung von Warenzeichen als Firmenbestandteil einer heute weit verbreiteten kaufmännischen Übung entspreche.

Zu cc) Die Firmenänderung muß den Grundsätzen der Firmenbildung entsprechen. Das bedeutet, daß der Wortlaut der g e ä n d e r t e n abgeleiteten Firma nicht gegen die geltenden Vorschriften der Firmenbildung verstoßen darf.

Dieser Grundsatz ist wohl dahin zu verstehen, daß der u n v e r ä n d e r t b e i b e h a l t e n e Firmenteil von einer Nachprüfung unberührt bleibt – seiner Wahl lagen unter Umständen andere, heute nicht mehr geltende Bestimmungen zugrunde –, daß aber der geänderte oder hinzugefügte Firmenteil oder auch die Firma nach Weglassung eines Teiles ihres Wortlautes den zur Zeit dieser Firmenänderung geltenden Vorschriften entsprechen muß.

Zu dd) Es dürfen keine Zweifel an der Identität der geänderten mit der bisherigen Firma aufkommen.
Diese Voraussetzung engt – schon allein für sich betrachtet – die Möglichkeiten einer Änderung abgeleiteter Firmen erheblich ein, wenn man berücksichtigt, daß nach § 30 Abs. 2 HGB bereits ein Firmenzusatz unterscheidungskräftiges Merkmal sein kann, um die Identität zweier sonst gleichlautender Firmen a u s z u s c h l i e ß e n. Daraus ist zu folgern, daß grundsätzlich immer dann die Änderung einer abgeleiteten

I. Allgemeines

Firma abzulehnen ist, wenn der neue Firmenwortlaut nach § 30 HGB als genügend unterscheidungskräftig gegenüber der bisherigen Firma anzusehen wäre. Im übrigen wird man immer auf den Einzelfall abstellen und einen strengen Maßstab anlegen müssen, da bereits Zweifel an der Identität der Firmenänderung entgegenstehen.

Wenngleich also der Verzicht auf Gesellschaftszusätze oder deren Auswechseln keine wesentliche Änderung einer Firma darstellt, sind andererseits Gesellschaftszusätze doch eine wesentliche Aussage über die Rechtsform und damit über die Haftungsverhältnisse eines Unternehmens, so daß in bestimmten Fällen eines Wechsels der Rechtsform eine derartige – zwar unwesentliche – Änderung der abgeleiteten Firma unter dem Gesichtspunkt der Firmenwahrheit geradezu geboten erscheint. So entspricht es der gefestigten Auffassung in Rechtsprechung und Schrifttum, daß Gesellschaftszusätze dann zu streichen sind, wenn sie auf den Fortbestand einer bestimmten, tatsächlich nicht mehr zutreffenden Rechtsform hinweisen, also etwa die Zusätze „GmbH", „oHG" und „KG", es sei denn, die bisherige unveränderte Firma würde durch einen Nachfolgezusatz ergänzt, der die geänderte Rechtsform andeutet. Dagegen hatte sich früher bezüglich des unbestimmten und farblosen Gesellschaftszusatzes „& Co.", den sowohl eine offene Handelsgesellschaft als auch eine Kommanditgesellschaft für ihre Firma verwenden kann, eine großzügigere Auffassung durchgesetzt; seine Beibehaltung wurde bei der Firmenfortführung als Einzelunternehmen hingenommen, ein nicht ganz logisches, aber durch eine Befragung von Kaufleuten untermauertes Ergebnis; der Geschäftsverkehr hatte einfach den allgemeineren Zusätzen wie „& Co." oder „& Cie.", eine blassere, weniger ins Gewicht fallende Bedeutung beigemessen als den konkreten Aussagen „oHG" oder „KG". Dann hat sich aber der Bundesgerichtshof im Jahre 1969 auf den gegenteiligen Standpunkt gestellt und auch in diesem Fall die Streichung bzw. die Ergänzung durch einen Nachfolgezusatz für geboten erklärt, da auch der Zusatz „& Co." unmißverständlich auf ein von einer Personenmehrheit geführtes Geschäft hinweise[448].

435

Dieses Ergebnis ist sicherlich konsequent. Man darf aber nicht übersehen, daß diese Entscheidung in Widerspruch zu den §§ 22 und 24 HGB steht, die eindeutig das Recht der Durchbrechung des Grundsatzes der

---

448 Urteil vom 10. 11. 1969, BB 1970 S. 318 mit Anmerkung von *Wessel* = NJW 1970 S. 704; *BayObLG*, 27. 2. 1978, DB 1978 S. 1270; *BayObLG*, 1. 10. 1979, DB 1980 S. 71.

K. Die abgeleitete Firma

Firmenwahrheit anerkennen, indem sie nämlich die unveränderte Beibehaltung einer Firma beim Wechsel der Inhaber (§ 22 HGB) oder bei der Aufnahme eines Gesellschafters oder beim Wechsel der Gesellschafter (§ 24 HGB) gestatten. Die Anfügung eines Nachfolgezusatzes ist nicht vorgeschrieben, sondern in § 22 HGB ausdrücklich freigestellt; dasselbe gilt sinngemäß auch für § 24 HGB[449].

436 Der Bundesgerichtshof hat also in diesem vom Gesetzgeber in Kauf genommenen Konflikt zwischen Firmenbeständigkeit auf der einen Seite und Firmenwahrheit auf der anderen Seite der letzteren den Vorrang eingeräumt. Aus der in seiner Entscheidung vom 10. 11. 1969 erhobenen Forderung, „eine Klarstellung zu verlangen, daß es sich fortan nicht mehr um ein von einer Personenmehrheit geführtes Geschäft handele", kann durchaus der Schluß gezogen werden, daß auch weniger farblose Firmenzusätze als „& Co." oder „& Cie.", nämlich etwa „Gebrüder" oder „& Sohn" oder gar andere, ein Gesellschaftsverhältnis ausdrückende Firmierungen wie „Müller & Maier" im Falle der Firmenfortführung durch einen Einzelkaufmann nur beibehalten werden dürfen, wenn ein Nachfolgezusatz hinzugefügt wird. Billigt man die Entscheidung des BGH in ihrem Grundsatz, so wäre das eine durchaus logische und konsequente Folgerung, die aber zugleich die Frage aufwirft, ob es nicht Sache des Gesetzgebers wäre, eine solch weitgehende Forderung zu verwirklichen, zumal die Rechtsprechung in der Beurteilung der über die bloßen Zusätze „& Co." oder „& Cie." hinausgehenden Zusätze in abgeleiteten Firmen (z. B. „Gebrüder", „& Sohn") oder ein Gesellschaftsverhältnis andeutenden abgeleiteten Firmierungen (z. B. „Müller & Maier") keineswegs einheitlich dem Grundsatz der BGH-Entscheidung vom 10. 11. 1969 folgt. Allerdings kann man eine gewisse Tendenz feststellen, die zunehmend dem Grundsatz der Firmenwahrheit den Vorzug vor dem Recht auf Beibehaltung der unveränderten

---

449 *Schlegelberger,* § 24 Randnr. 9; *Brüggemann/Würdinger,* § 24 Anm. 8.

I. Allgemeines

Firma gibt[450]. Das bedeutet aber, daß für Firmen wie „Gebrüder Mül-

450 Eine enge Auslegung der *BGH*-Entscheidung vom 10. 11. 1969 (siehe Fußnote 448), also eine Beschränkung der Firmenberichtigung oder der Anfügung eines Nachfolgezusatzes auf Firmen mit „& Co."–Zusätzen ergibt sich aus: *OLG Frankfurt,* 24. 5. 1971, BB 1971 S. 975 mit Anmerkung von *Veismann* = DB 1971 S. 1615. Das Gericht hat die Beibehaltung des Zusatzes „& Sohn" in der von einem Einzelkaufmann weitergeführten Firma für zulässig gehalten und zwar unter ausdrücklicher Erwähnung der *BGH*-Entscheidung vom 10. 11. 1969, BB 1970 S. 318 = NJW 1970 S. 704, ebenso *LG Aurich,* 7. 7. 1972 – 3 b T 88/72 – bezüglich des Firmenbestandteiles „Geschwister"; *OLG Zweibrücken,* 28. 4. 1972, BB-Beilage 12 zu Heft 29/1975, V 1 („& Söhne"; siehe auch Fußnote 445); die Beibehaltung des Firmenbestandteils „Gebrüder" auch ohne Nachfolgezusatz ist zulässig nach Auffassung des *LG Hannover,* 2. 1. 1978, DB 1978 S. 789 = Rpfleger 1978 S. 145 = MDR 1978 S. 580; *LG Mainz,* 14. 1. 1972, BB-Beilage 12 zu Heft 29/1975, V 4 („Anton und Bernd Müller" – Name geändert – weiterhin zulässig). A. A., also die *BGH*-Entscheidung vom 10. 11. 1969 weit anwendend: *OLG Hamm,* 20. 7. 1973, DB 1973 S. 2034 = NJW 1973 S. 2000; das Gericht möchte die Fortführung einer Firma „Maier & Schulze" (Name geändert) durch einen Alleininhaber nur mit Nachfolgezusatz zulassen. Im Hinblick auf eine abweichende Entscheidung des *Kammergerichts Berlin,* 20. 6. 1935, HRR 35 Nr. 1472, hat es die Sache dem *BGH* vorgelegt. Zu einer Entscheidung durch den *BGH* ist es jedoch nicht gekommen, da die Firma inzwischen durch den Eintritt neuer Gesellschafter wieder in unbestreitbar zulässiger Weise geändert wurde. Das *LG Nürnberg-Fürth,* 26. 8. 1977, hat sogar eine abgeleitete Firma „X Y KG Inhaber Karl Maier" (Name geändert) – also mit Nachfolgezusatz – für unzulässig gehalten, da die Gesellschaftsangabe (KG) und der nachfolgende Inhabervermerk inhaltlich und rechtlich widersprüchlich seien, denn als Inhaber könne auch der Komplementär, nicht nur der „Alleininhaber" verstanden werden, DB 1978 S. 339; diese Entscheidung wurde jedoch nicht rechtskräftig, da das *BayObLG,* 27. 2. 1978, den gegenteiligen Standpunkt vertreten, also die Fortführung der bisherigen KG-Firma durch einen Einzelkaufmann mit Nachfolgezusatz für ausreichend und damit für zulässig gehalten hat, DB 1978 S. 1270, nicht jedoch – in einem anderen Fall – ohne Nachfolgezusatz, *BayObLG,* 1. 10. 1979, DB 1980 S. 71 (siehe auch Randnummer 435). Vgl. auch *Schlegelberger,* § 22 Randnr. 20. Das *OLG Frankfurt,* 12. 7. 1979, hat entschieden, daß eine unter „X & Y" firmierende offene Handelsgesellschaft nach ihrer Umwandlung in eine Kommanditgesellschaft – mit nur noch einem persönlich haftenden Gesellschafter – einen Zusatz anfügen muß, der die veränderten Haftungsverhältnisse nach außen erkennen läßt, DB 1979 S. 2269 = NJW 1980 S. 129 = Rpfleger 1979 S. 385. Wie im konkreten Fall dann firmiert werden muß oder kann, geht allerdings aus den Gründen nicht hervor. Mit der bloßen Anfügung des KG-Zusatzes wäre es nicht getan, denn dann würde die persönliche Haftung nach wie vor von zwei Gesellschaftern, darüber hinaus noch die Haftung mindestens eines Kommanditisten als drittem Gesellschafter vorgetäuscht. Will man also eine völlig neue Firmierung vermeiden, so bliebe nach dieser Entscheidung allenfalls „X & Y Nachfolger X KG" übrig. Die Aufnahme des konkreten Rechtsform-Zusatzes in die abgeleitete Firma würde eine weitere Einschränkung in der Wahl des Nachfolge-Zusatzes bedeuten. Zu der gesamten Problematik auch *Bokelmann,* MDR 1979 S. 188.

noch
436

245

K. Die abgeleitete Firma

ler" oder „Müller & Maier" im Falle einer Weiterführung durch einen Einzelkaufmann oder auch der „Reduzierung" einer offenen Handelsgesellschaft auf eine Kommanditgesellschaft nur die Möglichkeit der Anfügung eines Nachfolgezusatzes bleibt, da jede andere Art einer Firmenänderung nicht mehr unwesentlich und damit unzulässig wäre.

437 Man muß sich allerdings darüber im klaren sein, daß ein Nachfolgezusatz, wenn er auf den sowohl nach den §§ 22 und 24 HGB als auch nach der Rechtsprechung ausreichenden Begriff „Nachfolger" oder „Nachf." beschränkt wird, eine recht begrenzte Aufklärung über die Rechtsverhältnisse des betreffenden Unternehmens gibt. Ein solcher Zusatz würde nicht einmal darüber unterrichten, ob das Unternehmen „Gebrüder Müller" oder „Müller & Maier" weiterhin eine Gesellschaft – mit teils den bisherigen oder nur neuen Gesellschaftern – ist oder ob es zum Einzelunternehmen geworden ist, geschweige denn, wer der jetzige Inhaber ist oder die jetzigen Gesellschafter sind. Eine solche Unterrichtung wäre in der Praxis mitunter wichtiger oder ebenso wichtig wie die Aufklärung darüber, ob das Unternehmen von einem Alleininhaber oder von einer Personenmehrheit geführt wird; ein finanziell und charakterlich solider Einzelkaufmann bietet schließlich eine größere Gewähr für die Kreditwürdigkeit eines Unternehmens als eine Gesellschaft, deren Gesellschafter vermögenslos sind und deren Kommanditisten eine Einlage in nur geringfügiger Höhe übernommen haben.

Aber eine solche aus der Sicht des Geschäftspartners und Gläubigers sicherlich vorteilhafte Aussage eines Firmennamens würde dem eigentlichen Sinn der Firma – nämlich nichts weiter als ein Name des Unternehmens zu sein (vgl. Randnrn. 1 und 50) – zuwiderlaufen und ihr eine Funktion unterstellen, die nicht die Firma, sondern das Handelsregister und – was die Bonität eines Kaufmannes anbetrifft – allenfalls die Aussage einer Auskunftei haben.

Soll an dieser Namensfunktion der Firma etwas geändert werden, so rührt man an das Grundsatzproblem, ob das Recht der abgeleiteten Firma in der vom Gesetzgeber in den §§ 22 und 24 HGB geregelten und inzwischen von der Rechtsprechung abgewandelten Form[451] beibehalten oder ob es etwa durch das Erfordernis eines zwingend vorgeschriebenen Nachfolgezusatzes mit ausdrücklicher Nennung des oder der gegenwärtigen Inhaber noch weiter eingeschränkt werden soll. Solange sich der

---

451 Vgl. die vorherigen Ausführungen, insbesondere die in den Fußnoten 448 und 450 erwähnte Rechtsprechung.

I. Allgemeines

Gesetzgeber dazu nicht entschließt, kommt dem Nachfolgezusatz nicht mehr als eine Signalwirkung zu: Der Geschäftsverkehr soll dadurch darauf aufmerksam gemacht werden, daß sich die Inhaber- oder Gesellschaftsverhältnisse seit der Unternehmensgründung geändert haben[452]; in welcher Weise, das kann dann von demjenigen, der es genauer wissen will, im Einzelfall dem Handelsregister entnommen werden.

Eine Änderung der übernommenen Firma ist ferner dann als notwendig anzusehen, wenn die unveränderte Firmenfortführung zu einer Täuschung des Publikums führt, die über die Tatsache des bloßen Inhaberwechsels hinausgeht. **438**

Das ist einmal dann der Fall, wenn aus der Firmenbezeichnung falsche Rückschlüsse auf den Gegenstand oder den Umfang des Unternehmens gezogen werden, wenn also der Sachbestandteil einer Firma nicht mehr den tatsächlichen Verhältnissen entspricht. **439**

Beispiel:
Die Firma „Möbelfabrik Karl Müller" könnte in dieser Form nicht weitergeführt werden, wenn der Nachfolger gar keine Fabrikation mehr betreibt oder sich auf die Herstellung von Radio- und Fernsehgehäusen umgestellt hat.

Es ist Sache der Prüfung und des Ermessens im Einzelfall, ob in der Anpassung einer solchen Firma an die veränderten Verhältnisse noch eine zulässige Änderung der abgeleiteten Firma oder eine so wesentliche Änderung zu sehen ist, die zur Bildung einer neuen Firma nötigen würde.

Eine unzulässige Täuschung liegt zum anderen dann vor, wenn die Firma zu falschen Vorstellungen über die Person des Inhabers führt, wenn also eine im Firmennamen zum Ausdruck kommende persönliche Qualifikation der gegenwärtige Inhaber nicht für sich in Anspruch nehmen kann, was vor allem bei akademischen Titeln in der Firma gilt. **440**

Beispiel:
Die Firma „Arzneimittelfabrik Dr. med. Schulze" ist unzulässig, wenn der Nachfolger den medizinischen Dr.-Grad nicht führt. Dann ist ent-

---

452 Über diesen allgemeinen Hinweischarakter als Nachfolge-Zusatzes geht die am Schluß in Fußnote 450 erwähnte Entscheidung des *OLG Frankfurt* vom 12. 7. 1979 bereits hinaus, wenn sie einen Zusatz verlangt, der die veränderten Haftungsverhältnisse nach außen erkennen läßt; das kann nur bedeuten, daß ein ausdrücklicher KG-Zusatz in die abgeleitete Firma bzw. in ihren Nachfolge-Zusatz aufzunehmen ist.

K. Die abgeleitete Firma

weder der Titel „Dr. med." in der Firma zu streichen, oder ihr ist ein Nachfolgezusatz anzufügen, z. B. „Arzneimittelfabrik Dr. med. Schulze Inhaber Jakob Schmidt".

Nur dann, wenn der Verkehr für das Fachgebiet des betreffenden Handelsgeschäftes überhaupt keine akademische Ausbildung erwartet und der akademische Titel in der Firma darüber hinaus auch keine generelle Wertschätzung zugunsten des jeweiligen Firmeninhabers in einer im Geschäftsverkehr erheblichen Weise begründet, ist die Beibehaltung des Titels in der abgeleiteten Firma – ohne Nachfolgezusatz – möglich, auch wenn der gegenwärtige Inhaber selbst den Titel nicht zu führen berechtigt ist[453]. Somit ist die Zulässigkeit der Weiterführung derartiger Firmen – ohne Nachfolgezusatz – stark eingeschränkt, denn in der Öffentlichkeit erzeugt der Dr.-Titel – ob zu Recht oder zu Unrecht – weitgehend Vertrauen und die Vorstellung besonderer Zuverlässigkeit und Fähigkeit, so daß Fälle, in denen der akademische Titel in der Firma keine besondere, für den Geschäftsverkehr wesentliche Vorstellung hervorruft, Ausnahmen bleiben werden. Eine solche Ausnahme könnte etwa dann zu bejahen sein, wenn ein Fakultätszusatz in die Firma aufgenommen ist, aber keinerlei Beziehung zum Gegenstand des Unternehmens hat (z. B. „Dr. phil. Fritz Müller Maschinenfabrik") oder wenn die Branche einer akademischen Vorbildung völlig fernsteht, wie etwa eine handwerkliche Tätigkeit.

441 In diesem Zusammenhang stellt sich die Frage, ob das grundsätzliche Recht auf unveränderte Beibehaltung der bisherigen Firma auch dann gilt, wenn

a) ein Einzelkaufmann eine GmbH, die eine Sachfirma führt, übernimmt (vgl. Randnr. 464) oder

b) eine Personengesellschaft eine Sachfirma führt – weil die einzige oder die namengebende persönlich haftende Gesellschafterin eine juristische Person mit einer Sachbezeichnung ist – und nun an die Stelle dieser juristischen Person eine natürliche Person tritt.

Beispiel:

Aus der „Universal-Mineralöl GmbH & Co." scheidet die „Universal-Mineralöl GmbH" aus; an ihrer Stelle tritt Fritz Müller als persönlich haftender Gesellschafter ein.

---

453 Vgl. *BGH*, 10. 11. 1969, BB 1970 S. 318; zur Führung des akademischen Titels in einer Firma siehe auch *Wessel*, BB 1965 S. 1379; auch *BGH*, 20. 4. 1972, BB 1972 S. 981 mit Anmerkung von *Wessel*.

I. Allgemeines

Kann dann die bisherige Sachfirma beibehalten werden? Wenn ja, unter Streichung des – ganzen oder teilweisen – Gesellschaftszusatzes?

Läßt sich – trotz dem Wortlaut des § 24 HGB – ein Grundsatz aufstellen und vertreten, daß die Firma eines Einzelkaufmannes oder einer Personengesellschaft auch als abgeleitete Firma ausnahmslos den Namen einer natürlichen Person führen oder aber im Falle der Beibehaltung der Sachfirma dieser etwa einen Nachfolgezusatz anfügen muß? **442**

Ein solcher Grundsatz könnte aus dem Gesichtspunkt der Firmenwahrheit (vgl. Randnr. 40) hergeleitet werden, aber die §§ 22 und 24 HGB bilden gerade die Ausnahme von diesem Grundsatz. **443**

Schließlich könnte aus § 6 Abs. 3 des Umwandlungsgesetzes, wonach die offene Handelsgesellschaft (und entsprechend auch die Kommanditgesellschaft oder der Einzelkaufmann) die Firma einer Aktiengesellschaft (und entsprechend die Firma einer Gesellschaft mit beschränkter Haftung) nur fortführen darf, wenn die Kapitalgesellschaft den Namen einer natürlichen Person in ihrer Firma führt, gefolgert werden, daß es überhaupt dem gesetzgeberischen Willen entspricht, dem Einzelkaufmann oder der Personengesellschaft die Führung einer Sachfirma in keinem Falle zu ermöglichen[454]. **444**

Diese Annahme erscheint jedoch bedenklich, da es sich bei dem Umwandlungsgesetz um ein Spezial-Gesetz handelt, das Fälle der Änderung der Rechtsform, aber nicht der Firmenfortführung beim Erwerb eines Unternehmens unter Lebenden oder von Todes wegen behandelt.

Findet man somit im Gesetz keine sichere Stütze, um das Recht zur Beibehaltung auch einer abgeleiteten Sachfirma durch einen Einzelkaufmann oder durch eine Personengesellschaft zu verneinen, so muß auch die Frage gestellt werden, ob denn die Weiterführung einer solchen Sachfirma durch einen Einzelkaufmann oder durch eine Personengesellschaft wirklich eine größere und weniger tragbare Täuschung bedeutet, als die unstreitig hingenommene Täuschung über die Inhaberschaft eines Unternehmens. **445**

Beispiel:

Die abgeleitete Firma „Fritz Müller" besagt lediglich, daß ihr Gründer Fritz Müller war; eine abgeleitete Firma „Universal-Mineralöl"

---

[454] So *OLG Bremen,* 16. 11. 1970, BB-Beilage 9 zu Heft 30/1971, IV 6 = NJW 1971 S. 516 = Rpfleger 1971, S. 70.

K. *Die abgeleitete Firma*

würde lediglich besagen, daß es sich bei dem betreffenden Unternehmen im Zeitpunkt seiner G r ü n d u n g um eine K a p i t a l g e s e l l s c h a f t gehandelt hat.

Beide Aussagen sind für eine gegenwärtige Beurteilung gleich unerheblich. Konsequenterweise hat daher die Rechtsprechung – zuletzt der Bundesgerichtshof durch Beschluß vom 28. 3. 1977 – die Weiterführung einer abgeleiteten Sachfirma durch einen Einzelkaufmann oder eine Personengesellschaft für zulässig erklärt; allerdings ist der Gesellschaftszusatz – soweit irreführend – zu streichen[455].

4. Fortführung des Handelsgeschäftes als Ganzes

446 So wie nach § 23 HGB eine Firma nicht ohne das Handelsgeschäft, für welches sie geführt wird, übertragen werden kann, kann auch nicht ein T e i l eines Handelsgeschäftes mit d e m R e c h t z u r F i r m e n f o r t f ü h r u n g veräußert oder vererbt werden, sondern nur das Handelsgeschäft als Ganzes. Sonst käme man zu einer V e r v i e l f ä l t i g u n g der Firma, was eine Verletzung des Grundsatzes der Firmeneinheit (vgl. Randnr. 43) bedeuten und eine erhebliche Rechtsunsicherheit begründen würde. Das schließt nicht aus, daß einzelne Gegenstände des Unternehmens nicht übertragen werden; entscheidend ist, daß die I d e n -

---

455 Der Leitsatz dieser *BGH*-Entscheidung lautet:
„Scheidet aus der Kommanditgesellschaft, in deren Firma der Name einer GmbH enthalten ist (GmbH & Co.), die GmbH aus, und tritt an ihre Stelle eine natürliche Person als persönlich haftender Gesellschafter, so kann die Gesellschaft, sofern die GmbH zustimmt, die bisherige Firma nach Streichung des „GmbH"-Zusatzes auch dann fortführen, wenn die Firma der GmbH eine Sachfirma ist", BB 1977 S. 767 = NJW 1977 S. 1291, ferner *BayObLG*, 21. 6. 1977, BB 1977 S. 1370; ebenso schon *OLG Frankfurt*, 6. 2. 1970, BB-Beilage 9 zu Heft 30/1971, IV 4 = NJW 1970 S. 865 = DB 1970 S. 583 – jedoch unter Streichung des g e s a m t e n „GmbH & Co."-Zusatzes, so auch *LG Osnabrück*, 24. 4. 1972, BB-Beilage 12 zu Heft 29/1975, V 5. In diesem Fall lautete die Firma der GmbH & Co. „Veredelungsbetriebe GmbH & Co. KG Walchum"; nach Ausscheiden der GmbH und Eintritt einer natürlichen Person firmierte das Unternehmen „Veredelungsbetriebe KG Walchum". Das *LG Osnabrück* hielt diese Firma für zulässig, allerdings deswegen, weil die Rechtsform des Unternehmens durch den Zusatz „KG" klargestellt und der sachbezogene Firmenkern nur darauf hinweise, daß ehemals eine GmbH persönlich haftende Gesellschafterin gewesen sei, was auch zutreffe; ferner – allerdings unter Beibehaltung des „GmbH & Co."-Zusatzes – *OLG Celle*, 16. 11. 1962, BB 1963 S. 327 mit Anmerkung von *Tiefenbacher*; vgl. auch *Heinemann*, BB 1970 S. 563; *Schlegelberger*, § 22 Randnrn. 19 und 24; ferner *BayObLG*, 21. 6. 1977, NJW 1977 S. 2318.

I. Allgemeines

tität und Kontinuität des Unternehmens gewahrt bleiben[456]. So kann beispielsweise – ohne daß das für das Recht der Firmenfortführung schädlich wäre – von der Übertragung des Warenlagers, der Einrichtungsgegenstände, der Grundstücke oder der Außenstände und Verbindlichkeiten – die Möglichkeiten deren Ausschlusses ist ausdrücklich in § 25 Abs. 2 HGB erwähnt – abgesehen werden.

Eine eingetragene Zweigniederlassung dagegen ist so selbständig, daß sie – unabhängig von der Hauptniederlassung – mit Firma übertragen werden kann (ebenso die Hauptniederlassung für sich alleine ohne die Zweigniederlassung), um als Zweigniederlassung eines anderen Unternehmens oder als selbständiges Unternehmen weiterzubestehen. Ein eventuell bisher geführter Zweigniederlassungszusatz ist allerdings zu streichen[457].

447

Wird die bisherige Zweigniederlassung aber erneut Zweigniederlassung eines anderen Unternehmens, so ist auch wieder die Aufnahme eines entsprechenden Hinweises in ihre Firma notwendig (vgl. Randnr. 337).

Beispiel:
Die Zweigniederlassung „Schulze & Co. Zweigniederlassung der Friedrich Maier GmbH" wird veräußert mit dem Recht der Firmenfortführung an die Firma „Müller GmbH". Diese will das erworbene Unternehmen ebenfalls als Zweigniederlassung weiterbetreiben; die Zweigniederlassung kann dann firmieren „Schulze & Co. Zweigniederlassung der Müller GmbH".

Soll dagegen die bisherige Zweigniederlassung als selbständiges Unternehmen unter ihrer bisherigen Firma weitergeführt werden, so bedeutet das, wenn die Firma der Zweigniederlassung mit der der Hauptniederlassung übereingestimmt hat und der Zweigniederlassungszusatz zwangsläufig weggefallen ist, die völlige Identität zweier Firmen.

448

Beispiel:
Die Zweigniederlassung der Firma „Schulze & Co." firmiert gleichfalls „Schulze & Co." oder aber „Schulze & Co. Zweigniederlassung". Die

---

456 Vgl. dazu *Brüggemann/Würdinger*, § 22 Anm. 29, 30, 38, 39, 40; *Baumbach/Duden*, §§ 22, 23 Anm. 1 A, D; ferner *OLG Saarbrücken*, 17. 12. 1963, BB 1964 S. 1195 sowie *BGH* 5. 5. 1977, BB 1977 S. 1015 = DB 1977 S. 1452.
457 Vgl. *Brüggemann/Würdinger*, § 22 Anm. 45; *Schlegelberger*, § 13 Randnr. 9. Siehe auch unter Randnr. 332.

K. Die abgeleitete Firma

Zweigniederlassung wird mit dem Recht der Firmenfortführung veräußert; der Erwerber kann firmieren „Schulze & Co.".
Damit sind zwei gleichlautende Firmen vorhanden[458] (ein Unterscheidungszusatz nach § 30 HGB wäre nur notwendig beim Sitz am selben Ort).

449 Diese Folge einer Firmenverdoppelung kann genauso bei einer von einer Zweigniederlassung geführten Sachfirma auftreten, wenn diese – nach Verselbständigung – von einem Einzelkaufmann oder einer Personengesellschaft weitergeführt wird und der bisherige Gesellschaftszusatz zu streichen ist. Man käme dann auch in diesem Fall zur Führung einer Sachfirma durch einen Einzelkaufmann bzw. eine Personengesellschaft; die Zulässigkeit ist zu bejahen (vgl. dazu die Randnrn. 441 ff.)

Beispiel:
Die Firma „Universal-Mineralöl-GmbH" in A veräußert ihre Zweigniederlassung „Universal-Mineralöl-GmbH Zweigniederlassung" in B mit dem Recht der Firmenfortführung an Herrn Friedrich Müller. Da sowohl der GmbH- als auch der Zweigniederlassungszusatz zu streichen sind, würde die abgeleitete Firma des Herrn Müller lauten „Universal-Mineralöl". Selbstverständlich wäre die Anfügung eines Inhaberzusatzes zulässig.

450 Eine unzulässige Vervielfältigung einer Firma (vgl. Randnr. 446) wird man nicht annehmen können, denn diese liegt nur vor, wenn durch die Teilung ein- und desselben Unternehmens – zum Zweck der doppelten Firmenfortführung – dessen Identität und Kontinuität aufgehoben wird, während das Auseinanderfallen in Haupt- und Zweigniederlassung mit dem Recht der selbständigen Firmenführung der Haupt- und Zweigniederlassung eine vom Gesetzgeber ausdrücklich anerkannte Aufspaltung ist (das ergibt sich aus § 50 Abs. 3 HGB; vgl. auch Randnrn. 377 ff.). Die durch eine Veräußerung erreichte völlige Verselbständigung einer Zweigniederlassung ist daher nur die Folge der der Zweigniederlassung eingeräumten Rechtsstellung.

---

458 Vgl. RGZ 77 S. 60; *Schlegelberger,* § 13 Randnr. 9. Zur Frage, ob eine unter einer abgeleiteten Firma betriebene Zweigniederlassung mit dem Recht der Namensfortführung weiterveräußert werden darf, siehe unter Randnr. 342 und Fußnote 334, ferner *Brüggemann/Würdinger,* § 22 Anm. 48.

I. Allgemeines

5. Der Nachfolgezusatz

Die Hinzufügung eines das Nachfolgeverhältnis andeutenden Zusatzes ist grundsätzlich fakultativ. Trotzdem kann sie im Einzelfall geboten sein (vgl. Randnrn.432 ff.); auch ist denkbar, daß der Nachfolger aufgrund einer mit dem Vorgänger getroffenen Vereinbarung zur Führung eines Nachfolgezusatzes verpflichtet ist. 451

Nachfolgezusätze sind beispielsweise die Namen der jetzigen Inhaber in Verbindung mit dem Wort „Inhaber" oder „Nachfolger"[459] oder bloße Hinweise wie „Nachfolger", „Erben", „Söhne" – ohne Namensergänzung. Schließlich kann das Nachfolgeverhältnis auch durch einen „vormals"-Hinweis ausgedrückt werden („Friedrich Maier vormals Karl Schulze"); dennoch liegt trotz dieser Umkehrung von Nachfolger und Vorgänger in der Reihenfolge eine echte abgeleitete Firma mit Nachfolgezusatz vor.

Da der Nachfolgezusatz nicht Bestandteil der ursprünglichen Firma ist, unterliegt er auch nicht den Vorschriften über die Bildung ursprünglicher Firmen, so daß also der Einzelerwerber nicht verpflichtet ist, seinen Vornamen im Nachfolgezusatz zu verwenden. 452

Ist der Nachfolgezusatz nicht zur Vermeidung einer sonst möglichen Täuschung – also als deren Korrektur – oder aus Vertragsgründen unerläßlich, so steht es dem Erwerber frei, den Zusatz später wieder abzulegen oder auch wieder anzunehmen oder zu ändern. 453

Veräußert oder vererbt der Erwerber das Unternehmen weiter, und war der Firma ein Nachfolgezusatz beigefügt, so gilt grundsätzlich das vorher Gesagte. Die unveränderte Beibehaltung des bisherigen Nachfolgezusatzes wäre irreführend, da sie auf den falschen gegenwärtigen Inhaber hinweisen würde. Daher ist bei einem Dritterwerb entweder der bisherige Nachfolgezusatz überhaupt zu streichen oder – falls ein derartiger Zusatz aus Täuschungs- oder Vertragsgründen unerläßlich ist – durch einen Hinweis auf den jetzigen Inhaber zu ersetzen oder auch zu ergänzen. 454

Beispiel:
Die Firma „Karl Schulze Nachfolger Friedrich Maier" könnte etwa weiterfirmieren als „Karl Schulze" oder als „Karl Schulze Nachfolger

---

459 Vgl. *LG Münster,* 16. 12. 1971, BB-Beilage 9 zu Heft 30/1971, V 4. Entgegen der Auffassung der Vorinstanz hat das Gericht die Auffassung vertreten, der Zusatz „Pächter..." sei in besonderem Maße geeignet, die Inhaber-Verhältnisse klarzustellen; vgl. auch *LG Nürnberg-Fürth,* 1. 3. 1976, BB 1976 S. 810.

K. *Die abgeleitete Firma*

Paul Müller" oder als „Karl Schulze Nachfolger Friedrich Maier Inhaber Paul Müller".

6. Das Recht und der Zeitpunkt der Firmenfortführung

455 Das Gesetz begründet keine **Pflicht**, sondern ein **Recht** zur Firmenfortführung. Allerdings kann sich der Erwerber vertraglich zur Beibehaltung der bisherigen Firma verpflichten. Liegt eine solche vertragliche Verpflichtung nicht vor, so ist es dem Erwerber also überlassen, ob er – mit Einwilligung des Vorgängers – die bestehende Firma fortführen oder eine neue, ursprüngliche Firma für das erworbene Handelsgeschäft annehmen will. Das kann auch noch nach anfänglicher Weiterbenutzung der bisherigen Firma geschehen[460].

456 Jedoch ist – umgekehrt – ein Zurückgreifen auf die abgeleitete Firma nicht mehr möglich, wenn der Erwerber bereits eine neu gebildete Firma gebraucht hat. Auf die eventuell noch nicht erfolgte Löschung der bisherigen Firma kommt es nicht an. Denn mit der Annahme eines neuen Firmennamens hat die bisherige Firma zu existieren aufgehört. Eine andere Ansicht würde dazu führen, daß ein Unternehmen zwei Namen haben könnte, von denen der eine lediglich nach außen nicht in Erscheinung tritt; ein solches Ergebnis ist mit dem Grundsatz der Firmeneinheit unvereinbar (vgl. Randnr. 43)[461].

---

460 Wird die bisherige Firma eines Einzelkaufmanns vom Erwerber **nicht** fortgeführt – dasselbe muß auch bezüglich der Firma der Personengesellschaft gelten –, so erlischt die Firma des bisherigen Geschäftsinhabers; dieser ist verpflichtet, die Löschung zur Eintragung in das Handelsregister anzumelden; so *BayObLG*, 27. 4. 1971, BB-Beilage 9 zu Heft 30/1971, IV 1 = DB 1971 S. 1009 = NJW 1971 S. 1616. Vgl. auch *OLG Hamm*, 2. 5. 1977, BB 1977 S. 967 = DB 1977 S. 1253.
461 Vgl. dazu *Brüggemann/Würdinger*, § 22 Anm. 39; *LG Heilbronn*, 4. 11. 1970, BB-Beilage 9 zu Heft 30/1971, IV 2. Im konkreten Fall ist ein Handelsgeschäft im Juli mit dem Recht der Fortführung der Firma X auf den neuen Inhaber übergegangen, der es jedoch unter einer **neuen** Firma Y in das Handelsregister hat eintragen lassen; die Eintragung erfolgte im Dezember. Im Juli des folgenden Jahres wurde die Änderung des Firmennamens Y und gleichzeitig die Fortführung der früheren Firma X zur Eintragung in das Handelsregister angemeldet, jedoch ohne Erfolg.
In gewissem Widerspruch dazu steht ein Beschluß des *OLG Frankfurt* (13. 2. 1970, DB 1970 S. 775), wonach ein Unternehmen, das sich mit einem anderen Unternehmen unter Zusammenfügung beider Firmennamen vereinigt hat, nach Beendigung der Vereinigung berechtigt ist, seine frühere Firma weiterzuführen. In diesem Fall ist nach der Auffassung des Gerichts die alte Firma bei der Vereinigung der beiden Unternehmen **nicht** untergegangen, „denn die bei dem Zusammenschluß gebildete Firma enthielt diese ... Firma unverändert weiter und hielt dadurch die werbende Kraft dieser eingeführten Unternehmensbezeichnung aufrecht ...".

II. Einzelfälle

7. Übernahme eines Handelsgeschäftes aufgrund Nießbrauchs oder Pacht

Nach § 22 Abs. 2 HGB gelten die Vorschriften über die Firmenfortführung entsprechend, wenn ein Handelsgeschäft aufgrund eines Nießbrauchs, eines Pachtvertrages oder eines ähnlichen Verhältnisses übernommen wird. 457

Der Umstand, daß ein derartiges Nutzungsverhältnis in der Regel nur auf Zeit besteht und danach das Handelsgeschäft wieder an den Inhaber zurückfällt, begründet meistens dessen verstärktes Interesse an der Fortführung der Firma; entsprechende vertragliche Bindungen des Übernehmers sind daher häufiger als bei der Veräußerung oder der Vererbung eines Unternehmens.

Behält allerdings das verpachtende Unternehmen seine bisherige Firma unverändert bei, so ist eine Fortführung der Firma durch den Pächter unmöglich[462]. Eine solche Sachlage ist allerdings nur bei der Verpachtung des Unternehmens einer GmbH denkbar, da bei Personenunternehmen der durch die Verpachtung weitgehend wegfallende eigene Geschäftsbetrieb eine Löschung der Firma im Handelsregister bedingt, so daß deren Beibehaltung durch das verpachtende Unternehmen gar nicht möglich ist. Im übrigen gelten die Ausführungen unter 1 bis 6 sinngemäß.

II. Einzelfälle

Die meisten Probleme, die im Zusammenhang mit der unveränderten Beibehaltung der bisherigen Firma oder ihrer erforderlichen Anpassung an die veränderten Verhältnisse entstehen, wurden bereits unter I (Randnrn. 421 ff.) behandelt. Die folgenden Ausführungen stellen daher weitgehend eine zusammenfassende Übersicht über die verschiedenen Möglichkeiten dar. 458

1. Fortführung einer Einzelfirma durch einen Einzelkaufmann

Zu beachten ist, daß die Ersetzung des Namens des bisherigen Geschäftsinhabers im Firmenkern durch den Namen des Erwerbers keine unwesentliche Änderung der abgeleiteten Firma im Rahmen des § 22 459

---

462 Vgl. *BayObLG*, 10. 3. 1978, BB 1979 S. 802.

K. Die abgeleitete Firma

HGB darstellt, sondern als neue Firmierung zu werten ist; denn der Eigenname macht ja gerade das Wesen der Einzelfirma aus[463].

Dagegen ist die Auswechslung des Inhaber- bzw. Nachfolgezusatzes jederzeit möglich, da er nicht Firmenbestandteil, sondern eine Firmenergänzung ist[464].

2. Fortführung der Firma einer Personengesellschaft durch einen Einzelkaufmann

460 Auf die Problematik, die sich hinsichtlich des das Gesellschaftsverhältnis andeutenden und nunmehr falsch gewordenen Zusatzes ergibt, wurde bereits unter den Randnrn. 435 ff. hingewiesen. Danach wird der Übernehmer einer Personengesellschaft genötigt sein, nicht nur ein bestimmtes Gesellschaftsverhältnis bezeichnende Zusätze wie „oHG" oder „KG", sondern auch unbestimmte Gesellschaftszusätze wie „& Co.", „& Cie.", „& Partner" und dergleichen zu streichen, es sei denn, der Firma würde ein Nachfolgehinweis angefügt werden.

461 Da die Streichung des Gesellschaftszusatzes nach übereinstimmender Auffassung von Rechtsprechung und Schrifttum k e i n e wesentliche Änderung der Firma bedeutet[465] und außerdem klarstellt, daß Inhaber des Unternehmens k e i n e Personenmehrheit ist, muß der Einzelübernehmer berechtigt sein, die um den Gesellschaftszusatz gekürzte, sonst aber unveränderte Firma beizubehalten, und zwar o h n e Nachfolgezusatz[466].

Beispiel:
Die bisherige oHG „Müller & Co." könnte von dem Einzelkaufmann Schulze, der das Handelsgeschäft erwirbt, unter der bloßen Firma „Müller" weitergeführt werden[467].

---

463 *OLG Celle*, 6. 3. 1974, BB 1974 S. 387; vgl. auch *LG Hannover*, 26. 3. 1976, DB 1976 S. 1008.

464 Zu beachten ist aber, daß in einer Firma „Elektro-X P. X." oder „Elektro-X Inhaber P. X." der Vor- und Familienname „P. X." in Wahrheit – da firmenrechtlich n o t w e n d i g – nicht Inhaberzusatz, sondern der Firmenkern ist; deshalb darf er beim Wechsel des Inhabers nicht ausgetauscht werden, *OLG Stuttgart*, 3. 12. 1974 – 8 W 43/74.

465 Vgl. RGZ 104 S. 341; 133 S. 325; *BGH*, 2. 4. 1959, BB 1959 S. 462; *BGH*, 10. 11. 1969, BB 1970 S. 138; *Brüggemann/Würdinger*, § 22 Anm. 44; *Baumbach/Duden*, §§ 22, 23 Anm. 2 C; vgl. auch Randnr. 435.

466 So *OLG Köln*, 18. 11. 1963, BB 1964 S. 575 = NJW 1964 S. 502; *AG Stuttgart*, 16. 3. 1964, BB 1964 S. 1196.

467 Vgl. *LG Braunschweig*, 3. 2. 1978, MDR 1978 S. 581.

II. Einzelfälle

Das gilt auch im Falle der Weiterführung einer GmbH & Co. durch einen Einzelkaufmann; allerdings ist hier der gesamte Gesellschaftszusatz „GmbH & Co." zu streichen[468], es sei denn, der Erwerber würde sich für die Anfügung eines Nachfolgezusatzes entscheiden.

Bei Firmennamen, in denen der Gesellschaftshinweis nicht aus einem mehr oder weniger farblosen Zusatz wie „oHG", „KG" oder „& Co." usw. besteht, sondern unmittelbar zum Wesen der Firma gehört, würde die Streichung des das Gesellschaftsverhältnis andeutenden Firmenbestandteils zu einer wesentlichen und damit unzulässigen Veränderung der Firma führen. Der Nachfolger hat daher nach den §§ 22 und 24 HGB die Möglichkeit, die bisherige Firma unverändert weiterzuführen oder durch einen Nachfolgezusatz zu ergänzen. **462**

Beispiel:

Der Einzelkaufmann Schulze kann die Firma „Müller & Maier" der von ihm erworbenen offenen Handelsgesellschaft unverändert – mit oder ohne Nachfolgezusatz – beibehalten. Dasselbe gilt für den Gesellschafter Müller, der die offene Handelsgesellschaft nach dem Ausscheiden des Gesellschafters Maier allein weiterbetreibt.

Die Auffassungen in Rechtsprechung und Schrifttum dazu sind allerdings geteilt (s. Randnrn. 436, 437 und Fußnote 450).

Selbst die Führung einer abgeleiteten Sachfirma durch einen Einzelkaufmann ist denkbar und auch zulässig (vgl. Randnr. 445). **463**

Das frühere Argument, die Sachfirma sei der Kapitalgesellschaft vorbehalten, folglich täusche eine Sachfirma ohne Gesellschaftszusatz, was aufgrund des § 4 Abs. 2 GmbHG bei einer Gesellschaft mit beschränkter Haftung nicht möglich sei, eine vor 1900 gegründete Aktiengesellschaft vor – nach Artikel 22 EGHGB brauchte der Sachfirma einer Aktiengesellschaft, die vor 1900 gegründet worden war, kein die Rechtsform kennzeichnender Zusatz beigefügt werden –, ist nicht mehr stichhaltig, da dieses Privileg „alter" Aktiengesellschaften durch § 26 a EGAktG[469] mit Wirkung vom 16. 6. 1980 weggefallen ist. Aber auch sonst erscheint der Schluß, nur eine Kapitalgesellschaft könne eine Sachfirma

---

468 Vgl. *BGH*, 27. 9. 1965, BB 1965 S. 1202; siehe auch *OLG Frankfurt*, 6. 2. 1970, NJW 1970 S. 865.
469 Eingefügt aufgrund des Gesetzes zur Durchführung der Zweiten Richtlinie des Rates der Europäischen Gemeinschaften zur Koordinierung des Gesellschaftsrechts vom 13. 12. 1978, BGBl. I S. 1959.

K. Die abgeleitete Firma

führen, nicht zwingend, da es – von zwei weiteren Ausnahmefällen abgesehen – keinen Grundsatz gibt, wonach die Rechtsform eines Unternehmens ausdrücklich kenntlich gemacht werden muß. Lediglich die Verwendung eines falschen Gesellschaftszusatzes ist nicht zulässig. Die beiden erwähnten weiteren Ausnahmen ergeben sich einmal aus § 4 Abs. 2 GmbHG für die GmbH und zum anderen aus § 19 Abs. 5 HGB für die GmbH & Co. Beide Ausnahmefälle liegen hier nicht vor.

Beispiel:
Der Einzelkaufmann Schulze übernimmt die Kommanditgesellschaft „Universal-Mineralöl-GmbH & Co." und führt sie – unter Weglassung des Gesellschaftszusatzes – mit der Firma „Universal-Mineralöl" weiter. Das erscheint zulässig (vgl. Randnr. 445).

3. Fortführung der Firma einer GmbH durch einen Einzelkaufmann

464 Ein Einzelkaufmann kann auch die Firma einer GmbH fortführen. Der bisherige Zusatz „GmbH" muß jedoch gestrichen, oder der übernommenen Firma muß ein Nachfolgezusatz angefügt werden. Führt die GmbH eine Sachfirma, so kann ein Einzelkaufmann auf dem Weg über § 22 HGB also ebenfalls zu einer Sachfirma gelangen (vgl. dazu Randnrn. 444, 445, 463).

Da nach herrschender Meinung die Vorschrift des § 24 Abs. 2 HGB nur für Personengesellschaften, nicht aber für die GmbH gilt, darf also der Name des Gesellschafters, der der Aufnahme seines Namens in die Firma der GmbH einmal zugestimmt hatte, auch ohne dessen Zustimmung in der Firma nach deren Übernahme durch einen Einzelkaufmann beibehalten werden (vgl. Randnr. 424).

Anders wäre es, wenn ein entgegenstehender v e r t r a g l i c h e r Anspruch des ausscheidenden Gesellschafters gegen die übrigen Gesellschafter auf Unterlassung der Führung seines Namens in der Firma nach seinem Ausscheiden bestehen würde[470].

Beispiel:
Scheidet der Namensgeber Schulze aus der Firma „Schulze GmbH" aus, so können die übrigen Gesellschafter die Firma unverändert fortführen, es sei denn, es wäre mit Herrn Schulze eine abweichende Vereinbarung getroffen worden.

---

[470] So *OLG Hamburg*, 31. 5. 1957, DB 1957 S. 795; *BGH*, 29. 9. 1969 (ohne Begründung), BB 1969 S. 1410 = DB 1969 S. 2127; *Brüggemann/Würdinger*, § 24 Anm. 2.

II. Einzelfälle

Zur Firmierung bei der Umwandlung einer GmbH in ein Einzelunternehmen nach dem Umwandlungsgesetz 1969 vgl. § 24 i. V. mit den §§ 15 und 6 UmwG.

465

4. Fortführung einer Einzelfirma durch eine Personengesellschaft

Zwei Fälle sind zu unterscheiden:

a) Wird eine Personengesellschaft (oHG, KG) zum Zweck der Weiterführung eines Einzelunternehmens gegründet (§ 22 HGB) oder entsteht sie durch Eintritt eines Gesellschafters in ein Einzelunternehmen (§ 24 HGB), so kann sie grundsätzlich die bisherige Firma fortführen, ohne verpflichtet zu sein, dieser nunmehr einen Gesellschaftszusatz hinzuzufügen[471].

466

Dagegen ist eine Personengesellschaft berechtigt, die ansonsten unverändert fortgeführte Firma mit einem solchen Gesellschaftszusatz zu versehen, denn wenn die Weglassung einer bloßen Gesellschaftsbezeichnung („oHG", „KG", „& Co." usw.) eine unwesentliche Änderung der abgeleiteten Firma darstellt und damit zulässig ist (vgl. Randnr. 435), so muß das auch für die Hinzufügung eines derartigen Gesellschaftszusatzes zutreffen[472].

Eine Ausnahme gilt aber dann, wenn es sich bei dem weiterführenden Unternehmen um eine Kommanditgesellschaft handelt, deren einzige persönlich haftende Gesellschafterin eine GmbH ist (GmbH & Co.); diese Sonderform der Kommanditgesellschaft ist auch im Firmennamen zu offenbaren[473].

Die Änderung der abgeleiteten Firma hat jedoch ihre Grenzen (vgl. Randnrn. 432 ff.). So ist nicht nur die Weglassung des vollständigen, in der Firma enthaltenen Eigennamens, sondern bereits die Weglassung des Vornamens als unzulässig anzusehen[474].

---

471 Das ergibt sich aus der Entscheidung des *BGH* vom 18. 3. 1974 (Fußnote 228). Anderer Auffassung war das *OLG Hamm*, 16. 10. 1964, BB 1965 S. 807 mit Anmerkung von *Wessel;* in einer vorausgegangenen Entscheidung vom 28. 2. 1964, BB 1964 S. 574, hatte sich das *OLG Hamm* mit der Anfügung des bloßen Zusatzes „Nachfolger" begnügt, der also allenfalls eine Art Signalwirkung haben konnte, da aus ihm die Rechtsform des weiterführenden Unternehmens nicht hervorgeht.
472 Vgl. *OLG Hamburg*, 19. 3. 1965, BB 1965 S. 807.
473 § 19 Abs. 5 HGB; siehe unter Randnr. 261.
474 Vgl. *OLG Hamm*, 29. 1. 1965, BB 1965 S. 807; *OLG Stuttgart*, 29. 9. 1967, BB-Beilage 10 zu Heft 34/1969, V 2.

K. Die abgeleitete Firma

467 b) Übernimmt eine bestehende Personengesellschaft ein Einzelunternehmen in der Absicht, dieses unter seiner bisherigen Firma, aber als vom Unternehmen der Personengesellschaft getrenntes, selbständiges Gewerbe weiterzuführen, so würde das eine doppelte Firmenführung der Personengesellschaft zur Folge haben. Ob das zulässig ist, war lange umstritten. Die herrschende Meinung lehnte diese Möglichkeit in erster Linie unter Berufung auf das Namensrecht der Handelsgesellschaft ab. Während nämlich der Einzelkaufmann außer seiner Firma seinen persönlichen Namen habe, also unter zwei Namen auftreten könne, führe die Handelsgesellschaft nur einen Namen; ihr alleiniger Name sei ihre Firma; somit entfalle die Zulässigkeit einer weiteren Firma. – Ferner trete für den Rechtsverkehr dadurch eine Erschwernis ein, daß das Handelsregister nicht unmittelbar Auskunft über die Rechtsverhältnisse des weitergeführten Einzelunternehmens gebe, sondern daß man dazu auch auf das Register der übernehmenden Handelsgesellschaft zurückgreifen müsse[475].

Die zustimmende Meinung argumentierte, daß die Handelsgesellschaft unter ihrer Firma Rechte erwerben könne, also könne sie auch ein zweites Handelsgeschäft mit dem Recht der Firmenfortführung erwerben; auch sei in der Notwendigkeit der Einsicht in ein weiteres Registerblatt, um Gewißheit über die haftenden Personen zu erlangen, nichts Ungewöhnliches zu sehen; diese Notwendigkeit gelte auch dann, wenn Unternehmen an anderen Gesellschaften beteiligt seien[476].

Der Bundesgerichtshof hat diesen langjährigen Meinungsstreit beendet. Durch eine Entscheidung vom 21. 9. 1976 hat er sich der herrschenden Auffassung angeschlossen und die mehrfache Firmenführung durch eine Handelsgesellschaft – im wesentlichen aus den oben angedeuteten Gründen – für unzulässig erklärt[477].

---

475 *Brüggemann/Würdinger*, § 17 Anm. 7; *Schlegelberger*, § 17 Randnr. 6; *Baumbach/Duden*, § 17 Anm. 1 E; *OLG Schleswig*, 19. 11. 1962, NJW 1963 S. 1062; *OLG Celle*, 10. 4. 1964, BB 1964 S. 1196; *OLG Frankfurt*, 3. 1. 1967 – 6 W 101/66; *OLG Oldenburg i. O.*, 28. 12. 1972 – 5 Wx 57/72; *OLG Hamm*, 29. 6. 1973, DB 1973 S. 1692 = NJW 1973 S. 1803.
476 *OLG Graz*, 4. 7. 1961, NJW 1962 S. 208; *OLG Wuppertal*, 4. 3. 1969, BB 1969 S. 459; vgl. auch *Esch*, BB 1968 S. 235 mit weiteren Fundstellen.
477 BB 1976 S. 1336 = DB 1976 S. 2055 = NJW 1976 S. 2163 mit ausführlicher Begründung und eingehenden Hinweisen auf bisherige Rechtsprechung und Schrifttum.

II. Einzelfälle

5. Fortführung der Firma einer Personengesellschaft durch eine andere Personengesellschaft

Eine doppelte Firmenführung ist der Personengesellschaft verwehrt – siehe Randnummer 467; sie kann daher neben ihrem eigenen Gewerbe keine andere Personengesellschaft unter deren Firma als selbständiges Unternehmen weiterführen; dagegen kann eine weitere Personengesellschaft gegründet werden, oder eine bestehende Personengesellschaft kann ihre bisherige Tätigkeit nebst Firma aufgeben und eine andere Personengesellschaft mit deren Firma übernehmen und fortführen. **468**

Schließlich ist es denkbar, daß eine Kommanditgesellschaft durch eine Änderung ihrer Gesellschaftsverhältnisse zur offenen Handelsgesellschaft wird oder umgekehrt.

Wird auf diese Weise die Firma einer oHG durch eine andere oHG, die Firma einer KG durch eine andere KG, die Firma einer oHG durch eine KG oder die Firma einer KG durch eine oHG fortgeführt, so kann die bisherige Firma grundsätzlich unverändert beibehalten werden; das gilt auch für eventuelle Gesellschaftszusätze, sofern diese nur allgemein das Bestehen eines Gesellschaftsverhältnisses andeuten („& Co.", & Cie.", „& Partner") oder wenn die konkrete Aussage („oHG", „KG") nach wie vor zutrifft. Ist die übernehmende Gesellschaft jedoch eine GmbH & Co., so ist nach § 19 Abs. 5 HGB die Aufnahme dieses Zusatzes in die übernommene Firma unerläßlich; ein anderer, bisher darin enthaltener Gesellschaftszusatz ist zu streichen.

Ebenso ist ein in der bisherigen Firma geführter **bestimmter** Gesellschaftszusatz („oHG", „KG") zu streichen, wenn er nicht mehr den Tatsachen entspricht (s. Randnr. 435). Die Forderung des OLG Hamm, daß über die bloße Streichung hinaus nunmehr der abgeleiteten Firma ein **neuer**, zutreffender, bestimmter Gesellschaftszusatz angefügt werden müsse, erscheint zu weitgehend[478]. Vielmehr ist der Wegfall des jetzt unzutreffenden, **bestimmten** Gesellschaftszusatzes als genügend anzusehen. **469**

---

478 *OLG Hamm*, 12. 5. 1976, DB 1976 S. 1953. Dieser Fall der Umwandlung einer aus zwei Komplementären und einem Kommanditisten bestehenden Kommanditgesellschaft in eine oHG – durch das Ausscheiden des Kommanditisten – ist im Hinblick auf eine Entscheidung des *OLG Düsseldorf* vom 9. 8. 1952 (NJW 1953 S. 831) gemäß § 28 Abs. 2 FGG dem *BGH* vorgelegt worden. Während nämlich das *OLG Düsseldorf* die Auffassung vertrat, der Zusatz „KG" könne angesichts der weitergehenden Haftung der oHG beibehalten werden, ist das *OLG Hamm* der Meinung, der bisherige Zusatz „KG" müsse in „oHG" oder „HG" geändert werden (vgl. auch den

K. Die abgeleitete Firma

470 Das Recht der Beibehaltung der Firma besteht auch dann, wenn der in der Firma erscheinende Namensträger nicht mehr Gesellschafter oder – bei der KG – nicht mehr persönlich haftender Gesellschafter ist. In diesen Fällen die Streichung dieses Namens in der Firma oder die Hinzufügung eines Nachfolgezusatzes zu verlangen, würde gerade dem Sinn der §§ 22 und 24 HGB zuwiderlaufen (siehe auch Randnrn. 435 ff., 462)[479].

Beispiel:

Eine oHG „Maier, Müller & Schulze" ist zur KG geworden, indem Herr Maier als persönlich haftender Gesellschafter ausgeschieden ist und die Stellung eines Kommanditisten eingenommen hat. Die Firma kann unverändert „Maier, Müller & Schulze" lauten; auch kann ihr entsprechend der jetzigen Rechtsform der Zusatz „KG" angefügt werden, obwohl in der **ursprünglichen** Firma der Kommanditgesellschaft der Name eines Kommanditisten nicht erscheinen darf (§ 19 Abs. 2 HGB).

471 Wird eine GmbH & Co., die eine Sachfirma führt, dadurch als „normale" KG weitergeführt, daß die GmbH ausscheidet und an ihre Stelle

---

Parallelfall *OLG Hamm*, 11. 4. 1967, BB 1968 S. 230 = DB 1967 S. 1495, der ebenfalls dem *BGH* vorgelegt worden war; zu einer Entscheidung kam es jedoch nicht, weil der Eintragungsantrag vorher zurückgenommen wurde).
Der *BGH* hat sich durch Beschluß vom 9. 12. 1976 (BB 1977 S. 159 = DB 1977 S. 342 = NJW 1977 S. 383) insoweit dem *OLG Hamm* angeschlossen, als nach seiner Entscheidung eine Personengesellschaft, die nach Ausscheiden des einzigen Kommanditisten zur offenen Handelsgesellschaft geworden ist, einen in der Firma enthaltenen, auf eine Kommanditgesellschaft hinweisenden Zusatz nicht fortführen darf. Der *BGH*-Entscheidung ist jedoch kein Anhaltspunkt dafür zu entnehmen, daß „KG" durch einen anderen Gesellschaftszusatz ersetzt werden **müsse**. Für das Gegenteil – d. h. das bloße Weglassen des „KG"-Zusatzes – spricht vielmehr folgender Abschnitt aus den Entscheidungsgründen:
„... Eine Firma, die nur den Namen eines Inhabers enthält, besagt – abgesehen davon, daß es sich wegen der für die juristischen Personen geltenden Regelungen (§ 4 Abs. 2 GmbHG, §§ 4, 279 AktG) nicht um eine solche handeln kann – nichts darüber, ob daneben weitere Inhaber vorhanden sind, ob das Unternehmen von einer Personenhandelsgesellschaft betrieben wird und ob es sich dabei um eine offene Handelsgesellschaft oder um eine Kommanditgesellschaft handelt. Die Fortführung einer einzelkaufmännischen Firma durch eine Personenhandelsgesellschaft war seit jeher in der Praxis so verbreitet, daß im Rechtsverkehr einer solchen Firmenbezeichnung keine Aussage über die Rechtsform des unter ihr geführten Unternehmens entnommen wurde und wird. Dies ist, wie bereits erwähnt, bei den Bezeichnungen ‚oHG' und ‚KG' anders."
Vgl. auch *OLG Hamm*, 16. 10. 1964 (in Fußnote 471).

479 A. A. jedoch *OLG Frankfurt*, 12. 7. 1979, wonach ein Nachfolgezusatz erforderlich ist, wenn eine oHG zur KG wird (siehe in Fußnote 450).

II. Einzelfälle

eine natürliche Person tritt, so kann die Firma nach Streichung des Zusatzes „GmbH" unverändert beibehalten werden, auch wenn es sich um eine Sachfirma handelt[480].

6. Fortführung der Firma einer GmbH durch eine Personengesellschaft

Auf die sinngemäß geltenden Ausführungen unter 3. (Randnrn. 464 und 465) wird verwiesen.

Daß der fortgeführten Firma der GmbH – nach Streichung des bisherigen Gesellschaftszusatzes – ein n e u e r, den jetzigen Verhältnissen entsprechender Zusatz („OHG", „KG", „& Co." usw.) angefügt werden muß, läßt sich weder dem Gesetz entnehmen, noch erscheint eine solche Ergänzung erforderlich[481], denn eine abgeleitete Firma muß die tatsächliche Rechtsform nur erkennen lassen, wenn es sich um eine GmbH handelt – das ergibt sich aus § 4 Abs. 2 GmbHG – oder wenn eine GmbH & Co. vorliegt – das folgt aus § 19 Abs. 5 HGB (vgl. Randnrn. 250 und 251).

Zur Firmierung bei der Umwandlung einer GmbH in eine Personengesellschaft nach dem Umwandlungsgesetz 1969[482] vergl. § 24 i. V. mit den §§ 16-20 und 6 UmwG. Zu beachten ist, daß nach § 1 Abs. 2 Satz 1 die Umwandlung nicht zulässig ist, wenn an der Personengesellschaft, in die umgewandelt wird, eine Kapitalgesellschaft als Gesellschafterin beteiligt ist.

7. Fortführung einer Einzelfirma durch eine GmbH

§ 4 Abs. 1 Satz 3 GmbHG läßt ausdrücklich die Beibehaltung der Firma eines auf die GmbH übergegangenen Geschäftes zu. § 4 Abs. 2 GmbHG, wonach die Firma der GmbH in allen Fällen die zusätzliche Bezeichnung „mit beschränkter Haftung" enthalten muß, gilt somit

---

480 *LG Osnabrück*, 24. 4. 1972, BB-Beilage 12 zu Heft 29/1975, V 5. In diesem Fall lautete die Firma der GmbH & Co. „Veredelungsbetriebe GmbH & Co. KG. Walchum"; nach Ausscheiden der GmbH und Eintritt einer natürlichen Person firmierte das Unternehmen „Veredelungsbetriebe KG. Walchum". Das *LG Osnabrück* hielt diese Firma für zulässig, allerdings deswegen, weil die Rechtsform des Unternehmens durch den Zusatz „KG" klargestellt und der sachbezogene Firmenkern nur darauf hinweise, daß ehemals eine GmbH persönlich haftende Gesellschafterin gewesen sei, was auch zutreffe; vgl. auch Fußnoten 455 und 468.
481 Anders *OLG Hamm*, 12. 5. 1976 (Fußnote 478), wenn eine oHG zur KG wird oder umgekehrt.
482 Vgl. *LG Tübingen*, 23. 11. 1973, BB 1974 S. 433 mit Anmerkung von *Schäfer; OLG Hamm*, 12. 3. 1976, BB 1976 S. 1043 = DB 1976 S. 812.

K. Die abgeleitete Firma

auch für die abgeleitete Firma. Die Hinzufügung des Zusatzes „GmbH"ist daher unerläßlich (siehe Randnr. 316).

Die Frage, ob eine GmbH n e b e n ihrem eigenen Geschäftsbetrieb das Unternehmen eines Einzelkaufmannes als s e l b s t ä n d i g e s Gewerbe mit der bisherigen Firma weiterführen kann, ist aufgrund der BGH-Entscheidung vom 21. 9. 1976 zu verneinen (vgl. Randnr. 467).

Im konkreten Fall handelte es sich bei dem übernehmenden Betrieb zwar nicht um eine GmbH, sondern um eine Kommanditgesellschaft. Die die Entscheidung tragenden Gründe, nämlich die notwendige Einheit von Firma und Name bei Handelsgesellschaften – im Gegensatz zu Namen und Firma des Einzelhandelskaufmannes –, die eine doppelte Firmenführung ausschließen, gelten nicht nur für Personengesellschaften, sondern für Handelsgesellschaften schlechthin, also auch für die GmbH; deshalb ist in den Gründen der genannten BGH-Entscheidung nicht etwa von der „Personengesellschaft", sondern – weitergehend – von der „Handelsgesellschaft" die Rede[483].

8. Fortführung der Firma einer Personengesellschaft durch eine GmbH

476 Auf die sinngemäß geltenden Ausführungen unter Ziff. 7 (Randnr. 475) wird verwiesen.

477 Eventuelle bisherige Gesellschaftszusätze „oHG" oder „KG" sind zu streichen, einmal, weil sie auf ein bestimmtes, nicht mehr zutreffendes Gesellschaftsverhältnis hinweisen, zum anderen aber auch, weil ein Aneinanderfügen zweier verschiedener Gesellschaftszusätze („Müller oHG GmbH") verwirrend wirken würde[484]. Führte dagegen eine Personengesellschaft in ihrer Firma den Zusatz „& Co.", so kann dieser beibehalten, muß aber trotzdem durch den weiteren Zusatz „GmbH" ergänzt werden („Müller & Co. GmbH").

478 Zur Weiterführung des Unternehmens einer Personengesellschaft durch eine bestehende GmbH n e b e n ihrem eigenen Handelsgeschäft siehe unter Randnrn. 467 und 475.

479 Zur Firmierung bei der Umwandlung einer Personengesellschaft in eine GmbH nach dem Umwandlungsgesetz 1969 vgl. §§ 46–49 i. V. mit § 6 UmwG.

---

483 Ebenso *LG Bochum*, 2. 4. 1973, BB 1973 S. 1000; ferner *Hachenburg*, § 4 Randnrn. 64 bis 66 mit zahlreichen weiteren Fundstellen.
484 Vgl. Randnr. 313 und Fußnote 309.

II. Einzelfälle

9. Fortführung der Firma einer GmbH durch eine andere GmbH

Ein derartiges Vorhaben hätte allenfalls dann praktische Bedeutung, wenn eine bestehende GmbH das Unternehmen einer anderen GmbH neben ihrem eigenen Handelsgeschäft selbständiges Gewerbe weiterbetreiben wollte. Die Unmöglichkeit einer solchen Verdoppelung der Firmenführung für Handelsgesellschaften ergibt sich aus den Ausführungen unter den Randnrn. 467 und 475. **480**

Dagegen wäre die Gründung einer GmbH zum Zweck der Fortführung einer anderen GmbH-Firma unpraktikabel; naheliegender und kostensparender wäre dann die Übernahme der Geschäftsanteile der bisherigen Gesellschafter durch die neuen Gesellschafter, wobei die bisherige Firma beibehalten werden könnte, auch wenn – bei einer Personenfirma – die namengebenden Gesellschafter gewechselt haben[485].

Zur Firmierung bei der Umwandlung einer GmbH in eine andere GmbH nach dem Umwandlungsgesetz 1969 vgl. § 24 i. V. mit den §§ 15 und 6 UmwG. **481**

Zu beachten ist, daß nach § 1 Abs. 2 Satz 2 UmwG diese Umwandlung voraussetzt, daß die GmbH, in die umgewandelt wird, Gesellschafterin der umgewandelten GmbH ist.

---

485 Siehe dazu Randnr. 424. Zur nunmehr möglichen Verschmelzung von Gesellschaften mit beschränkter Haftung siehe die §§ 19 ff. des Gesetzes über die Kapitalerhöhung aus Gesellschaftsmitteln und über die Gewinn- und Verlustrechnung vom 23. 12. 1959 (BGBl. I S. 789), eingefügt durch das Gesetz zur Änderung des Gesetzes betreffend die Gesellschaften mit beschränkter Haftung und anderer handelsrechtlicher Vorschriften vom 4. 7. 1980, BGBl. I S. 836 (844). Zur Änderung der Firma einer GmbH nach Ausscheiden des namengebenden Gesellschafters vgl. *OLG Stuttgart*, 8. 1. 1971, Rpfleger 1971 S. 152.

L. Die Kosten der Unternehmensgründung

482 I. Wie bereits erwähnt, wird verschiedentlich für die **Anzeige eines Gewerbebetriebes** nach § 14 GewO eine Gebühr erhoben (vgl. Randnr. 112), überwiegend wird die Anzeige aber gebührenfrei entgegengenommen. Dagegen ist bei genehmigungspflichtigen Gewerben oder Anlagen die **Genehmigung** grundsätzlich gebührenpflichtig. Die Höhe richtet sich nach der Art des Gewerbes und dem Umfang der Genehmigung. Eine bundeseinheitliche Regelung besteht nur in Ausnahmefällen[486]; im übrigen sind die landesrechtlichen Gebührenvorschriften maßgebend.

Diese Kosten entstehen ohne Rücksicht darauf, ob der betreffende Gewerbebetrieb in das Handelsregister eingetragen ist oder nicht.

483 II. Auch durch die gesetzlich zwar nicht vorgeschriebene, aber im Einzelfall unter Umständen zweckmäßige **Inanspruchnahme von Beratern** – Rechtsanwälte, Wirtschaftsprüfer, Steuerberater, Notare – fallen Kosten an, beispielsweise für die Abfassung eines Gesellschaftsvertrages, für die Beratung hinsichtlich der vorteilhaftesten Rechtsform oder der unterschiedlichen steuerlichen Belastungen.

Auf eine Darstellung der aus einer solchen Beratungstätigkeit erwachsenden Honorarforderungen muß hier verzichtet werden im Hinblick auf die nahezu unbegrenzte Zahl von Problemen, die zum Gegenstand einer Beratung oder Auskunft und damit eines Vergütungsanspruches gemacht werden können.

484 III. Das **Verfahren der Eintragung** einer Firma in das Handelsregister ist mit Gebühren verbunden, die im Gesetz über die Kosten in Angelegenheiten der freiwilligen Gerichtsbarkeit (Kostenordnung – KostO)[487] zwingend geregelt sind. Das Gesetz gilt für die Kosten der

---

486 Vgl. Kostenordnung für die Prüfung überwachungsbedürftiger Anlagen vom 31. 7. 1970, BGBl. I S. 1162, mit mehreren Änderungen, zuletzt vom 6. 4. 1977 (BGBl. I S. 539); Verordnung über Gebühren für Prüfungen nach § 8 der Getränkeschankanlagen-VO vom 15. 7. 1970, BGBl. I S. 1285, geändert durch VO vom 8. 1. 1975, BGBl. I S. 225.

487 In der Fassung vom 26. 7. 1957, BGBl. I S. 960, danach mehrfach geändert, hinsichtlich der mit der Handelsregistereintragung zusammenhängenden Kosten durch das Beurkundungsgesetz (vgl. Fußnote 129) und durch das Gesetz zur Änderung des Gerichtskostengesetzes, des Gesetzes über Kosten der Gerichtsvollzieher, der Bundesgebührenordnung für Rechtsanwälte und anderer Vorschriften vom 20. 8. 1975, BGBl. I S. 2189.

L. Die Kosten der Unternehmensgründung

Notare, die aufgrund des Beurkundungsgesetzes[488] für die Anmeldungen zur Eintragung in das Handelsregister und die damit zusammenhängenden Beurkundungen und Beglaubigungen allein zuständig sind, entsprechend (§ 141 KostO).

Die Gebühren werden nach dem sogenannten Geschäftswert berechnet; das ist der Wert, den der Hauptgegenstand des Geschäftes zur Zeit der Fälligkeit hat (§ 18 Abs. 1 KostO)[489]. Bei der Beurkundung von Anmeldungen beträgt der Geschäftswert, auch wenn mehrere Anmeldungen in derselben Verhandlung beurkundet werden, in keinem Fall mehr als 1 Million Deutsche Mark. Das gilt auch, wenn ein bestimmter Geldbetrag in das Handelsregister einzutragen ist (§ 26 Abs. 10 KostO).

485

Die Notare und Registergerichte sind nach § 8 KostO berechtigt, zur Deckung der Anmelde- und Eintragungskosten einen Vorschuß zu erheben.

Im Hinblick auf die bestehende Anmeldepflicht (§ 29 HGB) wird jedoch die Eintragung in das Handelsregister – bei Vorliegen der Eintragungsvoraussetzungen – nicht von der Zahlung des Kostenvorschusses abhängig gemacht werden können, wenn das Registergericht die Anmeldung erzwingt (§ 14 HGB)[490].

1. Für die Anmeldung einer neuen Firma in das Handelsregister gilt folgendes:

a) Einzelfirma, offene Handelsgesellschaft und Kommanditgesellschaft

Der Geschäftswert richtet sich grundsätzlich nach dem letzten Einheitswert des Betriebsvermögens, der zur Zeit der Fälligkeit der Gebühr festgestellt ist. Falls zum Betriebsvermögen Grundstücke gehören, ist deren in aller Regel höherer Verkehrswert bei der Festsetzung des Geschäftswertes zu berücksichtigen (§ 26 Abs. 2 KostO).

486

Kann vom Anmelder der Einheitswertbescheid des Finanzamtes nicht vorgelegt werden, so ist das Finanzamt vom Registergericht um Aus-

---

488 Siehe Fußnote 129.
489 Vgl. dazu *Gaßmann*, NJW 1963 S. 93 (durch Änderung der Kostenordnung teilweise überholt); vgl. auch *Lappe*, BB 1969 S. 472; *OLG Hamm*, 20. 2. 1964, NJW 1964 S. 1378; *OLG Bremen*, 29. 6. 1964, NJW 1964 S. 1731; *BayObLG*, 7. 8. 1964, NJW 1964 S. 2355; *OLG Hamm*, 11. 11. 1966, NJW 1967 S. 258 mit weiteren Fundstellen.
490 Vgl. *Lauterbach*, Kostengesetze, § 8 KostO Anm. B d.

L. *Die Kosten der Unternehmensgründung*

kunft über die Höhe des Einheitswertes zu ersuchen. Ist der Einheitswert noch nicht festgestellt, so ist er vom Registergericht vorläufig zu schätzen (Betriebsvermögen abzüglich Verbindlichkeiten), § 26 Abs. 6 KostO.

487 Bei der Anmeldung oder Eintragung einer Kommanditgesellschaft kann der Geschäftswert nach billigem Ermessen eine bis drei Stufen höher als nach dem Einheitswert angenommen werden. Ist die einzutragende Einlage eines Kommanditisten höher als dieser Wert, so richtet sich der Geschäftswert nach der Höhe der Einlage (§ 26 Abs. 9 KostO).

488 Wenn der Notar einen Entwurf der Anmeldung fertigen oder ergänzen muß – der in der Praxis wohl häufigste Fall –, fällt gemäß § 145 KostO dieselbe Gebühr an, wie bei einer Beurkundung. Wird sodann dieser Entwurf von den Beteiligten unterzeichnet, und werden deren Unterschriften vom Notar beglaubigt, so wird auf die Entwurfsgebühr die Gebühr für die Unterschriftsbeglaubigung (§ 45 KostO) angerechnet, so daß keine höhere als die Beurkundungsgebühr nach § 38 Abs. 2 Nr. 7 KostO anfällt. Nur wenn ein vollständiger und einwandfreier Text der Anmeldung dem Notar vorgelegt wird, so daß er lediglich die vor ihm geleisteten Unterschriften beglaubigen muß (§ 12 Abs. 1 HGB), fällt allein die niedrigere Beglaubigungsgebühr nach § 45 KostO an.
Vgl. Tabelle im Anhang V.

b) GmbH

489 Der für die Gebührenberechnung maßgebende Geschäftswert entspricht dem Stammkapital der Gesellschaft.
Zur Anmeldungsgebühr siehe oben unter a.
Vgl. Tabelle im Anhang V.

490 2. Bei der Anmeldung und Eintragung einer Zweigniederlassung ist der Geschäftswert unter Berücksichtigung der Bedeutung und des Betriebskapitals der Zweigniederlassung nach billigem Ermessen niedriger als bei der Anmeldung und Eintragung als Hauptniederlassung festzusetzen (§ 26 Abs. 8 KostO), wobei die Feststellung der Bedeutung und des der Zweigniederlassung gewidmeten Kapitals im Einzelfall auf Schwierigkeiten stoßen kann.

Zu beachten ist, daß bei der Berechnung der Kosten für die Eintragung der Zweigniederlassung einer GmbH von deren Stammkapital auszugehen ist[491].

---

[491] Vgl. OLG Frankfurt, 24. 2. 1971, BB 1971 S. 452 mit Rechtsprechungs- und Schrifttumshinweisen.

L. Die Kosten der Unternehmensgründung

Vermerke über die Eintragung der Zweigniederlassung im Register der Hauptniederlassung werden gebührenfrei eingetragen (§ 79 Abs. 4 KostO).

3. Für die Anmeldung und Eintragung sonstiger Veränderungen fallen ebenfalls Gebühren an. Das gilt auch im Falle einer Kapitalerhöhung bei Gesellschaften mit beschränkter Haftung, die vor allem für solche Unternehmen akut wird, die nur mit dem bisherigen Mindeststammkapital von DM 20 000,— oder einem unter DM 50 000,— liegenden Stammkapital ausgestattet und daher verpflichtet sind, bis spätestens 31. 12. 1985 eine Kapitalerhöhung auf mindestens DM 50 000,— vorzunehmen (s. Randnr. 267). Maßgebender Geschäftswert als Berechnungsgrundlage für die Notariats- und Gerichtsgebühren ist der Erhöhungsbetrag; auf die Tabelle im Anhang unter V wird verwiesen.

491

M. Das Zwangs- und Beschwerdeverfahren

I. Das Zwangsverfahren zur Durchsetzung der Eintragung der Firma in das Handelsregister

492 Jeder Vollkaufmann beziehungsweise derjenige, der die Voraussetzungen der Vollkaufmannseigenschaft erfüllt, muß seine Firma zur Eintragung in das Handelsregister anmelden (§ 29 HGB). Was geschieht aber, wenn er dieser Verpflichtung nicht nachkommt?

493 Das Gesetz kennt keine **Firmeneintragung** von Amts wegen, vielmehr setzt die Eintragung in das Handelsregister immer eine entsprechende Anmeldung, also eine Initiative des Eintragungspflichtigen voraus. **Löschungen** von Amts wegen dagegen sind möglich, nämlich die Löschung vermögensloser Aktiengesellschaften, Kommanditgesellschaften auf Aktien und Gesellschaften mit beschränkter Haftung aufgrund des § 2 des Gesetzes über die Auflösung und Löschung von Gesellschaften und Genossenschaften vom 9. 10. 1934[492], ferner gemäß § 144 FGG in den Fällen, in denen die Voraussetzungen einer Klage auf Nichtigerklärung einer Aktiengesellschaft, Kommanditgesellschaft auf Aktien oder Gesellschaft mit beschränkter Haftung erfüllt sind. Schließlich gestattet § 142 FGG dem Registergericht nach seinem pflichtgemäßen Ermessen die Löschung unzulässiger Handelsregistereintragungen; das gilt grundsätzlich auch dann, wenn die Unzulässigkeit erst nachträglich eingetreten ist; dann sind allerdings das Interesse der Öffentlichkeit und der Beteiligten an der Löschung einerseits und das möglicherweise schutzwürdige Interesse an der Erhaltung eines durch langen Firmengebrauch erworbenen Besitzstandes andererseits besonders sorgfältig abzuwägen[493]. Auch die Beseitigung einer ungerechtfertigt erfolgten Löschung ist im Wege des Amtslöschungsverfah-

---

492 RGBl. I S. 914; die Löschung **muß** nicht erfolgen, sie liegt im pflichtgemäßen Ermessen des Registergerichtes; *OLG Frankfurt*, 7. 9. 1977, DB 1978 S. 628, und *BayObLG*, 1. 10. 1979, DB 1980 S. 71 – mit jeweils weiteren Fundstellen.
493 *OLG Frankfurt*, 23. 3. 1979, BB 1979 S. 1117 mit zahlreichen weiteren Fundstellen; Löschung der Firma einer Kommanditgesellschaft bei fehlendem GmbH & Co.-Zusatz, *BGH*, 18. 9. 1975, vgl. Fußnote 231; BayObLG, 13. 3. 1978, DB 1978 S. 1685; siehe auch Fußnote 230. Nach einer Entscheidung des *OLG Stuttgart* vom 26. 4. 1979 – 8 W 60/78 ist ein Zeitraum von knapp 3 Jahren nicht ausreichend, um einen Vertrauensschutztatbestand hinsichtlich eines eingetragenen, aber beanstandeten Firmenbestandteils zu begründen.

I. Durchsetzung der Eintragung in das Handelsregister

rens – Löschung des Löschungsvermerks und damit Wiederaufleben der ursprünglichen Eintragung – nach dem pflichtgemäßen Ermessen des Registergerichtes möglich, sofern das Fortbestehen der Löschungseintragung eine Schädigung des bzw. der Berechtigten zur Folge hätte oder dem öffentlichen Interesse widersprechen würde[494].

Das Registergericht kann die Anmeldung der Firma erzwingen. Sobald es nämlich von einem anmeldepflichtigen Tatbestand glaubhaft Kenntnis erlangt, hat es dem Beteiligten unter Androhung eines Zwangsgeldes aufzugeben, innerhalb einer bestimmten Frist seiner gesetzlichen Verpflichtung nachzukommen oder die Unterlassung mittels Einspruchs gegen diese Verfügung zu rechtfertigen (§ 132 Abs. 1 FGG, § 14 HGB). Dagegen kann durch die Festsetzung von Zwangsgeld gemäß § 132 FGG nicht die Änderung einer unzulässigen Firma erzwungen werden; dafür bietet sich vielmehr das Verfahren zur Unterlassung eines unzulässigen Firmengebrauchs nach den §§ 37 Abs. 1 HGB, 140 FGG (s. Randnrn. 502 ff.) oder das Amtslöschungsverfahren nach § 142 FGG (s. Randnrn. 493, 507) an[495]. **494**

Das Registergericht muß nicht von sich aus nach derartigen anmeldepflichtigen Tatsachen forschen; wenn es aber Kenntnis davon erlangt – gleichgültig auf welchem Wege –, muß es Ermittlungen durchführen, um sich über die Einleitung eines Zwangsverfahrens schlüssig werden zu können[496]. Häufig regen die Industrie- und Handelskammern oder die Handwerkskammern das Einschreiten des Registergerichtes an, wenn eigene Versuche, den ihres Erachtens Verpflichteten zur Anmel- **495**

---

494 *BayObLG*, 8. 12. 1977, DB 1978 S. 338.
495 *OLG Hamm*, 25. 10. 1978, DB 1979 S. 306 mit weiteren Fundstellen.
496 Vgl. *Jansen*, FGG und *Bumiller/Winkler*, FGG, Anmerkungen zu § 12; *BayObLG*, 4. 4. 1978, DB 1978 S. 1832; vgl. auch *BayObLG*, 7. 11. 1977, DB 1978 S. 578, wonach die Aufforderung zu einer Anmeldung o h n e Androhung eines Zwangsgeldes nicht unzulässig, sondern umzudeuten ist in die vorbereitende Ankündigung eines Zwangsgeldverfahrens nach § 132 FGG.
Werden für die Anmeldung wesentliche Originalurkunden in fremder Sprache vorgelegt, so kann das Registergericht nach einer Entscheidung des *LG Nürnberg-Fürth* vom 5. 12. 1979 – 4 HKT 5093/79 nicht verlangen, daß ihm Übersetzungen dieser Urkunden vorgelegt werden, sondern es hat im Hinblick auf seine allgemeine Ermittlungspflicht in Registerangelegenheiten zur Prüfung der Rechtsverhältnisse erforderliche Übersetzungen selbst zu veranlassen. Die dadurch entstehenden Kosten dürften allerdings gemäß § 137 KostO den Anmeldern zur Last fallen. Durch diese Entscheidung wird ausdrücklich nicht ausgeschlossen, daß die Anmelder auch selbst die notwendigen Übersetzungen zur Verfügung stellen können.

M. Das Zwangs- und Beschwerdeverfahren

dung seines Unternehmens zu veranlassen, erfolglos geblieben sind (§ 126 FGG).

Diese Möglichkeit steht auch den Landwirtschaftskammern bzw. der nach Landesrecht zuständigen Stelle zu, sofern es sich um einen land- oder forstwirtschaftlichen Betrieb handelt.

Folgt das Registergericht der Anregung der betreffenden Stelle nicht, so hat es ihr die Gründe der Ablehnung mitzuteilen (§ 26 HRV). Gegen die ablehnende Entscheidung kann die Kammer, wenn der Rechtspfleger die Entscheidung erlassen hat, Erinnerung, andernfalls Beschwerde einlegen (§ 126 2. Halbsatz FGG)[497].

Auf die Pflicht der Gerichte, der Beamten der Staatsanwaltschaft, der Polizei- und Gemeindebehörden sowie der Notare, dem Registergericht von den zu ihrer amtlichen Kenntnis gelangten Fällen einer unrichtigen, unvollständigen oder unterlassenen Anmeldung zum Handelsregister Mitteilung zu machen, sowie auf die Pflicht der Steuerbehörden, dem Registergericht Auskünfte über steuerliche Verhältnisse zu geben, soweit sie zur Verhütung unrichtiger Eintragungen sowie zur Berichtigung und Vervollständigung des Handelsregisters benötigt werden, wurde bereits hingewiesen (vgl. Randnr. 167).

Wird innerhalb der bestimmten Frist die Anmeldung nicht vorgenommen und auch kein Einspruch erhoben, so wird das angedrohte Zwangsgeld festgesetzt; gleichzeitig wird die frühere Verfügung unter Androhung eines **erneuten** Zwangsgeldes wiederholt. In dieser Weise fährt das Registergericht fort, bis die Anmeldung erfolgt oder Einspruch erhoben ist (§ 133 FGG).

496 Das einzelne Zwangsgeld darf den Betrag von 1000 DM nicht übersteigen (§§ 14 HGB, 33 Abs. 3 Satz 2 FGG). Bei der Festsetzung des Zwangsgeldes wird der Betroffene zugleich in die Kosten des Verfahrens verurteilt (§§ 138 FGG, 119 KostO).

497 Kommt der Betroffene der Aufforderung zur Anmeldung seiner Firma zur Eintragung ins Handelsregister innerhalb der gesetzten Frist nach, so ist die Androhung des Zwangsgeldes hinfällig und das Verfahren beendet.

---

497 Die Kammer wird bereits dadurch, daß sie sich aufgrund der Anhörung nach § 23 HRV gegen die Zulässigkeit einer Eintragung in das Handelsregister ausspricht, zur Verfahrensbeteiligten. Sie hat damit im weiteren Verfahren das Recht auf Gehör (Art. 103 Abs. 1 GG); vgl. *OLG Hamm*, 15. 4. 1964, BB 1964 S. 1197; *OLG Frankfurt*, 27. 9. 1968, NJW 1969 S. 330.

I. Durchsetzung der Eintragung in das Handelsregister

Erhebt der Betroffene jedoch Einspruch und erachtet das Gericht ihn für begründet, so ist die erlassene Verfügung aufzuheben; anderenfalls ist der Einspruch durch Beschluß zu verwerfen und das angedrohte Zwangsgeld festzusetzen. Je nach den Umständen kann das Gericht auch von der Festsetzung eines Zwangsgeldes absehen oder es in geringerer Höhe als ursprünglich angedroht festsetzen (zum Beispiel, wenn der Betroffene die ihm erteilte Auflage, sich zur Eintragung in das Handelsregister anzumelden, aus entschuldbaren Gründen unterlassen hat). Zugleich ist wiederum eine neue Verfügung unter Androhung eines Zwangsgeldes und mit Fristsetzung zu erlassen (§ 135 FGG). **498**

Die in dieser Verfügung bestimmte Frist beginnt erst mit dem Eintritt der Rechtskraft der Verwerfung des Einspruchs, das heißt nach Ablauf von zwei Wochen seit der Zustellung an den Betroffenen. Dadurch ist gewährleistet, daß sich die einzelnen Instanzen nicht überschneiden können.

Gegen diese erneute Verfügung besteht wiederum die Möglichkeit, Einspruch zu erheben. Der Einspruch ist an keine Form gebunden; er kann schriftlich oder zu Protokoll der Geschäftsstelle des Registergerichtes oder eines sonstigen Amtsgerichtes erhoben werden (§ 11 FGG).

Gegen den Beschluß, mit dem das Zwangsgeld festgesetzt oder der erste Einspruch verworfen wurde, kann sofortige Beschwerde eingelegt werden (§ 139 FGG). Die sofortige Beschwerde ist innerhalb einer Frist von zwei Wochen schriftlich oder zu Protokoll der Geschäftsstelle bei dem Gericht, dessen Verfügung angefochten wird, oder bei dem Beschwerdegericht einzulegen. Beschwerdegericht ist das Landgericht, und zwar – falls eine solche gebildet ist – die Kammer für Handelssachen (§ 22 in Verbindung mit § 21 und 30 FGG). **499**

Hat den Beschluß der Rechtspfleger erlassen (vgl. Randnr. 158), so ist statt der sofortigen Beschwerde die befristete Erinnerung – ebenfalls innerhalb zweier Wochen – nach § 11 Abs. 1 RpflG einzulegen. Über die Erinnerung entscheidet der Richter. Hilft er ihr nicht ab, so legt er sie unmittelbar dem Rechtsmittelgericht (Landgericht) vor und unterrichtet hiervon die Beteiligten. In diesem Fall gilt die Erinnerung als sofortige Beschwerde gegen die Entscheidung des Rechtspflegers bzw. des Richters (§ 11 Abs. 2 RpflG). **500**

Beruht die Entscheidung des Beschwerdegerichtes auf einer Gesetzesverletzung, so ist die sofortige weitere Beschwerde zulässig **501**

M. Das Zwangs- und Beschwerdeverfahren

(§§ 27, 29 Abs. 2 FGG), über die das Oberlandesgericht[498] entscheidet. Sie ist innerhalb von zwei Wochen entweder bei dem Gericht erster Instanz oder bei dem Landgericht oder bei dem Oberlandesgericht einzulegen, und zwar durch Erklärung zu Protokoll der Geschäftsstelle oder durch Einreichung einer Beschwerdeschrift, die von einem Rechtsanwalt unterzeichnet sein muß (§§ 28, 29 FGG).

II. Das Zwangsverfahren zur Durchsetzung der Unterlassung eines unzulässigen Firmengebrauchs

502 Wer eine ihm nicht zustehende Firma gebraucht, ist vom Registergericht zur Unterlassung des Gebrauches dieser Firma durch Festsetzung von Ordnungsgeld anzuhalten (§ 37 Abs. 1 HGB)[499]. Ein Einschreiten durch das Registergericht setzt also voraus, daß sich die Unzulässigkeit der Firmenführung aus **firmenrechtlichen**, nicht aus anderen, etwa wettbewerbsrechtlichen Vorschriften ergibt; mit anderen Worten: Es muß ein Firmengebrauch vorliegen. Darunter ist – im Gegensatz zur Werbung – das Auftreten im rechtsgeschäftlichen Verkehr zu verstehen, beispielsweise die Bezeichnung des Unternehmens auf Briefbogen, in Auftragsbestätigungen, auf Preislisten, bei der Unterschrift, in Telefon- und Adreßbüchern oder auf Türschildern. Deshalb kann das Registergericht nicht gegen die Verwendung etwa einer abgekürzten Firmierung zu Werbezwecken in Prospekten, Werbeanzeigen, Leuchtreklamen usw. vorgehen[500].

503 Ein **unbefugter** Firmengebrauch liegt immer dann vor, wenn die Vorschriften über die Firmenbildung verletzt sind. Dabei kommt es nicht darauf an, ob die betreffende Firma im Handelsregister eingetragen ist oder nicht. Nach der erwähnten Bestimmung ist daher grundsätzlich sowohl gegen denjenigen vorzugehen, der mit einer unzulässigen

---

498 In Bayern das *Bayerische Oberste Landesgericht* (GVBl. 1974 S. 652), in Rheinland-Pfalz das *OLG Zweibrücken* (GVBl. 1949 S. 225).

499 Während § 37 Abs. 1 HGB ausschließlich ein Vorgehen des Registergerichtes vorsieht, gewährt Abs. 2 demjenigen einen privatrechtlichen Unterlassungsanspruch, der durch den unbefugten Firmengebrauch eines Dritten in seinen Rechten verletzt wird; nach der Rechtsprechung des BGH genügt die Verletzung rechtlicher Interessen, auch wenn diese nur wirtschaftlicher Art sind, *BGH*, 10. 11. 1969, BB 1970 S. 318 mit Anmerkung von *Wessel*. Vgl. auch *OLG Hamburg*, 15. 3. 1973, BB 1973 S. 1456.

500 *OLG Düsseldorf*, 21. 4. 1970, BB-Beilage 9 zu Heft 30/1971, V 2.

III. Anmeldung zur Eintragung ins Handelsregister

Firma im Handelsregister eingetragen worden oder dessen ursprünglich zulässige Firma unzulässig geworden ist, wie auch gegen den Kleingewerbetreibenden, der durch die Verwendung einer nicht eingetragenen „Firma" den Anschein eines vollkaufmännischen Unternehmens erweckt. Schließlich fällt auch der Vollkaufmann darunter, der eine andere als die eingetragene Firma im Geschäftsverkehr verwendet.

Das Zwangsverfahren ist sinngemäß dasselbe wie bei der Erzwingung der Eintragung einer Firma ins Handelsregister (vgl. Randnrn. 492 ff.), nur mit dem Unterschied, daß 504

1. in der zu erlassenden Verfügung des Registergerichtes dem Beteiligten unter Androhung eines Ordnungsgeldes aufgegeben wird, sich des Gebrauchs der Firma zu enthalten oder binnen einer bestimmten Frist den Gebrauch der Firma mittels Einspruchs gegen die Verfügung zu rechtfertigen und

2. das Ordnungsgeld festgesetzt wird, falls kein Einspruch erhoben oder der erhobene Einspruch rechtskräftig verworfen ist und der Beteiligte nach der Bekanntmachung der Verfügung dieser zuwidergehandelt hat (§ 140 FGG).

Auf die Ausführungen unter den Randnrn. 492 ff. wird verwiesen.

III. Das Beschwerdeverfahren im Zusammenhang mit der Anmeldung einer Firma zur Eintragung in das Handelsregister

Demjenigen, dessen Recht durch eine richterliche Verfügung beeinträchtigt wird, steht die Beschwerde zu (§ 20 FGG). Bei der Eintragung einer Firma in das Handelsregister sind zwei Fälle, die zu einem Beschwerdeverfahren führen können, zu unterscheiden: 505

1. Eine Firma ist zur Eintragung in das Handelsregister angemeldet worden. Das Registergericht lehnt die Eintragung überhaupt oder in der angemeldeten Form ab. Gegen diese Verfügung kann Beschwerde eingelegt werden. 506

Beschwerdeberechtigt ist derjenige, dessen Recht beeinträchtigt wäre, wenn die angefochtene Entscheidung ungerechtfertigt sein würde. Dazu genügt n i c h t das persönliche oder wirtschaftliche I n t e r e s s e eines Dritten – beispielsweise aus Wettbewerbsgründen –, vielmehr muß durch die ablehnende Verfügung ein bestimmtes R e c h t verletzt sein.

M. Das Zwangs- und Beschwerdeverfahren

Im vorliegenden Fall wäre daher der Anmelder zur Einlegung der Beschwerde befugt, denn er behauptet eine Verletzung seines Firmenrechts.

Außerdem könnte die zuständige Industrie- und Handelskammer oder – soweit es sich um die Anmeldung eines Handwerksbetriebes handelt – auch die zuständige Handwerkskammer oder – soweit es sich um die Anmeldung eines land- oder forstwirtschaftlichen Betriebes handelt – auch die zuständige Landwirtschaftskammer bzw. die nach Landesrecht zuständige Stelle von dem Rechtsmittel der Beschwerde Gebrauch machen; das ergibt sich ausdrücklich aus § 126 2. Halbsatz FGG (vgl. Randnummer 495).

Die Beschwerde ist an keine Frist gebunden; sie kann bei dem Gericht, dessen Verfügung angefochten wird, oder bei dem Beschwerdegericht eingelegt werden, und zwar durch Einreichung einer Beschwerdeschrift oder durch Erklärung zu Protokoll der Geschäftsstelle (§ 21 FGG).

Beschwerdegericht ist das Landgericht (§ 19 FGG); ist bei diesem eine Kammer für Handelssachen gebildet, so ist diese zuständig.

Die Beschwerde setzt eine Verfügung des Richters voraus. Hat dagegen der Rechtspfleger (vgl. Randnr. 158) die Ablehnung der Registereintragung verfügt, so ist zunächst Erinnerung beim Registergericht einzulegen. Hält daraufhin der Rechtspfleger an seiner Verfügung fest, so entscheidet der Registerrichter über die Erinnerung. Hilft er ihr nicht ab, so legt er sie unmittelbar dem Rechtsmittelgericht (Landgericht) vor und unterrichtet hiervon die Beteiligten. In diesem Fall gilt die Erinnerung als Beschwerde gegen die Entscheidung des Rechtspflegers bzw. des Richters (§ 11 Abs. 2 RpflG). Beruht die Entscheidung des Beschwerdegerichtes auf einer Gesetzesverletzung, so ist die weitere Beschwerde zulässig (§§ 27 ff. FGG), über die das Oberlandesgericht[501] entscheidet. Sie ist entweder bei dem Gericht erster Instanz oder bei dem Landgericht oder bei dem Oberlandesgericht einzulegen, und zwar durch Erklärung zu Protokoll der Geschäftsstelle oder durch Einreichung einer Beschwerdeschrift, die von einem Rechtsanwalt unterzeichnet sein muß (§§ 28, 29 FGG).

507 2. Eine Firma ist zur Eintragung in das Handelsregister angemeldet und auch eingetragen worden. Wird dadurch das Recht eines Dritten verletzt, so kann er beim Registergericht die Löschung der Eintragung von Amts wegen anregen (§§ 142, 143 FGG).

---
501 Vgl. Fußnote 498.

Beispiel:

Eine neu eingetragene Firma unterscheidet sich nach der Auffassung des Inhabers eines bereits eingetragenen Unternehmens nicht deutlich von seiner Firma (§ 30 HGB). Er fühlt sich dadurch in seinem Firmenrecht verletzt und verlangt die Löschung der neuen Firma.

Diese Möglichkeit hat auch die zuständige Industrie- und Handelskammer oder – soweit es sich um die Löschung der Firma eines Handwerksbetriebes handelt – die zuständige Handwerkskammer oder – soweit es sich um die Löschung der Firma eines land- und forstwirtschaftlichen Betriebes handelt – die zuständige Landwirtschaftskammer bzw. die nach Landesrecht zuständige Stelle, wenn sie der Auffassung ist, die vorgenommene Handelsregistereintragung sei unzulässig (§ 126 2. Halbsatz FGG).

Lehnt das Registergericht die Löschung der beanstandeten Eintragung ab, so gilt folgendes:

a) Betrifft der Löschungsantrag eine Aktiengesellschaft, Kommanditgesellschaft auf Aktien, Gesellschaft mit beschränkter Haftung oder einen Versicherungsverein auf Gegenseitigkeit, so ist für die Entscheidung der Registerrichter zuständig (§ 17 Nr. 1 e RpflG). Gegen seine ablehnende Verfügung ist das Rechtsmittel der Beschwerde zulässig.

b) Betrifft der Löschungsantrag eine Einzelfirma oder eine Personengesellschaft, so ist für die Entscheidung der Rechtspfleger zuständig. Gegen seine ablehnende Verfügung ist die Erinnerung zulässig.

Zum Beschwerde- bzw. Erinnerungsverfahren wird auf die Ausführungen unter den Randnrn. 492 ff. verwiesen.

508

IV. Die Verfahrenskosten

1. Im Ordnungsverfahren wird

509

a) für die Festsetzung des Zwangsgeldes,
b) für die Verwerfung des Einspruchs

eine Gebühr erhoben, die sich nach dem festgesetzten oder angedrohten Betrag des Zwangsgeldes richtet (§ 119 Abs. 1 u. 2 KostO).

M. Das Zwangs- und Beschwerdeverfahren

Die Gebühr beträgt bei einem festgesetzten Zwangsgeld von zum Beispiel

bis zu DM	500,—	DM 30,—
bis zu DM	1 000,—	DM 60,—
bis zu DM	2 000,—	DM 78,—
bis zu DM	3 000,—	DM 93,—
bis zu DM	10 000,—	DM 180,—

Für die Androhung des Zwangsgeldes wird keine Gebühr erhoben (§ 119 Abs. 4 KostO).

510 2. Das Erinnerungsverfahren ist gerichtsgebührenfrei (§ 11 Abs. 5 RpflG).

511 3. Im Beschwerdeverfahren fällt sowohl für die Verwerfung einer unzulässigen Beschwerde als auch für die Zurückweisung einer unbegründeten Beschwerde bei einem Beschwerdewert von beispielsweise

DM 1 000,— eine Gebühr von DM 10,—
DM 2 000,— eine Gebühr von DM 13,—
DM 3 000,— eine Gebühr von DM 15,50
DM 6 000,— eine Gebühr von DM 22,50
DM 10 000,— eine Gebühr von DM 30,—
DM 20 000,— eine Gebühr von DM 45,—
DM 50 000,— eine Gebühr von DM 75,—

an (§ 131 Abs. 1 Nr. 1 KostO).

Der Beschwerdewert wird nach freiem Ermessen bestimmt, in Ermangelung genügender tatsächlicher Anhaltspunkte für eine Schätzung regelmäßig mit DM 5 000,— angenommen; je nach Lage des Falles kann auch ein niedrigerer oder höherer Wert zugrunde gelegt werden (§ 131 Abs. 2 i. V. mit § 30 KostO).

Im Falle einer erfolgreichen Beschwerde entstehen keine Kosten.

512 Die Industrie- und Handelskammern, die Handwerkskammern und die Landwirtschaftskammern bzw. die nach Landesrecht zuständigen Stellen werden im Beschwerdeverfahren mit Gerichtskosten nicht belastet (§ 87 Nr. 2 KostO i. V. mit § 126 FGG).

Anhang I

Formulare für die Gewerbeanzeige und die Handelsregistereintragung

	Seite
Gewerbe-Anmeldung (aus BGBl. 1979 I S. 1762)	280
Gewerbe-Ummeldung (aus BGBl. 1979 I S. 1763)	281
Gewerbe-Abmeldung (aus BGBl. 1979 I S. 1764)	282
Handelsregisterblatt Abteilung A (Einzelkaufmann, OHG, KG)	283
Handelsregisterblatt Abteilung B (GmbH, AG KGaA)	284
Anlage zur Handelsregisteranmeldung	285/286

Anhang I

	GewA 1

Gewerbe-Anmeldung	nach § 14 GewO oder § 55 c GewO sowie § 1 GewAnzV	Bitte mit Schreibmaschine oder in Blockschrift vollständig und gut lesbar ausfüllen sowie die zutreffenden Kästchen ankreuzen.

Angaben zum Betriebsinhaber
Bei Personengesellschaften (z. B. OHG) ist für jeden geschäftsführenden Gesellschafter ein eigener Vordruck auszufüllen.
Bei juristischen Personen (z. B. GmbH) ist bei Feld Nr. 3 bis 10 und Feld Nr. 30 und 31 der gesetzliche Vertreter anzugeben.
Die Angaben für weitere gesetzliche Vertreter zu diesen Nummern sind auf der Rückseite des Vordrucks ☐ oder einem Beiblatt ☐ oder weiteren Vordrucken ☐ gemacht.

|1| Im Handels-, Genossenschafts- oder Vereinsregister eingetragener Name |2| Ort und Nr. der Eintragung |

|3| Familienname |4| Vornamen |

|5| Geburtsname (nur bei Abweichung vom Familiennamen) |6| Geburtsname der Mutter |

|7| Geburtsdatum |8| Geburtsort (Ort, Kreis, Land) |

|9| Staatsangehörigkeit
    deutsch ☐ andere:
|10| Anschrift der Wohnung und Telefon-Nr.

Angaben zum Betrieb
|11| Zahl der geschäftsführenden Gesellschafter (nur bei Personengesellschaften):
    Zahl der gesetzlichen Vertreter (nur bei juristischen Personen):

|12| Anschrift der Betriebsstätte und Telefon-Nr.

|13| Anschrift der Hauptniederlassung und Telefon-Nr.

|14| Anschrift der früheren Betriebsstätte

|15| Angemeldete Tätigkeit (genau angeben; z. B. Herstellung von Möbeln, Elektroinstallationen u. Elektroeinzelhandel, Großhandel mit Lebensmitteln usw.)

|17| Datum des Beginns der angemeldeten Tätigkeit

|18| Art des angemeldeten Betriebes
    Industrie ☐ Handwerk ☐ Handel ☐ Sonstiges ☐
|19| Anzahl der voraussichtlich im angemeldeten Betrieb beschäftigten Arbeitnehmer:

Die Anmeldung wird erstattet für
|20| einen selbständigen Betrieb ☐ eine Zweigniederlassung ☐ eine unselbständige Zweigstelle ☐
|21| ein Automatenaufstellungsgewerbe ☐ |22| ein Reisegewerbe ☐

Wegen
|23| Neuerrichtung des Betriebes ☐ |24| Übernahme eines bereits bestehenden Betriebes (z. B. durch Kauf, Pacht, Erbfolge, Änderung der Rechtsform, Gesellschaftereintritt) ☐

|26| Name des früheren Betriebsinhabers (falls bekannt)

Falls der Betriebsinhaber für die angemeldete Tätigkeit eine Erlaubnis benötigt, in die Handwerksrolle einzutragen oder Ausländer ist:
|28| Liegt eine Erlaubnis vor? Nein ☐ Ja, erteilt am/von (Behörde):

|29| Liegt eine Handwerkskarte vor? Nein ☐ Ja, ausgestellt am/von (Handwerkskammer):

|30| Liegt eine Aufenthaltserlaubnis vor? Nein ☐ Ja, erteilt am/von (Behörde):

|31| Die Aufenthaltserlaubnis enthält keine Auflage oder Beschränkung ☐ enthält folgende Auflage oder Beschränkung:

Hinweis: Diese Anzeige berechtigt nicht zum Beginn des Gewerbebetriebes, wenn noch eine Erlaubnis oder eine Eintragung in die Handwerksrolle notwendig ist. Zuwiderhandlungen können mit Geldbuße oder Geldstrafe oder Freiheitsstrafe geahndet werden. Die Fortsetzung eines derartigen Betriebes kann verhindert werden.

|32| |33|
    (Datum)   (Unterschrift)

Formulare für die Gewerbeanmeldung

GewA 2

Gewerbe-Ummeldung	nach § 14 GewO oder § 55 c GewO sowie § 1 GewAnzV	Bitte mit Schreibmaschine oder in Blockschrift vollständig und gut lesbar ausfüllen sowie die zutreffenden Kästchen ankreuzen.

Angaben zum Betriebsinhaber
Bei Personengesellschaften (z. B. OHG) ist für jeden geschäftsführenden Gesellschafter ein eigener Vordruck auszufüllen.
Bei juristischen Personen (z. B. GmbH) ist bei Feld Nr. 3 bis 10 und Feld Nr. 30 und 31 der gesetzliche Vertreter anzugeben. Die Angaben für weitere gesetzliche Vertreter zu diesen Nummern sind auf der Rückseite des Vordrucks ☐ oder einem Beiblatt ☐ oder weiteren Vordrucken ☐ gemacht.

1	Im Handels-, Genossenschafts- oder Vereinsregister eingetragener Name	2	Ort und Nr. der Eintragung

3	Familienname	4	Vorname

5	Geburtsname (nur bei Abweichung vom Familiennamen)	6	Geburtsname der Mutter

7	Geburtsdatum	8	Geburtsort (Ort, Kreis, Land)

9 Staatsangehörigkeit
 deutsch ☐ andere:
10 Anschrift der Wohnung und Telefon-Nr.

Angaben zum Betrieb
11 Zahl der geschäftsführenden Gesellschafter (nur bei Personengesellschaften):
Zahl der gesetzlichen Vertreter (nur bei juristischen Personen):

12 Anschrift der Betriebsstätte und Telefon-Nr.

13 Anschrift der Hauptniederlassung und Telefon-Nr.

14 Anschrift der früheren Betriebsstätte (nur bei Verlegung)

Nach der Änderung, Erweiterung oder Verlegung
15 wird neu ausgeübt (z. B. Möbeleinzelhandel)
16 wird weiterhin ausgeübt (z. B. Möbelgroßhandel)

17 Datum der Änderung, Erweiterung oder Verlegung

18 Art des umgemeldeten Betriebes
 Industrie ☐ Handwerk ☐ Handel ☐ Sonstiges ☐
19 Anzahl der voraussichtlich im umgemeldeten Betrieb beschäftigten Arbeitnehmer:

Die Ummeldung wird erstattet für
20 einen selbständigen Betrieb ☐ eine Zweigniederlassung ☐ eine unselbständige Zweigstelle ☐
21 ein Automatenaufstellungsgewerbe ☐ 22 ein Reisegewerbe ☐

Wegen
23 Änderung der Betriebstätigkeit (z. B. Umwandlung eines Großhandels in einen Einzelhandel) ☐
24 Erweiterung der Betriebstätigkeit (z. B. Erweiterung eines Großhandels um einen Einzelhandel) ☐
25 Verlegung des Betriebes ☐

Falls der Betriebsinhaber für die angemeldete Tätigkeit eine Erlaubnis benötigt, in die Handwerksrolle einzutragen oder Ausländer ist:

28 Liegt eine Erlaubnis vor? Nein ☐ Ja, erteilt am/von (Behörde):

29 Liegt eine Handwerkskarte vor? Nein ☐ Ja, ausgestellt am/von (Handwerkskammer):

30 Liegt eine Aufenthaltserlaubnis vor? Nein ☐ Ja, erteilt am/von (Behörde):

31 Die Aufenthaltserlaubnis enthält keine Auflage oder Beschränkung ☐ enthält folgende Auflage oder Beschränkung:

Hinweis: Diese Anzeige berechtigt nicht zum Beginn des Gewerbebetriebes, wenn noch eine Erlaubnis oder eine Eintragung in die Handwerksrolle notwendig ist. Zuwiderhandlungen können mit Geldbuße oder Geldstrafe oder Freiheitsstrafe geahndet werden. Die Fortsetzung eines derartigen Betriebes kann verhindert werden.

32 .... (Datum) 33 .... (Unterschrift)

Anhang I

GewA 3

Gewerbe-Abmeldung nach § 14 GewO oder § 55 c GewO sowie § 1 GewAnzV

Bitte mit Schreibmaschine oder in Blockschrift vollständig und gut lesbar ausfüllen sowie die zutreffenden Kästchen ankreuzen.

Angaben zum Betriebsinhaber
Bei Personengesellschaften (z. B. OHG) ist für jeden geschäftsführenden Gesellschafter ein eigener Vordruck auszufüllen.
Bei juristischen Personen (z. B. GmbH) ist bei Feld Nr. 3 bis 10 der gesetzliche Vertreter anzugeben.
Die Angaben für weitere gesetzliche Vertreter zu diesen Nummern sind auf der Rückseite des Vordrucks ☐ oder einem Beiblatt ☐ oder weiteren Vordrucken ☐ gemacht.

| 1 | Im Handels-, Genossenschafts- oder Vereinsregister eingetragener Name | 2 | Ort und Nr. der Eintragung |

| 3 | Familienname | 4 | Vornamen |

| 5 | Geburtsname (nur bei Abweichung vom Familiennamen) | 6 | Geburtsname der Mutter |

| 7 | Geburtsdatum | 8 | Geburtsort (Ort, Kreis, Land) |

| 9 | Staatsangehörigkeit
| | deutsch ☐ andere:
|10 | Anschrift der Wohnung und Telefon-Nr.

Angaben zum Betrieb
|11| Zahl der geschäftsführenden Gesellschafter (nur bei Personengesellschaften):
Zahl der gesetzlichen Vertreter (nur bei juristischen Personen):
|12| Anschrift der Betriebsstätte und Telefon-Nr.

|13| Anschrift der Hauptniederlassung und Telefon-Nr.

|14| Falls an einem anderen Ort eine Neuerrichtung beabsichtigt ist, Anschrift der künftigen Betriebsstätte und Telefon-Nr.

|17| Datum der Betriebsaufgabe

|18| Art des abgemeldeten Betriebes |19| Anzahl der zuletzt im abgemeldeten
Industrie ☐ Handwerk ☐ Handel ☐ Sonstiges ☐   Betrieb beschäftigten Arbeitnehmer:

Die Abmeldung wird erstattet für
|20| einen selbständigen Betrieb ☐ eine Zweigniederlassung ☐ eine unselbständige Zweigstelle ☐
|21| ein Automatenaufstellungsgewerbe ☐ |22| ein Reisegewerbe ☐

Wegen
|23| vollständiger Aufgabe des gesamten Betriebes ☐
|24| teilweiser Aufgabe eines weiterhin bestehenden Betriebes (z. B. Aufgabe einer Zweigniederlassung) ☐
|25| Aufgabe eines weiterhin bestehenden Betriebes (z. B. wegen Verkauf, Verpachtung, Erbfolge, Änderung der Rechtsform, Austritt als Gesellschafter) ☐
|26| Name des künftigen Betriebsinhabers (falls bekannt)

|27| Gründe für die Betriebsaufgabe (z. B. Alter, Betriebsübergabe, wirtschaftliche Schwierigkeiten, Konkursverfahren usw.)

Hinweis: Eine Wiederaufnahme der abgemeldeten Tätigkeit ist erneut anzeigepflichtig.

|32| .... |33| ....
(Datum)   (Unterschrift)

Handelsregisterblätter

Handelsregister-Abt. A -des Amtsgerichts		Blatt (mit Fortsetzung Blatt)			HRA
Nummer der Eintragung	a) Firma b) Ort der Niederlassung (Sitz der Gesellschaft) c) Gegenstand des Unternehmens (bei juristischen Personen)	Geschäftsinhaber Persönlich haftende Gesellschafter Vorstand Abwickler	Prokura	Rechtsverhältnisse	a) Tag der Eintragung und Unterschrift b) Bemerkungen
1	2	3	4	5	6

Best.-Nr. 1078 a
HRA Reg. Kart.
A 3 2. 69 20 000 Z

283

Anhang I

Handelsregister-**Abt. B**-des Amtsgerichts			Blatt (mit Fortsetzung Blatt)			**HRB**
Nummer der Eintragung	a) Firma b) Sitz c) Gegenstand des Unternehmens	Grundkapital oder Stammkapital DM	Geschäftsinhaber Persönlich haftende Gesellschafter Geschäftsführer Abwickler	Prokura	Rechtsverhältnisse	a) Tag der Eintragung und Unterschrift b) Bemerkungen
1	2	3	4	5	6	7

284

Formulare für die Handelsregisteranmeldung

PLZ, Ort, Datum

Amtsgericht
Handelsregister-Abteilung

Anschrift, Fernruf

Geschäfts-Nr. ....

Amtsgericht _____

⌊   ⌋

Betr.: Ihre Anmeldung vom

Sehr geehrte

Um prüfen zu können, ob bei Ihrem Geschäftsbetrieb die Voraussetzungen zur Eintragung in das Handelsregister gegeben sind, bitten wir Sie, die nachstehenden Fragen zu beantworten und die Eröffnungsbilanz (oder die letzte Bilanz) Ihres Unternehmens beizufügen.

Hochachtungsvoll

....
Rechtspfleger

1) Wortlaut der Firma:	
2) a) Geschäftsräume (Zahl, Art [z.B. Büro, Herstellungsräume, Laden, Lager usw.] und Größe, Ort und Straße):	
b) Fernruf:	
3) Name des Alleininhabers oder bei Gesellschaften die Namen aller Gesellschafter (persönlich haftende Gesellschafter, Kommanditisten):	
4) Art des Gewerbes (z.B. Herstellung von .... oder Handel mit ..... usw.):	
5) Zeitpunkt der Aufnahme des Geschäftsbetriebes:	

6) Betriebsvermögen (nur zu beantworten, wenn eine Eröffnungsbilanz oder die letzte Bilanz nicht vorgelegt werden kann):
a) Anlagevermögen:
   Grundstücke und Betriebsgebäude
   Maschinen und Einrichtungen
b) Umlaufvermögen:
   Geld und Bankguthaben
   Warenvorräte
   Außenstände	

7) Letzter Einheitswert des Betriebsvermögens:	

Anhang I

8) Höhe des Umsatzes:
   (Bei Handelsvertretern: Bruttoprovision)
   seit Beginn, falls der Geschäftsbetrieb im
   laufenden Jahr begonnen wurde **oder** in den
   beiden letzten Geschäftsjahren und im
   laufenden Geschäftsjahr, falls der Gewerbebetrieb schon länger besteht

9) Gewerbeertrag:
   geschätzter Reinertrag seit Geschäftsbeginn,
   falls der Geschäftsbeginn im laufenden Jahr
   begonnen wurde **oder** Reinertrag nach der
   letzten Jahresbilanz, falls der Geschäftsbetrieb schon länger besteht

10) Zahl der beschäftigten Personen:

   a) kaufmännische Angestellte

   b) technische Angestellte

   c) Facharbeiter, Gesellen

   d) angelernte Arbeiter

   e) Hilfsarbeiter

   f) kaufmännische Auszubildende

   g) technische Auszubildende

   h) sonstiges Personal

11) Besteht kaufmännische Buchführung?
    Welcher Art?

12) Bankverbindungen:

13) Wird neben der Warenherstellung noch ein
    offenes Geschäft (Laden) betrieben?

    Nur bei Fertigungsbetrieben:
14) Ist Arbeitsteilung eingeführt?

15) Wieviele Maschinen und welche Arten
    werden benützt?

.............................., den ....
                                                                                               (Unterschrift)

Anmerkung

Die Firma eines Kaufmannes muß in das Handelsregister eingetragen werden, wenn sein Gewerbebetrieb eine der in § 1 HGB bezeichneten Arten von Geschäften zum Gegenstand hat und nach Art und Umfang ein in kaufmännischer Weise eingerichteter Geschäftsbetrieb erforderlich ist. Der Unternehmer eines handwerklichen oder sonstigen gewerblichen Unternehmens ist zur Anmeldung zum Handelsregister verpflichtet, falls sein Gewerbebetrieb nach Art und Umfang einen in kaufmännischer Weise eingerichteten Geschäftsbetrieb erfordert.

Für Gewerbebetriebe, die in der Form der Offenen Handelsgesellschaft oder Kommanditgesellschaft geführt werden wollen, gilt dasselbe.

Nach § 12 HGB sind Anmeldungen zur Eintragung in das Handelsregister sowie die zur Aufbewahrung bei dem Gericht bestimmten Firmen- und Unterschriftszeichnungen in öffentlich beglaubigter Form (Beglaubigung durch einen Notar) einzureichen.

Die Bescheinigung über die Anmeldung des Geschäfts bei der gemäß § 14 der Gewerbeordnung zuständigen Behörde ist mit vorzulegen.

Anhang II

Gerichtsentscheidungen zur Eintragungspflicht von Unternehmen aufgrund der Art und des Umfanges des Geschäftsbetriebes (siehe Randnrn. 31 ff.)

(Sofern auf die Umsätze abgestellt wird, ist im Hinblick auf die eingetretene Geldentwertung das jeweilige Alter der Entscheidung zu beachten.)

Das *LG Siegen* (26. 5. 1959 – 1 T 2/59 – mit weiteren Fundstellen; nicht veröffentlicht) hat die Eintragungspflicht einer Bäckerei mit Lebensmitteleinzelhandel bei einem Jahresumsatz von 300 000 DM, einem Betriebsvermögen von 57 000 DM und vier fremden Beschäftigten verneint, da nach Überzeugung des Gerichtes die Geschäftsvorgänge im konkreten Falle völlig gleichförmig, unkompliziert und daher leicht zu übersehen waren; in dem Fehlen von Kredit- und Wechselgeschäften sah das Gericht ein wesentliches Kriterium für die Entbehrlichkeit einer kaufmännischen Einrichtung.

Ebenso hat das *LG Mönchengladbach* (13. 1. 1967, BB-Beilage 10 zu Heft 34/ 1969, I 3) die Verpflichtung zur Handelsregistereintragung einer Bäckerei mit Lebensmittelhandel verneint, deren Gesamtjahresumsatz sich auf rund 240 000 DM belief, da es sich um einen Familienbetrieb handle, in dem gegenüber Lieferanten und Kunden fast nur Bargeschäfte getätigt würden und weder eine ausgewogene kaufmännische Kalkulation noch langfristige Dispositionen notwendig seien.

Auch das *LG Münster*, 11. 10. 1972 – 7 a T 6/72 – hat eine Eintragungspflicht einer Bäckerei mit Lebensmittelhandel bei einem Umsatz von DM 286 000,— im Jahre 1971 bei einem Verhältnis 70% Bäckerei zu 30% Lebensmittelhandel verneint. Zwar sprächen für eine Eintragung die Höhe des Umsatzes, die Beschäftigung von 5 Personen neben dem Betriebsinhaber und das Vorliegen eines Mischbetriebes; andere Faktoren begründeten jedoch die Verneinung der Eintragungsfähigkeit: Der geringe Kundenkreis, der übersichtliche Geschäftsverkehr, das kleingehaltene Warensortiment des Einzelhandels und das Fehlen von Kredit- und Wechselgeschäften.

Im Gegensatz dazu wurde von mehreren Gerichten die Vollkaufmannseigenschaft von Bäckereien, die zugleich den Lebensmittelhandel und teilweise dazu noch ein Café betreiben, bejaht.

So hat das *LG Tübingen* (10. 1. 1961 – HGR 1/60; nicht veröffentlicht) ein derartiges gemischtes Unternehmen bei einem ähnlichen Jahresumsatz als vollkaufmännisch angesehen, obwohl auch in diesem Falle die Ein- und Verkaufsgeschäfte übersichtlich und einfacher Art waren; das *LG Tübingen* führte aus: „Der Gesamtbetrieb und die beiden Unterbetriebe sind aber so angelegt, daß jederzeit Geschäfte getätigt werden können, die ohne vollkaufmännische Buchführung unübersichtlich werden. Es kommt nicht darauf an, welche Geschäfte

Anhang II

zur Zeit regelmäßig getätigt werden, sondern darauf, welche nach Art des Betriebs getätigt werden können."

Das *AG Vechta* (14. 2. 1964, BB 1964 S. 1194) hat die Eintragungsfähigkeit eines solchen gemischten Betriebes mit einem Jahresumsatz von rund 234 000 DM angenommen, und zwar entscheidend darauf abgehoben, daß bei Gemischtbetrieben die Leitung und Abwicklung der Geschäfte infolge deren Vielseitigkeit kompliziert werde. In der Tatsache, daß Bücher geführt werden, sieht das Gericht zwar kein Indiz für die Registerpflicht, aber einen Anhaltspunkt, daß die Buchführung für einen ordnungsgemäßen Geschäftsablauf als notwendig erachtet wird.

Zu demselben Ergebnis ist das *AG Nürnberg* (9. 7. 1964, BB 1964 S. 1194) gelangt. In dem von ihm zu entscheidenden Fall belief sich der Jahresumsatz auf rund 280 000 DM bei einem Anlagevermögen von rund DM 12 000, einem Umlaufvermögen von rund 26 000 DM und einem Jahresgewinn von rund 35 000 DM; dazu kamen teilweise Kreditgeschäfte sowie für 9 Mitarbeiter – davon 6 Familienangehörige – die Lohnabrechnung. Abschließend führt das Gericht aus:
„Ebensowenig kann für eine Verneinung der Eintragungspflicht der Gedanke herangezogen werden, daß die Firma bis jetzt, ohne Schaden aus dem Fehlen eines kaufmännisch eingerichteten Geschäftsbetriebes zu erleiden, existiert. Die Vorschriften über die Firmenpflicht sind nämlich im öffentlichen Interesse vorhanden und dienen nicht in erster Linie dazu, den Unternehmer vor eigenem Schaden zu schützen."

Auch das *AG Aschaffenburg* (9. 7. 1964, BB 1964 S. 1194) hat im Hinblick auf die komplizierte Gestaltung und die daraus resultierende besondere Ordnungsbedürftigkeit der Geschäftsverhältnisse in einem gemischten Unternehmen gegenüber einem gleichförmigen Betrieb die Eintragungspflicht bei einem Umsatz von rund 247 000 DM und mindestens 7–8 Lieferanten bejaht, da ein „Lebensmittelgeschäft heute selbst auf dem Lande ein reichhaltiges und ständig zu erneuerndes Sortiment an Waren bereithalten muß, was den Inhaber zwingt, wie ein Kaufmann zu planen und zu kalkulieren, wenn er mit Erfolg und nicht mit Verlust arbeiten will..."

Das *BayObLG* (29. 10. 1964, BB 1965 S. 517) hat die Auffassung des *LG Schweinfurt*, (26. 5. 1964, BB 1964 S. 1194) bestätigt, daß eine Bäckerei mit Lebensmittelhandel aufgrund ihres Umsatzes (zusammen rund 450 000 DM), der Zahl der Beschäftigten (mit Inhaber 10 Personen), der Art der Tätigkeit (gemischter Betrieb), des Anlage- und Betriebskapitals (rund 40 000 DM), der Vielfalt der Geschäftsbeziehungen (außer 2 Hauptlieferanten rund 75 weitere Lieferanten) und der Inanspruchnahme von Kredit (rund 40 000 DM) nicht mehr als Kleingewerbe anzusehen sei.

Das *LG Baden-Baden* hat durch den bereits in Fußnote 18 angeführten Beschluß vom 27. 8. 1955 die Eintragungspflicht einer Metzgerei mit einer Filiale und insgesamt 10 Mitarbeitern bei einem Jahresumsatz von 450 000 DM und ungefähr 45 Lieferanten angenommen, da ein Betrieb mit 10 Personen besonderer Maßnahmen bedürfe, „um Arbeitsteilung, Aufsicht und Entlohnung zu regeln". Ferner wurde von dem Gericht berücksichtigt, daß Großabnehmer dieser Metzgerei durch Bank- und Postscheckvüberweisung, in seltenen Fällen auch mittels Wechsel bezahlten.

Das *AG Seligenstadt* hat in zwei Fällen (25. 7. 1958 – 2 AR 242/55 – und 29. 7. 1958 – 2 AR 59/56; beide nicht veröffentlicht) die Eintragung von Metzgereibetrieben mit Umsätzen von 177 000 DM und 236 000 DM verneint, da die Geschäfte ohne kaufmännische Angestellte, ohne Wechsel- und Scheckverkehr und auch ohne Inanspruchnahme von Krediten und Bankverbindungen abgewickelt wurden.

Ebenso ist ein aus einer Metzgerei und einer Gastwirtschaft bestehender Mischbetrieb mit einem Jahresumsatz von rund 570 000 DM, einem Anlage- und Betriebsvermögen von rund 70 000 DM und einem Jahresgewinn von rund 50 000 DM und 8 Mitarbeitern vom *LG Baden-Baden* (20. 8. 1964, BB 1964 S. 1193) als vollkaufmännisch angesehen worden, obwohl die Zahl der Lieferanten begrenzt war, keine Bankkredite in Anspruch genommen und überwiegend Bargeschäfte getätigt wurden. Maßgebendes Kriterium sind für das Gericht die erheblichen Umsätze, vor allem aber die Tatsache gewesen, daß es sich um einen Mischbetrieb handelt.

Anderer Meinung war das *OLG Stuttgart* in zwei ähnlichen Fällen. So wurde wegen der einfachen Betriebsstruktur und Geschäftsabwicklung trotz eines Umsatzes von rund 550 000 DM, der sich aus Erlösen einer Metzgerei mit einer Filiale und einer angegliederten Gastwirtschaft ergab, die Eintragungspflicht verneint (26. 6. 1963 – 8 W 76/63), ebenso für eine Metzgerei mit Filiale und Vesperstube bei einem Gesamtumsatz von über 600 000 DM (13. 12. 1966, BB-Beilage 10 zu Heft 34/1969, I 4). Zur Begründung wird die einfache Kalkulation, die übliche Bezahlung, das Fehlen von Kredit und Wechselgeschäften angeführt.

Die Eintragungspflicht eines Lebensmitteleinzelhandelsgeschäftes mit Gastwirtschaft bei einem Jahresumsatz von 212 000 DM, drei Angestellten und überwiegend unbarem Zahlungsverkehr mit den Lieferanten hat das *AG Hilchenbach* bejaht (26. 8. 1960 – AR 279/59; nicht veröffentlicht).

LG Ravensburg (1. 7. 1964, BB 1964 S. 1193) und *OLG Stuttgart* (27. 11. 1964, BB 1965 S. 517) haben eine Gastwirtschaft mit Übernachtungsbetrieb für eintragungspflichtig gehalten, da in einem solchen Betrieb – 20 Fremdenzimmer, 28 Betten, Jahresumsatz rund 500 000 DM, 17 Beschäftigte – nicht nur Nahrungsmittel eingekauft würden, sondern der ständige Verschleiß laufend Anschaffungen erforderlich mache und mit dem Personal umsichtig gearbeitet werden müsse.

Bereits mit einem Umsatz von DM 160 000,— im Jahre 1969 bei einem Reingewinn von rd. DM 40 000,— hat das *Amtsgericht Jever* (17. 2. 1972, BB-Beilage

Anhang II

I 2 zu Heft 29/1975, I 6) die Eintragungspflicht einer Fischgaststätte bejaht. Dabei hat das Gericht zur Begründung auf die teils niedrigen zahlenmäßigen Voraussetzungen der steuerlichen Buchführungspflicht hingewiesen. Im Gegensatz zu einer Bundeswehrkantine könne im vorliegenden Fall der Wirt nicht mit einem festen Kundenstamm, dem eine nur sehr begrenzte Auswahl an Speisen und Getränken geboten werde, rechnen, so daß sein Geschäftsbetrieb nicht so einfach gelagert sei.

Strittig war die Eintragungspflicht einer Molkerei, der ein Ladengeschäft für Milcherzeugnisse und Honig angegliedert war und die einen Jahresumsatz von rund 800 000 DM erzielt hat. Das *LG Kassel* (6. 3. 1964, BB 1964 S. 1192) hat die Pflicht zur Eintragung in das Handelsregister bejaht und ergänzend ausgeführt, diese Pflicht werde nicht dadurch überflüssig, daß das Unternehmen aufgrund des Milch- und Fettgesetzes der öffentlichen Kontrolle unterliege.

Das *LG Aachen* (14. 7. 1964, BB 1965 S. 517) hat entgegen der Auffassung des *AG Aachen* ein Milch- und Kolonialwarengeschäft vor allem deswegen für eintragungspflichtig erklärt, weil der erzielte Jahresumsatz von rund 449 000 DM erheblich über dem Durchschnitt branchengleicher Geschäfte liege. Zudem gegen die Eintragungspflicht unter anderem herangezogenen Argument der Vorinstanz, der Geschäftsinhaber habe bei dem persönlichen Erscheinen vor Gericht nicht den Eindruck eines versierten Kaufmannes hinterlassen, hat das Landgericht ausgeführt: „Gerade durch diesen Umstand wird verdeutlicht, daß in Anbetracht des erheblichen Geschäftsumfanges Vorsorge zu treffen ist, um die Übersichtlichkeit und Ordnung des Betriebes zum Nutzen des Unternehmens wie auch der mit ihm im Geschäftsverkehr auftretenden Personen wie Lieferanten, Angestellten und Kunden zu gewährleisten."

Nach der Auffassung des *OLG Celle* (16. 11. 1962, BB 1963 S. 324, I 2 = NJW 1963 S. 540 f.) ist der Pächter einer Bundeswehr-Kantine mit einem Jahresumsatz von 500 000 DM nicht Vollkaufmann, wenn der Lieferantenkreis klein ist und der Abnehmerkreis ausschließlich aus Angehörigen einer kasernierten Truppe besteht und weder Kredite gewährt noch in Anspruch genommen werden.

Anderer Meinung ist das *OLG Oldenburg i. O.* (23. 4. 1969, BB-Beilage 10 zu Heft 34/1969, I 5 mit Anmerkung von *Frey*); es hat die Notwendigkeit einer kaufmännischen Einrichtung für eine Bundeswehrkantine mit einem Umsatz von ebenfalls rund 500 000 DM und einem Anlage- und Betriebsvermögen von 50 000 bis 60 000 DM bejaht, vor allem im Hinblick auf die Vielfalt der vertriebenen Erzeugnisse (Lebensmittel, Genußmittel, Zeitschriften, Papierwaren, Kurzwaren, Waschmittel, kosmetische Artikel usw.), „die zum Beispiel für den Wareneinkauf ein gewisses, über das Mindestmaß hinausgehendes Dispositionsgeschick, für den Personaleinsatz, Warenabsatz und die sonstigen Geschäftsabläufe mehr an kaufmännischen Fähigkeiten, als solche bei den typischen Kleingewerbetreibenden nötig sind", erforderten.

Gerichtsentscheidungen zu Eintragungen im Handelsregister

Das *LG Flensburg* (13. 6. 1961, BB 1961 S. 1025 f.) hatte die Frage zu prüfen, ob ein Maurermeister, der ein Baugeschäft mit Baumaterialienhandlung, ein Kohlenhandelsgeschäft sowie eine Tankstelle betreibt, seine Firma zur Eintragung in das Handelsregister anmelden muß. Das Gericht hat ausgeführt, das Unternehmen sei in seiner Ganzheit der Beurteilung zugrunde zu legen, eine getrennte Betrachtung der einzelnen Zweige des Unternehmens, des Baugeschäftes, der Baumaterialienhandlung, des Kohlenhandels und der Tankstelle, sei nicht zulässig. Gerade die Vielfältigkeit der einzelnen Zweige dieses Unternehmens lasse desto mehr das Erfordernis eines in kaufmännischer Weise eingerichteten Geschäftsbetriebes hervortreten, da die Geschäftsverhältnisse entsprechend komplizierter und mithin ordnungsbedürftiger seien als bei einem gleichförmigen Betrieb. Auch der Handwerksbetrieb dürfe aus der Betrachtung nicht herausgenommen werden. Ob die einzelnen Zweige des Unternehmens gleichwertig nebeneinander stehen oder nicht, sei unerheblich.

Ebenso hat das *LG Darmstadt* (7. 4. 1964, BB 1964 S. 1195) die Eintragungspflicht eines Mischbetriebes (Maurergeschäft mit Baumaterialienhandel) bejaht, der zuletzt einen Jahresumsatz von rund 500 000 DM erzielte, ein Anlagevermögen von rund 55 000 DM und ein Umlaufvermögen von rund 141 000 DM hatte und 15 Personen beschäftigte; für größere Anschaffungen (Lkw, Kran) wurde Bankkredit in Anspruch genommen; man arbeitete im wesentlichen mit 10 Lieferanten und für 60 bis 70 Kunden; Wechselgeschäfte wurden nicht vorgenommen.

Ein Steinmetzunternehmen, das einen Steinbruch betrieb und die gewonnenen Steine zu Baumaterial (Fensterbänke, Türeinrahmungen usw.) verarbeitete, wurde vom *LG Hannover* (23. 4. 1969, BB-Beilage 10 zu Heft 34/1969, I 7) für eintragungspflichtig gehalten; sowohl der sich aus zahlreichen Einzelgeschäften ergebende Jahresumsatz von rund 512 000 DM, als auch die Höhe des Eigenkapitals (rund DM 250 000), des Anlagevermögens (rund DM 130 000) und der Bilanzsumme (rund DM 320 000), als auch die Zahl der Mitarbeiter (3 Inhaber, 20 Arbeitnehmer) sprächen für eine Eintragungspflicht.

Das *OLG Celle* (20. 9. 1973, BB-Beilage 12 zu Heft 29/1975, 19) hat trotz eines Jahresumsatzes von DM 560 000,— im Jahre 1972 die Vollkaufmannseigenschaft eines Zimmermeisters verneint, weil die geschäftliche Tätigkeit einfacher und überschaulicher Natur, insbesondere der Kreis der Lieferanten und Kunden begrenzt ist. Dabei wird es als unerheblich angesehen, daß eine aus steuerlichen Gründen erforderliche Finanzbuchhaltung durch einen Steuerbevollmächtigten durchgeführt wird. Von einem Handwerker könne nur dann erwartet werden, daß er sich den strengen Anforderungen der handelsgesetzlichen Vorschriften für Vollkaufleute unterwerfe, wenn er tatsächlich einen Betrieb habe, der die Beschäftigung kaufmännisch geschulten Personals erfordere, nicht aber, wenn er auch bei Eintragung ins Handelsregister seinen Betrieb in der bisher ausreichenden einfacheren Art weiterführen würde. Im konkreten Fall resultiere der relativ hohe Umsatz aus der Größe der einzelnen Objekte, weniger aus einer

Anhang II

großen Zahl von Projekten. Die Beschäftigung von 5 Fachkräften erfordere die Anwendung nur eines Tarifs, so daß auch insoweit die anfallenden Vorgänge gleichförmig seien. Abschließend führt das Gericht aus:
„Die Eintragung in das Handelsregister hat nicht nur Schutzfunktionen – insbesondere für die Geschäftspartner . . . –, sondern bringt für den nicht kaufmännisch Ausgebildeten auch Gefahren mit sich, die einem Handwerker nur dann überbürdet werden dürfen, wenn die Gestaltung seines Betriebes dieses unbedingt erfordert . . . andererseits bedarf der Betrieb auch nicht der Vorteile, die mit der Eintragung im Handelsregister verbunden sind (Recht zur Firmenführung, zur Einrichtung von Zweigniederlassungen, zur Prokuraerteilung und zur Gründung von Handelsgesellschaften)."

Nach einer Entscheidung des *LG Verden* (24. 9. 1969 – 1 T 177/69; nicht veröffentlicht) ist die Vollkaufmannseigenschaft eines Malerbetriebes mit Ladengeschäft für Tapeten, Fußbodenbeläge, Kunststoffartikel, Farben und Lacke bejaht worden bei einem Umsatz von rund 280 000 DM; Wechsel- und Kreditverpflichtungen bestanden.

Das *AG Melsungen* (30. 5. 1961, BB 1961 S. 1025 unter 1 a) hat die Eintragungspflicht eines selbständigen Textilkaufmannes bejaht, der ein Ladengeschäft mit zwei Angestellten und außerdem einen Textilhandel im Umherziehen (als Reisegewerbe; § 55 GewO in der Fassung vom 5. 2. 1960) betrieb. Er erzielte einen jährlichen Umsatz von 182 000 DM, hielt ein Warenlager im Werte von 63 000 DM und gewährte seinen Kunden im Jahre Kredite in Höhe von insgesamt 5 000 DM.

Das *LG Aurich* (19. 1. 1972, BB-Beilage 12 zu Heft 29/1975, I 5) hat die Notwendigkeit einer vollkaufmännischen Einrichtung eines Versteigerers bejaht, der einen Jahresumsatz von DM 253 000 und einen Ertrag von rd. DM 100 000 erzielt hat und 4 Personen beschäftigt.

Das *LG Verden* (20. 1. 1961 – 1 T 390/60; nicht veröffentlicht) hat ein Elektro-, Rundfunk- und Fernseheinzelhandelsgeschäft mit Reparaturabteilung für eintragungspflichtig gehalten, weil das Warensortiment umfangreich und die Geschäfte einschließlich Reparaturabteilung vielgestaltig seien, der Jahresumsatz über 100 000 DM liege, Kredite in Anspruch genommen und Teilzahlungsgeschäfte abgeschlossen werden.

Dagegen hat dasselbe Gericht, allerdings aufgrund der Verhältnisse etwa 10 Jahre später (14. 6. 1972, BB-Beilage 12 zu Heft 29/1975, I 7), die Eintragungspflicht eines Elektroinstallationsgeschäftes mit Einzelhandel verneint, das 1969 einen Jahresumsatz von DM 363 000 und 1970 von DM 428 000 erzielt hat. Davon fielen etwa 25% auf den Einzelhandel, 75% auf Reparaturen. Das Anlagevermögen wurde mit DM 128 500, das Warenlager mit DM 34 000 bewertet, das Eigenkapital mit DM 44 000 angegeben. Neben dem Geschäftsinhaber und seiner Ehefrau waren 4 Gesellen und 2 Lehrlinge beschäftigt. Kundenforderungen von DM 20 000 standen Lieferverbindlichkeiten von DM 30 000 gegenüber. Allerdings wurde nicht mit Wechseln gearbeitet, Kredite wur-

Gerichtsentscheidungen zu Eintragungen im Handelsregister

den nicht in Anspruch genommen. Zur an sich ansehnlichen Umsatzhöhe hat das Gericht geltend gemacht, daß angesichts der in dieser Branche relativ hohen Materialkosten einem hohen Umsatz relativ wenig Geschäftsvorfälle zugrundeliegen.

Bei ähnlichen Größenverhältnissen (Umsatz DM 420 000, Inhaber, 3 Gesellen, 2 Hilfsarbeiter, 13 Lieferanten für die Werkstatt und 9 Lieferanten für Handelsware, keine Wechselverpflichtungen) hat das *Landgericht Hechingen* die Eintragungspflicht bejaht (8. 5. 1973, BB-Beilage 12 zu Heft 29/1975, I 8), nicht zuletzt angesichts der komplizierten geschäftlichen Verhältnisse in Mischbetrieben, die eine Vielzahl von Leistungen erbringen und die Abrechnung von Material und Arbeitszeit erfordern.

Das *OLG Stuttgart* hat jedoch diesen Beschluß aufgehoben und den Standpunkt eingenommen, daß die Gesamtwürdigung der vorhandenen Merkmale nicht die Notwendigkeit einer vollkaufmännischen Einrichtung ergebe (15. 10. 1973 – 8 W 169/73).

Das *OLG Celle* wiederum hat sich bei vergleichbaren Geschäftsverhältnissen für die Vollkaufmannseigenschaft eines Elektroinstallationsgeschäftes entschieden (20. 9. 1973 – 9 W x 6/73). Dessen Umsatz lag 1971 bei rund DM 400 000; davon entfielen etwa 70% auf das Handwerk, 30% auf den Handel mit Elektrogeräten. Die Kundenforderungen von durchschnittlich DM 10 000 pro Monat entfielen auf etwa 80 Kunden; Lieferantenverbindlichkeiten von DM 30 000 betrafen zehn Lieferanten. Ein Überziehungskredit von rund DM 30 000 wurde in Anspruch genommen, Wechselgeschäfte wurden nicht getätigt. In dem Betrieb waren der Inhaber, seine Ehefrau, 3 Gesellen und 3 Lehrlinge, ferner eine stundenweise tätige Bürokraft beschäftigt.

Das *AG Aschaffenburg* (28. 12. 1964, BB 1965 S. 518) hat bei einem Elektrogeräte-Einzelhandelsgeschäft ein vollkaufmännisches Gewerbe deshalb angenommen, weil sich hier der Umsatz (257 000 DM und 230 000 DM in den Jahren 1962 und 1963) zum Teil aus kleinen Einzelposten zusammengesetzt habe; bei einem Warenbestand von etwa 32 000 DM sei daher eine ordnungsgemäße Vorratshaltung nur möglich, wenn die Ein- und Ausgänge der Waren durch eine Lagerbuchhaltung überwacht würden.

Nach einem **Beschluß** des *LG Oldenburg i. O.* (29. 5. 1968, BB-Beilage 10 zu Heft 34/1969, I 6) ist ein Schuheinzelhändler, der zugleich eine Reparaturwerkstatt betreibt, Vollkaufmann, sofern – wie im vorliegenden Fall – ein alle gängigen Schuharten umfassendes Warensortiment, das besondere kaufmännische Fähigkeiten bezüglich der Disposition beim Wareneinkauf erfordere, unterhalten werde, auch wenn der Jahresumsatz nur rund 100 000 DM betrage.

Das *LG Verden* (30. 10. 1968 – 2 T 302/68; nicht veröffentlicht) hat die Handelsregisterpflicht eines Landmaschinenhandels- und -reparaturbetriebes verneint, der nur über einen kleinen, fest abgegrenzten Kundenkreis in einer kleinen Landstadt verfügt.

Anhang II.

Dasselbe Gericht (30. 10. 1968 – 2 T 301/68; nicht veröffentlicht) hat dagegen die Eintragungspflicht einer Autoreparaturwerkstätte mit Autohandel und Tankstelle bejaht; verkauft wurden im Jahre 60 Fahrzeuge und 80 000 Liter Benzin. Ins Gewicht fällt nach der Meinung des Gerichts, daß fast jeder Verkauf eines Kraftwagens den Ankauf eines Gebrauchtwagens bedinge, was genaue geschäftliche Aufzeichnungen erfordere.

Nach einer Entscheidung ebenfalls des *LG Verden* (1. 6. 1964, BB 1965 S. 518) ist ein aus einer Autosattlerei, einer Tankstellenagentur, einer Autoreparatur und einer Autoverkaufsvermittlung bestehender Mischbetrieb mit einem Gesamtjahresumsatz von rund 234 000 DM eintragungspflichtig angesichts der Vielgestaltigkeit der Geschäfte, des damit verbundenen ständigen Wechsels des Lagerbestandes und der Notwendigkeit der Überwachung der Außenstände.

Auch das *LG Oldenburg i. O.* hat durch einen Beschluß vom 20. 12. 1961 (BB 1962 S. 386 unter 1 a) unter ähnlichen Voraussetzungen die Eintragungspflicht einer Fahrradhandlung mit Reperaturabteilung bejaht; die Umsätze betrugen in diesem Fall 216 000 DM, das Betriebskapital 47 000 DM, die Lohnkosten 15 000 DM; an Bankkredit wurden in einem Jahr 7 000 DM in Anspruch genommen, mit 400 Kunden wurden selbstfinanzierte Abzahlungsgeschäfte geschlossen, 8 000 DM gingen in Form von Wechseln ein und in 10 bis 15 Fällen wurden gerichtliche Mahnverfahren eingeleitet.

Zur Ablehnung der Eintragungsfähigkeit eines Tankstellenbetriebes gelangte das *OLG Karlsruhe* (17. 2. 1970, BB-Beilage 9 zu Heft 30/1971, I 1) da die geschäftlichen Vorgänge trotz eines Jahresumsatzes von rd. DM 300 000 einfacher Art seien. Im Verhältnis zu den Lieferanten würde der Geschäftsgang aus relativ einfachen Provisionsabrechnungen, im Verhältnis zu den Kunden fast ausschließlich aus Barkäufen bestehen. Soweit das Unternehmen über den Tankstellenbetrieb hinaus eigene Geschäfte abschließe, handle es sich um gelegentliche Tätigkeiten, die nicht den Schwerpunkt der wirtschaftlichen Betätigung ausmachten.

Nach einer Entscheidung des *LG Münster* (24. 4. 1980 – 7 d T 8/79; nicht veröffentlicht) ist eine Apotheke mit Jahresumsätzen von DM 628 790,— im Jahre 1975 und von 644 736,— im Jahre 1976 – auch bei nur vier Beschäftigten und trotz Fehlen von Kredit- und Wechselgeschäften – als vollkaufmännischer Betrieb in das Handelsregister einzutragen. Denn – so die Begründung – in einer Apotheke werden nicht nur einfache Bargeschäfte getätigt, vielmehr ist die nicht ganz einfache monatliche Abrechnung mit mehreren Krankenkassen vorzunehmen; auch ist die umfangreiche und vielseitige Vorratshaltung (8000 bis 15 000 verschiedenen Positionen), die eine nach kaufmännischen Gesichtspunkten geführte Organisation des Warenlagers erfordert, sowie die besondere Art der Preisbildung aufgrund der deutschen Arzneimitteltaxe als Indiz für ein vollkaufmännisches Gewerbe anzusehen.

Das *AG Oldenburg i. O.* (23. 2. 1962, BB 1963 S. 324 unter I 4) hat im Hinblick auf die monatliche Krankenkassenabrechnung einen Optikermeister, der zwei

Gerichtsentscheidungen zu Eintragungen im Handelsregister

bis drei gelernte Gehilfen beschäftigt und einen Jahresumsatz über DM 150 000 erzielt, für eintragungspflichtig gehalten.

Der gegenteiligen Meinung ist das *OLG Karlsruhe* (27. 8. 1962, BB 1963 S. 324 unter I 3) bei einem Süßwarengroßhändler mit einem Jahresumsatz von rund 180 000 DM und mit achtzig festen, im allgemeinen nur gegen Barzahlung belieferten Kunden.

Das *LG Ravensburg* (11. 7. 1969, BB-Beilage 9 zu Heft 30/1971, I 2) hat eine chem. Reinigung für nicht eintragungsfähig angesehen, die einen durchschnittlichen Jahresumsatz von rd. DM 100 000 erreicht. Die Arbeitsweise – mit einer vollautomatischen Reinigungsmaschine – sei denkbar einfach, der Kapitalaufwand gering; die Unterhaltung nur einer Bankverbindung sei ausreichend, zumal ganz überwiegend Bargeschäfte „über den Ladentisch" getätigt würden. Wenn dennoch buchhalterische Arbeiten vom Steuerberater erledigt würden, so nicht aus kaufmännischen, sondern aus steuerlichen Gründen.

Die Eintragungspflicht eines Buchmachers (Vermittler von Rennwetten) hat das *AG Hamburg* (1. 2. 1968, BB-Beilage 9 zu Heft 30/1971, I 3) bejaht. Die gewerbliche Tätigkeit ergebe sich aus § 2 des Rennwettgesetzes vom 8. 4. 1922. Im Gegensatz zu früher werde das Buchmachergewerbe heute vielfach in Form eines Wettbüros, manchmal mit mehreren Filialen und mit mehreren Angestellten betrieben. Zu den üblichen geschäftlichen und finanziellen Maßnahmen käme eine oft nicht kleine Korrespondenz mit Behörden, Banken und Sparkassen. Im konkreten Fall hat das Gericht daher – bei einem Jahresumsatz von rd. DM 400 000,— die Vollkaufmannseigenschaft bejaht.

Nach einem Beschluß des *LG Lüneburg* (13. 2. 1978 – 7 T 5/77; nicht veröffentlicht) ist die Eintragungspflicht eines selbständig tätigen Bezirksleiters einer staatlichen Fußball-Toto- und Zahlenlotto GmbH aufgrund der Tatsache zu bejahen, daß ihm 140 Annahmestellen in einem Gebiet von über 5000 qkm unterstehen, woraus sich „vielfältig verzweigte Aufgaben" ergeben und „erhebliche Provisionseinnahmen" anfallen.

Anhang III

Leitsätze des Deutschen Industrie- und Handelstags in Firmenbezeichnungsfragen

(Der Deutsche Industrie- und Handelstag stellt aufgrund der Gutachterpraxis und der Erfahrungen der Industrie- und Handelskammern Leitsätze in Firmenbezeichnungsfragen auf. Diese Leitsätze sollen eine Orientierungshilfe bei der Beurteilung firmenrechtlicher Tatbestände sein, aber auch eine kontinuierliche und einheitliche Rechtsprechung auf firmenrechtlichem Gebiet fördern. Einige der wichtigsten dieser Leitsätze sind hier – teilweise in etwas gekürzter Form – abgedruckt. Die angefügten Rechtsprechungs- und Schrifttumshinweise sind Bestandteile des betreffenden Leitsatzes, daher nicht auf den neuesten Stand fortgeschrieben. Ergänzende Fundstellen sind jedoch unter der jeweiligen Randnummer aufgeführt.)

„Anstalt" und „Institut"
Siehe unter Randnr. 351. BB 1949 S. 654

Diese Bezeichnungen erfreuen sich, ähnlich wie „Dienst" und „Stelle" deshalb allgemeiner Beliebtheit, weil sie einen wenn auch schwachen Schein eines öffentlichen oder unter öffentlicher Aufsicht stehenden Betriebes bieten. Gerade dieser Eindruck muß aber vermieden werden. Die Bezeichnungen sind daher für gewerbliche Unternehmen nur dann zulässig, wenn entsprechende aufklärende Zusätze (z. B. „Beerdigungsinstitut", „Institut für Schönheitspflege") oder Inhaberbezeichnungen (z. B. „Alfred-Mayer-Institut für Schädlingsbekämpfung") zur Charakterisierung der Betriebsart geführt werden. Zu berücksichtigen sind örtliche Besonderheiten. Bei Gemeinden mit öffentlichen wissenschaftlichen Anstalten und Einrichtungen (Universitäten, Kliniken usw.) wird zur Vermeidung von Irreführungen allgemein ein strengerer Maßstab als sonst üblich anzulegen sein.

„Bank"
Siehe unter Randnrn. 356 und 388. BB 1966 S. 1370

Die firmenrechtliche Zulässigkeit von Bezeichnungen, die auf den Betrieb von Bankgeschäften hinweisen, setzt in jedem Falle voraus, daß das Unternehmen sich mit Bankgeschäften i. S. des Gesetzes über das Kreditwesen (KWG) befaßt und dafür die gesetzlich erforderliche Erlaubnis besitzt.

Unter dieser Voraussetzung ist die Bezeichnung ‚Bankgeschäft' immer, d. h. ohne Rücksicht auf einen Mindest- oder Höchstbetrag des haftenden Eigenkapitals i. S. von § 10 KWG zulässig. Die Bezeichnungen ‚Bankhaus' und insbesondere ‚Bank' lassen dagegen erwarten, daß das Unternehmen nicht nur

Leitsätze zu Firmenbezeichnungsfragen

seiner Art nach bestimmte Geschäfte – Bankgeschäfte – betreibt, sondern auch seinem Umfang nach eine gewisse, nicht unbeträchtliche Größenordnung erreicht (§ 18 Abs. 2 HGB). In Übereinstimmung mit der zwar nicht ausnahmslos, aber gegenwärtig doch weithin geübten Handhabung, besonders auch mit der Zulassungspraxis des Bundesaufsichtsamtes für das Kreditwesen, setzt die Zulässigkeit der Bezeichnungen ‚Bankhaus' und ‚Bank' bei G e s c h ä f t s b a n k e n voraus, daß die Unternehmen folgende Mindestanforderungen erfüllen:

Ein ‚B a n k h a u s' sollte mindestens über ein ständig haftendes Eigenkapital i. S. von § 10 KWG von mehr als DM 1 Mio. verfügen. Bei Neugründungen muß wegen der erfahrungsgemäß nicht selten eintretenden Anlaufverluste ein Anfangskapital von DM 1,5 Mio. erwartet werden.

Bei einer ‚Bank' erhöhen sich diese Beträge auf DM 2 Mio. bzw. DM 3 Mio. Diese Mindestanforderungen an die Kapitalausstattung von Geschäftsbanken mit den vorgenannten Bezeichnungen werden z. T. noch als zu niedrig angesehen.

(Nach der neueren Praxis des Bundesaufsichtsamtes für das Kreditwesen wird bei der Erteilung einer Vollkonzession – sie ist die Voraussetzung für die Verwendung der Bezeichnung „Bank" – ein Mindestanfangskapital von DM 6 Millionen gefordert. Bei Teilkonzessionen, die das Betreiben des Einlagegeschäftes nicht miteinschließen, werden geringere Beträge als Anfangskapital gefordert; bei der Erteilung von Teilkonzessionen darf sich ein Bank-Unternehmen aber nicht schlechthin als „Bank" bezeichnen, sondern aus dem Firmennamen muß die Art der Beschränkung ersichtlich sein (z. B. „Teilzahlungsbank", „Kreditbank", „Finanzierungsbank").

Die strenge Einhaltung dieser Mindestanforderungen könnte jedoch unter den zur Zeit gegebenen Verhältnissen einer Aushöhlung dieser Begriffe und damit der Ausweitung einer Täuschungsgefahr entgegenwirken. Der für die Beurteilung der Zulässigkeit eines Firmenzusatzes maßgebliche Gesamteindruck, den eine Firmenbezeichnung entstehen läßt, kann ebenso wie andere mitzuberücksichtigende Umstände des Einzelfalles zu der Forderung führen, daß die genannten Beiträge höher liegen.

K r e d i t g e n o s s e n s c h a f t e n bedienen sich, soweit sie nicht andere Bezeichnungen wählen (z. B. ‚...kasse'), der Bezeichnung ‚Bank' regelmäßig in Wortverbindungen wie Genossenschaftsbank, Volksbank, Raiffeisenbank, Gewerbebank, Landwirtschaftsbank oder sie verweisen in anderer Art auf ihren genossenschaftlichen Charakter, etwa durch Hinweis auf den Namen Schulze-Delitzsch. Nur mit solchen Wortverbindungen oder Zusätzen kann – wenn das genossenschaftliche Institut nicht den Geschäftsumfang und die Kapitalausstattung einer Geschäftsbank erreicht – die Gefahr einer Verwechslung mit Geschäftsbanken und damit eine Täuschungsgefahr (§ 18 Abs. 2 HGB) ausgeräumt werden. Die bei Genossenschaften übliche Abkürzung ‚eGmbH' reicht allein nicht aus, um auch dem flüchtigen Leser, auf den es rechtlich ankommt, einwandfrei klar zu machen, daß er es nicht mit einer Geschäftsbank, sondern mit einem genossenschaftlichen Kreditinstitut zu tun hat. In Übereinstimmung

Anhang III

mit der zwar nicht ausnahmslos, aber gegenwärtig doch weithin geübten Handhabung, besonders auch mit der Zulassungspraxis des Bundesaufsichtsamts für das Kreditwesen, setzt die Zulässigkeit dieser Wortverbindungen eine Bilanzsumme von mindestens DM 1 Mio. voraus. Im übrigen gilt auch hier das, was zuvor über höhere Erwartungen an die Kapitalausstattung der Geschäftsbanken und über die Bedeutung der Umstände des Einzelfalles gesagt worden ist. Die Anforderungen an die Höhe des haftenden Eigenkapitals stehen bei Kreditgenossenschaften erfahrungsgemäß in einem festen Verhältnis zur Bilanzsumme: Eigenkapital + Haftsummenzuschlag etwa = 6,3 % der Bilanzsumme. In erheblichem Umfange verwenden Kreditgenossenschaften Firmenbezeichnungen, worin der Bezeichnung ‚Bank' ein Ortszusatz vorangestellt ist. Abweichend von der firmenrechtlichen Aussagekraft sonstiger geographischer Zusätze deuten diese Wortverbindungen im genossenschaftlichen Kreditgeschäft regelmäßig auf eine räumliche Begrenzung des Betätigungsgebietes und – je nach dessen wirtschaftlicher Bedeutung – auch auf eine Begrenzung des Geschäftsumfanges hin. Sie sind daher geeignet, mögliche Täuschungen über den Geschäftsumfang auszuschließen. Der in diesen Wortverbindungen enthaltene Ortszusatz gibt in aller Regel auch den Kern eines satzungsmäßig begrenzten Wirkungsraumes an. Indessen sind an den Geschäftsumfang und an die Kapitalausstattung einer mit einem Ortszusatz firmierenden Kreditgenossenschaft erhöhte Anforderungen zu stellen. Es sollte mindestens eine Bilanzsumme von DM 3 Mio. nachgewiesen werden. Diese Summe muß – entsprechend der wirtschaftlichen Bedeutung des in der Wortverbindung genannten Wirkungsraumes – u. U. wesentlich höher liegen. Für die Zukunft sollten hier nur Ausnahmen gemacht werden, wenn das Institut zu den führenden privaten Kreditinstituten am Platz gehört und über ein haftendes Eigenkapital von DM 300 000,— i. S. von § 10 KWG verfügt.

Teilzahlungs-Kreditinstitute machen die besondere Art ihrer Tätigkeit durchweg in der Firmenbezeichnung kenntlich. Im Falle einer ausschließlichen oder überwiegenden Spezialisierung auf das Gebiet der Teilzahlungsfinanzierung ist das zur Vermeidung einer Täuschung über die Art des Unternehmens auch notwendig (z. B. ‚Teilzahlungs-Bank', ‚Bank für Kraftfahrzeug-Finanzierung' u. a.). In Übereinstimmung mit der zwar nicht ausnahmslos, aber gegenwärtig doch weithin geübten Handhabung, besonders auch mit der Zulassungspraxis des Bundesaufsichtsamtes für das Kreditwesen, setzt die Zulässigkeit solcher den Begriff ‚Bank' enthaltender Wortverbindungen für Teilzahlungs-Kreditinstitute den Nachweis eines ständigen haftenden Eigenkapitals i. S. von § 10 KWG in Höhe von mindestens DM 1 Mio. voraus.

„Einrichtungshaus"

Siehe unter Randnr. 361.

Ein „Einrichtungshaus" muß handelsregisterfähig sein und über ein reichhaltiges Sortiment (Möbel, Dekorationsstoffe, Teppiche, Bodenbelag, Beleuchtungskörper und Wohnschmuck wie z. Bilder, kunstgewerbliche Gebrauchsge-

Leitsätze zu Firmenbezeichnungsfragen

genstände und Plastiken sowie Gardinen) verfügen. Es sollen vornehmlich mittlere und bessere Qualitäten vorhanden sein. Die Möbel müssen mindestens zum Teil so aufgestellt sein, daß sie als fertige Wohnraumausstattung zu besichtigen sind. Zu fordern ist ferner ein höheres Niveau der Aufmachung und Werbung.

„Fabrik", „Fabrikation", „Werk(e)", „Industrie"
Siehe unter Randnrn. 362 und 390.

Diese Bezeichnung ist nur für einen industriellen, also nichthandwerklichen Herstellungsbetrieb zulässig (Oberlandesgericht Hamm, Beschlüse vom 9. 12. 1953, BB 1954 S. 74 Nr. 154 unter a; und vom 23. 9. 1954, NJW 1954 S. 1935 f.).

Unzulässig sind diese Bezeichnungen für Handelsgeschäfte, regelmäßig auch für reine Montagebetriebe. Das Wort „Fabrikation" steht im übrigen auch Kleingewerbetreibenden offen und darf als Firmenzusatz und als bloße Geschäftsbezeichnung verwendet werden.

Dagegen sind die Worte „Fabrik", „Werk(e)" und „Industrie" ihrer Natur nach Firmenzusätze und setzen in jedem Fall mindestens ein vollkaufmännisches Unternehmen voraus. Im allgemeinen kennzeichnen sie eine bestimmte Größenordnung. Ein Werk – grundsätzlich nur ein großindustrieller Betrieb – ist größer als eine Fabrik; Werke sind mehr als ein Werk; unter dem Wort „Industrie" versteht man die Einheit mehrerer Fabriken oder Werkbetriebe. Das Wort „Industrie" hat jedoch nicht immer diese Bedeutung, sondern ist, je nach dem Zusammenhang, in welchem es gebraucht wird, häufig mehr die Bezeichnung einer Gewerbeart als ein Firmenzusatz. Es gehört, wenn es in diesem Sinne gebraucht wird, überhaupt nicht in einen Firmenzusatz. Es ist dann jedenfalls nicht die Höchstgrenze der oben geschilderten Rangfolge.

Als Hauptmerkmal für die Unterscheidung der einzelnen Firmenzusätze gelten vornehmlich Höhe des Anlage- und Betriebsvermögens, Grad der maschinellen Ausrüstung und Leistungsfähigkeit, Art und Zahl des kaufmännischen und technischen Personals, Ausmaß der Betriebsräume sowie der Lagerhaltung, nicht zuletzt auch der Umfang der Geschäftstätigkeit.

Die Zulässigkeit des Firmenzusatzes „Fabrik" setzt ferner voraus, daß das Unternehmen seine Erzeugnisse mindestens zum wesentlichen Teil in eigenen, gepachteten oder gemieteten Werksanlagen herstellt. Dies gilt im Grundsatz auch für den Zusatz „Fabrikation". Es wird also in der Regel nicht genügen, wenn in einem Unternehmen, das den Zusatz „Fabrikation" führt, der Auftraggeber die Aufsicht über die Lohnherstellung innehat. Der Zulässigkeit des Zusatzes „Fabrikation" für Unternehmen, die Waren im Lohn herstellen lassen, steht oft auch die Erfahrung entgegen, daß die für das Unternehmen tätigen Heimarbeiter bei einer etwaigen räumlichen Zusammenfassung eher einen größeren Handwerksbetrieb als ein Fabrikunternehmen entstehen ließen.

Anhang III

Abweichend von den vorerwähnten Anforderungen an die Größe des Unternehmens deutet der Zusatz „Werk" bei Unternehmen der Holz-(Sägewerk), Erden- und Steinindustrie (Marmorwerk) nach der Verkehrsauffassung nicht unbedingt auf einen Betrieb vollkaufmännischen Umfanges hin. Das gleiche gilt mindestens in Teilen des Bundesgebietes (Baden-Württemberg, Westfalen) auch für die Bezeichnung „Hammerwerk". Bestehen bleibt aber auch hier der eingangs erwähnte Grundsatz, daß man in einem „Werk" eine industrielle, nicht aber eine handwerkliche Fertigung erwartet.

Vgl. Reichsgericht, GRUR 1937 S. 718; Kammergericht, Jahrbuch der Entscheidungen des Kammergerichtes 41 S. 109; Oberlandesgericht Celle, Beschluß vom 7. 12. 1951, BB 1952 S. 125 Nr. 305; Landgericht München, Urteil vom 26. 2. 1956, WRP 1957 S. 45; Oberlandesgericht Karlsruhe, Beschluß vom 11. 1. 1957, BB 1957 S. 165 Nr. 345.

Geographische Zusätze
Siehe unter Randnrn. 392 ff.. BB 1967 S. 1100.

Landes-, Landschafts-, Orts- und anderer geographische Bezeichnungen als Bestandteil des Namens für ein gewerbliches Unternehmen deuten immer auf das Bestehen eines vollkaufmännischen Betriebes und damit auf eine im Handelsregister eingetragene Firma hin. Solche Bezeichnungen werden in aller Regel nicht nur als Hinweis auf den Sitz, die Nationalität oder die Zugehörigkeit des Unternehmens zu dem betreffenden Gebiet verstanden. Sie deuten vielmehr auf eine besondere Beziehung zu diesem Gebiet in der Weise hin, daß das Unternehmen dort von maßgebender, mindestens aber von besonderer Bedeutung ist. Entsprechend der Größe und der Wirtschaftlichkeit des angegebenen geographischen Raumes sind geringe oder höhere Anforderungen an die Bedeutung des Unternehmens für dieses Gebiet zu stellen. Auch wenn eine stark spezifizierte oder eine neuartige gewerbliche Tätigkeit ausgeübt wird, für die in dem jeweiligen geographischen Raum keine ausreichenden Vergleichsmöglichkeiten mit ähnlichen Betrieben bestehen, muß diese Bedeutung in einem angemessenen Verhältnis zu Betrieben verwandter Wirtschaftszweige des Gebietes stehen und deshalb auch in einer entsprechenden Größenordnung zum Ausdruck kommen. Der Schutzcharakter des § 18 Abs. 2 HGB in Verbindung mit der erheblichen Werbewirkung geographischer Firmenzusätze verlangt nach der in dieser Frage gefestigten Rechtsprechung die Anlegung strenger Maßstäbe.

So bringt beispielsweise der Zusatz ‚deutsch' eine Beziehung zur gesamten deutschen Wirtschaft zum Ausdruck. Er enthält damit eine Aussage in dem Sinne, daß das betreffende Unternehmen bei erheblichem Geschäftsumfang sowohl in seinem eigenen Wirtschaftszweig als auch innerhalb der deutschen Wirtschaft schlechthin eine Sonderstellung einnimmt. Der Zusatz ‚deutsch' kann seine Rechtfertigung auch daraus herleiten, daß er zur Kennzeichnung der in Deutschland ansässigen Tochtergesellschaft eines gleichnamigen ausländischen Unternehmens dient, dessen Firma in Deutschland Verkehrsgeltung genießt.

Leitsätze zu Firmenbezeichnungsfragen

Diese Grundsätze gelten auch für geographische Zusätze wie ‚europäisch', ‚Europa', ‚euro(p)-' und ähnliche auf Europa hindeutende Bezeichnungen. Hier wie auch bei anderen Begriffen, die wie z. B. das Wort ‚International' (‚Inter-' u. ä.) auf eine Bedeutung im internationalen Geschäftsverkehr hinweisen, reicht eine Betätigung im europäischen oder im internationalen Wirtschaftsverkehr, wie sie für jedes Außenhandelsgeschäft selbstverständlich ist, zur Rechtfertigung solcher Zusätze nicht aus. Der Verkehr erwartet vielmehr eine überdurchschnittliche Bedeutung im europäischen oder im internationalen Raum, die sich in der Regel in einem weit verzweigten Netz von Niederlassungen oder anderen Stützpunkten in dem betreffenden Gebiet zu zeigen hat. Die Bezeichnung ‚europäisch' erweckt zumeist bestimmtere Vorstellungen über die Bedeutung des Unternehmens als die Bezeichnung ‚international'. Es ist zu beachten, daß die erwähnten mit ‚Europa' usw. gebildeten Bezeichnungen auch auf eine besondere Beziehung zu den Dienststellen oder anderen Einrichtungen der Europäischen Wirtschaftsgemeinschaft oder auch auf leistungsfördernde Ergebnisse einer europäischen wirtschaftlichen Zusammenarbeit hindeuten können.

Rechtsprechungshinweise:
LG Wiesbaden, 9. 4. 1953 („Europa"), BB 1953 S. 717; *LG Bochum*, 17. 3. 1954 („... ische"), BB 1954 S. 784; *OLG Oldenburg i. O.*, 10. 12. 1956 („Westland"), BB 1957 S. 946; *LG Düsseldorf*, 10. 7. 1958 („Rhein-Werbung"), Aktenzeichen: 18 T 7/58/II; *Bayerisches Oberstes Landesgericht*, 9. 9. 1958 („deutsch"), BB 1958 S. 1001 = NJW 1959 S. 47; *LG Bielefeld*, 15. 11. 1958 („Nordwestdeutsch"), BB 1959 S. 898; *LG Berlin*, 10. 2. 1959 („Berliner Werkstätten"), BB 1959 S. 898; *LG Flensburg*, 24. 2. 1959 („Schleswig-Holstein"), Aktenzeichen: 7 T 1/59; *LG Würzburg*, 29. 11. 1959 („Nähmaschinenvertrieb Franken"), BB 1960 S. 958 f.; *OLG Stuttgart*, 20. 5. 1960 („Deutsches Lehrmittel-Institut"), BB 1961 S. 500; *AG Löningen*, 19. 4. 1961 („Nordwest"), BB 1961 S. 1026; *LG Ellwangen/Jagst*, 4. 12. 1961 („Süddeutsche Frottierwarenfabrik"), BB 1962 S. 388; *LG Osnabrück*, 15. 2. 1962 („Emsland, emsländisch"), BB 1962 S. 387; *LG OLdenburg i. O.*, 6. 11. 1961; *OLG Oldenburg i. O.*, 22. 2. 1962 („Oldenburger Klinkerwerke"), BB 1962 S. 386, 387; *Bundespatentgericht*, 11. 10. 1962 („Euromilk"), GRUR 1963 S. 196; *KG Berlin*, 8. 7. 1963 („Möbelhof Spandau"), BB 1963 S. 1397; *BGH*, 29. 11. 1963 („Kiesbaggerei Rinteln"), BB 1964 S. 240 = NJW 1964 S. 819 = WRP 1964 S. 131; *LG Karlsruhe*, 29. 7. 1963, *OLG Karlsruhe*, 21. 1. 1964 („Deutsche Impuls"), BB 1963 S. 1397 f., 1964 S. 572; *OLG Oldenburg i. O.*, 25. 2. 1964 („Oldenburger Gebrauchtwagenhalle"), BB 1964 S. 573; *Bundespatentgericht*, 26. 5. 1964 („Euro-Warenzeichen"), WRP 1964 S. 382; *LG Stuttgart*, 16. 7. 1964, *OLG Stuttgart*, 24. 8. 1964 („Gablenberger [Stadtteil] Fahrschule"), BB 1964 S. 1145; *LG Oldenburg i. O.*, 28. 7. 1964 („Discount-Haus Brake"), BB 1964 S. 1145; *AG Essen*, 3. 11. 1964 und 9. 12. 1964 („International NN KG"), Aktenzeichen: 57 AR 271/64; *AG Berlin-Charlottenburg*, 29. 12. 1964 („Deutsche evangelische Versandbuchhandlung"), BB 1965 S. 519 f.; 29. 1. 1965 („Fleischbearbeitung Wedding"), BB 1965 S. 805; *AG Leonberg*, 2. 2. 1965 („Transuniversum"), Aktenzeichen: GR 1597/64; *LG Siegen*, 16. 2. 1965 („Internationale Handelsgesellschaft mbH"), BB 1966 S. 1246; *Bundespatentgericht*, 25. 3. 1965 („Euro"-Warenzeichen für pharmazeutische Erzeugnisse), BPatGE 8 S. 55 = BB 1966

Anhang III

S. 515; *OLG Frankfurt a. M.*, 30. 3. 1965 („Autohaus X-Stadt"), BB 1966 S. 1242; *Bayerisches Oberstes Landesgericht*, 2. 4. 1965 („Auto-Vermietung N. N. international GmbH"), BB 1966 S. 1246; *AG Braunschweig*, 12. 7. 1965, Aktenzeichen: 36 AR 41/65; *LG Braunschweig*, 18. 8. 1965 („Elektrobau Braunschweig"), BB 1966 S. 1249; *AG Duisburg*, 25. 8. 1965 („Eurocat") BB 1966 S. 1247; *AG Ansbach*, 29. 10. 1965 („Fränkische Immobilien"), BB 1966 S. 1248; *LG Mannheim*, 25. 11. 1965 („Deutsche Tankschutz GmbH & Co. KG"), BB 1966 S. 1247; *AG Wilhelmshaven*, 14. 12. 1965 („Nordsee Wollspinnerei"), BB 1966 S. 1247; *AG Oldenburg i. O.*, 21. 4. 1965, Aktenzeichen: 3 AR 93/64; *LG Oldenburg i. O.*, 17. 12. 1965 („Oldenburger Versand-Lohnschlachterei"), BB 1966 S. 1249; *AG Gütersloh*, 21. 12. 1965 („Weltmode GmbH"), BB 1968 S. 1246; *LG Arnsberg*, 18. 4. 1966, Aktenzeichen: 8 T 365/65; *OLG Hamm*, 12. 7. 1966 („Sauerland-Immobilien"), BB 1968 S. 1248; *LG Berlin*, 12. 7. 1966 („Fahrschule Berlin"), *BB 1966 S. 1248; Bayerisches Oberstes Landesgericht*, 26. 7. 1966 („International"), Aktenzeichen: BReg. 2 Z 27/66.

„Haus"

Siehe unter Randnr. 401. BB 1969 S. 418.

Verwendet ein Unternehmen des Einzelhandels den Firmenbestandteil „Haus", so erwartet der Verkehr ein vollkaufmännisches Geschäft, das – mögen auch graduelle Unterschiede in den einzelnen Zweigen des Einzelhandels bestehen – nach Sortimentsbreite, dem sich daraus ergebenden Umfang der Verkaufsfläche und dadurch auch mittelbar hinsichtlich seiner aus dem Umsatz abzuleitenden Größe über den Durchschnitt der örtlichen Wettbewerber hinausragt. Weiter werden – soweit die Selbstbedienung dahingehende Vorstellungen nicht ausschließt – ein fachlich besonders geschultes Verkaufspersonal sowie je nach Eigenart des Einzelhandelszweiges eine überdurchschnittliche, zum Teil repräsentative äußere Aufmachung erwartet. Ausnahmsweise werden keine besonderen Erwartungen an Unternehmen geknüpft, die die Bezeichnung „Blumenhaus" oder „Zigarrenhaus" führen. Diese Wortverbindungen haben sich seit langem zu Kennzeichnungen von Geschäften entwickelt, die schon vom sortimentsbedingten Raumbedarf her keine großen Verkaufsflächen benötigen. Das gleiche gilt für die Bezeichnungen „Reformhaus" und „Kräuterhaus". Sie besagen nichts über die Größe, Bedeutung oder äußerliche Aufmachung des Unternehmens.

Anmerkung:
Diesem Leitsatz liegen in allen Teilen des Bundesgebietes durchgeführte Umfragen der Industrie- und Handelskammern bei gewerblichen und privaten Verbrauchern sowie 10 Einzelhandelszweigen zugrunde, in denen die Bezeichnung „Haus" praktisch von Bedeutung ist. Die Befragung hat ergeben, daß diejenigen Verkehrskreise, die als Gewerbetreibende mit Unternehmen des Einzelhandels in Geschäftsverbindung stehen oder als Verbraucher dort einkaufen, von einem als „Haus" bezeichneten Geschäft zwar nicht mehr wie früher eine hervorragende und örtlich führende Bedeutung erwarten. Das hat aber offensichtlich nicht dazu geführt, daß über den vollkaufmännischen Umfang hinaus

Leitsätze zu Firmenbezeichnungsfragen

keinerlei Anforderungen mehr gestellt werden. Die Entwicklung der letzten Jahre, gekennzeichnet durch eine Tendenz zur Konzentration im Einzelhandel und zur Ausweitung der Sortimente, hat eine Verminderung der Zahl kleinerer Geschäfte und eine Vermehrung von Unternehmen einer Art und Größe zur Folge gehabt, die die Bezeichnung „Haus" rechtfertigten, ohne daß ein solches Geschäft eine Spitzenstellung einnehmen muß.

Rechtsprechungs- und Schrifttumshinweise:
OLG Oldenburg i. O., 15. 4. 1953, BB 1953 S. 716 (Bekleidungshaus); DIHT-Umfrage „Schuhhaus", BB 1953 S. 717; *OLG Hamm,* 29. 6. 1954, BB 1954 S. 784 (Elektrohaus); *OLG Karlsruhe,* 11. 9. 1954, BB 1954 S. 784 (Bettenhaus); IHK Ludwigshafen, BB 1956 S. 640 (Einrichtungshaus); *OLG Nürnberg,* 10. 7. 1958, BB 1959 S. 251 (Zoohaus); *LG Wuppertal,* 21. 7. 1959, BB 1960 S. 958 (Einrichtungshaus); *LG Gießen,* 7. 9. 1959, BB 1960 S. 958 (Kaufhaus); *LG Siegen,* 6. 10. 1959, BB 1960 S. 958 (Haus der Hüte); IHK München, 11. 3. 1960, BB 1960 S. 958 mit Anmerkung von *Lederle* (Blumenhaus); *LG Göttingen,* 17. 2. 1961, BB 1961 S. 501 (Spezialbettenhaus); *AG Charlottenburg,* 25. 4. 1961 – 91 II 16/60 (Modehaus); *OLG Celle,* 19. 12. 1961, BB 1962 S. 386 (Tankhaus); *AG Wilhelmshaven,* 27. 6. 1962, BB 1963 S. 325 (Haus der Kleiderpflege); *BGH,* 13. 7. 1962, NJW 1962 S. 2149 = WRP 1962 S. 404 (keine firmenrechtliche Entscheidung, jedoch von grundlegender Bedeutung für die verfahrensrechtlichen Auswirkungen einer Täuschungsgefahr); *OLG Celle,* 25. 1. 1963, BB 1963 S. 325 = NJW 1963 S. 1064 (Süßwarenhaus); *Veismann,* BB 1963 S. 663; *OLG Karlsruhe,* 22. 5. 1963, BB 1963 S. 748 (Fernsehhaus); *KG,* 8. 7. 1963, BB 1963 S. 1396 (Tonbild-, Elektrohaus); *LG Berlin,* 15. 11. 1963, BB 1964 S. 572 (Das Werbehaus); *LG Oldenburg,* 28. 7. 1964, BB 1964 S. 1145 (Discount-Haus Brake); *LG Bonn,* 20. 1. 1965, BB 1965 S. 518 (Fotohaus); *OLG Frankfurt/M.,* 30. 3. 1965, BB 1966 S. 1242 (Autohaus X-Stadt); *AG Oldenburg,* 15. 7. 1965, BB 1966 S. 1242 (Möbelhaus); *LG Frankfurt a. M.,* 2. 9. 1965, BB 1966 S. 1242 (Diskonthaus); *LG Oldenburg,* 22. 10. 1965, BB 1966 S. 1242 (Möbelhaus); *AG Wolfenbüttel,* 23. 2. 1966, BB 1966 S. 1242 (Haus der Büroausstattung); *Haberkorn,* WRP 1966 S. 165; *OLG Oldenburg,* 22. 8. 1967, BB 1968 S. 309 (Haarhaus); *LG Freiburg,* 21. 5. 1968 – 10 O 14/68 (Einrichtungshaus); *LG Oldenburg,* 29. 5. 1968, GewArch. 1968 S. 257 (Schuhhaus).

„Industrie"

siehe unter „Fabrik"

„Institut"

siehe unter „Anstalt"

„Lager"

Siehe unter Randnr. 413. BB 1968 S. 439.

Im Einzelhandel ist die Verwendung des Firmenzusatzes „Lager" grundsätzlich unzulässig, es sei denn, es liegen ganz besondere Verhältnisse vor, wie sie in der Regel nur bei Fabriken und beim Großhandel gegeben sind. Der Begriff „Lager" deutet nämlich auf eine – gegenüber der beim Einzelhandel ohnehin übli-

Anhang III

chen Vorratshaltung – überdurchschnittlich große Lagerhaltung und damit auf eine funktionell bedingte besondere Leistungsfähigkeit hin. Er läßt des weiteren einen Verkauf „ab Lager" erwarten, womit sich – wenn auch konkrete Vorstellungen über die Art und Weise des Lagerverkaufs (Großhandels- oder Fabrikauslieferungslager) fehlen mögen – die bestimmte Vorstellung eines gegenüber anderen Einzelhändlern besonders preisgünstigen Angebots verbindet. Er deutet schließlich auf eine anspruchslose und als Folge davon kostensparende Geschäftsaufmachung hin und erweckt damit auch aus diesem Grunde den Eindruck eines besonders preisgünstigen Angebotes.

Es ist überdies weder mit dem firmenrechtlichen Wahrheitsgrundsatz des § 18 Abs. 2 HGB noch mit den wettbewerbsrechtlichen Vorschriften vereinbar, wenn ein alltäglicher und selbstverständlicher Umstand als etwas Besonderes herausgestellt wird, und zwar insbesondere durch die betonte Hervorhebung als Firmenzusatz.

Für Bezeichnungen ähnlicher Bedeutung wie „Hof", „Magazin" und „Speicher" gelten, was den Einzelhandel anbelangt, die gleichen Überlegungen.

Vgl. dazu auch *Frey*, WRP 1965 S. 54 ff. mit zahlreichen Nachweisen. Zum Firmenzusatz „Lager" vgl. auch: LG Duisburg, 21. 10. 1960, WRP 1961 S. 9 ff.; *OLG Hamburg*, WRP 1968 S. 119; zum Firmenzusatz „Hof": KG, 8. 7. 1963, BB 1963 S. 1397; zum Firmenzusatz „Magazin": *OLG Neustadt a. d. W.*, 15. 12. 1962, BB 1963 S. 326; *LG Oldenburg i. O.*, 25. 4. 1964. BB 1964 S. 1143; *Haberkorn*, WRP 1967 S. 204: zum Firmenzusatz „Speicher": *LG Oldenburg i. O.*, 16. 6. 1964, BB 1964 S. 1143 und 11. 4. 1964, BB 1964 S. 1143; *AG Delmenhorst*, 10. 4. 1964, BB 1964S. 1144; *Haberkorn*, WRP 1967 S. 204.

„Reisebüro"

Siehe unter Randnr. 378. BB 1966 S. 475.

Die Zulässigkeit der Bezeichnung „Reisebüro", setzt zunächst voraus, daß Fahrausweise für Bahnfahrten – einschließlich Platzkarten für Sitz-, Schlaf- und Liegewagenplätze –, Flug- und Schiffspassagen sowie für Omnibusfahrten im Fernlinienverkehr beschafft und Auskünfte über diese Reisedienstleistungen erteilt werden. Es ist unerheblich, wenn die Beförderungsverträge teilweise nicht unmittelbar, sondern über ein anderes Unternehmen vermittelt werden. Erwartet wird ferner die Vermittlung von Pauschal- und Gesellschaftsreisen, von Pauschalaufenthalten oder Einzelreisen mit den damit verbundenen Beherbergungs- und Verpflegungsleistungen. Dienstleistungen wie Reiseversicherung, Visa- und Devisenbeschaffung, Geldwechsel u. ä. können hinzutreten.

Zu verlangen ist ferner, daß mindestens eine Fachkraft beschäftigt wird, die eine Lehre als Reisebürokaufmann abgeleistet oder sich die erforderlichen Kenntnisse anderweitig angeeignet hat. Erwartet wird weiterhin ein Geschäftsraum mit etwa den im Einzelhandel üblichen Öffnungszeiten, wo die zur Kundenabfertigung notwendigen Einrichtungen nebst den zur Geschäftsabwicklung erfor-

Leitsätze zu Firmenbezeichnungsfragen

derlichen Unterlagen wie Kursbücher, Tarife, Auskunftsmaterial von Reiseveranstaltern zur Verfügung stehen.

Werden die vorgenannten Beförderungsleistungen im wesentlichen Umfange nicht vermittelt, werden z. B. keine Eisenbahnfahrausweise beschafft, so muß das Unternehmen die sich daraus ergebende Beschränkung oder Spezialisierung der Betätigung durch geeignete Zusätze erkennbar machen. An ein „Verkehrsbüro" sind im wesentlichen dieselben Anforderungen zu stellen, wie an ein „Reisebüro". Die Bezeichnung „Verkehrsbüro" ist in Einzelfällen auch dann zulässig, wenn die eine oder andere Tätigkeit, die von einem Reisebüro verlangt werden muß – etwa die Vermittlung von Flug- oder Schiffspassagen –, nicht wahrgenommen wird. Die Bezeichnung „Verkehrsbüro" ist nicht den kommunalen Einrichtungen vorbehalten.

Die Bezeichnung „Amtliches Reisebüro" sollten nur solche Reisebüros führen, die aufgrund besonderer Vereinbarungen mit behördlichen Stellen amtliche Aufgaben wahrnehmen. Durch die Bezeichnung „Amtliches Reisebüro" soll klargestellt werden, daß man es mit einer Stelle zu tun hat, die die offizielle Genehmigung zur Bearbeitung amtlicher Aufgaben erhalten hat und die daher bei ihrer Amtsausübung, wozu der Fahrkartenverkauf im Auftrag der Deutschen Bundesbahn sowie die Fahrplanauskunft gehören, überwacht wird. In welchem Verhältnis der Umfang dieser Tätigkeit im amtlichen Auftrag zu der sonstigen Tätigkeit des Unternehmens steht, ist nicht entscheidend.

„. . . Stelle"
Siehe unter Randnr. 351.

Der Zusatz „Stelle" deutet im Zweifel einen amtlichen Charakter des Unternehmens an. Unbedenklich sind die Fälle, in denen eine eindeutige Verkehrsauffassung jeden Zweifel über die Art des Unternehmens ausschließt (Tankstelle).

Unschädlich ist es weiterhin, wenn eine entsprechende Wortverbindung an untergeordneter Stelle als Nebenbezeichnung in der Firma erscheint.

„Treuhand"
Siehe unter Randnr. 383. BB 1949 S. 654.

Eine Firma mit diesem Zusatz darf keine Geschäfte für eigene Rechnung führen. Dies muß sich auch ganz klar aus der Angabe des Zweckes des Unternehmens ergeben. Das Reichsgericht hat folgende 4 Fälle als möglich bezeichnet:

1. Allgemeine Treuhandtätigkeit, bestehend in Anlage und Verwaltung von Vermögen Dritter im eigenen Namen,
2. Fürsorge für Gläubiger bei Verlustgefahr und Schutzvereinigungen gegenüber fremden Staaten und Unternehmungen (Sanierung und Pfandhalterschaft),

Anhang III

3. Revisionen von Büchern und Bilanzen anderer Unternehmungen,
4. Wirtschaftsberatungen und Beratung in Steuer- und Vermögensangelegenheiten.

Während die Beschränkung der Geschäfte von Treuhandunternehmungen auf solche in fremdem Interesse und auf fremde Rechnung unstreitig ist, gehen die Ansichten darüber auseinander, ob ein Treuhandunternehmen nach der strengeren Auffassung nur im eigenen oder auch im fremden Namen auftreten darf. Die Vertreter der strengen Ansicht beurteilen eine Betätigung im fremden Namen nach den Regeln des Dienstvertrages oder auch des Auftrages und halten dies nicht für vereinbar mit dem Wesen einer fiduziarischen Geschäftsführung. Die weniger strenge Auffassung begnügt sich mit dem Erfordernis einer Betätigung in fremdem Interesse.

Der strengeren Beurteilung sollte der Vorzug gegeben werden. Danach ist es erforderlich, daß der „Treuhänder" mindestens überwiegend im eigenen Namen, stets aber Geschäfte in fremdem Interesse bzw. für fremde Rechnung durchführt (RGZ 99/23, KG JFG 1/192).

„Union"

Siehe unter Randnr. 347. BB 1967 S. 1100.

Wortzusammensetzungen mit dem Begriff „Union" erwecken den Eindruck einer kapitalkräftigen Verschmelzung oder sonstigen rechtsfähigen Verbindung mehrerer Unternehmen, welche die Wirtschaftskraft dieser Betriebe vereinigt und dadurch ihre Bedeutung erhöht. Dies gilt im Regelfall auch dann, wenn das Wort „Union" vorangestellt ist (Beispiel: „Textil-Union"/„Union-Textil"). Das vorangestellte Wort „Union" kann auch als Hersteller- oder Handelsmarke angesehen werden. Entsteht dieser Eindruck, bedarf es der Prüfung, ob das zu Erwartungen des Verkehrs führt, die im Rahmen von § 18 Abs. 2 HGB von Bedeutung sind. In Ausnahmefällen, insbesondere bei Etablissementsbezeichnungen (Beispiel: „Union-Theater"), können durch die Voranstellung des Wortes „Union" solche Erwartungen ausgeschlossen sein.

„Verlag"

Unter einer Verlagstätigkeit ist in erster Linie die verantwortliche Herausgabe von Druckschriften und Büchern zu verstehen. Die Bezeichnung „Verlag" ist daher dann unzulässig, wenn die Eigenart des Unternehmens die Vermutung zuläßt, daß es sich in dieser Weise betätigt, aber diese Voraussetzung in Wirklichkeit nicht erfüllt. Übt der Betrieb eine gewerbliche Tätigkeit aus, die den Gedanken an eine verantwortliche Herausgabe von Druckschriften nicht aufkommen läßt (z. B. Bierverlag), ist die Firmenbezeichnung „Verlag" unschädlich.

Leitsätze zu Firmenbezeichnungsfragen

„Werk(e)"

siehe unter „Fabrik"

„Zentrale", „Zentrum" (Center)

Siehe unter Randnr. 405. BB 1965 S. 303.

Die Bezeichnung „Zentrale" – Entsprechendes gilt für „Zentrum" sowie auch für „Center" – deutet bei einem Unternehmen des Einzelhandels auf ein Geschäft hin, das nach Umfang, Kapitalausstattung und wirtschaftlicher Bedeutung deutlich über den Durchschnitt der Unternehmen des gleichen Geschäftszweiges eines Ortes oder eines größeren Einzugsgebietes von Käufern hinausragt. Eine „Zentrale" muß ein Warensortiment von überdurchschnittlicher Breite anbieten und als ein Mittelpunkt des einschlägigen Marktes angesprochen werden können. Je stärker das Unternehmen auf eine bestimmte Warengattung spezialisiert ist, um so größer werden in der Regel die Anforderungen an eine völlige Erfassung der in Betracht kommenden Artikel einschließlich branchenüblicher Kundendienstleistungen, wie z. B. Reparaturen, sein. In solchen Fällen können jedoch u. U. die Anforderungen an die räumliche Ausdehnung des Geschäftes geringer sein.

Betätigt sich das Unternehmen nicht nur an einem Orte oder nur innerhalb eines engeren Bezirks, so erhöhen sich (z. B. für Versandhandel) die genannten Anforderungen insofern, als sie innerhalb desjenigen Gebietes erfüllt sein müssen, in dem die geschäftliche Tätigkeit normalerweise ausgeübt wird. Es ist zu berücksichtigen, daß z. B. ein Versandhandelskaufmann, der die Bezeichnung „Zentrale" in seiner Firma führt, bei den entfernt wohnenden Bestellern den Eindruck erweckt, sein Unternehmen sei besonders leistungsfähig. Es muß deshalb verlangt werden, daß solche Unternehmungen mit zu den führenden des jeweiligen Vertriebsgebietes zählen.

Entsprechendes gilt auch für Unternehmen des Großhandels. Bei Unternehmen des Dienstleistungsgewerbes ist fallweise zu prüfen, inwieweit die vorgenannten Grundsätze anwendbar sind.

Rechtsprechungshinweise:
1 *OLG Darmstadt*, 21. 11. 1928 – Automobil-, Autodroschkenzentrale –, GRUR 1929 S. 119
2 *RG*, 25. 10. 1929, JW 1930 S. 1864.
3 *KG*, 1. 8. 1935 – Obstzentrale –, JW 1935 S. 3104.
4 *OLG Nürnberg*, 10. 7. 1958 – Zoozentrum –, BB 1959 S. 251.
5 *OLG Oldenburg*, 23. 4. 1960 – Kaufzentrale –, BB 1960 S. 958.
6 *LG Oldenburg*, 10. 7. 1961 – Gebrauchtwagen-Zentrale –, BB 1961 S. 1026.
7 *LG Stuttgart*, 26. 9. 1963 – Werbezentrum –, BB 1963 S. 1398.
8 *AG Oldenburg*, 22. 11. 1963 – SB-Centrale –, BB 1964 S. 572 = WRP 1964 S. 215.
9 *AG Delmenhorst*, 19. 9. 1964 – Fleischzentrale –, nicht veröffentlicht (Az. AR 94/64).
10 Weitere Hinweise bei *Frey*, BB 1963 S. 1281 ff.

Anhang IV

Wichtige höchstrichterliche Entscheidungen zum Firmenrecht

1. Gewerbebegriff

Der Begriff des Gewerbes im Sinne der Gewerbeordnung ist mit dem Gewerbebegriff des Steuerrechts nicht identisch.

BVerwG, 24. 6. 1976, Gewerbearchiv 1976 S. 293
(zu Randnrn. 4 ff., zu Fußnote 10)

2. Vermieten von Grundbesitz

Ob im einzelnen Fall die wirtschaftliche Tätigkeit sich im Rahmen einer bloßen Verwaltung und Nutzung des eigenen Vermögens hält oder diesen überschreitet und daher Betrieb eines stehenden Gewerbes ist, ist nach dem „Gesamtbild der zu beurteilenden Tätigkeit" zu entscheiden, ...
Vermieten von Grundbesitz ist im allgemeinen nur Verwaltung eigenen Vermögens und daher keine Ausübung eines Gewerbes; jedoch betreibt zum Beispiel eine Gesellschaft, deren Zweck das Errichten und Vermieten von Gebäuden ist, eine Gewerbe im Sinne der Gewerbeordnung ...

BVerwG, 24. 6. 1976, Gewerbearchiv 1976 S. 293
(zu Randnr. 4, zu Fußnote 10)

3. Aufenthaltserlaubnis

Die Auflage zur Aufenthaltserlaubnis, nur unselbständig tätig sein dürfen, kann nicht dadurch umgangen werden, daß der Ausländer in den Mantel einer von ihm beherrschten GmbH schlüpft.

BVerwG, 17. 9. 1974, Gewerbearchiv 1975 S. 101.
(zu Randnr. 284, zu Fußnote 269)

4. Aufenthaltserlaubnis

Ein Ausländer verstößt gegen die zur Aufenthaltserlaubnis erteilte Auflage „Gewerbeausübung nicht gestattet", wenn er sich als Gesellschafter einer GmbH mit einem 75%igen Geschäftsanteil am Stammkapital und alleiniger Geschäftsführer dieser Gesellschaft betätigt.

VGH Bad.-Württ., 9. 2. 1976, Gewerbearchiv 1976 S. 307.
(zu Randnr. 284, zu Fußnote 269)

5. Ausländer als Geschäftsführer einer GmbH

Ein Ausländer kann zum Geschäftsführer einer inländischen Gesellschaft mbH bestellt werden, auch wenn er weder eine Aufenthaltsgenehmigung noch eine

Entscheidungen zum Firmenrecht

Arbeits- oder Gewerbeerlaubnis erhält. Die Bestellung ist in das Handelsregister einzutragen.

OLG Düsseldorf, 20. 7. 1977, DB 1977 S. 1840.
(zu Randnr. 284, zu Fußnote 270)

6. Deutliche Unterscheidbarkeit nach § 30 HGB

Auch die Firma Kommanditgesellschaft, deren persönlich haftende Gesellschafterin eine GmbH ist, muß sich von der Firma der GmbH deutlich unterscheiden, wenn beide Unternehmen ihren Sitz an demselben Ort oder in derselben Gemeinde haben (§ 30 HGB); der Zusatz „und Co. KG" reicht für die erforderliche Unterscheidbarkeit nicht aus.

BGH, 14. 7. 1966, BB 1966 S. 916.
(zu Randnr. 249, zu Fußnote 214)

7. Deutliche Unterscheidbarkeit nach § 30 HGB

Die deutliche Unterscheidbarkeit bei Firmen einer KG und ihrer GmbH-Komplementärin mit Sitz am gleichen Ort kann nicht dadurch erreicht werden, daß die Komplementärin nach Gründung der KG ihre Firma ändert und dies gleichzeitig mit der Begründung der KG zur Eintragung in das Handelsregister mit der Bitte anmeldet, die Firmenänderung erst nach der KG einzutragen. Vielmehr muß der Firma der GmbH & Co. ein unterscheidender Zusatz hinzugefügt werden.

OLG Frankfurt a. M., 15. 2. 1974, BB 1974 S. 523.
(zu Randnr. 249, zu Fußnote 220)

8. Deutliche Unterscheidbarkeit nach § 30 HGB

Die Firma einer Kommanditgesellschaft, deren einzige persönlich haftende Gesellschafterin eine GmbH ist, muß sich, wenn beide ihren Sitz an demselben Ort oder in derselben Gemeinde haben, außer durch einen das Gesellschaftsverhältnis andeutenden Zusatz durch einen weiteren Zusatz deutlich von ihrer Komplementärin unterscheiden. Der Zusatz „Handelsgesellschaft" im unmittelbaren Anschluß an die Abkürzung „& Co. KG" genügt nicht.

BayObLG, 28. 9. 1979, BB 1980 S. 68.
(zu Randnr. 249, zu Fußnote 216)

9. Werbung mit abgekürzter Firma

Gegen die Verwendung der abgekürzten Firma zu W e r b e z w e c k e n kann das Registergericht nicht nach § 37 Abs. 1 HGB einschreiten.

OLG Düsseldorf, 21. 4. 1970, DB 1970 S. 923.
(zu Randnr. 502, zu Fußnote 500)

Anhang IV

10. Gekürzter Vorname in der Firma des Einzelkaufmanns

Der ausgeschriebene Vorname in der Firma eines Einzelkaufmanns muß mit der Eintragung im Geburtenbuch übereinstimmen. Auch wenn ein Gewerbetreibender, für den keine Firma im Handelsregister eingetragen ist, seit 1957 eine Geschäftsbezeichnung verwendet, die die Rufform „Heinz" seines standesamtlich beurkundeten Vornamens „Heinrich" enthält, hat er keinen Rechtsanspruch auf Eintragung einer gleichlautenden Firma.

BGH, 7. 5. 1979, DB 1979 S. 2128.
(zu Randnr. 132, zu Fußnote 139)

11. Ortszusatz im Firmennamen nach Sitzverlegung

Hat ein Handelsunternehmen, insbesondere einer Spezialbranche, dessen Firmenbezeichnung einen auf eine Großstadt bezogenen Zusatz enthält, seinen Sitz vom Stadtinnern an die Peripherie, in eine angrenzende Gemeinde, verlegt, die nach ihrer Lage, ihrer Wirtschaftsstruktur und den Verkehrsverbindungen mit dem Großstadtraum eng zusammenhängt und ändert sich auch der Bereich, das Gebiet der Tätigkeit des Unternehmens nicht, so kann der Firmenzusatz nicht beanstandet werden.

OLG Stuttgart, 29. 6. 1973, BB-Beilage 12 zu Heft 29/1975, III 10.
(zu Randnr. 142, zu Fußnote 145)

12. Firma der GmbH als Bestandteil der Firma einer OHG

Beteiligt sich eine GmbH als perönlich haftende Gesellschafterin an der Gründung einer offenen Handelsgesellschaft, so muß die offene Handelsgesellschaft grundsätzlich den vollständigen Namen der GmbH enthalten. Verstößt eine derart zusammengesetzte Firma im Einzelfall gegen den Grundsatz der Firmenwahrheit, weil zum Beispiel die Sachfirma der GmbH auf eine andere Tätigkeit hinweist als ein Firmenbestandteil der neugegründeten Firma der offenen Handelsgesellschaft, so kann der Name der GmbH nicht einfach verkürzt in die OHG-Firma aufgenommen werden. In diesem Fall muß die GmbH im Wege der Firmenänderung ihren Namen so umgestalten, daß durch seine Aufnahme in die neue OHG-Firma keine Unklarheiten entstehen können.

OLG Frankfurt a. M., 11. 11. 1958, BB 1958 S. 1272.
(zu Randnr. 312, zu Fußnote 308)

13. Gewerbliche Zulässigkeit eines Unternehmens

Für die Eintragung einer Kommanditgesellschaft in das Handelsregister kommt es nur darauf an, daß ein gültiger Gesellschaftsvertrag besteht und Gegenstand wie Zweck der Gesellschaft der Betrieb eines Handelsgewerbes ist; von der gewerblichen Zulässigkeit des Unternehmens kann die Handelsregistereintragung nicht abhängen.

Entscheidungen zum Firmenrecht

... denn Gesellschaftsverträge über handwerkliche Betriebe verstoßen weder formell noch materiell gegen ein Gesetz. Allenfalls bei der Durchführung kann sich ein Verstoß gegen die Handwerksordnung ergeben. Dies festzustellen ist aber Sache der Gewerbeaufsicht, nicht des Handelsregistergerichts.
OLG Celle, 9. 9. 1971, BB 1972 S. 145.
(zu Randnr. 154, zu Fußnote 151)

14. Haftung des Kommanditisten vor Eintragung der KG

Der Kommanditist, der der Eröffnung des Geschäftsbetriebes durch die Gesellschaft vor ihrer Eintragung im Handelsregister zugestimmt hat, haftet für vor der Eintragung begründete Verpflichtungen der Gesellschaft dem Vertragspartner der Gesellschaft in vollem Umfang auch dann, wenn dieser bei Vertragsschluß von der Existenz des Kommanditisten keine Kenntnis hatte.
OLG Frankfurt, 22. 2. 1972, BB 1972 S. 333
(zu Randnr. 72, zu Fußnote 53)

15. Gesellschaftszusatz „und Partner KG"

In der Firma einer Kommanditgesellschaft mit nur einem Komplementär ist auch die Verwendung des Zusatzes „und Partner KG" zulässig.
OLG, Frankfurt, 20. 8. 1974, BB 1974 S. 1453, ebenso *OLG Düsseldorf,* 22. 6. 1979, BB 1979 S. 1119.
(zu Randnr. 223, zu Fußnote 192)

16. „ A & B KG" bei mehr als zwei persönlich haftenden Gesellschaftern zulässig?

Weil das Gesetz bei der Firma der Kommanditgesellschaft (§ 19 Abs. 2 HGB) lediglich vorschreibt, daß die Firma den Namen wenigstens eines persönlich haftenden Gesellschafters mit einem das Vorhandensein einer Gesellschaft andeutenden Zusatz zu enthalten hat, kann der geschäftliche Verkehr aus dem Firmenkern „A & B KG" lediglich schließen, daß es sich um eine Kommanditgesellschaft mit den Personen A und B und möglicherweise weiteren Personen als Komplementäre handelt. Das Gesetz verlangt nicht, daß aus dem Zusatz „KG" hervorgeht, ob es sich bei den namentlich nicht aufgeführten weiteren Gesellschaftern nur noch um Kommanditisten handelt oder ob weitere Komplementäre vorhanden sind. Ein falsches Bild über die Zahl der persönlich haftenden Gesellschafter entsteht somit nicht. Anders mag es sich bei der Firma einer OHG oder einer GmbH verhalten ...
OLG Stuttgart, 8. 12. 1972, BB-Beilage 12 zu Heft 29/1975 IV 1.
(zu Randnr. 223, zu Fußnote 193; vgl. auch Nr. 37)

Anhang IV

17. Kennzeichnung der GmbH & Co. nach § 15 a GewO

Eine Kommanditgesellschaft, deren einzige persönlich haftende Gesellschafterin eine Gesellschaft mit beschränkter Haftung ist (GmbH & Co. KG), ist gemäß § 15 a GewO verpflichtet, an ihrer offenen Verkaufsstelle oder Gaststätte die Firmen beider Gesellschaften anzubringen, wenn aus der Firma der Kommanditgesellschaft nicht auch die Firma der persönlich haftenden Gesellschafterin zu ersehen ist.

BVerwG, 16. 2. 1971, BB 1971 S. 584.
(zu Randnr. 231, zu Fußnote 194)

18. Zeitpunkt des Beginns einer GmbH & Co.

Als Zeitpunkt des Beginns der Gesellschaft kann bei einer Kommanditgesellschaft, deren einziger Komplementär eine GmbH ist, kein früherer Zeitpunkt als derjenige der Registereintragung der GmbH im Handelsregister eingetragen werden.

OLG Hamm, 16. 6. 1976, DB 1976 S. 1859.
(zu Randnr. 235, zu Fußnote 197)

19. Firma der GmbH & Co. (Gesellschaftszusatz)

a) Bei der Bildung der Firma einer Kommanditgesellschaft, deren einzige Komplementärin eine Gesellschaft mit beschränkter Haftung ist, muß zur Klarstellung dieser Gesellschaftsform dem Namen der Komplementär-GmbH der Zusatz „& Co." auch dann angefügt werden, wenn die Firma den Zusatz „KG" enthalten soll und wenn zwischen „GmbH" und „KG" ein weiterer Sachbegriff eingeschoben ist.
Wer mit dem Gründungshergang nicht vertraut ist, kann sonst nicht klar erkennen, ob es sich um eine Gesellschaft mit beschränkter Haftung oder um eine Kommanditgesellschaft handelt. Die Firma ist also durchaus geeignet, Verwirrung hervorzurufen und verstößt daher gegen den Grundsatz der Firmenklarheit.
BayObLG, 23. 2. 1973, BB 1973 S. 537.
(zu Randnrn. 41, 239, zu Fußnoten 34, 205)

b) Die unmittelbare Aneinanderreihung der Gesellschaftszusätze „GmbH Co. KG" zur Kennzeichnung einer GmbH & Co. ist täuschungsgeeignet.
OLG Stuttgart, 29. 4. 1977, BB 1977 S. 711
(zu Randnrn. 41, 239, zu Fußnoten 34, 205)

c) Die Firma einer handelsrechtlichen Personengesellschaft, in der nur eine GmbH persönlich haftet, kann nicht dadurch gebildet werden, daß dem Zu-

satz „KG" lediglich durch einen Gedankenstrich getrennt, der Zusatz „GmbH & Co." nachgestellt wird.
BGH, 28. 5. 1979, BB 1979 S. 1118.
(zu Randnr. 240, zu Fußnote 207)

20. Firma der GmbH & Co.

Die Bestimmung des § 19 Abs. 2 HGB findet ihre Grenze im Gebot der Firmenwahrheit und -klarheit. Enthält die Firma der einzigen Komplementärin einen mit dem Handelsgewerbe der Kommanditgesellschaft nicht zu vereinbarenden Zusatz, so ist sie entsprechend zu ändern.
BayObLG, 3. 10. 1972, DB 1973 S. 174.
(zu Randnr. 255, zu Fußnote 226)

21. Firma der GmbH & Co.
Verzicht auf GmbH-Firmenbestandteil

Der Grundsatz der Firmenwahrheit (§ 18 Abs. 2 HGB) geht dem Grundsatz der Firmen- oder Namensidentität (§ 19 Abs 2 HGB) vor.

Es ist deshalb zulässig und geboten, in die Firma der GmbH & Co. KG die Firma der GmbH unter Weglassung des Firmenbestandteils „Verwaltungs-", „Geschäftsführungs-", „Besitz-" oder „Beteiligungs-"(gesellschaft) aufzunehmen, sofern die verbleibenden Firmenbestandteile noch in ausreichendem Maße als dem Gegenstand des Unternehmens entlehnt anzusehen sind.

Dadurch wird zugleich dem Grundsatz der Firmenunterscheidbarkeit (§ 30 Abs. 1 HGB) Rechnung getragen, weil zum Ausdruck kommt, daß es sich bei der GmbH um eine Verwaltungs- und bei der KG um die Betriebsgesellschaft handelt.
OLG Celle, 16. 6. 1976, BB 1976 S. 1094.
(zu Randnr. 252, zu Fußnote 221)

22. Abgeleitete Firma der GmbH & Co.
Gesellschaftszusatz zwingend

Eine Kommanditgesellschaft, deren persönlich haftende Gesellschafterin eine GmbH ist, ist – entsprechend § 4 Abs. 2 GmbHG, § 4 Abs. 2 AktG – auch bei einer abgeleiteten Firma verpflichtet, einen Zusatz wie etwa „GmbH & Co." in die Firma aufzunehmen.
BGH, 18. 3. 1974, BB 1974 S. 757 und 951.
(zu Randnr. 259, zu Fußnote 228)

23. Abgeleitete Firma der GmbH & Co.

Das Registergericht kann die abgeleitete Firma einer Kommanditgesellschaft, die durch Eintritt einer GmbH als einzige persönlich haftende Gesell-

Anhang IV

schafterin in das Handelsgeschäft eines Einzelkaufmanns entstanden ist und dessen Firma fortführt, als unzulässig beanstanden und von Amts wegen löschen, wenn ihr kein die Rechtsform als GmbH & Co. KG kennzeichnender Zusatz beigefügt wird (Bestätigung der BGH-Entscheidung vom 18. 3. 1974; oben Nr. 22).

BGH, 18. 9. 1975, BB 1975 S. 1547.
(zu Randnr. 260, zu Fußnote 231)

24. Abgeleitete Firma der GmbH & Co.
Haftung kraft Rechtsscheins

Wer v o r März 1975 für eine GmbH & Co. KG unter einer Firma auftrat, die diese Gesellschaftsform nicht erkennen ließ, haftet für die dabei begründete Verbindlichkeit der Gesellschaft noch nicht ohne weiteres kraft Rechtsscheins.

BGH, 8. 5. 1978, BB 1978 S. 1182, ebenso
BGH, 14. 5. 1979, BB 1979 S. 1060.
(zu Randnr. 260, zu Fußnoten 232 und 233)

25. Firma der GmbH & Co. nach Ausscheiden der Komplementär-GmbH

Scheidet aus einer Kommanditgesellschaft, in deren Firma der Name einer GmbH enthalten ist (GmbH & Co.), die GmbH aus und tritt an ihre Stelle eine natürliche Person als persönlich haftender Gesellschafter, so kann die Gesellschaft, sofern die GmbH zustimmt, die bisherige Firma nach Streichung des „GmbH"-Zusatzes auch dann fortführen, wenn die Firma der GmbH eine Sachfirma ist.

BGH, 28. 3. 1977, BB 1977 S. 767.
(zu Randnrn. 441–445, zu Fußnote 455)

26. GmbH-Gründung
Haftung im Gründungsstadium

Wegen Handelns für eine noch nicht eingetragene GmbH kann auch haften, wer im Vorgründungsstadium für die künftige GmbH aufgetreten, aber weder deren Gesellschafter noch deren Geschäftsführer geworden ist.

BGH, 8. 10. 1979, BB 1980 S. 595.
(zu Randnr. 298, zu Fußnote 284)

27. Unternehmensgegenstand der GmbH
– Staatliche Genehmigung

a) Betrieb von Gaststätten

1. Die Erlaubnis nach § 2 Abs. 1 Satz 1 GaststättenG gehört zu den staatlichen Genehmigungen im Sinne des § 8 Abs. 1 Nr. 4 GmbHG; sie ist beizubringen, bevor das Registergericht über die Eintragung entscheidet.

Entscheidungen zum Firmenrecht

2. Enthält die Satzung der Gesellschaft als Unternehmensgegenstand nur allgemein (programmatisch) den Betrieb von Gaststätten, so steht der Eintragung nicht entgegen, daß der Anmeldung eine Erlaubnis nach § 2 Abs. 1 Satz 1 GaststättenG nicht beigefügt ist.
3. Der Unternehmensgegenstand „Betrieb von Gaststätten" ist ausreichend individualisiert.

OLG Frankfurt, 30. 8. 1979, BB 1979 S. 1682.
(zu Randnrn. 294, 296, zu Fußnoten 279, 282)

b) Betrieb eines Bauunternehmens

1. Zu den staatlichen Genehmigungen im Sinne des § 8 Abs. 1 Nr. 4 GmbHG gehört auch die Erlaubnis nach § 34 c Abs. 1 Nr. 2 Buchst. a und b GewO.
2. Zum Begriff des Bauherrn i. S. des § 34 c Abs. 1 Nr. 2 Buchst. a GewO.
3. Umschreibung des Gesellschaftszwecks eines Bauunternehmens, die objektiv die Möglichkeit einer Tätigkeit nach § 34 c Abs. 1 Nr. 2 GewO einschließt.
4. Hat der Registerrichter Zweifel, ob der im Gesellschaftsvertrag bezeichnete Unternehmensgegenstand der staatlichen Genehmigung bedarf, so kann er, wenn keine Genehmigungsurkunde beigebracht wird, die Vorlage eines Negativattests der zuständigen Verwaltungsbehörde verlangen.

BayObLG, 10. 4. 1979, BB 1979 S. 1467.
(zu Randnrn. 294, 296, zu Fußnoten 279, 282)

28. Eintragung der GmbH in das Handelsregister
 – Staatliche Genehmigung (Eintragung in die Handwerksrolle)
 – Funktion des Handelsregisters

Die Eintragung in die Handwerksrolle ist nicht einer staatlichen Genehmigung im Sinne des § 8 Abs. 1 Nr. 4 GmbHG gleichzusetzen.

Die Eintragung in die Handwerksrolle ist ... nur Voraussetzung für den selbständigen Betrieb eines Handwerks als stehendes Gewerbe. Die Eintragung in die Handwerksrolle betrifft somit nur die spätere Ausübung des Handwerksbetriebes ... Diese aus dem Wortlaut der Vorschriften folgenden Argumente werden unterstützt durch die eingeschränkte Funktion des Handelsregisters, die in § 7 HGB ihren Niederschlag gefunden hat. Das Handelsregister ist lediglich ein öffentlich zugängliches Verzeichnis der tatsächlich betriebenen kaufmännischen Unternehmen; es hat nicht die Aufgabe, dem eingetragenen Unternehmen den Anschein des Rechtmäßigen zu verleihen. Über die gewerberechtliche Zulässigkeit des Betriebs macht daher das Handelsregister grundsätzlich keine Aussage ...

OLG Stuttgart, 10. 12. 1979, GewArch. 1980 S. 232.
(zu Randnrn. 67, 295, zu Fußnote 281)

Anhang IV

29. GmbH-Zusatz
Abgekürzte Verwendung

Der Gesellschaftszusatz „mit beschränkter Haftung" kann stets – auch gegenüber den Registergerichten – abgekürzt v e r w e n d e t werden.

OLG Frankfurt a. M., 21. 1. 1974, BB 1974 S. 433.
(zu Randnr. 316, zu Fußnote 315)

30. GmbH-Zusatz
Abgekürzte Eintragung

Der nach § 4 Abs. 2 GmbHG erforderliche Zusatz „mit beschränkter Haftung" darf abgekürzt ins Handelsregister e i n g e t r a g e n werden.

BGH, 18. 3. 1974, BB 1974 S. 622.
(zu Randnr. 316, zu Fußnote 316)

31. Firma der GmbH
Entlehnung vom Unternehmensgegenstand

Es kann nicht verlangt werden, daß j e d e r m a n n eine Firmenbezeichnung verstehen kann... In Spezialbranchen... können Branchenbezeichnungen für eine Sachfirma ausreichen... Es genügt vielmehr – und dies ist in solchen Fällen einer Spezialbranche auch allein sinnvoll –, daß die Bezeichnung für die in Betracht kommenden Fachkreise verständlich ist.

OLG Stuttgart, 19. 2. 1974, BB 1974 S. 756.
(zu Randnr. 305, zu Fußnote 295)

32. Sachfirma der GmbH
Individualisierungsgesetz

a) Es mag angängig sein, für die Firma eines Unternehmens, das normalerweise seine Tätigkeit über den Bezirk des Ortes oder der Gemeinde nicht hinaus erstreckt, eine der Art des Gewerbebetriebes entlehnte allgemeine Gattungsbezeichnung zuzulassen... Bei bedeutenderen Unternehmen, die ihren Geschäftsbetrieb... über einen größeren Bereich ausdehnen, erfordert das Wirtschaftsleben jedoch, von vornherein für eine hinreichende Individualisierung der Firmen, sei es durch Aufnahme des Ortsnamens oder eines anderen Zusatzes in die Firma, Sorge zu tragen...

OLG Hamm, 7. 7. 1961, BB 1961 S. 1026.
(zu Randnr. 307, zu Fußnote 300)

b) ... Die Firma dient in jedem Falle dazu, eine Namensfunktion auszuüben. ... So muß auch die Firma, die vom Gegenstand des Unternehmens entlehnt ist, die Voraussetzungen erfüllen, die an die Namensfunktion einer solchen Bezeichnung zu stellen sind. Das ist beachtlich für die Fälle, bei denen die

Entscheidungen zum Firmenrecht

Entlehnung aus dem Unternehmensgegenstand für sich keine Namensfunktion erfüllt. Zum Inhalt der Namensfunktion gehört nämlich, daß die Verkehrskreise die Kennzeichnung als individualisierenden Hinweis auf das Unternehmen ansehen. Die Firma muß demnach eine individualisierende Kennzeichnungskraft besitzen. Wer eine Firma nennt oder hört, soll sich darunter nur dieses und kein anderes Unternehmen vorstellen. Diese Kennzeichnungskraft fehlt den Branchen- oder Gattungsbezeichnungen, die bei Lesern und Hörern nicht die Assoziation mit einem bestimmten Unternehmen wecken. Den Gegenstand des Unternehmens bilden hier vielmehr Geschäfte, die von mehreren oder gar von vielen gleichartigen Unternehmen ausgeführt werden können. In solchen Fällen muß das Einzelunternehmen eine von der Gattungsbezeichnung des Gewerbezweiges abhebende Bezeichnung führen, es bedarf eines individualisierenden Zusatzes...
OLG Hamm, 23. 9. 1977 – 15 W 69/76, ebenso *OLG Hamm,* 14. 9. 1977, DB 1977 S. 2179.
(zu Randnr. 307, zu Fußnote 300)

33. Sachfirma der GmbH
Firmenklarheit (keine Denkübungen)

Die Allgemeinheit soll aus der Sachfirma den Gegenstand des Unternehmens ersehen können. Bei der Ermittlung des Geschäftsgegenstandes soll sie auf Rückschlüsse und Denkübungen nicht angewiesen sein.

Der Gegenstand des Unternehmens kann... sowohl in allgemeinerer als auch in eingeschränkter Weise wiedergegeben werden, wenn dies nur in charakteristischer Weise geschieht.

Jede Sachfirma muß... eine gewisse kennzeichnende Kraft haben. Sie fehlt einer inhaltslosen Bezeichnung, die über den Gegenstand des Unternehmens völlig im unklaren läßt.
OLG Neustadt, 15. 10. 1962, NJW 1962 S. 2208
(zu Randnrn. 41, 303, zu Fußnoten 35, 292)

34. Sachfirma der GmbH
Namensähnlicher Phantasiezusatz

Die Firma einer GmbH ist unzulässig, wenn der Sachfirma eine Phantasiebezeichnung hinzugefügt ist, die aus den Anfangsbuchstaben des Vornamens und Familiennamens eines Gesellschafters gebildet ist und den Eindruck eines Familiennamens erweckt.

Zulässig ist zwar auch eine gemischte Firma, d. h. eine Zusammensetzung aus einer Sach- und Personenfirma...; doch müssen auch hier die erwähnten Voraussetzungen vorliegen: Die Angaben müssen richtig sein...
OLG Stuttgart, 22. 1. 1971, BB-Beilage 9 zu Heft 30/1971, III 9.
(zu Randnr. 135, zu Fußnote 140)

Anhang IV

35. Personenfirma der GmbH

Die Firma einer GmbH darf nicht deshalb vom Registergericht beanstandet werden, weil der bei der Firmenbildung verwendete Familienname der Gesellschafter nicht als ein solcher erkennbar ist . . . zwar ist im konkreten Fall davon ausgegangen worden, daß das Wort „. . ." jedenfalls vom deutschen Publikum, an das sich die Gesellschaft nach dem Gegenstand des Unternehmens wohl vornehmlich wendet, nicht als Familienname verstanden wird. Diese mangelnde Erkennbarkeit rechtfertigt jedoch die Beanstandung der Firma nicht . . . Geht man davon aus, daß die Firma für das breite Publikum keinerlei Aussagekraft besitzt, dann bewirkt sie auch keine Irreführung.

BayObLG, 19. 7. 1973, BB 1973 S. 1369.
(zu Randnr. 314, zu Fußnote 311)

36. Personenfirma der GmbH

Die Firma einer GmbH kann in dieser Weise gebildet werden, daß der bis auf die Rechtsformbezeichnung vollständigen Firma einer Gesellschafterin die verkürzte Sachfirma einer weiteren Gesellschafterin vorangestellt wird, wenn damit eine Täuschung im Sinne des § 18 Abs. 2 HGB nicht zu besorgen ist.

Den Vorinstanzen ist darin beizutreten, daß die Firma eines Gesellschafters, wenn sie zur Firmenbildung verwendet wird, **nur als ein Ganzes** übernommen werden darf, so daß weder einzelne Worte weggelassen noch irgendwelche sonstigen Veränderungen an der Gesellschafter-Firma vorgenommen werden dürfen. Es ist lediglich zulässig und in bestimmten Fällen sogar geboten, eine auf die Rechtsform des Gesellschafters hinweisende Bezeichnung wegzulassen, wenn die Beibehaltung dieser Bezeichnung zu deren Verdoppelung oder zur Verwirrung über die Rechtsform der Gesellschaft führte . . . Nach § 4 Abs. 1 Satz 1 GmbHG ist aber lediglich zu fordern, daß die Firma den Namen wenigstens **e i n e r** Gesellschafterin enthält.

BayObLG, 4. 12. 1970, BB-Beilage 9 zu Heft 30/1971, III 7.
(zu Randnr. 312, zu Fußnote 307)

37. Personenfirma der GmbH

Die aus mehreren, aber nicht allen Gesellschafternamen neugebildete Firma einer Gesellschaft mit beschränkter Haftung muß einen Zusatz enthalten, durch den klargestellt wird, daß außer den in der Firma genannten Gesellschaftern noch eine oder mehrere Personen der Gesellschaft angehören. Dafür reicht die Bezeichnung „Gesellschaft" als einziger Zusatz nicht aus.

BGH, 18. 9. 1975, BB 1975 S. 1454.
(zu Randnr. 311, zu Fußnote 305; vgl. auch Nr. 16)

38. Firma der GmbH

Zusatz „Stiftung"

a) Die Verwendung des Wortes „Stiftung" in der Firmenbezeichnung einer idealen Zwecken dienenden GmbH ist zulässig; es ist nicht ausschließlich den staatlich genehmigten rechtsfähigen Stiftungen (§§ 80 ff. BGB) vorbehalten.
OLG Stuttgart, 12. 2. 1964, NJW 1964 S. 1231.
(zu Randnr. 301, zu Fußnote 285)

b) Zusatz „-ag"

Ein auf „-ag" endendes Firmenschlagwort ist grundsätzlich in einer GmbH-Firma unzulässig.
BayObLG, 7. 3. 1978, BB 1979 S. 1465.

In der Firma einer GmbH ist die Verwendung des Zusatzes „-ag" auch dann nicht statthaft, wenn eine Aktiengesellschaft zu den Gründern gehört.
OLG Karlsruhe, 11. 7. 1966, GmbHR 1967 S. 122.
(zu Randnr. 348, zu Fußnote 341)

c) Zusatz „Süd"

Der Zusatz „Süd" zu der Sachfirma einer GmbH ist ohne das Hinzutreten besonderer Umstände nicht ohne weiteres mit „südbayerisch" oder „süddeutsch" gleichzusetzen und in der Regel nicht geeignet, eine „führende" Stellung des Unternehmens in dem Geschäftszweig vorzutäuschen.
BayObLG, 22. 9. 1978, BB 1979 S. 184.
(zu Randnr. 400, zu Fußnoten 412, 414)

39. Abgeleitete Firma der GmbH

Die GmbH kann den Namen eines Gesellschafters in der Firma auch nach dem Ausscheiden o h n e dessen ausdrückliche Einwilligung beibehalten.
BGH, 20. 4. 1972, BB 1972 S. 981.
(zu Randnr. 424, zu Fußnote 437)

40. Änderung einer abgeleiteten Firma (§ 24 HGB)

Führt eine offene Handelsgesellschaft eine Firma nach § 24 HGB fort, so kann sie daran Änderungen vornehmen, die nachträglich im Interesse der Allgemeinheit notwendig oder wünschenswert werden. Fehlt ein solches Interesse, so sind Änderungen zulässig, die den Grundsätzen der Firmenbildung entsprechen, keinen Zweifel an der Identität der geänderten mit der bisherigen Firma aufkommen lassen und vom Standpunkt der offenen Handelsgesellschaft bei ob-

Anhang IV

jektiver Beurteilung infolge nachträglicher Änderung der Verhältnisse gerechtfertigt sind.

BGH, 12. 7. 1965, BB 1965 S. 1047 und 1422.
(zu Randnrn. 138, 433 ff., zu Fußnote 447)

41. Abgeleitete Firma
    Ersetzung des Namens des früheren Geschäftsinhabers durch den eigenen Namen

Wer nach dem Erwerb eines Handelsgeschäfts in der bisherigen Firma den Namen des früheren Geschäftsinhabers im Firmenkern durch seinen eigenen Namen ersetzen will, hält sich nicht in den Grenzen einer zulässigen Änderung der abgeleiteten Firma (§ 22 HGB), sondern bildet eine neue Firma (§ 18 HGB).

OLG Celle, 6. 3. 1974, BB 1974 S. 387.
(zu Randnr. 459, zu Fußnoten 461, 463)

42. Änderung einer abgeleiteten Firma
    Zusatz „& Söhne" wesentlicher Bestandteil

Ein derartiger Zusatz steht ähnlich wie der Zusatz „Gebrüder" an Namens Statt und kennzeichnet das Geschäft als ein Familienunternehmen. Anders als der farblose Zusatz „& Co." ist er weder für die Individualisierung noch für das Klangbild der Firmenbezeichnung unwesentlich.

OLG Zweibrücken, 28. 4. 1972, BB-Beilage 12 zu Heft 29/1975, V 1.
(zu Randnrn. 433, 436, zu Fußnoten 445, 450)

43. Nachfolgezusatz bei abgeleiteter Firma (Dr.-Titel)

Der selbst nicht promovierte Erwerber eines Maklergeschäfts darf, auch wenn er vom Veräußerer das Recht zur Firmenfortführung erhalten hat, einen in der übernommenen Firmenbezeichnung (ohne Fakultätszusatz) enthaltenen Doktor-Titel nicht beibehalten, wenn er im Firmennamen keinen Nachfolgezusatz hinzufügt.

BGH, 10. 11. 1969, BB 1970 S. 318.
(zu Randnr. 435, zu Fußnote 448)

44. Fortführung der Firma einer Personengesellschaft durch einen Einzelkaufmann (Zusatz „& Co.")

Der Einzelkaufmann darf in der übernommenen Firma einer Personengesellschaft den Zusatz „& Co." ohne Nachfolgezusatz nicht beibehalten.

BGH, 10. 11. 1969, BB 1970 S. 318.
(zu Randnr. 460, zu Fußnote 448)

45. Fortführung der Firma einer offenen Handelsgesellschaft durch einen Einzelkaufmann (Gesellschaftszusatz „& Sohn")

Die OHG-Firma „X & Sohn" darf auch dann unverändert fortgeführt werden, wenn daraus eine Einzelfirma geworden ist.

OLG Frankfurt a. M., 24. 5. 1971, BB 1971 S. 975.
(zu Randnr. 436, zu Fußnote 450)

46. Fortführung der Firma einer offenen Handelsgesellschaft durch einen Einzelkaufmann (Nachfolgezusatz)

Die aus den Familiennamen der Gesellschafter bestehende Firma einer Personengesellschaft (z. B. „Meier & Schulze") darf von dem verbliebenen Gesellschafter als Einzelkaufmann nicht ohne Beifügung eines Nachfolge- oder Inhaberzusatzes fortgeführt werden.

OLG Hamm, 20. 7. 1973, DB 1973 S. 2034.
(zu Randnrn. 436, 460, zu Fußnote 450)

47. Fortführung eines Einzelunternehmens durch eine offene Handelsgesellschaft

Gründet ein Einzelkaufmann zur Fortführung seines Handelsgeschäfts mit einem anderen eine offene Handelsgesellschaft oder Kommanditgesellschaft, so kann die bisherige Firma ohne einen Zusatz, der das Vorhandensein einer Gesellschaft andeutet, fortgeführt werden.

BGH, 18. 3. 1974, BB 1974 S. 757 und 951.
(zu Randnr. 466, zu Fußnote 471)

48. Fortführung der Firma eines Einzelkaufmanns durch eine Kommanditgesellschaft

Eine von einem Einzelkaufmann abgeleitete Firma, die von einer Mehrheit von Gesellschaftern als Kommanditgesellschaft fortgeführt wird, darf nicht in der Weise geändert werden, daß der bisher in der Firma neben dem Familiennamen geführte Vorname fortgelassen wird.

OLG Hamm, 29. 1. 1965, BB 1965 S. 807.
(zu Randnr. 466, zu Fußnote 474)

49. Fortführung der Firma eines Einzelkaufmanns durch eine Kommanditgesellschaft

Einer abgeleiteten Firma eines Einzelkaufmanns, die aus dessen Vor- und Familienname besteht und als Kommanditgesellschaft fortgeführt wird, kann – auch erst nachträglich – der Zusatz „& Co." angefügt werden.

OLG Hamburg, 19. 3. 1965, BB 1965 S. 807.
(zu Randnr. 466, zu Fußnote 472)

Anhang IV

50. Fortführung der Firma einer offenen Handelsgesellschaft nach Übernahme durch eine Kommanditgesellschaft
Mehrfache Firmenführung durch eine Handelsgesellschaft unzulässig

Eine Kommanditgesellschaft, die ein von ihr erworbenes Unternehmen weiterführt, darf dessen Firma nicht fortführen, ohne auf ihre bisherige Firma zu verzichten.
BGH, 21. 9. 1976, BB 1976 S. 1336.
(zu Randnr. 467, zu Fußnote 477)

51. Fortführung der Firma einer offenen Handelsgesellschaft durch eine Kommanditgesellschaft

a) Wandelt sich eine offene Handelsgesellschaft, deren Firma nur aus den Familiennamen der beiden Gesellschafter besteht (z. B. „Meier & Schulze"), in eine Kommanditgesellschaft um, so darf diese die bisherige Firma nicht ohne einen dem § 19 Abs. 2 HGB genügenden oder die Nachfolge andeutenden Zusatz fortführen.
OLG Hamm, 20. 7. 1973, DB 1973 S. 2034.
(zu Randnr. 436, zu Fußnote 450)

b) Wird eine offene Handelsgesellschaft in eine Kommanditgesellschaft umgewandelt, so darf sie die aus zwei Namen gebildete bisherige Firma nicht ohne einen Zusatz, der die veränderten Haftungsverhältnisse nach außen erkennen läßt, fortführen.
OLG Frankfurt, 12. 7. 1979, DB 1979 S. 2269.
(zu Randnr. 436, zu Fußnote 450)

52. Fortführung der Firma einer Kommanditgesellschaft durch eine offene Handelsgesellschaft

Eine Personengesellschaft, die nach Ausscheiden des einzigen Kommanditisten zur offenen Handelsgesellschaft geworden ist, darf einen in der Firma enthaltenen, auf eine Kommanditgesellschaft hinweisenden Zusatz nicht fortführen.
BGH, 9. 12. 1976, BB 1977 S. 159.
(zu Randnr. 469, zu Fußnote 478)

53. Fortführung der Firma einer GmbH durch eine KG

Führt eine in eine Kommanditgesellschaft umgewandelte GmbH die Firma der GmbH fort, die nur den Namen einer natürlichen Person enthält, so braucht sie ihrer Firma einen KG-Zusatz nicht hinzuzufügen, obwohl der GmbH-Zusatz wegzulassen ist.
OLG Hamm, 12. 3. 1976, BB 1976 S. 1043.
(zu Randnr. 474, zu Fußnote 482)

54. Abgeleitete Firma der GmbH

Die Vorschrift des § 4 GmbHG ist bei einer Änderung der Firma ebenso zu beachten, wie bei der Gründung der GmbH. War daher im Zeitpunkt der Änderung einer Personenfirma der namengebende Gesellschafter aus der Gesellschaft bereits ausgeschieden, so kann sein Name – zusammen mit dem Namen eines neu eingetretenen Gesellschafters – nicht Bestandteil der geänderten Firma sein.

OLG Stuttgart, 8. 1. 1971, Die Justiz 1971 S. 144.
(zu Randnr. 480, zu Fußnote 485)

55. Eintragung eines Gesellschafterwechsels nur unter der Bedingung der Firmenänderung?

Das Registergericht darf die Eintragung des Eintritts und des Ausscheidens von Gesellschaftern nicht deswegen ablehnen, weil durch den Gesellschafterwechsel die eingetragene Firma unzulässig geworden ist.

BGH, 4. 7. 1977, BB 1977 S. 1221.
(zu Randnrn. 260, 321, zu Fußnoten 230, 317)

56. Zweigniederlassung – Buchführung

Ein wesentliches Merkmal für die Errichtung einer Zweigniederlassung ist die Erfassung ihrer Geschäfte in einer gesonderten Buchführung, die auch bei der Hauptniederlassung eingerichtet sein kann.

BayObLG, 11. 5. 1979, BB 1980 S. 335.
(zu Randnr. 333, zu Fußnote 326)

57. Aufhebung der bisherigen und Errichtung der neuen Zweigniederlasung oder Verlegung der Zweigniederlassung?

Die örtliche Veränderung einer Zweigniederlassung ist deren Verlegung.

OLG Stuttgart, 31. 7. 1963, BB 1963 S. 1152.
(zu Randnr. 343, zu Fußnote 335)

58. Erzwingung der Änderung einer unzulässigen Firma

Die Unzulässigkeit einer Firma, z. B. das Fehlen eines auf eine GmbH hindeutenden Zusatzes, rechtfertigt es nicht, nach § 132 FGG gegen die Gesellschafter einzuschreiten, um eine Änderung der Firma zu erreichen (Grundlage für ein Einschreiten des Registergerichts könnten jedoch die §§ 140 und 142 FGG bilden).

OLG Hamm, 25. 10. 1978, DB 1979 S. 306.
(zu Randnr. 494, zu Fußnote 495)

Anhang V

Gebührenübersicht (Einzelunternehmen, OHG KG)

Einheitswert zum Beispiel (eventuell mit Zuschlag für Grundvermögen – vgl. Randnrn. 486 ff.)	Geschäftswert	Gebühr für		
		Öffentliche Beglaubigung der Anmeldung zum Handelsregister nach § 12 Abs. 1 HGB (§ 45 Abs. 1 KostO)*	Eintragung ins Handelsregister (§ 79 Abs.1 Satz 2 KostO)	Zurückweisung des Eintragungsantrages (§ 130 Abs. 1 KostO)	Zurücknahme des Eintragungsantrages vor einer Entscheidung (§ 130 Abs. 2 KostO)
DM	DM	DM	DM	DM	DM
10000,— und darunter	3000,—	10,—	62,—	15,50	7,80
20000,—	6000,—	11,30	90,—	22,50	11,30
30000,—	10000,—	15,—	120,—	30,—	15,—
100000,—	20000,—	22,50	180,—	45,—	22,50
300000,—	30000,—	28,80	230,—	57,50	28,80
500000,—	40000,—	33,80	270,—	60,—	30,—
1000000,—	65000,—	45,—	360,—	60,—	30,—
2000000,—	110000,—	60,—	480,—	60,—	30,—
3000000,—	140000,—	63,80	510,—	60,—	30,—
4000000,—	180000,—	86,30	690,—	60,—	30,—
5000000,—	220000,—	101,30	810,—	60,—	30,—
10000000,—	420000,—	176,30	1410,—	60,—	30,—
Höchstgebühr überhaupt		250,— (§ 45 Abs. 1 KostO)	—	60,— (§ 130 Abs. 1 KostO)	30,— (§ 130 Abs. 2 KostO)

* Fertigt der Notar – was meistens der Fall ist – auch den Wortlaut der Anmeldung zum Handelsregister (§ 145 Abs. 1 i. V. mit § 38 Abs. 2 Nr. 7 KostO), so beträgt die Gebühr bei einem Geschäftswert von DM 3 000,— statt 10,— (Mindestgebühr überhaupt) DM 15,50, im übrigen verdoppeln sich die Gebühren dieser Spalte. Die Höchstgebühr beträgt jedoch DM 787,50 (§ 26 Abs. 10 KostO).

Gebührenübersicht

Gebührenübersicht (GmbH)

Stammkapital und Geschäftswert (vgl. Randnr. 489) zum Beispiel	Beurkundung des Gesellschaftsvertrages nach § 2 Abs. 1 GmbHG (§ 36 Abs. 2 KostO)	Gebühr für			
		Öffentliche Beglaubigung der Anmeldung zum Handelsregister nach § 12 Abs. 1 HGB (§ 45 Abs. 1 KostO)**	Eintragung ins Handelsregister (§ 79 Abs. 1 Satz 1 KostO)	Zurückweisung des Eintragungsantrages (§ 130 Abs. 1 KostO)	Zurücknahme des Eintragungsantrages vor einer Entscheidung (§ 130 Abs. 2 KostO)
DM	DM	DM	DM	DM	DM
20000,—*	180,—	22,50	90,—	45,—	22,50
50000,—	300,—	37,50	150,—	60,—	30,—
100000,—	450,—	56,25	225,—	60,—	30,—
200000,—	750,—	93,75	375,—	60,—	30,—
500000,—	1650,—	206,25	825,—	60,—	30,—
1000000,—	3150,—	250,—	1575,—	60,—	30,—
2000000,—	6150,—	250,—	3075,—	60,—	30,—
Höchstgebühr überhaupt					
	30150,— (§ 39 Abs. 4 KostO)	250,— (§ 45 Abs. 1 KostO)	—	60,— (§ 130 Abs. 1 KostO)	30,— (§ 130 Abs. 2 KostO)

* Diese Spalte dient nur Vergleichszwecken; sie ist ab 1. 1. 1981 ohne praktische Bedeutung, da von da an das Mindeststammkapital DM 50000,— beträgt (vgl. Randnr. 267).

** Fertigt der Notar – was meistens der Fall ist – auch den Wortlaut der Anmeldung zum Handelsregister (§ 145 Abs. 1 i.V. mit § 38 Abs. 2 Nr. 7 KostO), so verdoppeln sich die Gebühren dieser Spalte. Die Höchstgebühr jedoch beträgt DM 787,50 (§ 26 Abs. 10 KostO).

Anhang V

Gebührenübersicht (GmbH; Kapitalerhöhung)

Betrag der Kapitalerhöhung und Geschäftswert (vgl. Randnr. 489) zum Beispiel*	Gebühr für			
	Beurkundung des Erhöhungsbeschlusses (§ 47 KostO)	Beurkundung der Übernahmeerklärung der betreffenden Gesellschafter bezüglich der Kapitalerhöhung (§ 36 Abs. 1 KostO)	Öffentliche Beglaubigung der Anmeldung zum Handelsregister nach § 12 Abs. 1 HGB (§ 45 Abs. 1 KostO)**	Eintragung ins Handelsregister (§ 79 Abs. 1 Satz 1 KostO)
DM	DM	DM	DM	DM
10000,—	120,—	60,—	30,—	60,—
20000,—	180,—	90,—	45,—	90,—
30000,—	230,—	115,—	57,50	115,—
100000,—	450,—	225,—	112,50	225,—
1000000,—	3150,—	1575,—	787,50	1575,—

* Gesellschaften mit einem Stammkapital von weniger als DM 50000,— müssen dieses bis zum 31. 12. 1985 auf mindestens DM 50000,— erhöhen, sonst sind sie aufgelöst (vgl. Randnr. 267). Die Erhöhung von DM 20000,— auf DM 50000,— — also um 30000,— — wird in den nächsten Jahren der häufigste Fall sein.

** Fertigt der Notar – was meistens der Fall ist – auch den Wortlaut der Anmeldung zum Handelsregister (§ 145 Abs. 1 i.V. mit § 38 Abs. 2 Nr. 7 KostO), so verdoppeln sich die Gebühren dieser Spalte. Die Höchstgebühr jedoch beträgt DM 787,50 (§ 26 Abs. 10 KostO).

Schrifttumsverzeichnis

Baumbach/Duden	Handelsgesetzbuch, 23. Auflage, München 1978
Baumbach/Hueck	GmbH-Gesetz, 13. Auflage, München 1970
Bley	Vergleichsordnung, 3. Auflage (neu bearbeitet von Mohrbutter), Berlin 1972
Böttcher/Beinert	Wechsel der Unternehmensform, Stuttgart 1969
Böttcher/Beinert/ Hennerkes/Binz	GmbH & Co., 6. Auflage, Stuttgart/Wiesbaden 1979
Böttcher/Zartmann	Stille Gesellschaft und Unterbeteiligung, Stuttgart 1968
Bokelmann	Das Recht der Firmen- und Geschäftsbezeichnungen, Freiburg 1974
Brüggemann/Würdinger Fischer/Würdinger	Großkommentar HGB, 3. Auflage, Berlin 1967/ 1978
Buchwald/Tiefenbacher	Die zweckmäßige Gesellschaftsform nach Handels- und Steuerrecht, 5. Auflage, Heidelberg 1981
Bumiller/Winkler	Freiwillige Gerichtsbarkeit, 3. Auflage, München 1980
Fuhr	Kommentar zur Gewerbeordnung, Neuwied
Hachenburg	Gesetz betreffend die Gesellschaften mit beschränkter Haftung (GmbHG), Großkommentar, 7. Auflage, Berlin 1975/1979
Hesselmann	Handbuch der GmbH & Co., 15. Auflage, Köln 1976
Hueck	Das Recht der offenen Handelsgesellschaft, 3. Auflage, Berlin 1964
Jansen	FGG, 2. Auflage, Berlin 1969
Landmann/Rohmer	Kommentar zur Gewerbeordnung, 13. Auflage, München/Berlin 1977/1980
Lauterbach	Kostengesetze, 14. Auflage, München/Berlin 1960
Palandt	Bürgerliches Gesetzbuch, 39. Auflage, München 1980
Schlegelberger	Handelsgesetzbuch, 5. Auflage, München 1973/ 1977

Schrifttumsverzeichnis

Schneider/Zartmann/ Martin	Familienunternehmen und Unternehmertestament, 4. Auflage, Heidelberg 1963
Scholz	Kommentar zum GmbH-Gesetz, 5. Auflage, Köln 1964 und 6. Auflage (Lieferungen 1–3), Köln 1978/ 1980
Stehle	Die GmbH-Unternehmungsform mit Zukunft für mittelständische Betriebe, Stuttgart/Bad Wörishofen 1977
Stehle/Stehle	Die Gesellschaften, 4. Auflage, Stuttgart/München/ Hannover 1977
Zartmann/Litfin	Unternehmensform nach Maß, Stuttgart 1970

Heidelberger Musterverträge

Tiefenbacher	Die offene Handelsgesellschaft (Heft 6)
Ripfel	Die Satzung der GmbH (Heft 7)
Otto	Die stille Gesellschaft (Heft 8)
Klamroth	Die Kommanditgesellschaft (Heft 9)
Klamroth	Die GmbH & Co. KG (Heft 56)
Klamroth	Der GmbH-Geschäftsführer-Vertrag (Heft 36)

Sachwortverzeichnis

(Die Zahlen bedeuten die Randnummern)

Abgeleitete Firma 45, 54, 138, 200, 256 ff., 341, 345, 350, 421 ff., 433 ff.
Abzahlungsgesetz 3, 65
Adelstitel 125
Aktiengesellschaft 21, 22, 68
Amtshilfe 152, 167
Anmeldung beim Handelsregister
 des Einzelunternehmens 116 ff., 150 ff.,
 der GmbH 269, 293 ff.
 der Kommanditgesellschaft 221 ff.
 der offenen Handelsgesellschaft 197 ff.
 der Zweigniederlassung 335 ff.
Anmeldung bei der Steuerbehörde
 des Einzelunternehmens 116
 der GmbH 290 ff.
 der Kommanditgesellschaft 220
 der offfenen Handelsgesellschaft 196
Anzeige eines Gewerbes bei der Polizeibehörde
 siehe gewerbepolizeiliche Anzeige
Art des Unternehmens 13, 26, 31, 32, 34, 40, 72, 152, 204, 221, 234, 271, 321, 324, 332
Aufbewahrungsfrist 30
Aufenthaltserlaubnis 106 ff., 284
Ausländer 82, 106 ff., 122, 128, 184, 202, 276
Ausländische Geschäftsführer einer GmbH 284
Ausländische juristische Personen
 als Gesellschafter einer GmbH 313
 als Gesellschafter einer Kommanditgesellschaft 216
 als Gesellschafter einer offenen Handelsgesellschaft 186
Außenwirtschaftsgesetz 109
Außenwirtschaftsverordnung 109
Ausstellungen 83, 85, 113
Automatenaufsteller 87, 113, 179, 193, 213, 232, 289

Beschwerde 175, 495, 505 ff.
Besitzstand 138
Betriebsaufspaltung 4, 8
BGB-Gesellschaft 21, 25, 188, 194, 204, 219, 222, 272, 329
Branchenbezeichnung als Sachfirma der GmbH 307
Buchführung(spflicht) 27, 28, 29, 38, 60
Bürgschaft 63, 64

Deutscher Industrie- und Handelstag 164
Doppelnamen 41, 205
Doppelstöckige GmbH & Co. 263
Doppelte Firmenführung
 des Einzelunternehmens 475
 der GmbH 475, 478
 der Personengesellschaft 467, 468, 475
Dreistufige GmbH & Co. 263

EG-Angehörige 107
Ehefrau 81, 183, 274
Ehevermittler 4
Einheitswert 123, 203, 486
Einmann-GmbH 265, 266, 269, 297
Einspruch 495, 498
Einzelunternehmen, -kaufmann
 Anmeldung beim Handelsregister 117 ff.

329

Sachwortverzeichnis

Anmeldung bei der
Steuerbehörde 116
Begriff 31, 53, 68, 77
Doppelte Firmenführung 475
Gewerbepolizeiliche Anzeige
83 ff.
Firma 124 ff.
Gründung 77 ff.
Gründungskosten 482 ff.
Einzelrechtsnachfolge 425
Entlehnung der GmbH-Firma vom
Unternehmensgegenstand 300 ff.
Erbengemeinschaft 188, 272
Erinnerung 495, 500, 506, 507, 510
Etablissementsbezeichnungen 2,
350

Fachbegriffe als Sachfirma
der GmbH 305
Familiengesellschaften 274
Familienname 125 ff., 145, 205,
311
Filiale 330, 331, 335
Firma
abgeleitete Firma 45, 54, 138,
200, 256 ff., 341, 345, 350,
421 ff., 433 ff.
Begriff 1, 2, 50, 71, 437
des Einzelkaufmanns 124 ff.
der GmbH 299 ff.
der GmbH & Co. 238 ff.
der Kommanditgesellschaft
223 ff.
der offenen Handelsgesellschaft
205 ff.
der Zweigniederlassung 337,
338, 340, 344
gemischte Firma der GmbH 315
graphische Gestaltung 157
Personenfirma der GmbH 311 ff.
Sachfirma der GmbH 300 ff.
Firmenausschließlichkeit 39, 42, 44
Firmeneinheit 39, 43, 44
Firmenklarheit 39, 41, 44, 45, 243,
315

Firmenmißbrauch 2, 113, 175, 176,
494, 502
Firmenwahrheit 39, 40, 44, 45, 143,
308, 421 ff., 443
Firmenwert (good will) 54, 143, 426
Firmenzusätze 134 ff., 145, 171,
209, 226, 318, 345 ff.

Einzelbeispiele:
Älteste 407
Ärztehaus 349
-ag, -agg, -ak, -ac, 348
Agentur 352
Akademie 351
Akademische Grade 406
Anstalt 351
Architekturbüro 354
Autohaus 355
Bank, Bankhaus, Bankgeschäft
356, 388
Bau- 357
Bestimmter Artikel (Der, Die
Das) 389
Betonwerk 390
Börse 358
-boutique 389
Buchhaltungs- 359
Center 405
Central Shopping 360
Conti, Continental 393
Datentechnik 382
Deutsch, deutsche(r, -s) 394
-dienst 351
Discont, Discount, Diskont 411
DM 412
Dr-Titel 406, 440
Einrichtungshaus 361
Elektrizitätswerk 390
Erste 407
Etablissementsbezeichnungen
350
Euro-, Europa, Europäisch 393
EWG 393
Fabrik, Fabrikation 362, 390
Fachgeschäft 391, 404

Sachwortverzeichnis

Färberei 363
Finanz-, Finanzierungen 364
Fremdsprachliche Bezeichnungen 420
Galerie 365
Garage(n) 366
Gebietsbezeichnungen 395, 398
Geographische Zusätze 142, 392 ff.
Gesellschaftszusätze 346
Großmarkt 374
Gruppe, -gruppe 347
Hammerwerk 390
Haus 401
-hof 402
Industrie 390
Ingenieurbüro 354, 368
Inhaber 350
Institut 351
Inter-, International 393, 399
Invest, Investment, Investor 369
Kapitalanlage 369
Kaufhaus 370
Kellerei 371
Kloster- 349
Kontinent 393
Kontor 403
Kredit- 364, 372
-laden 389
Länderbezeichnungen 394
Lager, Großlager 413
Landschaftsbezeichnungen 400
Lohnsteuerhilfe 373
Magazin 414
Markt, -markt 374
Marmorwerk 390
Nachf., Nachfolger 350, 422, 423, 435 ff., 451 ff.
Netto 417
Ortsbezeichnungen 396, 398
Phantasiebezeichnungen 135, 145, 146, 243, 246, 249, 302, 314
Polizei 351

Preiswürdigkeitshinweise 408 ff.
Pressehaus 375
Qualitätsbezeichnungen 408 ff.
Rathaus- 349
Rechenzentrum 376
Regionalbezeichnungen 400
Reinigung 377
Reisebüro 378
Revisions- 379
Ring, -ring 347
Sägewerk 390
Spezialgeschäft 404
Stadt- 349
Städtebezeichnungen 397
-stelle 351
Studio, -studio 381
Supermarkt 374
Team 347
-technik 382
Titel 406
Treuhand, -treuhand 383
Uni 349
Union 347
Universal 349
Universität 349
V.A.G. 348
Verbrauchermarkt 374
„Vormals"-Zusatz 427
Warenhaus 384
Weltmode 385
Werbehinweise 419
Werk 390
Wirtschaftsbüro 386
Wohnbau 357
Zentrale, Zentrum 405
Forstwirtschaft 5, 9, 18, 29, 117, 162
Freiberufliche Tätigkeit 6, 21, 84, 271
Fremdsprachliche Begriffe als Sachfirma der GmbH 304

Gast- und Schankwirtschaft 113, 178 193, 213, 219, 230, 287, 294

331

Sachwortverzeichnis

Gattungsbezeichnung als Sachfirma
  der GmbH 307
Gebühren
  Beschwerdeverfahren 511
  Erinnerungsverfahren 510
  Gewerbepolizeiliche Anzeige
  112, 482
  Handelsregistereintragung
  484 ff.
  Ordnungsverfahren 509
Gegenstand des Unternehmens
  der GmbH 278, 280, 294 ff., 300,
  439
Gemischte Firma der GmbH 315
Gemischtes Gewerbe 37
Genossenschaften 23
Genossenschaftsregister 147
Gerichtliches Vergleichsverfahren
  28, 68, 180
Gerichtsstandsvereinbarung 55
Gesamtrechtsnachfolge 425
Geschäftsbriefe
  der GmbH 262, 326
  der GmbH & Co. 262
Geschäftsunfähige 77, 105
Geschäftswert 485 ff.
Gesellschaft bürgerlichen Rechts
  siehe BGB-Gesellschaft
Gesellschaftszusätze 145, 205, 206,
  208, 223, 229, 313, 316, 317,
  325, 346, 433, 435, 460 ff.
Gesetzlicher Vertreter 77 ff., 104,
  105, 118, 182, 273
Gewerbe
  Begriff 4, 6, 11
  Forstwirtschaft 5
  Landwirtschaft 5
  Übersicht 26
  Vermögensverwaltung 4
Gewerbeerlaubnis
  siehe Gewerbegenehmigung
Gewerbefreiheit 92, 106
Gewerbegenehmigung 92 ff.
  persönliche Genehmigung 93 ff., 191

sachliche Genehmigung 102 ff.,
  192
Gewerbepolizeiliche Anzeige
  des Einzelunternehmens 83 ff.
  Gebühren 112, 482
  der GmbH 286 ff.
  der Kommanditgesellschaft 218
  der offenen Handelsgesellschaft
  189 ff.
Gewerbeberechtigung 81
GmbH
  Anmeldung beim Handels-
  register 293 ff.
  Anmeldung bei der Steuer-
  behörde 290 ff.
  Ausländer als Geschäftsführer
  284
  Ausländische juristische Personen
  als Gesellschafter 313
  Begriff 264
  Einmann-GmbH 265, 266, 269,
  297
  Gegenstand des Unternehmens
  278, 280, 294 ff., 300, 439
  Gemischte Firma 315
  Geschäftsbriefe 262, 326
  Geschäftsführer 282 ff., 320, 326
  Gesellschafterliste 294
  Gesellschaftszweck 281, 284
  Gründung 75, 264 ff.
  im Gründungsstadium 298
  Gewerbepolizeiliche Anzeige
  286 ff.
  Konstitutive Wirkung der Handels-
  registereintragung 266
  Notarielle Beurkundung des Ge-
  sellschaftsvertrages 277, 278
  Personenfirma 311 ff.
  Sacheinlagen 268, 269, 278, 294
  Sachfirma 300 ff.
  Sachgründungsbericht 278, 294
  Sitz 250, 278, 279
  Stammkapital 267, 278
  Strohmann 275

Sachwortverzeichnis

GmbH & Co. 233 ff.
　Abgeleitete Firma 256 ff.
　Begriff 233
　Doppelstöckige GmbH & Co. 263
　Dreistufige GmbH & Co. 263
　Firma 238 ff.
　Geschäftsbriefe 262
　Gesellschaftszusatz 238 ff., 259 ff.
　Gründung 237 ff., 256 ff.
　Körperschaftsteuerreform 233, 236
　Rechtsscheinhaftung 259, 260
　Sitz 250
　Unterscheidungszusatz 248 ff.
Good will
　siehe Firmenwert
Graphische Gestaltung des Firmennamens 157
Grundhandelsgewerbe 7, 72

Handelsbücher 27, 28, 60
Handelsgesellschaften 21, 180 ff., 214 ff., 271
Handelsgewerbe 4, 7, 11
Handelsregister 67 ff.
　Abteilung A 68
　Abteilung B 68
　Anmeldung, siehe Anmeldung beim Handelsregister
　Einsichtnahme 69
　Öffentlicher Glaube 70
Handelsregistereintragung
　deklaratorische Wirkung 16, 20, 119, 204, 222, 428
　des Einzelunternehmens 117 ff., 150 ff.
　forstwirtschaftlicher Betriebe 5
　der GmbH 294 ff.
　der Kommanditgesellschaft 221 ff.
　konstitutive Wirkung 17 ff., 75, 120, 204, 222, 266, 429, 431
　landwirtschaftlicher Betriebe 5
　der offenen Handelsgesellschaft 197 ff.

Veröffentlichung im Bundesanzeiger 69, 70
　der Zweigniederlassung 332, 335 ff.
Handelsrichter 4, 37
Handelsvertreter 84
Handwerk 8, 17, 97, 154, 191, 192, 295
Handwerkskammern 97, 161 ff., 324, 344, 495, 506, 507, 512

Individualisierungszusatz 246, 307
Industrie- und Handelskammern 31, 160 ff., 324, 344, 495, 506, 507, 512
Innengesellschaft 328

Juristische Personen
　siehe Kapitalgesellschaften

Kammer für Handelssachen 56, 57, 506
Kapitalanlagegesellschaften 369
Kapitalgesellschaften 21, 22, 31, 53, 185, 264
Kapitalverkehrsteuer(amt, -gesetz) 263, 291, 323
Kaufmann 3, 4, 11, 12, 26
Kaufmännische Einrichtung 14, 27, 31 ff.
Kaufmännischer Angestellter 12
Kaufmännisches &-Zeichen 194, 205
Kleingewerbe(treibender) 13, 26, 29, 67, 72, 76, 234, 328, 427
Körperschaftsteuerreform 1977 233, 236
Kommanditgesellschaft
　Anmeldung beim Handelsregister 221 ff.
　Anmeldung bei der Steuerbehörde 220
　Begriff 214
　Gewerbepolizeiliche Anzeige 218, 219

333

Sachwortverzeichnis

Firma 223 ff.
Gründung 214 ff.
Gründungskosten 482 ff.
Kommanditgesellschaft auf Aktien 68
Konkursverfahren 28, 68, 180
Kosten
 siehe Gebühren
Künstlername 125

Landwirtschaft 5, 9, 18, 29, 117 162
Landwirtschaftskammern 162 ff., 324, 344, 495, 506, 507, 512
Löschung im Handelsregister 68, 148, 457, 493, 507

Märkte 83, 85, 113
Messen 83, 85, 113
Minderjähriger 78 ff., 104, 118, 149, 182, 199, 273, 329
Minderkaufmann 13, 26

Nachfolgezusatz 350, 422, 423, 435 ff., 451 ff.,
Namensänderung 422
Nebengewerbe 5, 10, 19, 222
Negativattest 296
Nießbrauch 457
Notar 483, 484, 488, 491, 495
Notarielle Beurkundung 277, 278

Öffentliche Beglaubigung 117, 198, 293
Öffentlicher Glaube des Handelsregisters 70
Öffentlich-rechtliche Vorschriften 154, 284
Offene Handelsgesellschaft
 Anmeldung beim Handelsregister 180 ff.
 Anmeldung bei der Steuerbehörde 196
 Begriff 180

Gewerbepolizeiliche Anzeige 189 ff.
 Firma 205 ff.
 Gründung 180 ff.
 Gründungskosten 482 ff.
 Ordnungsgeld 48, 176, 502, 504
 Ordnungswidrigkeit 28, 90 ff., 103, 115, 289, 290
Organe des Handelsstandes
 siehe Industrie- und Handelskammern
Organe des Handwerksstandes
 siehe Handwerkskammern
Organe des land- und forstwirtschaftlichen Berufsstandes
 siehe Landwirtschaftskammern

Pacht 457
Pächter 88, 121, 201
Personenfirma der GmbH 311 ff.
Personengesellschaft 21, 31, 44, 53, 180, 460 ff.
 siehe auch Kommanditgesellschaft und offene Handelsgesellschaft
Phantasiebezeichnungen 135, 145, 146, 243, 246, 249, 302, 305, 314
Prokura 27, 59, 68, 182, 277

Rechtsanwälte 483, 506
Rechtspfleger 158, 495, 500, 506, 507
Registergericht(-richter) 67 ff., 149 ff., 211, 228, 320 ff., 491 ff.
Reisegewerbe 83, 84, 108

Sacheinlage der GmbH 268, 269, 278, 294, 324
Sachfirma der GmbH 300 ff.
 Branchenbezeichnungen 307
 Fachbegriffe 305
 Fremdsprachliche Bezeichnungen 304
 Gattungsbezeichnungen 307

Sachwortverzeichnis

Phantasiebezeichnungen 302
Warenzeichen 306
Sachgründungsbericht 278, 294
Saisonbetriebe 36
Schuldanerkenntnis 64
Schuldversprechen 64
Sitz der GmbH 250, 278, 279
Sitzverlegung 142
Sofortige Beschwerde 499, 500
Sofortige weitere Beschwerde 501
Staatenlose 82, 110
Staatliche Genehmigung für Unternehmensgegenstand der GmbH 294 ff.
Stehendes Gewerbe 83, 86
Steuerberater 483
Steuerberatungsgesellschaft 294
Stiftung 271 (und Fußnote 285)
Stille Gesellschaft 111, 188, 327 ff.

Umfang des Unternehmens 13, 26, 31, 33, 34, 40, 72, 152, 204, 221, 234, 271, 321, 324, 332, 439
Umwandlung(sgesetz) 324, 425, 444, 465, 474, 479, 481
Unbedenklichkeitsbescheinigung 292
Unerlaubte Gewerbe 4, 32, 111
Unterlassungsanspruch
 firmenrechtlich 48 ff.
 warenzeichenrechtlich 52, 173
 wettbewerbsrechtlich 42, 51, 155, 172
Unterscheidbarkeit von Firmen 42, 50, 145 ff., 172, 210, 227, 246, 248 ff., 307, 319, 336, 507

Urproduktion 4, 7

Verbotene Gewerbe
 siehe unerlaubte Gewerbe
Vereinsnamen 147
Vermögensverwaltung als Gewerbe 4
Versicherungsberatung 294
Versicherungsverein auf Gegenseitigkeit 24, 68
Vertragsstrafe 62
Vertretungsbefugnis 294, 297, 320
Vervielfältigung der Firma 342, 446, 449, 450
Vollkaufmann 3, 11, 14 ff., 28, 31, 34, 46 ff., 332 ff., 428 ff.
Vormundschaftsgericht(liche Genehmigung) 79, 80, 149, 182, 273, 329
Vorname 132, 145

Warenzeichen 52, 173, 306
Weitere Beschwerde 506
Werbung 1, 141, 502
Wirtschaftsprüfer 483
Wirtschaftsprüfungsgesellschaft 294

Zwangsgeld 28, 90, 326, 494 ff.
Zweigniederlassung 58, 330 ff., 447 ff.
 eines ausländischen Unternehmens 340
 Verlegung 343
 Kosten der Eintragung in das Handelsregister 490

335

Zur Ergänzung empfohlen:

Buchwald/Tiefenbacher/Dernbach

Die zweckmäßige Gesellschaftsform

nach Handels- und Steuerrecht

Von Rechtsanwalt Dr. Erhard Tiefenbacher und Rechtsanwalt Jürgen Dernbach, beide Heidelberg.
5., neubearbeitete Auflage 1981, ca. 350 Seiten. Leinen.
ISBN 3-8005-6199-9
Bücher des Betriebs-Beraters

Die Neubearbeitung der 5. Auflage berücksichtigt insbesondere die Auswirkungen der Körperschaftsteuerreform sowie die Änderungen, die sich aus der GmbH-Novelle 1980 ergeben. Eingefügt ist ein neues Kapitel: Publikums-Kommanditgesellschaften (Abschreibungsgesellschaften). Für die Praxis von besonderer Bedeutung: der Vertragsmuster-Teil wurde gegenüber der Vorauflage wesentlich erweitert.

Damit bietet auch die 5. Auflage eine umfassende und fundierte Informationsquelle. Sie ist das ideale und bewährte Handwerkszeug für alle, die mit Gesellschaftsgründungen und -umwandlungen zu tun haben. Unentbehrlich für Steuerberater, Wirtschaftsprüfer und Rechtsanwälte.

**Verlagsgesellschaft Recht und Wirtschaft mbH
6900 Heidelberg**